प्रशंसा में...

स्वतंत्रता के आसपास के महत्वपूर्ण दशकों को लेकर मूल्यवान जीवनी संबंधी साहित्य में एक और मूल्यवान कड़ी।

प्रो. योआकिम ओएस्टरहेल्ड
इतिहासकार और दक्षिण एशिया के विशेषज्ञ
हम्बोल्ड यूनिवर्सिटी ऑफ बर्लिन, जर्मनी

नेताजी की पौत्री ने अपने पिता अमीय की नजरों से भारत के स्वतंत्रता संग्राम में बोस बंधुओं के योगदान की कहानी कही है। उन्होंने अपने पिता के साथ वर्षों के अपने विस्तृत संवाद को इसका आधार बनाया है, जो भारतीय स्वतंत्रता के इतिहास के प्रति उनके खुद के दृष्टिकोण को गढ़ता रहा। परिणामस्वरूप, बोस परिवार के बेहद करीबी लोगों के दिलचस्प अनुभव, उनका दृष्टिकोण तथा विश्लेषण इसमें समाया हुआ है।

डॉ. यान कुह्लमन
इतिहासकार एवं नेताजी संबंधी अध्ययन के विशेषज्ञ

भारतीय राष्ट्रप्रेम के दो चमकते सितारों, सुभाष चन्द्र तथा शरत चन्द्र की सच से भी अधिक सच्ची कहानी। परिवार की सदस्य माधुरी बोस ने इसे बड़े ही मनोहारी एवं भावात्मक तरीके से पिरोया है। अमीय बोस के प्रत्यक्ष संग्रह से सजकर यह और भी दिलचस्प बन गई है। इस खूबसूरत बयान से उभरने वाली कथा भारत की अनमोल विरासत है।

जस्टिस एम.एन. वेंकटचलैया
भारत के पूर्व मुख्य न्यायाधीश

माधुरी बोस ने भारत के स्वतंत्रता संग्राम पर नई रोशनी डाली है। वह जो कथा कहती हैं – और उसमें जो नई सामग्री शामिल है – भारत तथा दूसरे देशों के विद्वानों के लिए अमूल्य साबित होगी। यह स्वतंत्रता संग्राम की जटिलताओं की भी याद दिलाती है और उसके कुछ प्रमुख किरदारों के विभिन्न नजरिये को भी रखती है।

जॉन मेक्कार्थी
भारत में ऑस्ट्रेलिया के पूर्व राजदूत (2004–2009)
ऑस्ट्रेलियन इंस्टीट्यूट फॉर इंटरनेशनल अफेयर्स के राष्ट्रीय अध्यक्ष

बोस बंधु
और भारतीय स्वतंत्रता

बोस बंधु
और भारतीय स्वतंत्रता

एक क़रीबी का विवरण

माधुरी बोस

SAGE | bhasha

Los Angeles | London | New Delhi
Singapore | Washington DC | Melbourne

Originally Published in English by
SAGE Publications India Pvt Ltd as *The Bose Brothers and Indian Independence: An Insider's Account*

SAGE | bhasha

SAGE Publications India Pvt Ltd
B1/I-1 Mohan Cooperative Industrial Area
Mathura Road, New Delhi 110 044, India
www.sagepub.in

SAGE Publications Inc
2455 Teller Road
Thousand Oaks, California 91320, USA

SAGE Publications Ltd
1 Oliver's Yard, 55 City Road
London EC1Y 1SP, United Kingdom

SAGE Publications Asia-Pacific Pte Ltd
3 Church Street
#10-04 Samsung Hub
Singapore 049483

Published by Vivek Mehra for SAGE Publications India Pvt Ltd, typeset in 12/14 pt Kruti Dev 010 by Diligent Typesetter India Pvt Ltd, Delhi and printed at Repro India Ltd., Mumbai.

ISBN: 978-93-859-8549-2 (PB)

Translator: Ranjan Kumar Singh
SAGE Team: Sumona Kundu, Vinayak Dubey

अपने पिता को –
जिन्होंने जीवनपर्यन्त बोस बंधुओं की लौ जलाए रखी

अनुक्रमणिका

चित्रों तथा पत्रों की सूची

चित्र

पत्र

प्राक्कथन

यह उज्ज्वल पुस्तक भारत के स्वतंत्रता संग्राम और उसमें बोस बंधुओं – शरत और सुभाष – की भूमिका से संबंधित साहित्य में महत्वपूर्ण कड़ी जोड़ती है। साथ ही यह बेहद पठनीय है, जिसे बहुत लोग बीच में नहीं छोड़ पाएंगे।

जिन व्यक्तित्वों पर यह पुस्तक प्रकाश डालती है, वे लेखिका के बेहद आत्मीय हैं, हालांकि उनके लिए घरेलू शब्द का प्रयोग ज्यादा सही होगा। यहां हमें और बातों के साथ–साथ 20 से 40 वर्ष के बीच के सुभाष बोस के अंदरूनी विचारों को जानने का मौका मिलता है, जिसे वह अपने से आठ वर्ष बड़े भाई और खुद से 17 साल छोटे भतीजे अमीय नाथ के साथ साझा करते रहे थे।

जाहिर तौर पर सुभाष को अपने चहेते अमीय नाथ से भारी उम्मीदें थीं। 1933 में लिखी गई चिट्ठी में सुभाष ने अपने 18 वर्षीय भतीजे को ऊंची उड़ान भरने की सलाह दी थी और उसका तरीका भी उन्हें बताया था। यह कि उसे मेहनत से काम करना चाहिए, पर जी–जान से दूसरों की सेवा भी करनी चाहिए। सुभाष के मुताबिक उद्दंडता महापाप है और सही मायने में महान व्यक्ति वही है जो आत्मविश्वास से भरापूरा और दंभ से रहित हो। साथ ही उनका मानना था कि जीवन का मुख्य सिद्धान्त देना है, लेना नहीं। जो हमसे बुरा बर्ताव करते हैं, उन्हें भी प्रेम से जीता जा सकता है।

यहां यह कहा जा सकता है कि यह बड़ी सलाह किसी चुनौती से कम नहीं थी, जिसे अमीय नाथ ने पुरुषार्थ के साथ स्वीकार किया। अपने पिता शरत और दादा जानकीनाथ बोस की तरह अमीय नाथ भी सफल वकील बने। वह साहसी और आत्मविश्वासी तो थे ही, अपने देश की स्वतंत्रता को लेकर प्रतिबद्ध भी थे। द्वितीय विश्व युद्ध के दौरान अधिकतर समय उन्होंने इंग्लैंड में ही गुजारा और वहीं से वह अपने चाचा सुभाष से गुपचुप जुड़े रहे। तब, अप्रैल 1941 से फरवरी 1943 के बीच, सुभाष जर्मनी में थे।

आजादी मिलने के कुछ साल बाद अमीय नाथ कांग्रेस प्रतिद्वंद्वी को हराकर लोकसभा में आए और फिर बाद में रंगून में भारत के राजदूत होकर चले गए, जहां बर्मा की हीरो आन सान के परिजन नेताजी के भारी प्रशंसक थे।

इस अमूल्य पुस्तक की रचना अमीय नाथ की पुत्री माधुरी ने की है। मैं इसे लेखन नहीं कहकर अगर रचना कहता हूं तो इसकी दो वजहें हैं। अव्वल तो

इसमें सिर्फ माधुरी का लिखा न होकर उनके पिता अमीय नाथ, उनके पिता शरत और साथ ही सुभाष का लिखा भी शामिल है। दूसरे कि यह पुस्तक रचनात्मक ढंग से तैयार की गई है। यह पुस्तक आरंभ में अपने पिता और चाचा के साथ अमीय नाथ के संबंधों की झांकी पेश करती है और फिर शरत, सुभाष और अमीय नाथ के देहान्त की बात बताते हुए अमीय नाथ के ही शब्दों में उन दो महान भाइयों की भावभीनी कथा कहती चली जाती है, जिन्होंने अपने प्यारे वतन की आजादी और एकता की खातिर खुद अपना ऐशो–आराम और जीवन तक होम कर दिया।

यदि अन्ततः एकता का लक्ष्य नहीं हासिल हो सका तो इसकी वजह बोस बंधुओं की कोशिशों का अभाव तो नहीं ही है। पश्चिम में विभाजन की अपरिहार्यता के बावजूद शरत बोस द्वारा पूर्व में बंगाल को एक रखने की ईमानदार कोशिशों का इजहार इस किताब में बखूबी हुआ है, जोकि इसकी बड़ी खासियत कही जा सकती है।

कुछ लोगों को इन पन्नों से यह जानकर हैरत होगी कि सुभाष की गोपनीय मंडली में ऐसे दोस्त शामिल थे, जो ब्रिटिश अभिनियंत्रित पुलिस द्वारा उनके खिलाफ तैयार की जा रही फाइलें उड़ाकर उन्हें उन तक पहुंचाने का काम करते रहे। 1939 के ग्रीष्मकाल में सुभाष और उनके भतीजे अमीय नाथ अपने एल्गिन रोड स्थित आवास पर सात रातों तक लगातार जागकर उन फाइलों का अध्ययन करते रहे जो एलेशियम रो (जिसे अब लॉर्ड सिन्हा रोड कहते हैं) के खुफिया मुख्यालय से पारकर के वहां लाई जाती थीं और फिर भोर होते–होते उन्हें वापस उनकी जगह पर रख भी दिया जाता था। इन फाइलों से यह भी पता चलता था कि सुभाष के आसपास के कौन लोग पुलिस के मुखबिर हैं। ये फाइलें सुभाष के लिए तब मददगार साबित हुईं जब कलकत्ता में नजरबंद सुभाष 1941 की जनवरी में पुलिस को चकमा देकर अफगानिस्तान होते हुए जर्मनी भाग निकले।

इस तरह साम्राज्य की सुरक्षा कवच में दरार थी, जबकि उसके दुश्मनों के साथ साधन संपन्न एजेंट थे।

1945 के अगस्त में विमान दुर्घटना में सुभाष के मारे जाने की खबर पर परिवार को लगे आघात और उसके प्रति उनके अविश्वास को भी पुस्तक में रखा गया है। इसी तरह पुस्तक में यह भी बताया गया है अमीय नाथ के परिवार को इस बात पर कैसै हैरत और खुशी हुई कि चाचा ने ऑस्ट्रिया की एमिली शेंकल से शादी की थी और उससे उन्हें अनीता नाम की बेटी भी है। हम यह भी जान पाते हैं कि 1937 में अमीय नाथ जब यूरोप में थे तो उनकी मुलाकात वहां एमिली से हुई थी। एमिली सुभाष के लिए दुभाषिये तथा सचिव का काम करती थीं।

यह आश्चर्यजनक नहीं कि पुस्तक में बोस बंधुओं के साथ गांधी के मतांतर की चर्चा पुरजोर ढंग से की गई है। गांधी और बोस बंधुओं, दोनों के लिए ही, भारत की हीनता और पराधीनता बर्दाश्त से परे थी, फिर भी गांधी आजादी के लिए गोले–बारूद के प्रयोग के खिलाफ थे। उन्हें लगता था कि ब्रिटिश हिंसक आन्दोलन को कुचलना बखूबी जानते हैं और उन्होंने 1857 में ऐसा किया भी, पर अहिंसक आन्दोलन से वह पार नहीं पा सकेंगे। और फिर भारत के स्वतंत्रता संग्राम में अगर हथियार को जगह मिल गई तो बाद में सशस्त्र भारतीय उनका प्रयोग अपने हमवतनों पर भी करने लग जाएंगे। तब यह सब महिलाओं, अपंगों और दलितों को झेलना पड़ेगा।

1920 में गांधी द्वारा असहयोग की पुकार से प्रेरित होकर सुभाष ने खुद को स्वतंत्रता संग्राम में झोंक दिया। तब वह आईसीएस की परीक्षा देने इंग्लैंड गए हुए थे। यह परीक्षा उन्होंने सफलतापूर्वक उत्तीर्ण की और फिर उसे तुरन्त लात मार दी।

हालांकि स्वतंत्रता संग्राम की अगुवाई कर रहे गांधी से उनकी असहमति 1920 के दशक में ही शुरू हो गई और सुभाष ने अहिंसा के सिद्धान्त पर अपनी असहमति भी जता दी। सुभाष का मानना था कि यदि जरूरत पड़ी तो आजादी की लडाई के लिए हथियार उठाए जा सकते हैं।

1939 में गांधी और सुभाष जिस तरह से अलग हुए यह बात हर कोई जानता है। इस पुस्तक में भी इसकी चर्चा विस्तार से की गई है। इस अलगाव के बावजूद नेताजी 1940 के दशक में बर्मा के युद्ध क्षेत्र से प्रसारित अपने रेडियो कार्यक्रमों में गांधी को राष्ट्रपिता कहकर संबोधित करते रहे।

इससे पहले 1940 के जून में जब दोनों एक–दूसरे से मिले थे, तो सुभाष ने उनसे कहा था – कार्यकारिणी जो काम नहीं कर सकी, उसे वह पूरी आत्मीयता के साथ करेंगे। इस बात की चर्चा महात्मा ने खुद की है। इस पर गांधी की प्रतिक्रिया थी – यदि उनके जीवित रहते सुभाष की योजना फलीभूत होती है तो उन्हें मिलने वाले बधाई संदेशों में पहला संदेश उन्हीं का होगा (हरिजन, 13 जुलाई, 1940)।

भारी असहमतियों के बावजूद दोनों के बीच जिस तरह से साझेदारी बनी रही, इसकी चर्चा पुस्तक में तो की ही गई है, आजाद भारत के पंथ निरपेक्ष प्रकृति के साथ–साथ हिन्दू–मुस्लिम सद्भाव पर दोनों के समान नजरिये पर भी इसमें रोशनी डाली गई है।

इस बिरवे को न तो हर कोई लगा सकता है और ना ही हर किसी ने लगाया। दुख का विषय है कि जिन लोगों ने नेताजी के नेतृत्व में आईएनए में रहकर साथ–साथ लड़ाई लड़ी थी, उन्होंने भी 1947 के जहर के आगे हथियार

डाल दिए। हम सब जानते हैं कि 1947 के सिरफिरे हत्यारों में दुर्भाग्यवश दोनों ही पक्षों में ऐसे लोग भी शामिल थे जो हाल–फिलहाल तक आजाद हिन्द फौज के सेनानी थे या फिर साम्राज्य की भारतीय सेना के सिपाही।

माधुरी बोस की यह पुस्तक इस बात को याद दिलाने में मददगार है कि आज के भारत, और यहां तक कि दक्षिण एशिया के लिए भी समावेशी राष्ट्र और समाज के प्रति सुभाष और शरत की चिन्ताएं प्रासंगिक हैं। महात्मा भी तो यही चाहते थे।

जैसा पहले भी कहा जा चुका है, 1947 की मई एवं उसके आसपास भारत तथा पाकिस्तान से असंपृक्त बंगाल को एक रखने की दिशा में शरत ने जो महत्वपूर्ण प्रयास किए, यह इस पुस्तक का हिस्सा है। नेहरू और पटेल दोनों ही इस कोशिश के सख्त खिलाफ थे, जबकि बंगाल के दोनों हिस्सों के अनेक नेता तो इसके विरुद्ध थे ही। श्यामा प्रसाद मुखर्जी तो खास तौर पर बंगाल का बंटवारा चाहते थे, जबकि एक समय गांधी और जिन्ना दोनों ही शरत के इस प्रस्ताव के समर्थन में थे। लेकिन तभी शरत को निराश करते हुए गांधी ने अपना इरादा बदल दिया।

प्रश्न है कि यदि गांधी ने शरत का समर्थन जारी रखा होता तो क्या 1947 में हमें संयुक्त बंगाल देखने को मिला होता? यह प्रश्न चाहे कितना ही स्वाभाविक हो, पर इसका सही–सही उत्तर नहीं दिया जा सकता है। 1947 में गांधी की बात कांग्रेस के लिए खास मायने नहीं रखती थी। इस तथ्य को सिर्फ इतने से ही समझा जा सकता है कि विभाजन को टालने के लिए गांधी ने 1947 के अप्रैल में नई दिल्ली में जिन्ना के नेतृत्व वाली सरकार बनाने का प्रस्ताव रखा, लेकिन कांग्रेस ने उसे नामंजूर कर दिया।

पुस्तक में अनेक बार अमीय नाथ के इस आकलन को रखा गया है कि 1937 में हुए प्रांतीय चुनावों के बाद ही भारत का विभाजन अवश्यंभावी हो गया था, जबकि कांग्रेस ने मुस्लिम लीग के साथ उत्तर प्रदेश में सरकार बनाने से साफ इंकार कर दिया था। हालांकि कई और लोगों का भी ऐसा ही मानना है, पर यह संकेत भी जहां–तहां मिलते रहे हैं कि जिन्ना ने मजहबी या अलगाववादी रास्ता इससे एक साल पहले 1936 में ही ले लिया होता, जबकि यूनियनिस्ट पार्टी के नेताओं फ़जली हुसैन और सिकन्दर हयात खान ने उन्हें पंजाब में नीचा दिखाया था।

1938 की मई में कांग्रेस के तत्कालीन अध्यक्ष के तौर पर सुभाष ने जिन्ना के साथ बातचीत करके कांग्रेस–मुस्लिम लीग अलगाव को पाटने की कोशिश की थी। सुभाष को एक अच्छा श्रोता मानते हुए गांधी ने इस बातचीत का समर्थन किया था और कहा था कि औरों के बनिस्पत सुभाष इसमें सफल हो सकते हैं। हालांकि बोस और जिन्ना के बीच हुई यह बातचीत भी असफल ही रही।

फिर भी माधुरी बोस ने इस पुस्तक की रचना विभाजन संबंधी प्रश्नों के समाधान के लिए नहीं की है। अपने माता–पिता, दादा–दादी और पिता के चाचा के प्रति प्रेम भाव ने उन्हें इस पुस्तक की रचना के लिए प्रतिबद्ध किया। ऐसा करते हुए उनकी प्रतिबद्धता इस बात को भी लेकर रही कि बोस बंधुओं के बारे में उनके पिता अमीय नाथ की स्मृतियां और विचार संरक्षित रहें और वह ज्यादा से ज्यादा लोगों तक पहुंच सकें।

जब माधुरी ने मुझे इसका प्राक्कथन लिखने के लिए कहा तो मैं भावाभिभूत हो गया। मेरा यह सौभाग्य है कि साठ और सत्तर के दशकों में मैं अमीय बाबू से कई–एक बार मिल सका। बहुत साल पहले जब मैं 11 साल का ही था, मुझे संस्कृत में पाठ के लिए शरत बाबू के हाथों पुरस्कार भी मिला था। यह 1946 के आखिर की बात है, जब नेहरू और पटेल आदि के साथ शरत बाबू भी स्वतंत्रता पूर्व की अन्तरिम सरकार के सदस्य थे।

इस अवसर पर दिए गए अपने भाषण में शरत बाबू ने आइडियाज़ हैव लेग्स नामक पुस्तक की चर्चा की थी। यह एक असामान्य–सा विचार था और इसलिए मुझे यह आज तक याद रह गया है। दशकों बाद मेरी मुलाकात इस पुस्तक के अंग्रेज लेखक पीटर हावर्ड से भी हुई, जिन्हें भुला पाना मुश्किल है।

सुभाष बाबू से मैं कभी नहीं मिला। हालांकि वे मेरे भी भावों और विचारों में उसी तरह मौजूद हैं, जैसा कि वे भारत से प्यार करने और उसे ऊंचा उठता देखने की इच्छा रखने वाले हर शख्स के दिल में रचे–बसे हुए हैं।

आशा करता हूं कि बोस बंधुओं तथा अमीय बाबू की झलकियां पेश करने वाली यह पुस्तक हम सबों को उसी तरह ऊंचा उठने की प्रेरणा देगी, जैसा कि सुभाष ने अपने भतीजे के लिए चाहा था।

राजमोहन गांधी

आभार

भारत के सुप्रसिद्ध बोस बंधु, शरत चन्द्र बोस और उनके छोटे भाई सुभाष चन्द्र बोस के बारे में लिखी गई यह पुस्तक उस आनंददायी श्रम का परिणाम है, जिसकी प्रेरणा मुझे अपने पिता अमीय नाथ बोस से मिली, जो खुद शरत के बेटे और सुभाष के भतीजे थे। अपनी युवा अवस्था में अमीय ने भारतीय इतिहास के विभिन्न महत्वपूर्ण कालों में इन दोनों के साथ गहरे जुड़कर काम किया था। इस तरह वह स्वयं भी उन दोनों की उथल–पुथल भरी जिन्दगी के प्रत्यक्षदर्शी थे।

एक उत्साही संग्रहकर्ता के साथ–साथ बोस बंधुओं के दस्तावेजों के आरंभिक संरक्षक होने की वजह से वह इस उपमहाद्वीप की आजादी की लम्बी लड़ाई में इन भाइयों की भूमिका को सिलसिलेवार लिखने में अकेले समर्थ थे। यह सौभाग्य की बात है कि अमीय नाथ और ज्योत्स्ना बोस का निजी संग्रह वे हमारे लिए छोड़ गए, जो इस पुस्तक का आधार है। इस संग्रह में अनेकों लेख, भाषण, संस्मृतियां और टिप्पणियां शामिल हैं। ये दस्तावेज राष्ट्रीय और अन्तरराष्ट्रीय पाठकों के लिए www.TheBoseLegacy.com वेबसाइट के जरिये समय–समय पर उपलब्ध कराए जाते रहेंगे।

खुद लेखक होकर भी बोस बंधुओं के लेखन के प्रति मेरा आभार जताना अजीबो–गरीब लग सकता है, पर ऐसा करना अपरिहार्य था। यदि उसे श्रेष्ठतम न भी मानें तो द्वितीय विश्व युद्ध से पहले के दो दशकों के स्वतंत्रता संग्राम पर लिखे गए श्रेष्ठ राजनैतिक इतिहासों में दि इंडियन स्ट्रगल एक तो है ही। सुभाष ने पहली बार इसे 1934 में लिखा था और इसमें 1920 से लेकर 1934 तक की घटनाएं शामिल थी। फिर उन्होंने 1940 के आरंभ में उसे अद्यतन बनाते हुए उसमें 1934 से 1942 की घटनाओं का भी समावेश कर दिया। मेरी इस पुस्तक को पढ़ते हुए पाठक पाएंगे कि मेरे पिता अमीय ने आवश्यकता अनुसार दि इंडियन स्ट्रगल को जमकर उद्धृत किया है। यह मात्र संयोग नहीं है कि अमीय ने उस पुस्तक के बंगाली अनुवाद और उसके प्रकाशन में भारी रुचि दिखाई। 1948 और 1953 में इसके दोनों भाग बारी–बारी से छपकर आए।

इसी तरह शरत भी बेहद सृजनशील थे। उन्होंने आलेख, भाषण, संपादकीय, पत्र आदि के रूप में बड़ी संपदा छोड़ी है। इसमें से अधिकतर सामग्री 1952 में

नेताजी भवन, कोलकाता में स्थापित दि शरत बोस अकादमी द्वारा प्रकाशित की जा चुकी है। इसमें सेलेक्टेड स्पीचेज़ एंड राइटिंग्स ऑफ शरत चन्द्र बोस, 1947–1950 (1954) और शरत चन्द्र बोस कोमेमोरेशन वॉल्युम (1982) शामिल है। इस श्रृंखला का तीसरा खंड सुप्रसिद्ध लेखक एवं शिक्षाविद प्रोफेसर अंजन बेरा ने कोलकाता के नेताजी इंस्टीट्यूट फॉर एशियन स्टडीज़ के लिए इंटरप्रेटिंग ए नेशन (2001) शीर्षक से संपादित किया है। वर्तमान पुस्तक को तैयार करने में उससे भी मदद ली गई है।

अपने पिता और चाचा के बारे में भाषणों एवं टिप्पणियों में अमीय उन सामग्रियों की चर्चा बारम्बार करते थे, जिन्हें वह समय–समय पर लंदन के इंडिया ऑफिस लाइब्रेरी एंड रिपोर्ट्स से लाते रहे थे। इनमें ब्रिटिश इंडिया सरकार की खुफिया रिपोर्ट भी शामिल हैं, जो लंदन स्थित ब्रिटिश सरकार तथा भारतीय उपनिवेश से जारी की जाती रही थीं।

शरत और सुभाष से जुड़ी इन सामग्री का मेरी पुस्तक में विस्तृत उपयोग हुआ है। अधिकतर इन्हें मूल रूप में ही रखा गया है, जिससे कि पाठक इन भाइयों की भावना और अभिव्यक्ति के बारे में समझ सकें और यह भी जान सकें कि दूसरे लोग उनके बारे में क्या सोचते थे। इन सामग्री के सूत्रों का उल्लेख यथास्थान पुस्तक में किया गया है।

मैं यहां स्वर्गीय प्रोफेसर प्रशान्त घोष की भूमिका को भी याद करना चाहूंगी, जिन्होंने मेरे पिता के साथ मिलकर शरत चन्द्र बोस की अपूर्ण जीवनी पर आरंभिक काम किया था। इस क्रम में उन्होंने बांग्ला से अंग्रेजी में कुछ ऐसे पत्रों का अनुवाद किया था, जो सुभाष ने 1930 में क्रांतिकारी नेता बरीन घोष को लिखे थे और जिसे हाथो–हाथ पहुंचाने का जिम्मा किशोरवय अमीय पर था। अमीय नाथ ने इन अमूल्य पत्रों का प्रारूप संजो कर रखा था और इनके अनुवाद को इस पुस्तक में पूरी तरह से शामिल किया गया है।

मैं इस पुस्तक को तैयार करने में लगे अनेक लोगों की आभारी हूं। यह काम लम्बे समय से चलता रहा है। शुरू में लिखित सामग्री के साथ ही ऑडियो रिकार्डिंग के बड़े भंडार को डिजिटल बनाने की प्रक्रिया चली। इस कठिन काम में कथकली मुखर्जी ने मेरा साथ दिया। मैं यहां सोमेन्द्र नारायण घोष और जया मुखर्जी को भी धन्यवाद देना चाहती हूं, जो सालों तक इस काम में लगे रहे। मधुमिता दासगुप्ता को धन्यवाद देना तो बनता ही है, जिन्होंने ब्रिटिश खुफिया रिपोर्ट का संक्षेपण किया। जयन्ती नियोगी ने एंडनोट लिखने के मुश्किल काम में कृपापूर्वक मेरी मदद करना स्वीकार किया, जिसके लिए मैं उनकी अनुग्रहीत हूं। मेरे भतीजे अनिर्बन राय ने पुस्तक में उपयोग किए गए तमाम फोटो को बखूबी निखारा है।

मैं अपने मित्र राजू रमण के प्रति भी आभारी हूं, जिन्होंने न केवल सुभाष द्वारा अमीय को बांग्ला में लिखे पत्रों का अंग्रेजी अनुवाद किया, बल्कि जरूरत पड़ने पर मुझे सलाह एवं समर्थन भी देते रहे। सुभाष पर अपना अधिकार रखने वाले मिशन नेताजी (www.subhaschandrabose.org) के चन्द्रचूड़ घोष ने भी मुझे कई महत्वपूर्ण जानकारियां दीं। साथ ही उन्होंने सुभाष के संबंध में लिखी बड़ी सामग्री के अलावा उनके जीवन के अनेक पहलुओं के पुष्टीकरण में भी मेरी मदद की।

मैं अपने उन पाठकों का भी शुक्रिया अदा करती हूं, जिन्होंने पाण्डुलिपि को ध्यान से पढ़ा और मुझे अमूल्य सुझाव दिए। कोलकाता के माडर्न हाई स्कूल की मेरी पसंदीदा टीचर चन्दा बोस और सुप्रिया भट्टाचार्य की भी मैं शुक्रगुजार हूं। एक ने मुझे इतिहास का महत्व समझाया तो दूसरी से मुझमें अंग्रेजी के प्रति प्रेम का भाव जागृत किया। इसी तरह मैं अपनी मित्रों तूप्सी राय तथा सारा अधिकारी और पारिवारिक मित्र कृष्णो डे को भी धन्यवाद देती हूं। कृष्णो डे के साथ पिता ने अपने अनेक असाधारण अनुभव साझा किए थे।

दूरस्थ ऑस्ट्रेलिया के मित्रों में, भारत में ऑस्ट्रेलिया के पूर्व उच्चायुक्त जॉन मेक्कार्थी, पीटर एवं शारमैन मेक्कॉल, एलन एवं शेरिल स्वान, एलिज़ाबेथ हैट्टी तथा कॉलिन मेक्कलेलन, सभी ने इस पुस्तक की पाण्डुलिपि को पढ़ा और उस पर अपनी निष्पक्ष एवं विचारपूर्ण टिप्पणियां दीं।

दुनिया भर में फैले मेरे मित्र बराबर मुझसे इस पुस्तक के संबंध में पूछते रहे और यह जानना चाहते रहे कि यह कब तक छपकर आ रही है? खासकर लंदन की तृषा अम्बरीस डेनिंग (जिसके घर पर रहकर मैं देर तक दस्तावेज पढ़ती रही थी और खुद वह बाहर चली गईं थी, ताकि मेरे काम में बाधा न उत्पन्न हो) और ट्रेसी अल्टवेट मो ने इस पुस्तक को लेकर बड़ी उम्मीदें जगा रखी थीं। मुझे विश्वास है कि उन्हें निराश नहीं होना पड़ेगा।

मेरे दोनों भाई, सूर्य और चन्द्र, इस पूरी प्रक्रिया से गहरे जुड़े रहे हैं और उन्होंने मुझे लगातार संबल एवं प्रोत्साहन दिया है। कई मौको पर तो उन्होंने हमारे पिता अमीय की जिन्दगी से जुड़ी ऐसी अनेक घटनाओं की तस्दीक भी की, जिनसे कि बोस बंधुओं के दृष्टिकोण को समझा जा सकता था। सूर्य उस वक्त पिता के साथ ही था, जब वे अक्टूबर, 1976 में लंदन में लॉर्ड माउंट बैटन से मिले थे। इस मुलाकात से जो पत्राचार का सिलसिला शुरू हुआ, उन्हें भी इस पुस्तक में शामिल किया गया है। हाल के वर्षों में चन्द्र लोगों की नजरों में खास तौर से रहा है, चूंकि वह उस जन आंदोलन का हिस्सा है, जो बोस बंधुओं से जुड़े ऐतिहासिक तथ्यों को तोड़–मरोड़कर पेश करने के खिलाफ तथा भारत सरकार द्वारा गुप्त घोषित कागजातों को क्रमिक तौर पर सरेआम करने के लिए चलाया जा रहा है।

मेरी माँ ज्योत्स्ना ने हमेशा मुझे संबल दिया है। मेरे पिता जब 1996 की 27 जनवरी को अचानक ही हमसे जुदा हो गए, माँ ने ही अपने पति द्वारा एकत्र अनमोल पुरालेखों को संभालने की जिम्मेदारी ओढ़ ली। साथ ही साथ पिता द्वारा अधूरा छोड़े गए इस काम को पूरा करने की मेरी जिम्मेदारी की याद वह मुझे भी दिलाती रहीं। मेरी व्यस्तताओं एवं घुमक्कड़ी की वजह से यह काम काफी समय से लम्बित रहा। 1 मार्च, 2015 को मेरी माँ गुजर गई और इस तरह वह इस पुस्तक का प्रकाशन नहीं देख पाई। सांत्वना इसी बात की है कि पुस्तक की पाण्डुलिपि उन्होंने देख ली थी और इस पर उनकी पूरी रजामंदी थी।

भूमिका

भारतीय स्वतंत्रता संग्राम के इतिहास का पहला पाठ मुझे अपने पिता से मिला। वह गुलाम भारत में पले–बढ़े थे और उन्होंने 1947 में आजादी से पहले के उथल–पुथल भरे दौर को देखा था। बचपन में मेरे लिए यह पाठ ब्रिटिश राज की दिलचस्प कहानियों की तरह था। हां, उसमें एक खास फर्क था। वह यह कि अपने इतिहास की इन घटनाओं को मैंने उसके प्रमुख किरदारों, यथा राष्ट्रवादी नेताओं, स्वतंत्रता सेनानियों तथा क्रांतिकारियों के नजरिये से जाना और समझा। हालांकि मैं आजादी के बाद पैदा हुई थी, जबकि देश का बंटवारा हो चुका था, फिर भी प्रत्यक्ष तौर पर अनुभूत इन चित्रात्मक कहानियों ने उन घटनाओं एवं व्यक्तित्वों को मेरे सम्मुख साकार ला खड़ा किया।

मेरा पालन–पोषण दक्षिण कोलकाता स्थित 1 वूडबर्न पार्क में हुआ। यह तिमंजिली इमारत मेरे दादा शरत चन्द्र बोस ने 1928 में अपने परिवार के रहने के लिए बनवाई थी। यह हमारे पैतृक निवास 38/2 एल्गिन रोड (जो अब नेताजी भवन है) से थोड़ी ही दूर था। सुप्रसिद्ध बोस बंधु, शरत और सुभाष, भारत के स्वतंत्रता संग्राम में साथ–साथ काम करते हुए इसी 1 वूडबर्न पार्क में रहते थे। अब यह शरत बोस भवन कहलाता है और यहां सरकार ने नेताजी इंस्टीट्यूट फॉर एशियन स्टडीज़ स्थापित कर दिया है।

सप्ताह के कार्य दिवसों में पिता कलकत्ता उच्च न्यायालय के मुकदमों को लेकर व्यस्त रहते थे। यहां तक कि शाम में भी घर पर मुवक्किलों के साथ उनका सलाह–मशविरा चलता रहता था। राजनीति और लोकाचार में भी उनका बहुत समय चला जाता था। इस तरह सप्ताहांत की शामों में ही उन्हें आराम करने, पढ़ने और अपने बाल–बच्चों, मैं तथा मेरे दोनों भाई सूर्य एवं चन्द्र, से बातचीत करने का वक्त मिल पाता था। पढ़ने के वे खास शौकीन थे।

कथा वाचन में पिता पारंगत थे। उनकी कहानियों में इतिहास मानो हमसे बातें करता था। उनकी याददाश्त गजब की थी और वह दिनांक एवं घटनाओं की जानकारी इतने सटीक तौर पर देते थे कि हम चकित रह जाते थे। वह मजाकिया स्वभाव के थे और अपने बचपन की कहानियों से हमें मुदित करते रहते थे। चाहे वह नींद में चलने वाले सनकी चाचा की कहानी हो या फिर किसी शादी–ब्याह की मजेदार घटना, उनके मुंह से सुनने का मजा ही कुछ और था।

हमारे स्वतंत्रता संग्राम के महान क्षणों की ये यात्राएं रात्रि भोजन के समय हो पाती थीं और प्रतिरोध एवं प्रतिगमन की घटनाओं से होते हए जब तब विभाजन की त्रासद यादों में बदल जाती थीं। रात्रि भोजन का समय ठीक नौ बजे था, जब हमारी माँ ज्योत्स्ना (घोष) हमारे साथ खाने की मेज पर आ बैठती थीं। माँ का मायका पूर्वी बंगाल में था और इसलिए वह विभाजन के दिल दुखा देने वाली विभीषिकाओं से परिचित थीं। कभी–कभार वह अपने माता–पिता एवं भाई–बहनों के साथ की गई सुखद यात्राओं तथा ढाका शहर के एक कोने पर बूढ़ी गंगा नदी के किनारे स्थित अपने आवास में बिताई गई छुट्टियों को भी याद करती थीं।

मेरे माता–पिता का विवाह 7 मार्च 1948 को हुआ था। यह एक बेहद आनन्ददायक अवसर था, जबकि पूरे सात दिनों तक घर में उत्साह का माहौल बना रहा। यह सब शरत और उनकी पत्नी विभावती की योजनानुसार उनकी ही देखरेख में हुआ। 1 वूडबर्न पार्क के घर को रोशनी तथा फूलों से सजाया गया था और हवा में शहनाई की आवाज थिरक रही थी। सुभाष के गायब होने तथा विभाजन की त्रासदी से घर में जो दुःख पसरा हुआ था, इस विवाह समारोह के कारण वह कुछ समय के लिए हट गया। राष्ट्रीय महत्व की घटनाएं फिर से यहां जल्दी ही प्रमुखता पाने वाली थीं।

चूंकि हमारी माँ का परिवार भी सामाजिक सरोकारों से ओतप्रोत था, इसलिए उन्हें शरत एव विभावती के भरे–पूरे परिवार और वहां की व्यस्त जीवनशैली से तादात्म बैठाने में ज्यादा समय नहीं लगा। यहां से जुड़कर उन्होंने शरत के उन प्रयासों को बेहद करीब से देखा, जो विभाजन की विभीषिका से निबटने की दिशा में वह तब कर रहे थे। उनकी इन कोशिशों में पूर्वी पाकिस्तान से भारी तादाद में यहां आने वाले शरणार्थियों का मामला तो था ही, जो भारत–पाकिस्तान के बीच की नई सीमा–रेखा को लांघकर यहां आ रहे थे, साथ ही बंटे हुए बंगाल में शान्ति एवं भाईचारे की दिशा में उनके प्रयास भी थे। माँ बंगाल को फिर से एक करने के लिए दिए गए बयान के तौर पर शरत के उस अंतिम प्रयास की भी गवाह थीं, जो उन्होंने 20 फरवरी, 1950 को अपने निधन के कुछ ही घंटे पहले दिया था।

मेरी माँ के लिए उनके ससुर शरत एक ऐसे लोक शख्सियत और राष्ट्रीय नेता थे, जो भारतीय इतिहास की धारा बदल सकते थे। साथ ही वह स्नेह से लबरेज गृहस्थ तथा प्यार लुटाने वाले दादा भी थे। उनकी नजरों में उनकी सास विभावती खूबसूरत एवं सौम्य तो थीं ही, शक्ति तथा संयम की प्रतिमूर्ति भी थीं, जो उनके जीवन काल में बार–बार देखने को मिला।

अपने पिता शरत और चाचा सुभाष के संपर्क में पलने–बढ़ने वाले अमीय ने बेहद कमसिन उम्र से ही आजादी की लड़ाई को पास से देखा था। 1920 तथा

1930 के दशकों में वूडबर्न पार्क के इस घर में भारतीय राष्ट्रीय कांग्रेस की महत्वपूर्ण बैठकें होती रही थीं। यहां तक कि महात्मा गांधी तथा जवाहरलाल नेहरू सहित अनेकों नेता यहीं ठहरा करते थे। 29 जुलाई, 1942 को मेरी दादी विभावती को भेजे पत्र में महात्मा गांधी ने लिखा था –

> प्रिय बहन
>
> मैं आशा करता हूं कि मनोरंजन बाबू के हाथों भेजा गया मेरा संदेश आपको मिल गया होगा। आप विश्वास करें कि राजनैतिक मतांतर से आपसी संबंधों में कोई कमी नहीं आती है। मैं तो तभी आपके परिवार का सदस्य बन गया था, जब आपने अपना पूरा घर ही मेरे सुपुर्द कर दिया था तथा आप के साथ–साथ परिवार के सभी सदस्यों ने मुझपर स्नेह की वर्षा की थी, जो भुलाए नहीं भूलेगी।
>
> मैं आशा करता हूं कि शरत बाबू के लिए भी सबकुछ शुभ होगा।
>
> सभी को प्रेम सहित
>
> एम.के. गांधी

बचपन से ही जब पिता बोस बंधुओं के चरणों में बैठकर राजनीति का कखगरा सीख रहे थे, तभी से वह गांधी, नेहरू तथा सरदार वल्लभ भाई पटेल जैसे कांग्रेस के महान नेताओं के संपर्क में आ गए और समय के साथ उन्होंने इन नेताओं को करीब से जाना। बचपन से ही राष्ट्रीय स्तर के इन प्रमुख नेताओं से मेलजोल ने उनके भविष्य को संवारने में मदद की और वह आजादी से पहले तथा उसके बाद भी राजनीति एवं राजनयिकी में महत्वपूर्ण भूमिका निभा सके।

वैसे तो पिता अनेक विषयों पर बातचीत करते थे, पर बातचीत के क्रम में अक्सर राष्ट्रीय आंदोलन के 1920 के नाटकीय दौर की चर्चा खास तौर से चली आती थी, जब देश के क्षितिज पर गांधी और देशबंधु चित्तरंजन दास (सी.आर. दास) का उदय हो रहा था। यह वही दौर था जब गांधी द्वारा असहयोग आन्दोलन के आह्वान पर शरत और सुभाष भी स्वतंत्रता की राष्ट्रीय आकांक्षा की तरफ खिंचे चले आए थे। बोस बंधुओं के बारे में पिता यदि आत्मीयता एवं गहरी जानकारी के साथ बात करते थे तो इसकी वजह केवल उनका बेटा या भतीजा होना नहीं था, बल्कि बड़े होने पर उनके विश्वस्त राजनैतिक सहयोगी और व्यक्तिगत दूत के तौर पर उनके अनुभवों के कारण भी था।

अपने महान पिता और लब्धप्रतिष्ठ चाचा के बारे में बोलते हुए अक्सर वह स्वतंत्र, संयुक्त तथा समाजवादी भारत में साम्प्रदायिक सद्भाव के प्रति उनकी निष्ठा की चर्चा करते हुए कहते थे कि शरत और सुभाष को अलग–अलग कर

के नहीं समझा जा सकता है। दोनों के ही सिद्धान्त, उनकी दृष्टि और उनके लक्ष्य एक–दूसरे से मिलते–जुलते और गहरे जुड़े हुए थे।

23 जनवरी, 1976 को सुभाष की जयन्ती के अवसर पर कोलकाता के नेताजी भवन में दिए गए भाषण में दोनों भाइयों के बीच के इस असाधारण संबंध की चर्चा करते हुए उन्होंने कहा था –

> शरत चन्द्र बोस को जाने बगैर सुभाष चन्द्र बोस को नहीं समझा जा सकता है। स्वतंत्र और संयुक्त भारत के बारे में दोनों का नजरिया एक था। बहुसंख्यक या फिर अल्पसंख्यक आधारित साम्प्रदायिकता को लेकर उन्हें किसी तरह का समझौता मंजूर नहीं था। साथ–साथ दोनों ही समाजवाद के सिद्धान्तों में शिद्दत से विश्वास रखते थे।
>
> जैसा कि मेरे पिता शरत के मित्र एवं हमपेशा वकील काली प्रसाद खेतान ने शरत बोस अकादमी द्वारा 6 सितम्बर 1953 को नेताजी भवन में आयोजित स्मारक व्याख्यान में कहा था, शरत शेर–दिल इंसान थे और उन्होंने सुभाष को वैसा गढ़ा, जैसे कि वह थे और सुभाष ने भी उन्हें वैसा गढ़ा, जैसा कि वह हैं – बंगाल और भारत के दिल की धड़कन, उस भारत के जिसे उन दोनों गर्वीले एवं दृढ़प्रतिज्ञ भाइयों ने स्वतंत्र कराने में अपना भरपूर योगदान दिया था।

पिता भारत के स्वतंत्रता संग्राम की शुरुआत 1857 की सशस्त्र क्रांति से मानते थे, जोकि ब्रिटिश सत्ता के खिलाफ पहला जन संघर्ष था। हालांकि उसे बेरहमी से कुचल दिया गया। वह 1885 में कांग्रेस की स्थापना के बारे में भी कहते और बताते कि कैसे यह संस्था मुट्ठी भर शिक्षित भारतीयों तथा ब्रिटिश राज के बीच हल्की–फुल्की राजनैतिक एवं सामाजिक चर्चा के लिए गठित मंच से बढ़कर भारी जनाधार वाले आधारभूत लोक संगठन में तब्दील हो गई, जिसमें नरम और गरम दोनों विचारों के लोग शामिल थे। और किस तरह यह ज्यादा संवैधानिक बदलाव तथा सरकार में ज्यादा से ज्यादा स्वायत्तता की मांग उठाती चली गई। पिता लोकमान्य बाल गंगाधर तिलक की चर्चा करना भी नहीं भूलते थे, जिन्होंने पहले–पहल 19वीं शताब्दी के आरंभ में स्वराज की मांग की थी और अपना सुप्रसिद्ध नारा दिया था – स्वराज हमारा जन्मसिद्ध अधिकार है और हम इसे लेकर ही रहेंगे।

पिता 19वीं शती के आखिरी दशक में सक्रिय भारतीय क्रांतिकारियों की बात भी करते थे और बताते थे कि कैसे उन्होंने प्रथम विश्व युद्ध के दौरान सशस्त्र क्रांति करने की कोशिश की और कैसे उसे उनकी तुलना में बेहतर अंग्रेजी फौज ने तुरन्त ही कुचल दिया। इनमें से अधिकतर क्रांतिकारी तो बंगाल से ही थे तथा शरत और सुभाष से मिलने वूडबर्न पार्क के आवास पर आते–जाते रहते थे। पिता तब बच्चे थे।

1930 में चटगांव शस्त्रागार पर धावा बोलने वाले सूर्य सेन को याद करते हुए वह बताते थे कि वह बेहद शांत एवं सरल थे, जिन्हें देखकर कोई नहीं कह सकता था कि अंदर ही अंदर वह इतनी आग से भरे हुए हैं। इस बात को याद कर वह बेहद उत्साहित हो जाते थे कि 1930 के आसपास सुभाष चाचा ने उनके हाथ में चिट्ठी देकर उसे साथी क्रांतिकारी अरविन्द घोष के छोटे भाई बरीन घोष को पहुंचाने के लिए कहा। आत्मीयता से भरी यह लम्बी चिट्ठी इस पुस्तक के तीसरे अध्याय में शामिल की गई है।

जब कांग्रेस में चित्तरंजन दास की प्रतिष्ठा बढ़ रही थी और 1923 की जनवरी में उन्होंने कांग्रेस छोड़कर स्वराज पार्टी बना ली थी, जो लगातार लोकप्रिय एवं शक्तिशाली होती जा रही थी, उस समय पिता बच्चे ही थे। चित्तरंजन दास की प्रतिष्ठा बोस बंधुओं के राजनैतिक गुरु के तौर पर थी और उनकी अकाल मृत्यु पर सुभाष ने दुख के साथ कहा था, 'देशबंधु का लोक जीवन तेजोमय था और शक्ति के पुंज के तौर पर ही उनका निधन हो गया।'

देशबंधु के बारे में अपनी यादें खंगालते हुए पिता बताते थे कि शरत बोस के 38/1 एल्गिन रोड स्थित आवास पर स्वराज पार्टी की बैठकें हुआ करती थीं। ऐसी ही एक बैठक में मोतीलाल नेहरू, हकीम अजमल खां, जतीन्द्र मोहन सेनगुप्ता आदि मौजूद थे। सेनगुप्ता अपनी कुर्सी पर आराम से बैठे सिगार पी रहे थे। मोतीलाल नेहरू तथा दूसरे नेताओं पर उनका ध्यान तक नहीं था। तभी शरत ने वहां आकर खबर दी, 'कर्ता (बॉस) पधार रहे हैं'। इसके साथ ही देशबंधु भीतर दाखिल हुए। सेनगुप्ता तुरंत उठ खड़े हुए और उन्होंने झट से अपनी सिगार बुझा दी। बाकी सबका ध्यान भी उन्हीं पर केन्द्रित हो गया और फिर बैठक शुरू हो गई।

पिता 1933 में कलकत्ता विश्वविद्यालय के स्कॉटिश चर्चेज़ कॉलेज के छात्र थे। वहां स्नातक की पढ़ाई करते हुए उन्होंने कलकत्ता विश्वविद्यालय छात्र संघ के गठन में भूमिका निभाई थी। उसके पहले अध्यक्ष के तौर पर उन्होंने 1937 में विश्वविद्यालय के दरभंगा हॉल में आयोजित समारोह में हिन्दू-मुस्लिम एकता पर बोलने के लिए मोहम्मद अली जिन्ना को बुलाया था। पिता याद करते हुए बतलाते थे कि तब जिन्ना ने दोनों समुदायों के बीच समझदारी और भाईचारे के समर्थन में बोला था। उनकी बातचीत में आगे आने वाले जलजले की भनक तक नहीं थी।

1937 के मार्च महीने में पिता कैम्ब्रिज विश्वविद्यालय में पढ़ने इंग्लैंड चले गए। वहीं से उन्होंने वकालत की पढ़ाई भी पूरी की। वहां रहते भी उन्होंने देश में चल रहे स्वतंत्रता आन्दोलन को समर्थन देना जारी रखा। 1944 के दिसम्बर में भारत लौटने तक सात सालों के दरमियान वह ब्रिटिश सांसदों के साथ-साथ

वहां के कला एवं सांस्कृतिक जगत और खास एवं आमजनों के बीच भारत के पक्ष में प्रचार करते रहे।

इंग्लैंड प्रवास के अपने अंतिम तीन वर्षों में तथा भारत लौटने के बाद भी वह अपने पिता शरत को दक्षिण भारत में बंदी बनाकर रखे जाने के खिलाफ संघर्ष करते रहे। 1945 के सितम्बर में जब शरत को आखिरकार रिहा कर दिया गया, तब से ही वह हमेशा अपने पिता के साथ–साथ रहे। इस तरह आज़ाद हिन्द फौज के सेनानियों के खिलाफ चलाए गए मुकदमे एवं उनकी व्यथा तथा भारत की स्वतंत्रता और विभाजन पर छिड़ी महत्वपूर्ण वार्ता से लेकर 1945 के अगस्त में सुभाष के लापता हो जाने तक की कारुणिक घटना के बीच भी वह अपने पिता के साथ लगातार बने रहे।

पिता शरत के उस दुख की चर्चा भी अक्सर किया करते थे, जो उन्हें भारत के विभाजन और खासकर बंगाल के विभाजन को रोक पाने में असफल रहने पर था, जबकि वे विभाजन को रोकने के लिए कृतसंकल्पित ही नहीं थे, बल्कि इसके लिए उन्होंने अपने स्तर से एड़ी–चोटी का जोर भी लगा दिया था। साम्प्रदायिकता के साथ–साथ भ्रष्टाचार, भाई–भतीजावाद एवं पक्षपात के खिलाफ शरत की लड़ाई की बात भी वह बताते थे। उन्हें इस बात का अफसोस था कि 1947 में सत्ता में आने के बाद से कांग्रेस में ये बीमारियां घर कर गई थीं।

1950 के फरवरी माह में शरत की अकाल मृत्यु के बाद पिता ने मित्रों, रिश्तेदारों एवं सहकर्मियों के साथ मिलकर बोस परिवार की विरासत को संभाल लिया। उन्हें आशा थी कि भारत को लेकर बोस बंधुओं की जो सोच थी, वह एक न एक दिन साकार होगी और साथ ही एशियाई क्षेत्रों के बीच एकता एवं सहयोग का उनका सपना भी पूरा होगा। अपनी रिहाई के बाद शरत ने 38/2 एल्गिन रोड स्थित बोस परिवार के पैतृक मकान का अधिग्रहण अन्य सभी भाइयों की स्वीकृति से कर लिया ताकि वहां संग्रहालय एवं शोध केन्द्र स्थापित किया जा सके। इसका नाम उन्होंने अपने प्रिय भाई की स्मृति में नेताजी भवन रखा।

शरत की योजनाओं को कार्य रूप देने के लिए 1952 में नेताजी भवन में ही 'दि शरत बोस अकादमी' की स्थापना की गई। मेरे पिता ने इस अकादमी के महासचिव का कार्यभार संभाला। इसके साथ ही उन्होंने भारत सहित यूनाइटेड किंगडम, जर्मनी, इटली, जापान आदि देशों के राजकीय पुरालेखागारों के अलावा निजी संग्रहों से भी दस्तावेज जुटाने का काम शुरू किया। इन दस्तावेजों में बोस बंधुओं से जुड़े पत्राचार, फोटो तथा फिल्में शामिल हैं। ये सभी चीजें नेताजी भवन में रखी गई हैं।

इसके अलावा अकादमी ने शरत एवं सुभाष के लेखन, भाषणों, पत्राचारों आदि के प्रकाशन की भी योजना शुरू की। बोस बंधुओं के कार्य एवं जीवन से जुड़ी तस्वीरों की प्रदर्शनियां भी अकादमी ने लगाईं।

भारत के स्वतंत्रता संग्राम में बोस बंधुओं की भूमिका पर प्रकाश डालने के लिए पिता देश–विदेश में घूम–घूम कर भाषण देते रहे। उनके इन भाषणों में राष्ट्रीय एकता की चुनौतियां, भारत के अर्ध–संघीय ढांचे से पैदा होने वाले संकट, और दक्षिण एशिया की एकता जैसे सामयिक महत्व के विषय भी शामिल रहते थे।

इस पुस्तक में मेरे पिता के प्रकाशित एवं अप्रकाशित लेखों, देश–विदेश में उनके भाषणों, निजी पत्राचारों, डायरियों एवं संस्मरणों के साथ ही अमीय नाथ एवं ज्योत्स्ना बोस के निजी संग्रह में संरक्षित सरकारी रिकॉर्ड तथा दस्तावेजों को शामिल किया गया है।

पिता के साथ सालों–साल की बातचीत ने भारतीय स्वतंत्रता संग्राम के इतिहास के बारे में मेरी समझ बढ़ाई है। इससे भी यह पुस्तक तैयार करने में मुझे मदद मिली। पिता ने जिस इतिहास को बेहद करीब से देखा और जिसमें वह खुद भी शामिल रहे, उसे जोड़ने का काम मैंने इस पुस्तक के जरिये किया है। आजादी के बाद की घटनाओं पर उनके विश्लेषण और व्याख्या को भी इसमें स्थान दिया गया है।

इन सबको संकलित और संपादित करने का काम चुनौतियों से भरा था। नेताजी भवन में मेरे पिता द्वारा संजोकर रखी ज्यादातर सामग्री को निकालना दुष्कर काम था, क्योंकि वर्षों से वे वहां दबी पड़ी थीं।

यह पुस्तक बोस बंधुओं की जीवनी नहीं है। सच कहें तो यह शरत और सुभाष के साथ–साथ 1920 से शुरू होने वाले तीन दशकों के प्रमुख किरदारों को लेकर मेरे पिता के अनुभवों, विचारों और विश्लेषणों का निचोड़ है। ऐसे में मैं आशा करती हूं कि मेरे पिता द्वारा प्रस्तुत बोस बंधुओं का विवरण और उनके सफर की कहानी उन दोनों भाइयों और उनकी प्रतिबद्धताओं के प्रति लोगों का रुझान बढ़ाने में सहायक होंगे। उनकी यह कहानी प्रतिबद्धता, निस्स्वार्थ भावना तथा बलिदान की कहानी है, जो पीढ़ियों तक नौजवानों को दिशा बोध देती रहेगी। इस लौ को बरकरार रखने तथा दूसरों को भी ऐसा करने के लिए प्रेरित करने की खातिर ही पिता ने यह नायाब तरीका सोचा था।

पाठक बेशक पूछ सकते हैं, यह पुस्तक अभी क्यों? इसका आधा उत्तर तो बोस बंधुओं एवं उनके सिद्धान्तों की प्रासंगिकता में है, जिसके लिए वे जीवन भर लड़ते रहे। यह प्रासंगिकता सिर्फ बनी हुई ही नहीं है, बल्कि बढ़ती भी जा रही है। इसके साथ ही यह सुनिश्चित करना भी आवश्यक है कि उनकी विरासत समय के साथ धुंधला न जाए और ना ही उनका अनर्थ हो।

अध्याय – 1, बोस बंधु और 'अमी', में अमीय के बचपन से लेकर उनके जिम्मेदार युवक बनने तक की और उन्हें मिलने वाले प्रेम, समर्थन एवं मार्गदर्शन की झलकियां पेश की गई हैं। उनके व्यक्तित्व निर्माण में उनके पिता शरत एवं चाचा सुभाष का बड़ा हाथ रहा था, हालांकि दोनों ही लम्बे समय तक अपनी

गैरमौजूदगी के कारण भौतिक तौर पर उनसे दूर रहे। जब कभी उनके पिता या चाचा जेल में होते या फिर नजरबंद हो कर कोलकाता से दूर रहते, तब भी इस बालक के सुपालन एवं सुपोषण में कोई रुकावट नहीं आती थी। यह सिलसिला अमीय की युवास्था तक कायम रहा। अमीय की मौत के समय शोक व्यक्त करते हुए कलकत्ता उच्च न्यायालय के तत्कालीन कार्यवाहक मुख्य न्यायाधीश ने कहा, 'स्वर्गीय शरत चन्द्र बोस एवं नेताजी सुभाष चन्द्र बोस के परिवार का सदस्य होकर भी वह अपने बड़ों से किसी भी तरह कम नहीं थे। चाहे वह उनकी देशभक्ति का मामला हो या फिर हृदय एवं मस्तिष्क से जुड़े गुणों का, सब में वह उनके बराबर ठहरते थे। अमीय पूरी तरह अपने पिता और चाचा से प्रेरित थे और जीवन भर वह उनके ही आदर्शों पर चलते रहे।'

अध्याय – 2, मार्ग माण्डले का, पाठकों को शरत और सुभाष के साथ आज़ादी की लम्बी यात्रा पर चलने का न्यौता देता है। सुभाष से आठ साल बड़े शरत, गांधी द्वारा प्रेरित कांग्रेस के आन्दोलन से 1918 में जुड़ गए थे। 1921 में इंग्लैंड से वापसी के बाद सुभाष भी इसमें आ मिले। उन दोनों ने नेतृत्व और प्रेरणा के लिए बंगाल के चित्तरंजन दास की तरफ देखा, जो तब बंगाल के सबसे करिश्माई नेता थे। अनेक घटनाओं से गुजरते हुए छोटे भाई को 1925 की जनवरी से लेकर 1927 की मई तक दूरस्थ बर्मा के माण्डले की जेल में डाल दिया गया। इस अध्याय में पाठकों को युवा सुभाष की तत्कालीन मनःस्थिति को जानने का मौका मिलेगा, जब वह माण्डले जेल में थे और यहीं रहते हुए उन्होंने 'पेबल्स ऑन दि सी शोर' की रचना की, जो उनके विचारों का संग्रह है, जिन्हें वे अलग–अलग मौकों पर व्यक्त करते रहे थे। इसी अध्याय में उनके वे स्मृति लेख भी हैं, जो उन्होंने माण्डले भेजे जाने से पहले बरह्मपुर जेल में रहकर लिखे थे।

जैसा कि अध्याय – 3, स्वराज की पुकार, स्वराज से इनकार, नाम से ही समझा जा सकता है, इसमें खास तौर से 1920 से 1930 के दशक की घटनाओं को शामिल किया गया है, जब स्वतंत्रता आंदोलन अनेक घुमावदार रास्तों से होकर गुजर रहा था। पाठकों को यह समझना आसान होगा कि गांधी एवं सत्याग्रह आन्दोलन के उनके साथियों और बोस बंधु एवं उनके वामपंथी दोस्तों के बीच की खाई कब और कैसे बढ़ती चली गई। पाठक इसमें हिन्दू–मुस्लिम अलगाव के संकेतों को भी संभवतः देख पाएं, जिसके कारण आखिरकार उपमहाद्वीप का दुखद बंटवारा हो गया।

अध्याय – 4, बोस बंधु और गांधीः अलग–अलग रास्ते, में गांधी और बोस बंधुओं के बीच सैद्धान्तिक एवं राजनैतिक तौर पर गहरी होती खाई को दिखाया गया है, जिसके कारण शरत को यह कहने के लिए बाध्य होना पड़ा कि हम

दोनों के रास्ते अलग हैं और खुद गांधी ने भी कहा कि हमें अब अलग–अलग नांवों पर चलना होगा। इसी अध्याय में अमीय की उस आधारभूत संकल्पना को भी रखा गया है, जिसके अनुसार विभाजन की काली छाया 1930 के दशक से ही पड़ने लगी थी। इसमें खासकर 1937 की परिस्थितियों के साथ ही पुनर्गठित भारत सरकार अधिनियम, 1935 के तहत हुए राष्ट्रीय एवं प्रांतीय चुनावों का भी जिक्र है। पाठकों को बताया गया है कि कैसे गांधी तथा उनके कांग्रेस नेतृत्व ने साझा सरकार बनाने से इंकार कर जिन्ना तथा उभरती हुई मुस्लिम लीग की निष्ठा को एकीकृत भारत के पक्ष में करने का बड़ा मौका गंवा दिया।

अध्याय – 5, बंटवारा कड़वी दवा, पाठकों को विभाजन के समर्थन और विरोध में चलाए जा रहे अभियानों से परिचित कराता है। पाठक खास तौर से शरत की उन बेताब कोशिशों के बारे में भी जान पाते हैं जो उन्होंने विभाजन को रोकने के लिए की थीं। हम देखते हैं कि शरत किस तरह अपने तमाम देशवासियों को विभाजन की विभीषिका के खिलाफ बार–बार सचेत करते रहे थे और उन्हें मजबूती के साथ एक होकर रहने की सलाह भी देते रहे थे। ऐसा ही संदेश सुभाष भी दक्षिण–पूर्व एशिया के जंगलों से अपने रेडियो प्रसारणों में भी देते रहे थे, पर वे न सिर्फ अनसुने रह गए, बल्कि उन पर अमल भी नहीं हुआ।

अध्याय – 6, स्वतंत्र एवं संयुक्त बंगाल, में बताया गया है कि कैसे इस उपमहाद्वीप के बंटवारे का विरोध निष्फल साबित हुआ, जबकि अपने प्रिय भाई को खोने के बाद भी शरत ने बंगाल को बचाने के लिए अपनी कोशिशें अन्त तक जारी रखीं। 1946 में बंगाल ने कोलकाता में भारी खून–खराबा देखा था। हालांकि आजादी के समय कोलकाता में इसकी पुनर्वावृत्ति नहीं हुई, जैसा कि अनेक लोगों को अंदेशा था, पर बंगाल के हिन्दुओं और मुसलमानों के बीच विश्वास का धागा पूरी तरह से टूट गया। यहां तक कि एकीकृत बंगाल के पक्ष में जिन्ना का समर्थन भी लोगों पर बेअसर रहा, जोकि एक भाषा, एक संस्कृति तथा एक ही इतिहास के साझेदार रहे थे। 20 फरवरी, 1950 को अपने निधन के समय तक शरत ने बंगाल को एक करने की कोशिश जारी रखी, पर अफसोस कि यह हो न सका।

आखिरकार, उपसंहार में पाठकों का ध्यान बोस बंधुओं की विरासत तथा उनके प्रिय अमीय की संकल्पबद्धता की तरफ दिलाया गया है, जिसे वह अपने पिता और चाचा के सपनों को पूरा करने के लिए आजीवन निभाते रहे और इस बात को लेकर प्रयत्नशील रहे कि उनके द्वारा प्रज्ज्वलित यह लौ कभी बुझने न पाए। इस अंतिम अध्याय में सुभाष के उन कठिन प्रयासों की चर्चा भी की गई है, जो वह विश्व युद्ध की विभीषिका को भारत की स्वतंत्रता के हितों में मोड़ने के लिए एशिया तथा यूरोप से करते थे। इसमें युद्ध की समाप्ति के साथ ही

उनके गायब होने को लेकर जो रहस्यमयता बनी, उस दुखद घटना का जिक्र भी हुआ है। सुभाष की अनुपस्थिति के बाद भी शरत जिस तरह स्वतंत्र एवं समाजवादी भारत के लिए अभियान चलाते रहे, और फिर शरत के अकाल निधन से जो रिक्तता एवं उदासी घर कर गई, उसे भी पाठक जान सकेंगे। समय के साथ ही हमने देखा कि बंगाल के राष्ट्रीय नेताओं एवं प्रमुख विचारकों की लम्बी फेहरिस्त में शरत और सुभाष का नाम ही अंतिम है। यह देश का दुर्भाग्य ही है कि इसमें कोई और नाम आज तक नहीं जुड़ सका है।

1

बोस बंधु और 'अमी'

ट्रेन से
5.2.32

मेरे प्रिय अमी,

खूरो ने तुम्हें कल की घटना की जानकारी दे ही दी होगी। इसे लेकर बिलकुल भी मत घबराना। एक अच्छे बच्चे की तरह अपनी पढ़ाई पर पूरा–पूरा ध्यान देना। साथ ही अपने दादा–दादी तथा माँ का भी ख्याल रखना। तुम्हें, मीरा, नेरू, गीता, बुई और पुटुल[1] को मेरा आशीर्वाद।

सस्नेह तुम्हारा
एस.सी. बोस

फरवरी, 1932 की शुरुआत का यह दिन आम दिनों की तरह ही था, जब अमीय (जिसे परिवार के लोग प्यार से अमी कहकर बुलाते थे) को शरत द्वारा अकस्मात भेजा गया यह संक्षिप्त संदेश मिला और इसी से उसे पता चला कि उसके पिता को ब्रिटिश औपनिवेशिक अधिकारियों ने कैद करके जेल में डाल दिया है। अमी की उम्र तब मात्र 16 साल थी और वह मैट्रिक के इम्तिहान में बैठने की तैयारी कर रहा था।

शरत उस समय किसी कानूनी मामले के सिलसिले में कलकत्ता से बाहर बिहार की कोयला नगरी झरिया गए थे, जोकि अब झारखंड में है। लेकिन कलकत्ता स्थित अपने घर लौटने की बजाय वह उस ट्रेन में थे, जो उन्हें ब्रिटिश जेल लेकर जा रही थी। उन्हें क्रांतिकारियों के साथ सांठ गांठ करने के कथित आरोप में बंगाल अध्यादेश की तीसरी धारा के तहत गिरफ्तार किया गया था। यह अध्यादेश सौ साल पहले 1818 में लाया गया था और इसमें बिना मुकदमा चलाए किसी को भी गिरफ्तार कर लेने का प्रावधान था।

ब्रिटिश सरकार ने शरत को जब पहली बार अचानक गिरफ्तार किया, उस वक्त वह एक नामी वकील, प्रमुख कांग्रेसी नेता, तथा एक भरे–पूरे परिवार के मुखिया थे, जिनपर अपनी गर्भवती पत्नी विभावती, अपने सात बच्चों, बूढ़े मां–बाप तथा सम्मिलित परिवार के अन्य अनेक आश्रितों का भार था। शरत की इस

[1] अमीय के भाई–बहन

गिरफ्तारी के निजी एवं राजनैतिक नतीजों के बारे में तो खैर ब्रिटिश सरकार ही जानती होगी, पर शरत खुद इसके लिए कितने तैयार थे, यह तो उनके इस पत्र से साफ जाहिर है, जिसमें अपनी गिरफ्तारी को लेकर उनके मन में कहीं कोई पीड़ा का इजहार नहीं है। उनके लिए तो यह मात्र कर्तव्य की पुकार थी और इसीलिए इस संकट की घड़ी में भी उन्होंने अपना संतुलन बनाए रखा।

किशोरवय अमी के लिए अपने पिता की गिरफ्तारी की यह खबर इससे ज्यादा खराब वक्त पर क्या आती, जबकि उन्हें अपने जीवन की पहली महत्वपूर्ण परीक्षा में उतरना था। फिर भी उन्होंने अपने पिता की बात मानते हुए अपना हौसला बनाए रखा। इतना ही नहीं, उन्होंने अपने दादा–दादी और माँ की सेवा–सुसुश्रा में अपनी ओर से कोई कोर–कसर नहीं छोड़ी।

छोटी उम्र से ही शरत ने अमी पर भरोसा करके उस पर उन सारे दायित्वों का भार डाल दिया, जिसे निभाने की अपेक्षा उसकी उम्र के अन्य बच्चों से नहीं की जा सकती थी। इस भरोसे का ही नतीजा था कि पिता–पुत्र के बीच प्रगाढ़ संबंध बन पाया, जिसमें अमीय ने आत्मविश्वास से भरपूर वार्ताकार, निजी दूत तथा राजनैतिक सहयोगी की भूमिका निभाई।

शरत की गिरफ्तारी के कुछ ही महीने पहले, 2 जनवरी 1932 को, उनके छोटे भाई तथा अमीय के चाचा रंगा काका बाबू यानी सुभाष को उसी कानून की उसी धारा के तहत कलकत्ता से गिरफ्तार किया जा चुका था। इस तरह बोस बंधु, शरत और सुभाष, ने अगले कुछ महीने मध्य भारत के सिवनी तथा जबलपुर जेलों में साथ–साथ गुजारे। हालांकि दुर्भाग्यवश साल के मध्य तक दोनों भाइयों को अलग–अलग जेलों में डाल दिया गया। शरत को 26 जुलाई 1935 तक साढ़े तीन सालों के लिए बंदी बनाकर रखा गया, जिसमें आखिर के वे दो साल भी हैं, जब उन्हें दार्जिलिंग के निकट हिमालय की तराई में गिद्ध पहाड़, कुर्सियांग स्थित उनके अपने आवास पर नजरबंद रखा गया था।

दूसरी तरफ सुभाष को 1932 की जुलाई में पहले तो दक्षिण भारत के मद्रास स्थित जेल में भेज दिया गया और फिर जब वह बीमार हो गए तो उन्हें उसी साल 8 अक्टूबर को उत्तर भारत के भोवाली, उत्तर प्रदेश स्थित किंग एडवर्ड सेनेटोरियम में डाल दिया गया। साल के अंत तक बंगाल के डॉक्टरों, जिसमें सुभाष के बड़े भाई एवं सुप्रसिद्ध हृदयरोग विशेषज्ञ डॉ. सुनील बोस भी शामिल थे, और ब्रिटिश औपनिवेशिक मेडिकल अधिकारियों, दोनों को ही लगने लगा कि सुभाष को संदिग्ध टीबी के उपचार के लिए यूरोप भेजना पड़ेगा, जहां अच्छी आबो–हवा के साथ–साथ उन्हें बेहतर स्वास्थ्य सुविधाएं भी मिल सकेंगी।

अपने स्वास्थ्य में कोई सुधार न होता देख और साथ ही भारत में रहते हुए रिहाई की कोई आशा न पाकर सुभाष ने यूरोप में निर्वासन भोगना मंजूर कर

लिया। हालांकि वहां उन्हें उनके निजी खर्चों पर ही भेजा जाना था। पारिवारिक मित्रों ने आगे बढ़कर उनके यूरोप जाने तथा 1 वूडबर्न पार्क के घर में अकेले ही अपने परिवार तथा अन्य आश्रितों की देखरेख करने को मजबूर शरत की पत्नी विभावती के लिए पैसों का इंतजाम किया। अपनी रिहाई के बाद शरत ने अपने दोस्तों का वह सारा कर्ज लौटा दिया, जिसमें सुभाष को यूरोप भेजने के लिए दिया गया पैसा भी शामिल था।

दूसरी तरफ ब्रिटिश अधिकारियों ने यूरोप जाने से पहले सुभाष को कलकत्ता आकर अपने बीमार पिता जानकीनाथ और माँ प्रभावती से भी नहीं मिलने दिया। इतना ही नहीं, लंदन पहुंचने पर उनके यात्रा संबंधी दस्तावेजों को अवैध बताकर उन्हें वहां घुसने से रोक दिया गया। जाहिर तौर पर ब्रिटिश सरकार यह कतई नहीं चाहती थी कि लंदन पहुंचकर सुभाष वहां भी पूर्ण स्वराज के लिए संघर्ष चलाएं। कुछ समय तक लखनऊ जेल में रहने के बाद सुभाष को फिर से जबलपुर जेल भेज दिया गया और फिर वहीं से 22 फरवरी 1933 को बंबई की लम्बी यात्रा के लिए उन्हें ट्रेन पर बैठा दिया गया, जहां से उन्होंने यूरोप में वियना (ऑस्ट्रिया) के लिए पानी का जहाज पकड़ा।

हालांकि सुभाष को इस बात की खुशी रही कि जबलपुर से बंबई तक का सफर अमी के साथ तय करने को लेकर उनका निवेदन अधिकारियों द्वारा मान लिया गया। सुभाष चाचा के साथ अपनी उस मार्मिक यात्रा को याद करते हुए अमीय ने बाद में लिखा –

> उपचार के लिए यूरोप जाने से पहले सुभाष चाचा को वापस जबलपुर सेंट्रल जेल भेज दिया गया। मेरी माँ विभावती और मुझ सहित बोस परिवार के अनेक लोग उनसे मिलने जबलपुर जेल गए। इसमें देशबंधु चित्तरंजन दास की विधवा श्रीमती बसंती देवी भी शामिल थीं। जेल में उनसे हुई मुलाकातों के दौरान ही सुभाष चाचा ने मुझसे अपनी इच्छा जताई कि मैं भी उनके साथ जबलपुर से बंबई तक ट्रेन से चलूं, जहां से उन्हें यूरोप के लिए पानी का जहाज लेना है।
>
> 22 फरवरी 1933 को सुभाष चाचा ने बंदी के तौर पर ही तीन बजे दोपहर में जबलपुर से बंबई मेल पकड़ी। मध्य प्रांत के पुलिस अधीक्षक उनके साथ में थे। पूर्व योजना अनुसार मैंने भी वही ट्रेन पकड़ ली, पर मैं दूसरे डिब्बे में चढ़ा।
>
> मध्य रात्रि में ट्रेन जब किसी स्टेशन पर रुकी थी, वह पुलिस अधीक्षक मेरे पास आए और उन्होंने मुझसे कहा कि मैं अपने चाचा के डिब्बे में जा सकता हूं और रात भर उनके साथ सफर कर सकता हूं। वह रात भर मेरे बर्थ पर सो रहेंगे, लेकिन जैसे ही सुबह होगी मुझे वापस अपने डिब्बे में लौट आना होगा। इस तरह मै् अपने चाचा के पास उनके डिब्बे में जा पहुंचा और बंबई की तरफ उनके

साथ–साथ रेल यात्रा की। चाचा से मुझे मालूम हुआ कि वह पुलिस अधीक्षक आयरिश मूल का था और चाचा उसे इस बात के लिए मनाने में सफल रहे थे कि वह मुझे रात भर के लिए उनके साथ सफर करने दे।

अपने साथ रात भर की इस यादगार ट्रेन यात्रा के दौरान सुभाष चाचा ने मुझे अपना वह काम दिखाया, जिसे उन्होंने 1932 के उत्तरार्द्ध में हिन्दुस्तानी साम्यवादी संघ के शीर्षक से मद्रास जेल में रहते हुए लिखा था। उन्होंने मुझे बताया कि वह यूरोप में अपने प्रवास के दौरान कम्युनिस्ट इंटरनेशनल (कॉमइंटर्न) के सदस्यों से इस पर बातचीत करना चाहते हैं। बाद में मुझे यह भी पता चला कि उन्होंने स्विटजरलैंड के तीन कॉमइंटर्न प्रतिनिधियों से इस विषय पर वाकई बातचीत की, पर उनके बीच कोई सहमति नहीं बन सकी। कॉमइंटर्न के इन प्रतिनिधियों में एक क्लेमेन्स दत्त[2] थे। सुभाष चाचा समाजवादी पार्टी का गठन करना चाहते थे। साथ ही वह भारत में सशस्त्र क्रांति की दिशा में भी काम करना चाहते थे। इसी के लिए वह कॉमइंटर्न की मदद चाहते थे। हालांकि उन्होंने यह भी साफ कर दिया था कि कॉमइंटर्न के तहत काम करने का उनका कोई इरादा नहीं है।

सुभाष बंबई से वेनिस के लिए इतालवी जहाज एसएस गंगे में बैठकर 23 फरवरी 1933 को रवाना हुए। बंदरगाह छोड़ने के साथ ही उन पर से नजरबंदी का आदेश हटा दिया गया। अगले दिन भारतीय न्यूज एजेन्सी फ्री प्रेस जर्नल में सभी भारतीयों के नाम सुभाष का विदाई संदेश आया –

> यूरोप के लिए रवाना होते हुए मैं देश भर में फैले अपने सभी दोस्तों और हितैषियों को मेरे प्रति अनुराग रखने के लिए पूरे मन से धन्यवाद देना चाहता हूं। बेहद संकोची होने के बावजूद मैं अपने दोस्तों और हितैषियों की मदद लेने से नहीं हिचकिचाया क्योंकि मैंने बराबर माना है कि अब मेरा परिवार सिर्फ मेरे सगे–संबंधियों तक सीमित नहीं रहकर पूरे देश में पसरा हुआ है। और अब जबकि मैंने अपना पूरा जीवन ही देश की सेवा में लगा दिया है तो मेरे सगे–संबंधियों की तरह ही मेरे देशवासियों को भी मेरी देखभाल करने का अधिकार है। मैं कामना करता हूं और भगवान से प्रार्थना भी कि वह मुझपर इतनी कृपा बनाए रखें कि मैं भारतीय समुदाय के तमाम वर्गों द्वारा मुझे दिए गए इस प्रेम और अपनापन के लायक खुद को बनाए रख सकूं।

1932 के पूर्वार्द्ध में शरत तथा सुभाष की गिरफ्तारी के समय शरत और उनकी पत्नी विभावती 1 वूडबर्न पार्क के अपने मकान में रह रहे थे, जोकि 1928 में

[2] 1893 में इंग्लैंड में जन्मे क्लेमेन्स पाल्मे दत्त लन्दन स्थित पत्रकार थे, जो भारतीय स्वतंत्रता संग्राम के बारे में खास तौर से लिख रहे थे। उन्होंने अपने भाई रजनी पाल्मे दत्त के साथ मिलकर कम्युनिस्ट पार्टी ऑफ ग्रेट ब्रिटेन की स्थापना की थी।

बनकर तैयार हुआ था और जो पिता जानकीनाथ के 38/2 एल्गिन रोड स्थित आवास से थोड़ी ही दूर था। शरत और विभावती के साथ उनके छह बच्चे थे, जबकि सातवे का जन्म तब नहीं हुआ था। उनके बच्चों में सबसे बड़ा अशोक था, जोकि अमीय से चार साल पहले 13 दिसम्बर 1911 को पैदा हुआ था। हालांकि वह उस समय तक केमिकल इंजीनियरिंग की पढ़ाई करने जर्मनी के म्युनिख शहर जा चुका था। सुभाष चाचा जब 6 मार्च 1933 को यूरोप में निर्वासित जीवन बिताने के लिए वेनिस पहुंचे, तब वह उनके स्वागत में वहां खड़ा था। उनमें सबसे छोटा सुब्रत शरत को बंदी बनाए जाने के कुछ ही हफ्ते बाद 25 फरवरी 1932 को जन्मा था। इस तरह पिता की गिरफ्तारी के समय अमीय (अमी) और उसके पांच भाई–बहन मीरा, शिशिर (नेरू), गीता, रोमा (बुई) और चित्रा (पुटुल) ही घर पर रहते थे।

जानकीनाथ और प्रभावती अक्सर ही 1 वूडबर्न पार्क के मकान में रहने आ जाते थे। शरत को हमेशा अपने माता–पिता की चिन्ता बनी रहती और वे भी हमेशा उससे सलाह–मशविरा करते रहते थे। अपने स्वास्थ्य की वजह से जब जानकीनाथ ने वकालत छोड़ दी तब शरत ने अपने माता–पिता की देख–रेख का भार पूरी तरह अपने ऊपर ले लिया। उन्होंने जानकीनाथ के परोपकारी कामों को भी आगे बढ़ाने का जिम्मा सम्भाला।

शरत की गिरफ्तारी के दौरान जानकीनाथ ने उन्हें 29 जुलाई 1933 को कट्क से पत्र लिखा –

> मुझे उस दिन का इंतजार है, जबकि तुम्हारी मौजूदगी से शांति, समरसता और अच्छी अनुभूतियां फिर से बहाल हो सकेंगी। फिलहाल उनका अभाव है। क्षमा करके भूल जाने में ही हर तरह की भलाई है और जो ऐसा नहीं कर पाते हैं, उनकी हार होती है। हमें तुम्हें यह बताने की जरूरत नहीं कि हमें उसी दिशा में काम करना चाहिए।

अमीय अपने दादा–दादी से बेहद जुड़े हुए थे। जीवन की शुरुआत से ही मुश्किलों का सामना कर रहे अपने दादा की संकल्पबद्धता एवं सहनशक्ति से वह बचपन से ही प्रभावित थे। घर की माली हालत के कारण जानकीनाथ को पश्चिम बंगाल के चौबीस परगना स्थित अपने पैतृक गांव कोडालिया से कोसो दूर कलकत्ता के गारिया स्थित अल्बर्ट स्कूल तक नंगे पांव चलकर रोज ही आना–जाना पड़ता था। हालांकि उन्होंने अपनी पढ़ाई अच्छी तरह पूरी की और फिर कटक (उड़ीसा) के उच्च अदालत में सफलतापूर्वक वकालत करने लगे। दादा के दयालु एवं उदार स्वभाव ने अमीय को खासा प्रभावित किया, जोकि उन्हें अपने पिता शरत में भी पूरी तरह से देखने को मिला। कटक में सफलतापूर्वक

वकालत करते हुए जानकीनाथ अनेक गरीब छात्रों एवं अन्य जरूरतमंदों की मदद करते रहे और उन्होंने अपने गांव कोडालिया में पुस्तकालय और औषधालय भी खोला। वह औषधालय आज भी वहां लोगों की सेवा कर रहा है।

दादी प्रभावती बाहर से थोड़ा कठोर स्वभाव की थीं और, जैसा कि परिवार के लोग बताते हैं, संयुक्त परिवार की कुलमाता के तौर पर वह उस पर सख्ती से शासन करती थीं। वैसे तो सभी पोता–पोती उनसे खौफ खाते थे, पर युवा अमी के लिए उनके मन में गहरा प्यार था। उनकी माँ–जननी (दादी) उन्हें अक्सर ही दोपहर में अपने पास बुला लेती थी और वह उनके बिस्तर पर बैठकर उनसे बातें करते रहते थे।

कुछ कहानियां पीढ़ियों से सुनी–सुनाई जा रही थी, जो बोस परिवार के आम सुख–दुख की बानगी पेश करती थीं। इनमें से एक हँसा देने वाली कहानी नींद में चलने वाले चाचा को लेकर थी, जो आधी रात को अपनी कांख में तकिया दबाकर चलने लग जाते थे और समझते थे कि वह पढ़ाने जा रहे हैं। एक दूसरी मजाकिया कहानी घर के किसी नौकर के बारे में थी, जिससे अगर किसी गुम हो गई चीज के बारे में पूछा जाता तो वह हमेशा झुंझलाहट से भरे स्वर में यही कहता कि अगर उसे कुछ लेना ही होगा तो वह माँ–जननी (यानी प्रभावती) से मांग नहीं लेगा।

इस तरह अमीय का आरंभिक जीवन अपने दादा–दादी एवं माता–पिता की देख–रेख में 38/2 एल्गिन रोड स्थित अपने पैतृक आवास में बीता, जहां संयुक्त परिवार के अनेक अन्य बड़े सदस्य, चाचा–चाची आदि साथ में रहते थे। शरत जब अपनी पत्नी और बच्चों के साथ 1 वूडबर्न पार्क में रहने चले गए तो अमी की अंतरंगता सुभाष चाचा से बढ़ गई, जो उनके साथ ही रहने लगे थे। उन दिनों को याद करते हुए अमीय ने कहा है[3] –

> 1928 से लेकर 1932 की शुरुआत में उनकी गिरफ्तारी और फिर उनके यूरोप जाने तक मैं और सुभाष चाचा एक ही कमरे में रहते थे, जोकि हमारे 1 वूडबर्न पार्क स्थित मकान की दूसरी मंजिल पर था। दिन भर राजनैतिक कार्यों में व्यस्त रहकर वह देर रात को घर लौटते थे, कभी आधी रात को तो कभी उससे भी ज्यादा देर से। स्नान करने के बाद वह उसी कमरे में टेबल पर अपने लिए रखा खाना खा लेते थे। इसके बाद वह मुझे जगा देते थे। मुझे रात में इस तरह जगाया जाना अच्छा तो नहीं लगता था, पर मैं जाग जाता था।
>
> वह मुझे अनेक घटनाओं के बारे में बताते और गांधी, नेहरू, पटेल आदि अनेक नेताओं के बारे में मुझसे बातें किया करते थे। तब मैं इनमें से किसी को भी

[3] अमीय नाथ बोस का अंतिम व्याख्यान, जो उन्होंने 23 जनवरी 1996 को प्रेसिडेंसी कॉलेज में दिया

> व्यक्तिगत तौर पर नहीं जानता था, पर बाद में मैं उन सभी को अच्छी तरह से जान पाया। वह मुझे अपने देश के क्रांतिकारी नेताओं के बारे में भी बताते। उन्होंने मुझे निकुंज सेन के बारे में बताया, जो बाद में बांग्ला साप्ताहिक महाजाति के संपादक हुए, जिसे मेरे पिता शरत निकालते थे ...... इस तरह राजनीति ज्ञान मुझे सुभाष चाचा से ही मिला और उन्होंने ही मुझे अनेक प्रमुख नेताओं और राजनैतिक घटनाओं की जानकारी दी .... 1928 में कांग्रेस का सालाना जलसा कलकत्ता में आयोजित किया गया था और उस अवसर पर वर्दीधारी कांग्रेसी स्वयंसेवकों का दल गठित किया गया था। मेरे चाचा को ही इसका नेतृत्व सौंपा गया था। मुझे याद है कि सुभाष चाचा जब अपनी वर्दी पहनकर दूसरी मंजिल से उतर रहे थे, उनके पिता जानकीनाथ, यानी मेरे दादा ने अपने कमरे से निकलकर उनसे कहा था, सुभाष, मुझे आशा है कि तुम भारत के गारिबाल्दि बनोगे। उनकी यह कामना एक तरह से सच ही साबित हुई।

कांग्रेस के भीतर वामपंथी नेताओं के तौर पर बोस बंधुओं, शरत और सुभाष की प्रतिष्ठा के साथ ही 1 वूडबर्न पार्क का मकान भारी राजनैतिक गतिविधियों का केन्द्र बन गया। दोनों भाई यहां कांग्रेस की महत्वपूर्ण बैठकें आयोजित करते, जिसमें अनेक राष्ट्रीय नेताओं के अलावा बंगाल के क्रांतिकारियों सहित भांति–भांति के स्वतंत्रता सेनानी मौजूद रहते थे।

1932 के आरंभिक महीनों में दोनों भइयों की गिरफ्तारी और उन्हें जेल भेज दिए जाने के बाद वूडबर्न पार्क बंगाल एवं देश की राजनैतिक हलचलों का केन्द्र न रहकर शांत घरेलू आवास में तब्दील हो गया, जिसमें उन दोनों की करिश्माई उपस्थिति का अभाव खटकता था। उनकी गैर–मौजूदगी में विभावती ने भारी आर्थिक तंगी के बावजूद घर का कामकाज संभाल लिया और संकल्प एवं संयम से उसे निभाती रहीं।

शरत को जेल भेजे जाने पर जानकीनाथ ने फिर से वकालत करने का निश्चय किया ताकि घर का खर्च चलाया जा सके, परन्तु इस तनाव को वह नहीं झेल सके और उनकी तबीयत बिगड़ने लगी। ब्रिटिश अधिकारियों ने कठोरता बरतते हुए शरत या सुभाष में से किसी को भी अपने पिता को फिर कभी जीवित नहीं देखने दिया दिया और 2 दिसम्बर 1934 को जानकीनाथ का निधन हो गया। अपने पिता की बीमारी की खबर सुनकर सुभाष ब्रिटिश अधिकारियों को बताए बिना ही दिसम्बर 1934 में यूरोप से कलकत्ता पहुंच गए, पर उनके पहुंचने से एक दिन पहले ही पिता स्वर्ग सिधार चुके थे। यहां उनके पहुंचते ही उन्हें बंदी बनाने का आदेश हुआ और उन्हें 38/2 एल्गिन रोड स्थित उनके पैतृक मकान में नजरबंद कर दिया गया। हालांकि यह भी कुछ दिनों के लिए ही था। इस बीच कुर्सियांग में बंदी बनाकर रखे गए शरत को भी कम समय के लिए ही सुभाष एवं अन्य भाइयों के पास आने दिया गया ताकि वे पिता का श्राद्ध कर्म पूरा कर सकें।

अपने राष्ट्रीय विचारों एवं आदर्शों के लिए पहले से ही सताए जा रहे इस परिवार पर प्रभावती के प्रिय पति तथा शरत एवं सुभाष के स्नेहिल पिता और अनेकों के पूज्य दादा के चले जाने से दुख की काली छाया पसर गई। ब्रिटिश अधिकारियों ने सुभाष को वापस यूरोप जाने के लिए मजबूर कर दिया और उन्हें 1935 की जनवरी में लौट जाना पड़ा। इससे पहले 10 दिसम्बर 1934 को ही शरत को फिर से कुर्सियांग में नजरबंद कर दिया गया था। साढे तीन साल की कैद के बाद जुलाई 1935 में उनकी रिहाई हुई।

शरत के लिए यह उनकी पहली गिरफ्तारी थी। 1941 के दिसम्बर में उन्हें दूसरी बार गिरफ्तार किया गया और उन्हें द्वितीय विश्वयुद्ध के बाद भी 1945 के सितम्बर तक कैद रखा गया। इस बीच 1921 से 1924 तक अनेकों बार गिरफ्तार होकर बंगाल की प्रेसिडेंसी, अलीपुर तथा बरह्मपुर जेलों से होते हुए लम्बे समय के लिए बर्मा की माण्डले जेल में कैद रखे गए सुभाष राजनैतिक बंदी के तौर पर परिपक्व हो चुके थे। माण्डले जेल में वह मई 1927 तक रहे और फिर उन्हें उनकी बीमारी की वजह से अपने भाई शरत के साथ रहने के लिए 38/1 एल्गिन रोड भेज दिया गया, जो उनके पैतृक निवास के साथ ही था।

औपनिवेशिक अधिकारियों ने सुभाष को अलग–अलग समय में कुल मिलाकर 11 बार कैद में रखा। यहां तक कि कठोर कारावास का सीधा असर दोनों भाइयों के स्वास्थ्य पर पड़ा और ताउम्र उन्हें बीमारियां झेलनी पड़ीं। कहा जा सकता है दोनों भाइयों के स्वास्थ्य को लेकर औपनिवेशिक अधिकारियों की चिन्ता महज राजनैतिक सतर्कता के कारण थी, अन्यथा उन्होंने संकट और दुख की घड़ियों में बोस परिवार के प्रति कोई सदाशयता नहीं दिखाई और ना ही उसकी आर्थिक तंगी पर कोई ध्यान दिया।

***

20 नवम्बर 1915 को कलकत्ता में अमीय का जन्म हुआ था, तब शरत ने कलकत्ता उच्च न्यायालय में वकालत करनी शुरू ही थी। इससे एक साल पहले ही वह इंगलैंड में वकालत की पढ़ाई पूरी करके लौटे थे। शरत ने 9 दिसम्बर 1909 को विभावती से विवाह किया था, जोकि अक्षय कुमार तथा सुबाला डे की बेटी थीं। अक्षय और सुबाला का संबंध उत्तरी कलकत्ता के नामी परिवार से था। यह एक अन्तरंग और बेहतरीन जोड़ी थी, जो शरत के भाग–दौड़ भरे राजनैतिक एवं पेशेवर जीवन के दौरान अनेक झंझावातों को झेलने के लिए अभिशप्त रही। इसमें उनके दो–दो लम्बे कारावास भी शामिल रहे। शरत और सुभाष के अन्तरंग संबंधो के कारण सुभाष और उनकी भाभी विभावती के बीच भी सुदृढ़ पारिवारिक बंधन कायम हो सका।

शरत से आठ साल बाद 23 जनवरी 1897 को जन्मे सुभाष 1915 में कलकत्ता विश्वविद्यालय के सुप्रसिद्ध प्रेसिडेंसी कॉलेज में दर्शनशास्त्र ऑनर्स के छात्र थे। हालांकि अगले साल ही उनका छात्र जीवन बाधित हो गया, जबकि बहुचर्चित ओटन मामले[4] में उन्हें कॉलेज से निकाल दिया गया।

जुलाई 1917 में सुभाष ने स्कॉटिश चर्चेज़ कॉलेज में दाखिला लेकर फिर से अपनी पढ़ाई शुरू की। स्वामी विवेकानन्द भी इसी कॉलेज के छात्र रहे थे। स्नातक की पढ़ाई पूरी करने के बाद वह अपने पिता जानकीनाथ और भाई शरत के कहने पर भारतीय सिविल सर्विस की परीक्षा देने के लिए सितम्बर 1919 में इंगलैंड के लिए रवाना हो गए। यह कठिन एवं प्रतिष्ठित परीक्षा अगले साल 1920 के अगस्त में होनी थी। वहां रहते हुए दर्शनशास्त्र में आगे की पढ़ाई करने के लिए उन्होंने कैम्ब्रिज विश्वविद्यालय में भी दाखिला ले लिया।

6 सितम्बर 1889 को जन्मे शरत की प्रारंभिक एवं माध्यमिक शिक्षा कटक से हुई थी। यहीं उनके माता–पिता रहते थे। इसके बाद 1905 में उनका दाखिला कलकत्ता के प्रेसिडेंसी कॉलेज में करा दिया गया। 1911 तक चलने वाली तेज राजनैतिक हलचलों के बीच 1907 में उन्होंने प्रेसिडेंसी कॉलेज से ही स्नातक की पढ़ाई और फिर 1909 में स्नातकोत्तर की पढ़ाई पूरी की। इसके बाद 1911 में उन्होंने कलकत्ता विश्वविद्यालय के रिपन कॉलेज से कानून की पढ़ाई पूरी की।

1905 से लेकर 1911 तक कलकत्ता में छह वर्षों के उनके छात्र जीवन के बीच बंगाल के बंटवारे को लेकर राष्ट्रवादी या स्वदेशी आंदोलन जोरों पर रहा। यह आंदोलन 1911 में फिर से बंगाल के एक होने तक जारी रहा। वैसे तो 1905 में हुए बंगाल के बंटवारे के पीछे प्रशासनिक चुस्ती को कारण बताया गया था, पर सच यह था कि भारत में राष्ट्रीयता के बढ़ते भाव से घबरा कर ऐसा किया गया था। कहने की जरूरत नहीं कि राष्ट्रीय भावना के मूल में बंगाल ही था। सुरेन्द्र नाथ बनर्जी, आनन्द मोहन बोस तथा बिपिन चन्द्र पाल[5] के नेतृत्व में चलाए जा रहे इस स्वदेशी आंदोलन के प्रति शरत बेहद आकर्षित थे।

जैसा कि अमीय ने अपने पिता की अपूर्ण जीवनी में लिखा है –

> मेरे पिता ने मुझे बताया था कि वे सुरेन्द्र नाथ बनर्जी की सभाओं में बराबर जाते थे। ये सभाएं प्रेसिडेंसी कॉलेज से थोड़ी ही दूर कॉलेज स्क्वेयर पर आयोजित हुआ

[4] फरवरी 1916 में प्रेसिडेंसी कॉलेज के कुछ छात्रों पर इतिहास के अंग्रेज प्रोफेसर एडवर्ड ओटन से मारपीट करने का आरोप लगाया गया। सुभाष उनके प्रवक्ता थे और कॉलेज से निष्कासित होने वालों में वह भी शामिल थे।

[5] 19वीं शती के अन्तिम तथा 20वीं शती के आरंभिक काल में भारतीय राष्ट्रवादी तथा कांग्रेस के नेता।

करती थीं। उनके इन भाषणों से उन्हें बड़ी प्रेरणा मिलती थी। सुरेन्द्र नाथ अक्सर अपने भाषणों का अंत बायरन की इन पंक्तियों से करते, जिसका आशय था –

जो आज़ादी की लड़ाई शुरू हो चुकी
और चलती रहे फिर पीढ़ी दर पीढ़ी
चाहे कितने ही चुक जाएं झंझावात में
रुकें न तो फिर है निश्चय जीत ही

अमीय हमेशा हमें अंग्रेजी के महत्वपूर्ण कवियों एवं लेखकों के प्रति अपने पिता के प्रेम के बारे में बतलाते थे। इनमें बायरन के अलावा मिल्टन, ब्राउनिंग और शेली भी थे। अमीय अपने पिता की असाधारण स्मृति को लेकर हैरानी प्रकट करते हुए हमें बताते कि वह मिल्टन के प्रोमेथियस अनबाउंड का बिना देखे पाठ कर के या फिर शेक्सपीयर के नाटक का पूरा दृश्य दुहराकर कैसे उन्हें मंत्रमुग्ध कर दिया करते थे।

1911 में अपनी पढ़ाई पूरी करके शरत कलकत्ता से कटक चले आए, जहां की जिला अदालत में उनके पिता की गिनती प्रतिष्ठित वकीलों में की जाने लगी थी और उन्हें अब सरकारी वकील भी बना दिया गया था। शरत ने अपनी वकालत वहीं से शुरू की और जल्दी ही वकील के तौर पर उनकी योग्यता की पहचान होने लगी। ऐसे में उनकी इच्छा बैरिस्टर बनने की हुई, जिसे उन्होंने अपनी डायरी में लिखा है –

22 फरवरी 1912 को मैंने इंग्लैंड जाने की इच्छा माँ को बताई ताकि मैं इंग्लिश बार में वकालत कर सकूं।

23 फरवरी 1912 को माँ ने मेरी इस इच्छा के बारे में पिता को बताया, लेकिन उन्होंने इस पर तब कोई जवाब नहीं दिया।

24 फरवरी 1912 को पिता ने नाश्ते के समय यह चर्चा खुद ही छेड़ दी और इस पर अपनी रजामंदी दिखाई। तय हुआ कि मैं विश्वविद्यालय के माइकलमास सत्र में वहां अपना दाखिला करा लूं।

इस तरह 1912 के सितम्बर महीने में शरत लंदन के लिए रवाना हो गए। यहां उन्होंने दो साल के अन्दर ही कानून की औपचारिक शिक्षा के अलावा वहां के किसी वकील के साथ काम करते हुए अपना प्रशिक्षण भी पूरा किया। अपने ब्रिटेन प्रवास के दौरान शरत ने लंदन के कुछ आकर्षणों का आनन्द भी लिया। वहां वह नाटक देखने गए, जिसके बारे में उन्होंने 4 अप्रैल 1913 को अपनी डायरी में लिखा –

रात्रि भोजन के बाद हैमलेट नाटक (फोर्ब्स–राबर्टसन) देखने ड्रुरी लेन थियेटर गया। उसका भरपूर आनन्द उठाया। पहली बार मैं किसी थियेटर में गया था। रात 12 बजे घर पहुंचा। सोते–सोते 1 बज गए।

लंदन में रहते हुए शरत को रॉयल कोर्ट ऑफ जस्टिस जाकर मुकदमा देखने का अवसर भी निकाला। वहां उन्हें अंग्रेजी अदालत के कुछ प्रमुख सदस्यों को बहस तथा जिरह करते हुए सुनने का मौका मिला। सुप्रसिद्ध वकील और आयरिश यूनियनिस्ट नेता सर एडवर्ड कारसन की जिरह शक्ति से वह खासा प्रभावित हुए। हाउस ऑफ लॉर्ड्स (ऊपरी सदन) जाकर उन्होंने वहां चल रही अपीलों को सुना तो हाउस ऑफ कॉमन्स की प्रक्रियाओं एवं कार्रवाइयों में भी पूरी रुचि ली।

22 जुलाई 1914 को कलकत्ता लौटने से पहले उन्हें लिंकंस इन ने 24 जून 1914 को लंदन की अदालत में जिरह करने का मौका दिया। वापसी पर उन्होंने 20 अगस्त 1914 को कलकत्ता के फोर्ट विलियम स्थित उच्च न्यायालय में वकालत के लिए अपना नाम दर्ज करा लिया। उस समय के नामी वकील सर नृपेन्द्र नाथ सरकार के साथ काम करते हुए उन्होंने कलकत्ता उच्च न्यायालय में वकालत शुरू की।

थोड़े ही समय में शरत की वकालत चल पड़ी और उनकी गिनती कलकत्ता के बड़े वकीलों में होने लगी। उन्हें जिरह का उस्ताद माना जाने लगा और वहां के वकील ही नहीं, बल्कि जज भी उनका लोहा मानने लगे। आज भी उनका नाम एक ऐसे वकील के तौर पर याद किया जाता है, जिसने अदालत के साथ–साथ वकालत के पेशे को मान और सम्मान दिलाया।

आने वाले अनेक वर्षों तक उन्होंने अपना पूरा ध्यान अपने पेशे में लगाया जिससे कि बढ़ते हुए परिवार की जरूरतों का ख्याल वह रख सकें। इसी बीच, विश्व युद्ध के दौरान शिथिल पड़ गई राष्ट्रवादी गतिविधियां फिर से जोर पकड़ने लगीं। इसके साथ ही भारत में आजादी और स्वायत्तता की आवाजें उठने लगीं। 20 साल दक्षिण अफ्रीका में गुजार कर और वहां अपने आन्दोलनकारी तेवर को कुछ और निखार कर गांधी 1915 में वापस भारत लौट चुके थे।

गांधी की तरह ही बंगाल में सम्मानित और उनकी ही तरह पेशे से वकील, देशबंधु चित्तरंजन दास की ख्याति भी कांग्रेस आंदोलन में लगातार बढ़ती जा रही थी। ऐसे में यह कोई आश्चर्य का विषय नहीं था कि राजनीति में गहरी रुचि रखने वाले शरत राष्ट्रीय आंदोलन की तरफ खिंचे चले गए और 1918 में चित्तरंजन दास के नेतृत्व में उन्होंने कांग्रेस की सक्रिय सदस्यता ले ली।

शरत जब अपने गृह नगर कलकत्ता में अपनी वकालत के साथ–साथ राजनीति में भी उलझे हुए थे, उस समय सुभाष कैम्ब्रिज विश्वविद्यालय के फिज़विलियम

कॉलेज से अपनी पढ़ाई पूरी करने में लगे थे। इसी दरमियान 1920 के अगस्त माह में वह आईसीएस की परीक्षा में बैठे और उसमें उन्होंने चौथा स्थान प्राप्त किया। अतः उन्हें प्रशिक्षु के तौर पर पर चुन लिया गया। हालांकि भारत में घट रही महत्वपूर्ण घटनाओं के आलोक में इस उत्साही नौजवान को लगने लगा कि वह दो–दो स्वामियों की सेवा नहीं कर सकेंगे और इसलिए अपने अनेक चाहने वालों को निराश करते हुए उन्होंने यह ईश्वर प्रदत्त अवसर ठुकरा दिया। फिर 1921 की जुलाई में वह भारत लौट आए और चित्तरंजन दास तथा अपने भाई शरत के साथ कंधे से कंधा मिलाते हुए गांधी प्रेरित असहयोग आंदोलन में कूद पड़े।

26 जनवरी 1921 को सुभाष ने अपने भाई शरत को लिखा था –

> मैं उस चौराहे पर आ खड़ा हूं, जहां किसी तरह का समझौता संभव नहीं है। या तो मैं इस सड़ी–गली सरकारी नौकरी को छोड़कर देश के हित म् खुद को पूरी तरह समर्पित कर दूं या फिर अपने आदर्शों और आकांक्षाओं को भुलाकर सरकारी सेवा में लग जाऊं। मुझे मालूम है कि हमारे बहुतेरे रिश्तेदार मेरे इस फैसले को ताव में लिया गया खतरनाक फैसला मानते हुए इस पर काफी टीका–टिप्पणी करेंगे... पर मुझे उनके विचारों की कोई परवाह नहीं है और ना ही मुझे उनकी वाहवाही या तानों से कोई लेना–देना है। आपके आदर्शों के प्रति मेरी आस्था है और इसीलिए मैं आपसे ही निवेदन कर रहा हूं। अब से पांच साल पहले जब मेरे ऐसे ही किसी दुस्साहस ने मुझे मुश्किलों से भरे हालात में पहुंचा दिया था तो आपने ही मुझे नैतिक समर्थन दिया था। साल भर के लिए तो मेरा भविष्य अंधकारमय और दिशाहीन हो गया, पर मैंने साहस के साथ हालात का सामना किया और अपने आपसे कोई शिकायत नहीं की। आज मुझे इस बात का गर्व है कि त्याग एवं बलिदान करने में मैं समर्थ रहा। उस घटना की याद मेरे इस विश्वास को सशक्त करती है कि आगे भी यदि त्याग एवं बलिदान करने की जरूरत पड़ी तो मैं उतने ही साहस, दृढता तथा धीरज के साथ उसका सामना करूंगा। अपने इस नए दुस्साहस में भी क्या मैं आपसे उसी नैतिक समर्थन की आकांक्षा नहीं कर सकता हूं, जो आपने पांच साल पहले मुझे सहर्ष दिया था?

कैम्ब्रिज छोड़ने से पहले 23 अप्रैल 1921 को शरत को लिखे लम्बे पत्र में उन्होंने इस दुस्साहसिक फैसले के बावजूद अपने बड़े भाई के स्वैच्छिक समर्थन के प्रति भरोसा जताया और इसकी वजह से परिवार पर पड़ने वाले असर की चर्चा विस्तार से की और उसे लेकर अफसोस भी जताया। संभवः पहली बार उन्हें अपने अनिश्चित भविष्य को लेकर इस कदर बोध हुआ।

> मुझे हमेशा ही लगता रहा है कि आपके कंधों पर इतना वित्तीय भार डालकर हम आपके प्रति अन्याय कर रहे हैं – हालांकि अपने इस वित्तीय समस्या को सुलझा पाने में मैं स्वयं कभी कोई व्यावहारिक कदम उठा भी नहीं सका हूं।

इस बात को मैं छिपा नहीं सकता कि अपनी इन कारस्तानियों के लिए मैं किसी और की बजाय सिर्फ माता–पिता और आपके प्रति जवाबदेह हूं। जहां तक मेरी बात है, मैंने माता–पिता की इच्छा के खिलाफ जाकर ही अपने लिए यह रास्ता चुना है। मैंने आपकी सलाह की भी अवहेलना की है, हालांकि मैंने जो और जैसा फैसला लिया, आपने उसका गरमजोशी से स्वागत ही किया। नौकरी करने को लेकर मेरा सबसे बड़ा एतराज इस बात को लेकर था कि मुझे इसके लिए अनुबंध पर दस्तख़त करके उस विदेशी नौकरशाही के प्रति अपनी निष्ठा व्यक्त करनी पड़ती, मेरे जानते जिसे बने रहने का कोई नैतिक अधिकार ही नहीं है। मुझे लगने लगा है कि समझौता करना बुरी बात है। इससे आदमी का व्यक्तित्व गिर जाता है और उसके उद्देश्यों पर आघात होता है। किसी सरकार को समाप्त करने का सबसे माकूल तरीका उससे हट जाना है। मैं ऐसा इसलिए नहीं कहता हूं कि यह टॉलस्टॉय का सिद्धान्त है या फिर गांधी ऐसा करने को कहते हैं, मैं यदि ऐसा कहता हूं तो इसलिए कि मेरा खुद का इसमें विश्वास है। माँ की चिट्ठी मुझे मिली है, जिसमें उन्होंने लिखा है कि पिता या कोई और चाहे कुछ भी सोचें, उन्हें महात्मा के आदर्श पसंद हैं। मैं आपको बता नहीं सकता कि इस पत्र को पाकर मुझे कितनी खुशी हुई है।

अमी कैसा है? क्या वह अब भी मुझे याद करता है? जब तक मैं वापस आउंगा, वह काफी बड़ा हो चुका होगा।

सालों बाद, बड़े होने पर अमीय ने सुभाष चन्द्र बोस के व्यक्तित्व में उनके इसी दार्शनिक एवं व्यावहारिक प्रज्ञा की संयुक्त झलक देखी, जिनसे मिलकर उनका वह व्यक्तित्व बना था, जिसे आज हम सुभाष के नाम से जानते हैं। अमीय के अनुसार उसके चाचा आवेग में आकर निर्णय लेने वालों में नहीं थे। बल्कि उनके सभी फैसले सतर्क विचार–विमर्श, गहरे सोच–विचार और विस्तृत योजना पर ही आधारित होते थे। अनेक बार उनके इन फैसलों में उनका आध्यात्मिक एवं तपस्वी स्वभाव ही प्रबल होता था।

अमीय हमें बताते थे कि 1913 से 1919 के बीच कलकत्ता में सुभाष के छात्र जीवन ने उनके स्वभाव के चिंतन–मनन पक्ष को धीरे–धीरे और भी परिपक्व किया। सुभाष को दर्शनशास्त्र तथा मनोविज्ञान पढ़ना पसंद था और कैंट, हेगल एवं कुछ अन्य यूरोपीय दार्शनिकों के लेखन को वह खासा ध्यान से पढ़ते थे। इससे पहले, महज पंद्रह साल की उम्र में, रामकृष्ण तथा उनके शिष्य स्वामी विवेकानन्द के उपदेशों का उन पर गहरा प्रभाव पड़ा था और इसने युवा सुभाष के मन में सभी धर्मों के बीच एकता तथा सभी मनुष्यों के बीच समानता की धारणा को बलवती किया था। इसी का असर था कि उनके मन में सामाजिक सेवा के प्रति प्रेरणा जागी और उनके व्यस्क होने पर भी उनका यह भाव बना रहा और जब कभी उन्हें मौका मिलता, वह उस दिशा में काम भी करते थे।

अमीय आगे बताते हैं कि आगामी वर्षों में, जब 1919 से 1921 के बीच सुभाष इंग्लैंड में थे, उनके व्यक्तित्व का व्यापक विकास हुआ और उनका दार्शनिक पक्ष और भी निखरा। जब वह इंग्लैंड पहुंचे, तब यूरोप प्रथम विश्व युद्ध (1914–1918) की विभीषिका से उबरा ही था। यह समय यूरोप में बड़े राजनैतिक, आर्थिक एवं सामाजिक बदलाव का था। कैम्ब्रिज में रहते हुए सुभाष को आयरिश क्रांतिकारी आंदोलन को करीब से देखने–जानने का मौका मिला, और इसने उन पर स्पष्ट तौर पर गहरी छाप छोड़ी। रूसी क्रांति के इतिहास में भी उन्होंने गहरी रुचि दिखाई और औपनिवेशिक भारत सहित शेष विश्व के लिए इसके क्या मायने हो सकते हैं, इसे जानने की कोशिश की।

उनके द्वारा उस समय लिखे गए पत्रों में उनके विचारों की झलक मिलती है। अमीय खास तौर पर बांग्ला में लिखे एक पत्र का उल्लेख करते थे, जो सुभाष ने अपने दोस्त और कलकत्ता में अपने समकालीन प्रिय रंजन सेन को 12 मई 1920 को लिखा था। उस पत्र के उद्धरण सुभाष की विचार यात्रा के विकास को समझने में सहायक हैं। समाजवाद के भारतीय स्वरूप को लेकर उनके विचारों को इससे जाना जा सकता है। यह उद्धरण 23 जनवरी 1971 के कलकत्ता देश पत्रिका में प्रकाशित हो चुका है।

> बहरहाल, तुमने रूसी चिन्तन के बारे में जो लिखा है, मैं उसे सही मानना हूं। जिस तरह 18वीं शताब्दी के आखिर में फ्रांस ने अपने आदर्शों, चिन्तन तथा आंदोलन से दुनिया भर को प्रेरित किया, वैसे ही 20वीं शताब्दी के दौरान रूस भी करेगा। सच तो यह है कि किसी भी आधुनिक समस्या का निदान आर्थिक एवं राजनैतिक ज्ञान के बिना नहीं किया जा सकता। शरत चटर्जी के उपन्यास कई–एक तौर पर बेहद उत्कृष्ट हैं – चाहे वह मानव स्वभाव के विश्लेषण को लेकर हो, या फिर उसमें दर्शाए गए पारिवारिक एवं घरेलू जीवन को लेकर। फिर भी मुझे लगता है कि उसमें राजनैतिक तथा सामाजिक समस्याओं के निदान को लेकर कुछ भी नहीं है, जैसा कि इस्बन के नाटकों में देखा जा सकता है। यदि उन्होंने (शरत चटर्जी ने) अर्थशास्त्र और राजनीतिशास्त्र पढ़ा होता तो उनका नजरिया ज्यादा व्यापक हो पाता और उनकी पुस्तकें बहुत सारी समस्याओं का निदान सुझातीं....
>
> क्या तुम समाजवाद पर पुस्तक लिख सकते हो? मैं समझता हूं कि पीपुल्स बुक सीरीज़ में इस विषय पर कोई न कोई पुस्तक जरूर है। होम यूनिवर्सिटी लाइब्रेरी सीरीज़ में रामसे मैकडोनाल्ड द्वारा लिखी गई एक पुस्तक तो निश्चित तौर पर है। मेरा मानना है कि भारत का विकास सिर्फ उसके लोगों से ही हो सकता है, जैसा कि रूस के मामले में हुआ। समाजवाद लोगों को उनके अधिकार के बारे में बताता है और साथ ही यह भी बताता है कि समाज ने उन्हें उनके इन अधिकारों से कैसे वंचित कर रखा है। अपने ही समाज मे हमारा एक बड़ा दुश्मन

है। वह है भूमिपति और पूंजीपति कुलीन वर्ग। इसमें दूसरा सबसे खतरनाक है। विश्व के अनेक देशों का इतिहास पढ़ने के बाद मुझे पक्का यकीन है कि हर जगह यह वर्ग विकास के आड़े आया है। यदि इन्होंने परिवर्तन का विरोध इतने पुरजोर तरीके से नहीं किया होता तो ना ही फ्रासीसी क्रांति की जरूरत पड़ती और ना ही रूसी क्रांति की।

चूंकि भूमिपति कुलीन वर्ग इंग्लैंड में प्रगति के खिलाफ उस तरह नहीं खड़ा रहा, इस वजह से (यहां) वह बना हुआ है (जबकि फ्रांस और रूस में उसका खात्मा है गया)। और इसीलिए इस देश में कभी कोई (खूनी) क्रांति नहीं हुई। जैसे–जैसे समय बीतेगा, तुम देखोगे कि अपने देश के भीतर का यह दुश्मन किस कदर नुकसान पहुंचा सकता है। हमें इसके लिए तैयार रहना होगा। यहां की लेबर पार्टी से किसी सरह की उम्मीद रखना बेकार है। इंग्लैंड की सभी पार्टियां एक जैसी ही हैं। उनके बीच का अंतर चन्द छोटे मुद्दों को लेकर है। राष्ट्र खुद से ही बनता है – यही हमारा ध्येयवाक्य होना चाहिए।

आज के लिए बस इतना ही। मैं फिर नहीं लिख सकूंगा, 2 अगस्त से मेरी परीक्षा शुरू है। बेशक मुझे तुम्हारी चिट्ठी पाकर खुशी होगी। भारत से आने वाली चिट्ठी का इंतजार हमें उसी तरह रहता है, जैसे प्यासे पक्षी (चातक) को पानी का।

सुभाष भारत लौटे तो सभी प्रकार के उत्पीड़न के खिलाफ क्रांतिकारी संघर्ष में आस्था के साथ–साथ पश्चिम के दार्शनिक विचारों के प्रति स्पष्ट समझ तथा निष्ठा लेकर। उनकी इस विचार यात्रा के मूल में निश्चित तौर पर हिन्दू दर्शन तथा आस्था रहे। इसके अलावा भारत में उनकी प्रारंभिक शिक्षा ने भी उनके विचारों को ढालने में योगदान किया। अपने अपूर्ण आत्मकथा एन इंडियन पिल्ग्रिम में उन्होंने लिखा भी है, "छोटी कक्षाओं में शिक्षा का स्वरूप राष्ट्रीय होना चाहिए। उसकी जड़ें अपनी जमीन में होनी चाहिए। हमें अपने ही देश की संस्कृति से अपना मानसिक पोषण ग्रहण करना चाहिए।"[6]

***

1932 से ही परिजनों तथा प्रियजनों से हठात दूर रहने की वजह से अपने परिवार, करीबी दोस्तों तथा राजनैतिक सहयोगियों के साथ दोनों भाइयों का पत्राचार हमेशा बना रहा। इनमें शरत और सुभाष द्वारा अमीय को लिखे गए पत्रों छोड़कर अधिकतर का प्रकाशन समय–समय पर होता रहा है। उनमें से कुछ चुने हुए पत्र पूर्ण या अपूर्ण रूप में यहां पहली बार दिए जा रहे हैं।

[6] सुभाष चन्द्र बोस, एन इंडियन प्रिल्ग्रिम (कोलकाताः जयश्री पत्रिका ट्रस्ट, 2013), 131.

1925 से 1927 के बीच माण्डले में सुभाष को नजरबंद किए जाने के दौरान दोनों भाइयों के बीच भी व्यापक पत्राचार होता रहा था। हालांकि ये पत्र सेंसर किए जाते थे, पर दोनों भाई इनमें दार्शनिक से लेकर राजनैतिक और पारिवारिक विषयों पर अपनी राय रखते थे। सुभाष द्वारा शरत को लिखे गए इन पत्रों को अगले अध्याय में शामिल किया गया है। इनमें माण्डले और उससे भी पहले बरह्मपुर जेल में रहते हुए सुभाष ने जो दार्शनिक विचार व्यक्त किए थे, वे भी शामिल हैं।

पहले सिवनी और फिर अन्य जेलों तथा बंदीगृहों में रहते हुए भी पिता शरत एवं चाचा सुभाष दूर से ही अपने बेटे और भतीजे को जीवन में आगे आने वाली चुनौतियों के लिए तैयार करने का काम करते रहे। इसमें खुद अमीय की इच्छा तथा प्रतिबद्धता भी रही। पिता एवं चाचा, दोनों को ही अमीय में एक ऐसे सेनानी की झलक मिलती थी जो कि स्वतंत्र, संयुक्त तथा समाजवादी भारत की उनकी संकल्पना को मूर्त रूप दे सकता था। वे अमीय को इतना विश्वासपात्र भी पाते थे, जिससे कि वे अपने स्वास्थ्य तथा कारा अधिकारियों की सतर्क नजरों के बीच उनके उपचार के साथ–साथ और बहुत से व्यक्तिगत ब्यौरे साझा कर सकते थे।

अपनी गिरफ्तारी तथा कैद में छह हफ्ते बिताने के बाद, जब शरत ने संभवतः यह समझ लिया कि अभी उनकी रिहाई नहीं होने वाली, तब उन्होंने 20 मार्च 1932 को सिवनी जेल से अमीय को पत्र लिखा, जिसे उनके द्वारा अपने पुत्र को लिखे गए अनेकों अंतरंग एवं हौसला अफजाई करने वाले पत्रों में पहला कहा जा सकता है।

मेरे प्रिय अमी

तुम्हारा तार मुझे पिछले शुक्रवार (18 तारीख) की दोपहर में दिया गया था। मुझे यह जानकर खुशी हुई कि तुमने अपनी परीक्षा में अच्छा किया है और घर में भी सब ठीक–ठाक हैं। तुम्हारा पत्र (जिसका जिक्र तुमने अपनी तार में किया है) मुझे अब तक नहीं मिला है, लेकिन मुझे कल (19 तारीख को) तुम्हारी माँ की लिखीं दो चिट्ठियां मिली, जिनपर क्रमशः 8 और 11 मार्च की तारीखें पड़ी थीं। तुम्हारी माँ द्वारा 11 मार्च को लिखे पत्र से मुझे मालूम हुआ कि तुमने अंग्रेजी तथा गणित में अच्छा किया है, जबकि संस्कृत में उतना अच्छा नहीं किया है। संस्कृत की परीक्षा में अच्छा नहीं कर पाने पर मुझे तुमसे कतई कोई शिकायत नहीं है। मुझे बखूबी मालूम है कि पिछले दिसम्बर महीने से ही तुम्हारी पढ़ाई के रास्ते में कितनी बाधाएं आई हैं, जिनसे कि तुम्हारा ध्यान भंग होता रहा। मैं इसी बात पर खुश रहूंगा कि तुम संस्कृत में पास हो जाओ, और जैसा कि तुम्हारी माँ ने अपने पत्र में लिखा है – इतने अंक तो तुम लाओगे ही।

अब जबकि तुम्हारे पास बहुत सारा खाली समय होगा, मुझे इस बात में कोई शक नहीं कि तुम अपने दादा–दादी, माँ और घर के अन्य लोगों की सुख–सुविधा का ख्याल रखोगे। मेरी गैर–मौजूदगी में ये तमाम जिम्मेदारियां जाहिर तौर पर तुम्हारे ही कंधों पर होगी और मुझे विश्वास है कि तुम्हें इस बात का पूरा–पूरा अहसास है। तुम्हें अपने आगे की पढ़ाई के बारे में सोचने का भी वक्त मिल सकेगा। अभी ही तुम्हें फैसला करना होगा कि तुम कला या विज्ञान में आगे क्या पढ़ना चाहते हो। हालांकि तुम्हें यह फैसला लेने की जल्दी नहीं होनी चाहिए। इस पर विचार करने के लिए तुम पूरा समय लो। अपने दादा–दादी और माँ से भी इस पर सलाह लो। आगे की पढ़ाई को लेकर तुम्हारे अपने मन में क्या चल रहा है, इसके बारे में उन सबको बताओ और जब उनके साथ इस मामले में भरपूर सलाह–मशविरा कर लो तो फिर मुझे लिखो। यहां मेरे पास तुम्हारे आगामी केरियर के बारे में सोचने का काफी समय है और जब मुझे इस बारे में तुम्हारे विचार जानने को मिल जाएंगे, तभी मैं इस पर सही फैसला करने में तुम्हारी सहायता कर सकूंगा।

तुम अपनी छुट्टियां कैसे बिताओ, इस पर भी मैं कुछ कहना चाहता हूं। मैं समझता हूं कि तुम्हें अपने खाली समय का उपयोग बांग्ला तथा अंग्रेजी के श्रेष्ठ साहित्य को पढ़ने में करना चाहिए। जहां तक बांग्ला का सवाल है, तुम माइकल मधुसूदन दत्त के काव्य मेघनाद वध से इसकी शुरुआत कर सकते हो। जबकि अंग्रेजी के मामले में मैं तुम्हें शुरू में दो पुस्तकों को पढ़ने की सलाह दूंगा। वे हैं वाशिंगटन इर्विन कृत रिप वॉन विंकल और प्रोफेसर ब्लैकी की सेल्फ कल्चर। मैं समझता हूं कि ये दोनों ही पुस्तकें तुम्हें 38/2 एल्गिन रोड में रखी पुस्तक की अल्मारी में मिल जाएंगी। यदि ये पुस्तकें तुम्हें वहां न मिले तो तुम उन्हें बुक कंपनी या फिर किसी और दूकान से खरीद सकते हो। शुरुआत के लिए ये काफी हैं।

इसके साथ ही तुम्हें अपने स्वास्थ्य को भी नजरअंदाज नहीं करना चाहिए। वाकई अगले तीन महीनों में तुम्हें अपनी पढ़ाई से ज्यादा ध्यान अपने स्वास्थ्य पर देना चाहिए। मुझे आशा है कि तुम पहले की तरह ही दीपेन बाबू की देखरेख में शारीरिक व्यायाम जारी रखे हुए हो। दीपेन बाबू को मेरा स्नेह तथा यथायोग्य कहना।

मुझे तुम्हारी माँ की चिट्ठी से जानकर खुशी हुई कि तुम्हारे दादाभाई अब कुछ–कुछ चलने लगे हैं और तुम्हारी मेजोमामी भी अब पहले से बेहतर हैं। दोनों को ज्यादा से ज्यादा खुशी देने की कोशिश करना। तुम भली–भांति जानते हो कि दोनों ही तुम्हें कितना प्यार करते हैं।

तुम्हारे दादा–दादी अगले बैसाख के पहले पुरी जाना चाहेंगे। अगर तुम चाहो तो तुम भी उनके साथ कुछ हफ्ते पुरी के समुद्र तट पर बिता सकते हो। अगर तुम बदलाव के लिए तत्काल ही कलकत्ता से बाहर जाना चाहो तो तुम बिलकुल

ऐसा कर सकते हो। तुम्हारी माँ ने बताया कि तुम्हारे जेठा बाबू ने तुम्हें पटना बुलाया है और तुम खुद जमशेदपुर जाना चाहते हो। तुम जहां भी जाना चाहो, तुम्हारी माँ खुशी–खुशी तुम्हें वहां भेज देंगी।

15 तारीख को लिखा गयां प्रवास का पत्र मुझे आज सुबह ही दिया गया है। उससे मुझे प्रिय रबी के निधन का दुखद समाचार मिला। इससे पहले मैंने तुम्हारी मामी को पत्र लिख दिया है। मुझे विश्वास है कि इस दुखद वियोग के बाद तुम कॉलेज स्क्वेयर हो आए होगे। तुम्हारे वहां जाने और बातचीत करने से तुम्हारी नानी को सांत्वना मिलेगी।

हमारे बारे में बताने के लिए कुछ खास नहीं है। तुम्हारे रंगाकाका बाबू की हालत वैसी ही बनी हुई है। उनके हाजमे में कहीं कोई सुधार नहीं है। पिछले कई दिनों से वह सिर्फ दूध और साबूदाना खाकर ही रह रहे हैं क्योंकि वह सिर्फ उसे ही पचा पा रहे हैं। हालांकि जब तक हम दोनों साथ हैं, तुम्हें उनकी चिंता करने की जरूरत नहीं है। मैं बिलकुल ठीक हूं।

मुझे आशा है कि मीरा, नेरू और गीता अपनी पढ़ाई मन लगाकर कर रहे होंगे और बुई पहले की तरह ही नखरे करती होगी। मुझे बताया गया है कि पुटुल का अपनी आंटी के साथ प्रेमपूर्ण संबंध हो गया है। मीरा, नेरू और गीता को कहना कि मैं हफ्ते भर में उन्हें पत्र लिखूंगा।

अपने रंगाकाका बाबू को समय–समय पर पत्र लिखते रहना और अपने भाई–बहनों को भी ऐसा करने के लिए कहना। तुम सबों को मेरा प्यार और आशीर्वाद।

सस्नेह तुम्हारा
एस.सी. बोस

पुनश्चः पत्र पढ़ने के बाद इसे अपनी माँ को दे देना
एस.सी.बी.

8 मई 1932 को शरत ने अपने पुत्र को सिवनी जेल से फिर पत्र लिखा

मुझे यह जानकर बेहद खुशी हुई कि तुमने अपनी परीक्षा प्रथम श्रेणी से पास की है। इसके लिए मैं तुम्हें दिल से बधाई देता हूं। तुम चहुंमुखी विकास करो और शारीरिक, बौद्धिक एवं आध्यात्मिक तौर पर आगे बढ़ो, यह तुम्हारे बेहद स्नेही पिता की हार्दिक इच्छा है।

4 मई को लिखा गया तुम्हारा पत्र और 3 तारीख को लिखा गया प्रवास का पत्र मुझे एक साथ ही 6 तारीख को मिले। प्रवास के पत्र से मुझे पता चला कि तुम्हारी सफलता की बात तुम दोनो को वरिष्ठ वकील प्रोमथ नाथ बनर्जी ने बताई। यह सूचना देने के लिए बनर्जी को मेरी ओर से धन्यवाद कहना।

इस बीच मुझे 11, 16, 22 तथा 27 अप्रैल को लिखे गए पत्र मिल चुके हैं। इंटरमीडिएट परीक्षा के लिए विज्ञान लेने के तुम्हारे फैसले से मैं सहमत हूं। तुम किस कॉलेज में दाखिला लेना चाहोगे? जिन दो कॉलेजों में दाखिला लेने पर विचार किया जा सकता है, वे हैं स्कॉटिश चर्चेज़ कॉलेज तथा आशुतोष कॉलेज। मेरा मानना है कि इनमें पहला विज्ञान की पढ़ाई के लिए ठीक है, पर यह अपने घर से थोड़ा दूर है। हालांकि यदि आशुतोष कॉलेज भी विज्ञान की पढ़ाई के लिए उतना ही अच्छा है तो तुम वहां दाखिला ले सकते हो। इस बाबत जानकारी तुम्हें प्रोमथ बनर्जी से प्राप्त हो सकती है। आशुतोष कॉलेज में दाखिला लेने से एक लाभ यह है कि यह कॉलेज अपने घर के पास है। दोनों में जो भी बेहतर हो, तुम उसमें बिना देर किए आवेदन कर दो। मैं सेंट ज़ेवियर्स कॉलेज को खारिज कर रहा हूं क्योंकि मुझे वहां के प्रबंधकों के प्रति भरोसा नहीं है।

जहां तक बांग्ला साहित्य का सवाल है, तुम्हें मधुसूदन की कृतियों के बारीक अध्ययन से इसकी शुरुआत करनी चाहिए और फिर वर्तमान लेखकों की कृतियां पढ़नी चाहिए। यदि तुम अंग्रेजी साहित्य में निपुणता चाहते हो तो तुम्हें शेक्सपीयर एवं मिल्टन को नजरअंदाज कर के अपना अध्ययन आधुनिक लेखकों तक ही सीमित नहीं रखना चाहिए, बेशक वे कितने ही अच्छे हों। बांग्ला साहित्य के लिए भी यही सही है।

मेरे पास अपनी ज़िन्दगी और स्वास्थ्य के बारे में कुछ भी नया कहने को नहीं है। मैंने तीन दिन पहले तुम्हारी माँ को विस्तार से पत्र लिखा था। तुम्हारे रंगाकाका बाबू डॉक्टर बी.सी. रॉय को सिवनी आने का कष्ट नहीं देना चाहते हैं। हमें सुभाष के एक्सरे जांच के बारे में मध्य प्रांत की सरकार के आदेश का इंतजार है। बेशक श्रेष्ठ तो यही होगा कि सरकार उन्हें अच्छी तरह जांच–पड़ताल के लिए कलकत्ता भेज दे। वहां उन्हें सर नीलरतन सरकार तथा डाक्टर बी.सी. रॉय जैसे प्रसिद्ध चिकित्सकों की सलाह मिल सकेगी, जो पहले भी उनका इलाज कर चुके हैं और उनकी बीमारी से अवगत हैं। हालांकि इस बारे में अपनी इच्छा जतलाना फिजूल है क्योंकि सरकार तो वही फैसला करेगी, जैसा कि उसे सलाह दी जाएगी।

क्या तुम कॉलेज स्ट्रीट स्थित स्वदेशी शिल्प भंडार से सफेद जूतों के लिए ब्लैंको की कुछ टिकिया ले सकोगे? उन्हें अपनी माँ के साथ भेज देना। इसी तरह सुबोध ब्रदर्स से कहना कि वे हमारे लिए पांच पाउंड दार्जिलिंग चाय (उत्तम क्वालिटी का फ्लावरी ऑरेंज पेको) भेज दें, जैसा कि उन्होंने पिछली बार भेजा था।

मैं आशा करता हूं कि बंगाल सरकार ने तुम्हारे मामा को हमसे मिलने की आज्ञा दे दी होगी। मुझे तार भेजकर अपनी माँ के यहां पहुंचने की तारीख बता देना। हमसे मिलने की तारीख उसी अनुसार तय की जाएगी।

क्या डेओसेशन तथा साउथ सबअर्बन स्कूल में गर्मियों की छुट्टियां हो गई हैं? मुझे यकीन है कि मीरा, नेरू तथा गीता ठीक से हैं। काफी समय से मुझे उनकी ओर से कोई खबर नहीं मिली है। मुझे हरेन बाबू के पत्र से यह जानकर खुशी हुई कि चित्रकला में वे अच्छा कर रही हैं। नेरू ने अपनी तिमाही परीक्षा में कैसा किया? उन सबों से कहना कि इन छुट्टियों में वे रवीन्द्रनाथ का गल्पगुच्छ पढ़ें।

मैं समझता हूं कि पुटुल और बुई अपनी माँ के साथ यहां आने वाली हैं। पुटुल तो मुझे बिलकुल ही भूल चुकी है। दोनों को यहां हमारा पक्षी संग्रह देखकर मजा आएगा। हमारे पास अब पांच तोते, दो हरे कबूतर, दो साधारण कबूतर और एक नीलकण्ठ कहलाने वाली चिड़िया है। इनमें से आखिरी को कल ही जेल के भीतर पकड़ा गया था और हमने उसे रख लिया है। नीलकण्ठ को मैंने कभी बंगाल में नहीं देखा। इन्हें बेहद शुभ माना जाता है, पर इन्हें पालतू बनाकर रखना मुश्किल है।

सस्नेह तुम्हारा
एस.सी. बोस

इस बीच सुभाष को सिवनी जेल से शरत के पास जबलपुर केन्द्रीय जेल भेज दिया गया था। वह अपनी बिगड़ती सेहत तथा अपनी नजरबंदी को लेकर अनिश्चितता की वजह से साफ तौर से परेशान थे। 13 जून 1932 को उन्होंने पत्र लिखकर अपने युवा भतीजे अमी से अपनी चिन्ताओं का इजहार किया।

मेरे प्रिय अमी

मैं तुम्हें पिछले कुछ समय से लिख नहीं सका हूं, इसका मुझे खेद है। तुम्हारे पिछले पत्र का जवाब भी मैंने नहीं दिया है।

हमसे मिलने के लिए तुम्हारा आवेदन स्वीकृत हो चुका है और हमें इसकी सूचना दे दी गई है। लेकिन छोटा दादा के आवेदन के बारे में हमें कोई खबर नहीं है। जाहिर तौर पर सरकार अभी उस पर सोच–विचार कर रही है।

मुझे इस बात का खेद है कि पिछले कुछ समय से हमारे पत्र लोगों को नहीं मिल रहे हैं और मुझे नहीं पता कि यह पत्र भी तुम तक पहुंच पाएगा या नहीं। बहरहाल, मैं फिर भी लिख रहा हूं।

हमारी स्वास्थ्य परीक्षा 4 जून को शुरू हुई थी और 6 तारीख तक चली। मधुमेह के लिए मेजदादा की जांच की गई और उसी के साथ आम डाक्टरी जांच भी हुई, जिसमें ब्लड शूगर संबंधी जांच भी थी। यह बड़ी ही कष्टदायक प्रक्रिया थी, जिसमें अनेक सूइयां देनी पड़ीं।

बिस्मथ देने के बाद मेरा एक्सरे लिया गया। थोड़े–थोड़े अंतराल के बाद अनेक फोटो लिए गए। इन मामलों में और भी जो जांच होती है, वह भी की गई।

हमारी जांच फौज के तीन चिकित्सकों के मेडिकल बोर्ड ने किया। उनकी रिपोर्ट सरकार को भेज दी गई है, पर हमें इस बारे में कुछ भी नहीं पता है कि उन रिपोर्ट में क्या कहा गया है। मेरे मामले में बीमारी का सही–सही पता भी हमें नहीं है। बीमारी का पता लगाए बिना भला क्या इलाज हो सकता है। काश हमें पता होता कि मेडिकल बोर्ड ने मेरी बीमारी क्या बताई है। तभी हम वैज्ञानिक पद्धति से इसका इलाज कर सकते थे और मुझे यह भी मालूम हो पाता कि मुझे क्या करना चाहिए और क्या खाना–पीना चाहिए।

मैं इस बात से भी निराश हूं कि सबसे महत्वपूर्ण जांच ही नहीं की जा सकी है। वह है पित्ताशय (गॉल ब्लैडर) की एक्सरे जांच। मैं समझता हूं कि मेडिकल की भाषा में इसे कोलेसाइटोग्राफी कहते हैं। कोलेसाइटोग्राफी के लिए जिस तत्व की खास जरूरत होती है, वह यहां के ब्रिटिश मिलिट्री अस्पताल में था ही नहीं। मुझे पूरा भरोसा है कि मेरी बीमारी की वजह गॉल ब्लैडर ही है और इसकी एक्सरे जांच यानी कोलेसाइटोग्राफी कर के ही मेरी बीमारी का अंदाज लगाया जा सकता है। छिंदवाड़ा के सरकारी डॉक्टर कैप्टेन स्कॉट जेएमएस ने पहले–पहल यह बताया था कि मेरा गॉल ब्लैडर सही ढंग से काम नहीं कर रहा है और उन्होंने ही एक्सरे कराने की सलाह दी थी। उन्होंने मेरी जांच पिछले अप्रैल माह में की थी, पर जब तक कोलेक्साइटोग्रीफी नहीं हो जाती, इस दिशा में आगे नहीं बढ़ा जा सकता है। जब तक रोग का निर्धारण ही नहीं होगा, इसका इलाज भी नहीं हो सकता है।

हमें नहीं पता कि आगे हमें कहां ले जाया जाएगा। यहां रहकर हम केवल आदेश की प्रतीक्षा कर सकते हैं।

मैं अब कुछ हद तक बेहतर हूं। मेरी हाल की बीमारी का खतरा अब टल गया है। फिर भी जिगर तथा पित्ताशय के हिस्से में दर्द बना हुआ है। इसके साथ ही मुझे बुखार भी रहता है। साइटिका आदि के पुराने लक्षण अब भी बने हुए हैं। मेरा वजन इधर तेजी से गिरा है। अब तक मेरा वजन 41 पाउंड घट चुका है।

7 तारीख को लिखा तुम्हारा पत्र मेजदादा को 11 तारीख को मिला। वह शायद इस हफ्ते तुम्हें पत्र न लिख सकें।

इस पत्र के साथ मैं अकोय को भी अलग पत्र लिख रहा हूं। मुझे पता चला कि उसे मेरे पिछले दोनों पत्र नहीं मिले। मुझे उसका 7 जून को लिखा पत्र मिला है।

तुम सब कैसे हो? मुझे खुशी है कि तुम्हारा दाखिला स्कॉटिश चर्चेज़ कॉलेज में हो गया है। मैं समझता हूं कि यह सेंट ज़ेवियर्स से बेहतर है।

सभी बच्चों को बताना कि मुझे उनके द्वारा भेजे गए प्यारे संवाद मिलते रहे हैं। मुझे अफसोस है कि मैं उन्हें नहीं लिख पाता हूं, हालांकि मुझे उन्हें पत्र लिखने में खुशी होती अगर पत्रों की संख्या पर बंदिश नहीं होती। मुझे खुशी है कि उन्हें मेरा पंतुआ (एक बंगाली मिठाई) बढ़िया लगा।

मैं जानबूझकर अंग्रेजी में लिख रहा हूं ताकि यह तेजी से सेंसर की प्रक्रिया से गुजर सके। बच्चों से कहना कि वे मुझे जितना पत्र लिखते रहे हैं, उससे भी ज्यादा लिखा करें।

सस्नेह तुम्हारा
सुभाष

पुनश्चः तोते ने बोलना सीखा या नहीं?

1932 के मध्य जुलाई में दोनों भाई अलग–अलग हो गए। शरत को तो जबलपुर केन्द्रीय कारा में ही रहने दिया गया, जबकि सुभाष को मद्रास पेनिटेंशियरी भेज दिया गया, जिसके लिए उन्हें रोड और रेल से लगभग 500 मील की यात्रा करनी पड़ी। मद्रास पहुंचने के एक दिन बाद 18 जुलाई 1932 को उन्होंने अमीय को पत्र लिखा, जिसमें खुद और शरत की खराब सेहत को लेकर चिन्ता बनी हुई थी।

मैं जबलपुर से कल रात ही पहुंचा हूं। 16 तारीख की सुबह मैं गाड़ी से जबलपुर से निकला था और उसी दिन शाम को नागपुर पहुंच गया और फिर सीधे जेल अधीक्षक के बंगले में गया। कुछ समय वहां आराम करने का बाद मैंने नागपुर से तीन मील दूर अंजनी में ट्रेन पकड़ी। ट्रेन को वहां रोक रखा गया था। कल रात मैं मद्रास पहुंचा और मद्रास स्टेशन से दो मील की दूरी पर स्थित बेसिन ब्रिज पर ट्रेन से उतरा। वहां से मैं सड़क से मद्रास पेनिटेंशियरी आया। पहले मैंने समझा था कि पेनिटेंशियरी युवा बंदियों के लिए होगा, पर यह आम जेल की तरह ही है।

यात्रा लम्बी और थका देने वाली थी। मद्रास में काफी गरमी है और मुझे नहीं पता कि मुझे जबलपुर से यहां क्यों लाया गया है। मानसून के कारण शेष भारत में अब मौसम ठंडा है, पर हमें बताया गया है कि मद्रास में बारिश और देर से अक्टूबर में शुरू होती है। यहां अभी गरमी पड़ने का यही कारण है। अभी मैं जांच के लिए अस्पताल जाउंगा। जबलपुर में मुझे बताया गया था कि अस्पताल में जांच और उपचार के लिए मुझे मद्रास पेनिटेंशियरी ले जाया जा रहा है। इस वजह से मैं समझ रहा था कि मुझे यहां के स्थानीय अस्पताल में भर्ती कराया जाएगा। परन्तु यहां पहुंचने पर मैं निश्चित तौर पर नहीं कह सकता कि मुझे अस्पताल में भर्ती कराया ही जाएगा। हालांकि यदि मुझे अस्पलात में भर्ती करा दिया गया

तो मैं तुम्हें खबर करूंगा। अधीक्षक के पते पर मेरे उपयोग के लिए मुझे 50 रुपए भेज दो। इसी तरह मेजदादा के खाते में जबलपुर भी 50 रुपए भेज दो।

यदि पी.सी. बसु जबलपुर जाते हैं तो उन्हें यह सुनिश्चित करना चाहिए कि मेजदादा अपने खान–पान में कोई कटौती नहीं करें। 38 रुपए का भत्ता उनके लिए नाकाफी है और उसकी भरपाई के लिए उन्हें खुद अपने खाते से खर्च करने की जरूरत है। यदि श्री बसु के जबलपुर जाने में देर हो तो फिर मेजदादा को लिखना या फिर मेजोबाउदीदी से उन्हें लिखने के लिए कहना कि वह अपने खान–पान पर कटौती न करें, बल्कि अपने पैसे का उपयोग इसके लिए करें। अभी हमारा अपना पैसा लगभग खत्म हो चुका है।

कल रात यहां पहुंचने पर मुझे हमेशा की तरह बुखार था। रात में मुझे आन्तरिक पीड़ा भी रही। बाकी सब भी वैसा ही रहा।

आशा करता हूं कि वहां सभी कुशल होंगे।

सस्नेह तुम्हारा
सुभाष

पुनश्च : मैं यहां से भी सरकार को लिखूंगा कि सर नीलरतन सरकार, डॉक्टर बी.सी. रॉय और डॉक्टर सुनील बोस को मेरी जांच करने दिया जाए।
एस.सी.बी.

शरत और सुभाष दोनों के इन पत्रों से स्पष्ट होता जा रहा था कि खास तौर से सुभाष का स्वास्थ्य उनके परिजनों तथा समर्थकों के लिए चिन्ता का विषय बनता जा रहा है। शरत के लिए तो यह चिन्ता और भी बड़ी थी क्योंकि स्वयं कैद में रहते हुए वह किसी तरह की मदद कर पाने में असमर्थ थे। सिवनी जेल तथा जबलपुर केन्द्रीय कारा में कुछ महीनों के लिए साथ रहने के बाद जब वह फिर अलग–अलग हो गए तो इससे दोनों की ही चिन्ता बढ़ गई।

28 जुलाई और फिर 8 अगस्त 1932 को अमीय को लिखे पत्रों से यह भी स्पष्ट होता जा रहा था कि सुभाष के स्वास्थ्य में कहीं कोई सुधार नहीं हो रहा है। अपनी मेडिकल जांच एवं उपचार में कमी से उपजी उनकीं हताशा जबलपुर में बंदी बना कर रखे गए शरत के प्रति चिन्ता में व्यक्त हो रही थी। सुभाष ने अपने भतीजे को पत्र लिखकर सलाह देने का समय फिर से निकाला। (8 अगस्त 1932) :

अगले दो वर्षों तक तुम्हें अपनी पढ़ाई पर विशेष ध्यान देना होगा। तब कहीं जाकर तुम्हें अपनी प्रवृत्ति समझ में आएगी। मैंने तुम्हें पहले भी लिखा है कि आगे चलकर यदि तुम्हें विज्ञान पसन्द नहीं आता है तो तुम तीसरे वर्ष में कला

ले सकते हो, और यदि विज्ञान में तुम्हारी रुचि बनी रहती है तो तुम मेडिसिन या उच्च विज्ञान ले सकते हो। इससे कोई फर्क नहीं पड़ता कि गणित में तुम्हारी रुचि नहीं है। अगले दो वर्षों में जिस एक बात की सावधानी तुम्हें बरतनी है, वह है बांग्ला तथा अंग्रेजी के अध्ययन की उपेक्षा न होने पाए, जोकि तुम्हारे स्वयं की संस्कृति एवं शिक्षा के लिए आवश्यक हैं।

वक्त के सरकने के बावजूद रिहाई का कोई संकेत नहीं देखकर शरत ने 4 अक्टूबर 1932 को अमीय को ढांढस बंधाते हुए पत्र लिखा, जिसे संभवतः उनकी पत्नी विभावती उनसे मुलाकात के दौरान गुप्त तरीके से जेल से बाहर लेकर आईं।

तुम्हारा 20 सितम्बर को लिखा पत्र मुझे 30 तारीख को मिला। उसके साथ ही 16 तथा 19 सितम्बर को तुम्हारी माँ का लिखा पत्र भी था। यह जानकर खुशी हुई कि तुम सभी अच्छे हो।

अपने जेठाबाबू से तुम्हें मेरे बारे में सारी जानकारी मिल जाएगी, इसलिए इस बारे में विस्तार से लिखने की जरूरत नहीं है।

यह जानकर अच्छा लगा कि तुम्हारी मैम ने तुम सबों को पवित्र नगरी काशी (वाराणसी) घुमाने का प्रस्ताव किया है। मुझे आशा है कि यह प्रस्ताव फलीभूत होगा और तुम्हें बाबा विश्वनाथ की आरती, काशी के शानदार घाट, मनमंदिर तथा अन्य रुचिकर स्थानों के साथ–साथ सारनाथ में बौद्ध अवशेषों का वैभव भी देखने का अवसर मिलेगा। काशी हिन्दुओं के लिए खास आकर्षण का केन्द्र है और मैं आशा करता हूं कि वहां जाने से तुम्हें बौद्धिक और आध्यात्मिक लाभ होगा।

तुम्हें और तुम्हारे भाई–बहनों को मेरे अनिश्चितकालीन नजरबंदी से परेशान होने की जरूरत नहीं है। ऐसे समय में तुम्हें स्व. बालगंगाधर तिलक के उन ज्वलंत शब्दों को याद रखना चाहिए जो उन्होंने बंबई उच्च न्यायालय द्वारा उन्हें लम्बी कैद की सजा सुनाए जाने पर कहे थे – 'मनुष्यों और राष्ट्रों के भाग्य को बनाने वाली शक्तियां कहीं और बड़ी होती हैं। संभवतः यह विधि का विधान है कि मैं जिन उद्देश्यों का प्रतिनिधित्व कर रहा हूं, उनकी पूर्ति मेरे कष्ट भोगने से ज्यादा होगी, न कि मुझे रिहा किए जाने से।'

तुम्हें यह भी याद रखना चाहिए तुम्हें खुद भी कुछ कर्तव्य निभाने हैं, जैसे कि बड़ों के प्रति भक्ति (जिसमें परिजनों एवं प्रियजनों के साथ पारिवारिक मित्र भी शामिल हैं), अपने से छोटों के प्रति प्यार, और उन सब के प्रति उदारता एवं संवेदना, जो तुमसे कम भाग्यशाली हैं। इन गुणों का विकास करके ही तुम अपनी बौद्धिकता को निखार सकते हो तथा आत्मा का परिष्कार कर सकते हो। अपने जागृत जीवन के प्रत्येक पल के साथ तुम यह जानो कि मनुष्य मात्र रोटी खाकर ही जीवित नहीं रहता।

अपनी बंदिशों की वजह से शायद मैं तुम्हें समय पर विजयदशमी का आशीर्वाद न भेज पाऊं। इसलिए मैं अभी ही तुम सबों को विजयदशमी का आशीर्वाद और हार्दिक स्नेह दे रहा हूं।

सस्नेह तुम्हारा
एस.सी. बोस

पुनश्चः आगे के किसी भी पत्र में तुम इस पत्र का उल्लेख मत करना

सेहत में लगातार गिरावट और उसे लेकर चिन्ता की वजह से सुभाष को 9 अक्टूबर 1932 को पश्चिमोत्तर भारत के भवाली स्थित किंग एडवर्ड सेनेटोरियम भेज दिया गया। 1 दिसम्बर 1932 को उन्होंने कलकत्ता में रह रहे अमी को पत्र लिखा, जिसकी शुरुआत में इस बात पर खेद जताया गया था कि वह कुछ समय से पत्र नहीं लिख सके। साथ ही अपने भतीजे को उसकी पढ़ाई के लिए शुभकामनाएं भी दी गई थीं।

इस बीच शरत जबलपुर केन्द्रीय कारा में ही रहे और दूर से ही उन्होंने अपने पुत्र को उसके अकादमिक, बौद्धिक तथा आध्यात्मिक विकास के लिए प्रोत्साहित एवं प्रेरित करना जारी रखा। उस समय अमीय स्कॉटिश चर्चेज़ कॉलेज में पहले वर्ष का विद्यार्थी थे। 1 फरवरी 1933 को शरत ने उसे पत्र में लिखा,

मुझे तुम्हारा पिछले माह की 8 तारीख का पत्र इस माह 11 तारीख को मिला। मुझे यह जानकर खुशी हुई कि तुम्हारी पढ़ाई ठीक तरीके से चल रही है और प्रयोगशाला के कामों में भी तुम्हारा मन लग रहा है। मैं समझता हूं कि जैसा तुमने सोचा था, वह उतना ही रुचिकर होगा।

अपनी माँ और मामा को कहना कि दोनों ने ही मुझे जो तार भेजा था, वह मुझे मिल गया है और मुझे जानकर खुशी हुई है कि वे आराम से घर पहुंच गए हैं तथा सभी वहां अच्छे से हैं।

तुमने माइकल मधुसूदन दत्त के काव्य के बारे में जो लिखा है, वह मुझे पसंद आया। उनके गुण–अवगुणों को लेकर पाठकों में बेशक असहमति बनी रहेगी। फिर भी सभी इस बात पर एकमत होंगे कि मातृभाषा के प्रति उनका सबसे बड़ा योगदान यह रहा है कि उन्होंने उसे एक ऐसा काव्यरूप दिया, जो इससे पहले प्रयोग में नहीं लाया गया था। उनकी कृतियों के प्रकाशन से पूर्व मुझे नहीं लगता किसी ने भी यह समझा था कि बांग्ला में इतनी भव्यता और वैभव बिखेरी जा सकती हैं। उनके बाद अनेक प्रतिभावान लेखक हुए, और आज हम पाते हैं कि उन्होंने काव्य के शिखर तक पहुंचकर विश्व भर की सराहना बटोरी।

काव्य की इन ऊंचाइयों ने अकथनीय आनन्द का सृजन किया है और चौतरफा आशा की किरणों लुटाई है। ऐसे मे कोई अनपढ़ व्यक्ति ही कह सकता है कि वह उनसे अप्रभावित रहा है।

मैं तुम्हारी इस बात से इत्तेफाक नहीं रखता कि मेघनाद वध के बाद माइकल ने रावण का जैसा चरित्र चित्रण किया है, उससे उनके महाकाव्य की भव्यता में किसी तरह की कमी आई है। हो सकता है कि मैं सही नहीं हूं, पर मुझे लगता है कि कवि ने जानते–बूझते हुए रावण को मानवीय स्पर्श दिया है, जिससे कि पाठकों के मन को बांधा जा सके। हमें यह भी याद रखना होगा कि रावण आसुरी शक्ति है, ना कि सात्विक। और इस कारण उसे सुख–दुख से परे (सम दुख सुखम) नहीं दर्शाया जा सकता।

शेक्सपीयर को तेजी से मत पढ़ जाना। उनकी रचनाओं को आराम से और ध्यान देकर पढ़ने की जरूरत है। तभी तुम उनके द्वारा किए गए मानव चरित्र के एक हद तक निष्ठुर विश्लेषण का आनन्द ले सकोगे, जिसमें कि वे सिद्ध हस्त हैं। इस मायने में अंग्रेजी का सिर्फ एक और कवि ऐसा है, जिसे ध्यान से पढ़ने की जरूरत है। वह है रॉबर्ट ब्राउनिंग। लेकिन अभी तुम्हें उनको पढ़ने की जरूरत नहीं है।

अपने पुस्तकालय से मेरे लिए दो पुस्तकें भेजवा दो – रोमां रोला कृत विवेकानन्द और ट्रायल ऑफ रॉगर केसमेंट। बुक कंपनी लिमिटेड को मुझे आर्थर एवलॉन की सर्पेंट पावर भेजने की याद दिला देना।

लगभग इसी समय सुभाष को यूरोप में निर्वासन के लिए अनिच्छापूर्वक जाना पड़ा। वह भारत से 23 फरवरी 1933 को रवाना हुए। मार्च 1933 के शुरू में वियना पहुंचने पर वहां के शेमिदगास्से स्थित डॉक्टर फ्यूर्थ सैनेटोरियम में उनकी अंतड़ियों की बीमारी का इलाज चलाया गया। हालांकि खराब सेहत भी उन्हें यूरोप भ्रमण से नहीं रोक पाई और उन्होंने 1933 से 1934 के बीच भारत के गैर–सरकारी राजदूत के तौर पर प्राग, वॉरसा, बर्लिन, जिनेवा, मार्सिले, नीस, रोम, मिलान, फ्लोरेंस, बुडापेस्ट, बेल्ग्राद, ज़ाग्रेब आदि स्थानों का दौरा किया।

इन दौरों के पीछे उनका उद्देश्य यूरोप में भारत को लेकर समझ बढ़ाने के साथ ही उसकी आज़ादी था। इस बीच वह रोम में 22 दिसम्बर 1933 को आयोजित इंडियन स्टूडेंट्स कॉन्फ्रेंस के अलावा मार्च 1934 में प्राग में इंडियन सोसाइटी के उद्घाटन में शामिल हुए। नगरीय प्रबंधन में अपनी रुचि के कारण वह वियना के महापौर से भी मिले। साथ ही उन्होंने यूरोप के विभिन्न हिस्सों में औद्योगिक सुविधाओं का भी मुआयना किया।

अपने व्यस्त यूरोप दौरे से वक्त निकालकर उन्होंने अपने भतीजे को सलाह तथा प्रेरणा देना जारी रखा। 30 नवम्बर 1933 को नीस से बांग्ला में लिखे पत्र

में उन्होंने अपनी भतीजे अमीय को यह सोचने के लिए प्रेरित किया कि उसका जन्म बेहद शुभ मुहूर्त में हुआ था।

26 अक्टूबर के तुम्हारे पत्र को पाकर खुशी हुई। मैं क्या लिखूं? लिखना तो बहुत कुछ चाहता हूं पर लिख नहीं पाउंगा।

तुम्हारा जन्म शुभ मुहूर्त में हुआ है। चारों तरफ की परिस्थितियां पलने–बढ़ने में सहायक हैं। जिस परिवार में तुम्हारा जन्म हुआ है, वह भी बढ़िया स्थिति में है। हमें संघर्ष करना पड़ा था और कड़ी मेहनत भी करनी पड़ी थी। इसका सुफल तुम सबों को मिल रहा है। इस कारण तुम्हारी जिम्मेदारियां बढ़ जाती हैं। यदि हम सफल नहीं हो पाते तो तुम्हें सफल होना होगा। हमारी असफलताओं पर तुम्हें अपनी सफलता का महल खड़ा करना होगा।

तुम्हें महानतम लोगों की ऊंचाई तक पहुंचने का प्रयत्न करना होगा। मैं जानता हूं, यह एक कठिन काम है। परन्तु तुम्हें कड़ी मेहनत से सफलता प्राप्त करनी है। जीवन में ऊंची महत्वाकांक्षा रखो, पर तुम्हारी यह महत्वाकांक्षा स्वार्थप्रेरित न हो। तुम्हारी महत्वाकांक्षा दूसरों की सेवा करने और उनके लिए मर–मिटने की होनी चाहिए। यदि तुम्हारी महत्वाकांक्षा ऐसी स्वार्थरहित होगी तो तुम कभी उद्दंड नहीं हो सकते। उद्दंडता भारी पाप है। जो महान जन होते हैं, वो कभी उद्दंड नहीं होते। वे आत्मविश्वास से भरे होते हैं। हालांकि आत्मविश्वास का मतलब उद्दंडता नहीं है।

दूसरों के ओछेपन तथा संकुचित विचारों पर गुस्सा मत करो। ओछेपन को प्यार से जीता जा सकता है। यदि कोई तुम्हारा नुकसान करता है या फिर तुम्हारा अपमान करता है तो उसका तिरस्कार मत करो। उसे प्यार करते रहो। एक न एक दिन वह तुम्हारी महानता को समझेगा और तुमसे प्रेम करने लगेगा।

यह संसार बेहद कुटिल और बहुत मतलबी है। लेकिन हमें तब भी उसे प्यार करते रहना है और निस्स्वार्थ भाव से उसकी सेवा करनी है और उसे स्वर्ग बनाना है। जो लोग अपने देश से प्यार करते हैं और उसकी सेवा करते हैं, जरूरी नहीं कि उन्हें प्यार और प्रशंसा मिले ही। बहुत बार तो उन्हें ईसा मसीह की तरह सूली पर चढ़ना पड़ता है। इसीलिए ईसा मसीह ने अपने हत्यारों के लिए कहा था, प्रभु इन्हें माफ करना क्योंकि इन्हें नहीं पता कि ये क्या कर रहे हैं।

अपने अन्तसमन को स्वर्ग बना डालो, और तब तुम्हें कोई कष्ट नहीं होगा। याद रखना कि जीवन का मूलभूत सिद्धान्त देना है, लेना नहीं।

क्या तुमने बंकिमचन्द्र का कपालकुण्डल पढ़ा है? इसमें शुरू में ही नभकुमार का दृष्टांत आया है। हम सभी को नभकुमार की तरह ही स्वार्थरहित होना चाहिए।

आज के लिए इतना ही। भगवान का आशीर्वाद तुमपर बना रहे। तुम सर्वोच्च ऊंचाई तक पहुंचो।

तुम्हारा शुभचिन्तक
तुम्हारा रंगाकाका बाबू

इसके दो–एक महीने बाद इस बार जिनेवा से 21 फरवरी 1934 को सुभाष ने पत्र लिखकर अमीय को चरित्र निर्माण की सलाह दी। साथ ही उन्होंने उसे संकीर्णता तथा घृणा से ऊपर उठकर प्रेम तथा सहजता से उससे निबटने को भी कहा।

विज्ञान हमारे स्वभाव को तथ्यपरक बनाता है। हमारी नस्ल की यह बड़ी खामी है कि हम बेहद अस्थिर तथा भावुक हैं। हमारे चरित्र में तथ्यपरकता तथा अनुशासन का अभाव है। ऐसे में हमें अपनी शिक्षा पद्धति को वैज्ञानिक बनाने की जरूरत है। यदि मेरे लिए यह संभव होता तो मैं एक बार फिर से विज्ञान पढ़ना शुरू कर देता। परन्तु मैं दर्शनशास्त्र पढ़ता रहा और जब तक मुझे विज्ञान का महत्व समझ में आया, बहुत देर हो चुकी थी। इस देश में सभी बच्चे स्कूल से ही उच्च विज्ञान की पढ़ाई करने लग जाते हैं। चूंकि हमारे यहां इस तरह के बुनियादी ढांचे का अभाव है, इस वजह से हम कॉलेज में पहुंचकर ही उच्च विज्ञान की पढ़ाई शुरू कर पाते हैं।

अपने चरित्र निर्णाण के लिए हमें विवेकानन्द से मदद लेनी चाहिए। हमारे चरित्र का सबसे बड़ा दोष हममें एकाग्रता की कमी है। एकाग्रता बढ़ाने के लिए हमें शुरू से ही ध्यान का अभ्यास करना चाहिए। इसके साथ ही उस पर दृढ़ रहने की भी जरूरत है। हमें कोई एक आदर्श को अपनाकर अपना पूरा जीवन उसे हासिल करने में लगा देना चाहिए। यदि बंगालियों में एकाग्रता तथा दृढ़ता आ जाए और उनके चरित्र में आदर्श का समावेश हो तो उन्हें कोई नहीं हरा सकेगा क्योंकि उनके चरित्र में और दूसरे गुण तो पहले से ही मौजूद हैं।

हमेशा याद रखना कि तुम्हें संकीर्णता तथा भ्रष्ट आचरण से ऊपर उठना है। प्रेम से ही ऐसा किया जा सकता है। इससे बड़ा सत्य दूसरा कुछ नहीं है। यदि तुम्हें किसी चीज से घृणा करनी है तो संकीर्णता और दुराचार से करो। संकीर्णता का उत्तर संकीर्णता से नहीं दिया जा सकता है। इसकी काट प्रेम तथा सहजता है। इसीलिए सूली पर चढ़ते हुए ईसा मसीह ने कहा, प्रभु इन्हें माफ करना क्योंकि इन्हें नहीं पता कि ये क्या कर रहे हैं। इसी तरह गौरांग महाप्रभु ने भी कहा था, तुमने मुझे मारा, पर इसका मतलब यह तो नहीं कि मैं तुम्हें प्यार नहीं कर सकता।

ईश्वर के आदर्शों पर चलने वाला व्यक्ति दिखावे की वस्तु नहीं है। ईश्वरत्व उसके भीतर ही है। भगवा वस्त्र धारण कर लेने से कोई साधु नहीं बन जाता। एक आदर्श कार्यकर्ता होने के लिए तुम्हें संन्यासी बनना होगा। हर युग में संन्यास

को अलग–अलग तरीके से देखा गया है। इस युग में संन्यासी वह है जो अपना पूरा जीवन कर्म में लगा देता है, वह जो कर्मयोगी है।

मतलब यह है कि हर किसी को अपना जीवन संकीर्णता एवं स्वार्थ को भूलकर व्यापक हित में लगा देना चाहिए। इसे ही निष्काम कर्म कहते हैं।

तुम्हें मालूम होगा कि एक बार मैं घर छोड़कर निकल गया था। मेरे मन में आदर्श गुरु से मिलने की चाह थी। लेकिन ऐसा कोई गुरु मुझे मिला नहीं, इसीलिए मैं लोट आया। उस समय मैंने जाना कि जीवन का सत्य हमारे बाहर नहीं है, वह हमारे भीतर ही है। यदि किसी के मन में इच्छा बनी हुई है तो वह घोर जंगल में जाकर भी अपनी इच्छाओं के बारे में ही सोचेगा। लेकिन मैं समझता हूं कि हमें निर्जन–शान्त स्थान पर जाना चाहिए। कभी–कभार यह जरूरी है।

अब कुछ बातें स्त्री को लेकर। ब्रह्मचर्य दो तरह का होता है। एक का संबंध अपने शरीर को स्वस्थ रखने से है, जबकि दूसरे का संबंध महिला के प्रति वासना के अभाव से है। ब्रह्मचर्य के पहले तरीके का पालन कठिन काम नहीं है, पर दूसरे के लिए अनेक वर्षों की साधना और अनुशासन चाहिए।

अपने अनुभवों से मैं कह सकता हूं कि ब्रह्मचारी होने के लिए दो बातें जरूरी हैं:

1. हमें महान आदर्श से प्यार करना चाहिए और उसी में अपना सर्वस्व न्यौछावर कर देना चाहिए। तब तुम्हारा ध्यान दूसरी इच्छाओं या वासनाओं से हटा रहेगा।

2. स्त्री को अपनी माँ के रूप में देखना चाहिए। हमें दुर्गा या काली के तौर पर उसकी पूजा करनी चाहिए। इन रूपों में लम्बे समय तक ध्यान लगाने से मानसिक स्थिति ऐसी बन जाएगी कि किसी स्त्री को देखने पर उसमें हमें माँ की ही झलक दिखेगी। इस तरह के ध्यान के लिए हमारी संस्कृति में कुमारी पूजा जैसे अनेक प्रावधान किए गए हैं। इसका मायने है कि किसी किशोरी को अपने सामने बैठाकर अपनी माँ या दुर्गा माँ का ध्यान करना।

यदि थोड़े समय में तुम इस स्थिति को नहीं प्राप्त कर सको तो इससे निराश होने की जरूरत नहीं। तुम विवाह करो या ना करो, तुम्हें अभी से ही ब्रह्मचर्य का पालन करना चाहिए।

सुबह–शाम माँ दुर्गा का ध्यान करने से निश्चय ही मदद मिलेगी। चण्डी ने लिखा है, हे माँ दुर्गे, सभी शिक्षा तुम्हारे विभिन्न रूपों में है और समस्त स्त्रीत्व भी तुम्हारी इन्हीं छवियों में है।

यदि मुझमें कुछ अच्छा है तो मैं आशा करता हूं कि तुम उसका अनुसरण करोगे और मुझमें जो कुछ बुरा है, उसे त्याग देना।

तुम्हारा
रंगाकाकाबाबू

इस बीच अप्रैल 1933 में शरत को जबलपुर केन्द्रीय कारा से कुर्सियांग लाकर वहां स्थित उनके पैतृक मकान में नजरबंद कर दिया गया। यहां वह जुलाई 1935 तक बंदी बनाकर रखे गए। कुछ समय के लिए उनकी पत्नी विभावती और अमीय के छोटे भाई–बहन यहां आकर उनके साथ रहे, जबकि अमीय खुद कॉलेज की पढ़ाई के लिए कलकत्ता में ही रहे। शरत ने अमीय को कुर्सियांग से भी पत्र लिखकर मार्गदर्शन देना जारी रखा। जैसा कि उनके 14 अक्टूबर 1933 तथा 28 जनवरी 1934 के पत्रों से देखा जा सकता है, वह अपने पुत्र को दार्शनिक एवं आध्यात्मिक के साथ–साथ शैक्षिक नजरिये से भी अनके तरह की सलाह देते रहे।

14 अक्टूबर 1933 को लिखे पत्र में उन्होंने अमीय को श्रीमद भगवद्गीता में प्रतिपादित हिन्दू धर्म के मूल तत्व को गहराई से पढ़ने की सलाह दी। यह कि तुम्हारे अधिकार में केवल कर्म करना है, लेकिन उसके परिणाम पर तुम्हारा कोई अधिकार नहीं है। निष्काम कर्म करते हुए ही सर्वोच्च तक पहुंचा जा सकता है। उन्होंने अमीय से अपेक्षा की कि वह इस सीख को अपने रोजमर्रे के जीवन में उतारने की कोशिश करेगा।

इस पत्र में शरत ने अमीय को यह भी बताया कि क्या पढ़ने से उसे लाभ होगा और सलाह दी कि गंभीर साहित्य का अध्ययन तेजी से नहीं किया जाना चाहिए। ज्ञान का अर्जन इस बात पर निर्भर होता है कि कितने ध्यान से कोई चीज पढ़ी गई है, ना कि इस बात पर कि कितना पढ़ा गया है। हड़बड़ी में पढ़ने वाले अमूमन सतही होते हैं। किसी अच्छी पुस्तक को ध्यान से पढ़ने पर ज्यादा सीखा जा सकता है, बनिस्पत दर्जनों पुस्तकों को तेजी के साथ पढ़ने के।

28 जनवरी 1934 के अपने पत्र में शरत ने लिखा कि उन्होंने कॉलेज पत्रिका में प्रकाशित अमीय का आलेख मन से पढ़ा है और जिस विचार को उसमें रखा गया है, वह सही है। बंगाली शिक्षाविद स्वर्गीय सर आशुतोष मुखर्जी द्वारा शैक्षिक पद्धति में लाए गए बदलाव की प्रशंसा करते हुए उन्होंने लिखा कि उन्होंने हमारी भारतीय परम्परा को ध्यान में रखते हुए सांस्कृतिक दृष्टिकोण अपनाया, जबकि इससे पहले जिस तरह की पढ़ाई हो रही थी, वह हममें से बहुतों को मात्र उच्च श्रेणी का क्लर्क बनाने के लिए बौद्धिक खुराक ही दे रही थी।

***

अमीय का जन्म जनांदोलन के उस दौर में हुआ था, जिसकी शुरुआत 1920 के दशक के प्रारंभ में गांधी के नेतृत्व में चलने वाले स्वतंत्रता संग्राम के तौर पर हुई। ऐसें में यह बच्चा उस समय की राष्ट्रीय भावना का प्रत्यक्षदर्शी तो बना ही, उससे ओत–प्रोत भी हुआ। उसकी अपनी प्रारंभिक शिक्षा तथा समझ के

साथ–साथ उस काल की घटनाओं एवं लोगों को लेकर उसकी जानकारियां भी शरत और सुभाष से बहुत ज्यादा प्रभावित रहीं। उसके बचपन से ही पिता और चाचा दोनों ही उसे विश्व के प्रति अपनी दृष्टि से अवगत कराते रहे थे और उसे उन उच्च सिद्धान्तों की शिक्षा देते रहे थे, जो वह जीवन के लिए जरूरी पाते थे।

कलकत्ता में स्कूल तथा स्नातक की पढ़ाई पूरी करने के बाद अमीय आगे की पढ़ाई के लिए कैम्ब्रिज विश्वविद्यालय चले गए। अपने पिता शरत का अनुसरण करते हुए उन्होंने वहां कानून की पढ़ाई की और फिर 1941 में लिंकन्स इन ने उन्हें अदालत में जिरह करने का मौका दिया। लगभग तीन दशक पहले जून 1914 में शरत को भी लिंकन्स इन ने ही पहले–पहल अदालत में जिरह का मौका दिया था। इसके बाद अमीय ने लन्दन के नामी वकील सर नॉरमन बिरकेट के साथ काम शुरू किया। इस बीच उन्होंने कैम्ब्रिज विश्वविद्यालय से अर्थशास्त्र (ऑनर्स) में स्नातक तथा स्नातकोत्तर की पढ़ाई भी पूरी की। वैसे तो अमीय ने अपनी पढ़ाई 1941 में ही पूरी कर ली थी और वह तभी भारत लौटना चाहते थे, लेकिन लन्दन स्थित ब्रिटिश अधिकारियों ने उन्हें वापस जाने की अनुमति नहीं दी।

इस बीच द्वितीय विश्वयुद्ध पहले यूरोप और फिर एशिया प्रशान्त क्षेत्र में छिड़ा रहा। ऐसे में अमीय इंग्लैंड में ही रहने को बाध्य हुए। इसके बाद राजनैतिक अभियानों में उन्होंने रुचि दिखानी शुरू की और भारतीय स्वतंत्रता के समर्थन में सक्रिय अभियान चलाया। इस बीच जनवरी 1941 में उनके चाचा सुभाष कलकत्ता से भागकर उसी वर्ष अप्रैल में बर्लिन आ गए थे। वहां से उन्होंने अमीय को गुप्त संवाद भिजवाया था कि वह आयरलैंड के रास्ते बर्लिन आकर उनसे मिले। हालांकि तब के हालत की वजह से ऐसा करना संभव नहीं हो सका।

अमीय ने 1937 में कांग्रेस की सदस्यता ले ली थी। उस नाते उन्होंने अगस्त 1942 में ब्रिटेन में कमिटी ऑफ इंडियन कांग्रेसमेन के गठन में भूमिका निभाई और उसके महासचिव बनाए गए। वहां भारतीय स्वतंत्रता के लिए उसकी कोशिशों को व्यापक समर्थन मिला। खास तौर से उसी समय 8 अगस्त 1942 को गांधी द्वारा छेड़े गए भारत छोड़ो आन्दोलन के लिए समर्थन जुटाने की उनकी मुहिम को ब्रिटेन में रहने वाले भारतीयों (जिसमें हिन्दू–मुसलमान दोनों थे) के अलावा हाउस ऑफ लॉर्ड्स तथा हाउस ऑफ कॉमन्स दोनों से ही जुड़े ब्रिटिश सांसदों ने युद्ध का माहौल होने के बावजूद अपना समर्थन दिया।

अमीय ने अक्टूबर 1942 में लन्दन में काउंसिल फॉर इंटरनेशनल रेकॅग्निशन ऑफ इंडियन इंडिपेंडेंस नामक संस्था के गठन में भी योगदान किया और उसके उपाध्यक्ष एवं सचिव बनाए गए।

1942 के आगामी महीनों में भारत छोड़ो आन्दोलन को ब्रिटिश औपनिवेशिक अधिकारियों ने तेजी से तथा बर्बरतापूर्वक कुचल दिया। इससे पहले भारत छोड़ो

आन्दोलन के प्रस्ताव को कांग्रेस द्वारा पारित किए जाने के एक दिन बाद ही 9 अगस्त 1942 को गांधी सहित कांग्रेस के तमाम बड़े नेताओं को गिरफ्तार कर जेल भेज दिया गया था। इसके कुछ महीने बाद 9 फरवरी 1943 को गांधी ने पूना जेल में रहते हुए ही ब्रिटिश सरकार एवं उसके शाही अधिकारियों पर दबाव डालने के उद्देश्य से अपने अहिंसक अस्त्र भूख हड़ताल की घोषणा कर दी। तब लंदन स्थित कांग्रेस कमिटी ने अमेरिकी राष्ट्रपति फ्रैंकलिन रूज़वेल्ट को पत्र लिखने का फैसला किया। ज्ञातव्य है कि यह कमिटी अमीय की देखरेख में चलाई जा रही थी और वही उसके महासचिव थे। समिति ने रूज़वेल्ट को 13 फरवरी 1943 को उनके व्हाइट हाउस के पते पर तार भेजा।[7]

राष्ट्रपति महोदय

कमिटी ऑफ इंडियन कांग्रेसमेन के 45 भारतीय सदस्यों तथा अन्य भारतीय समर्थकों की ओर से हम आपसे पुरजोर आग्रह करते हैं कि गांधी की भूख हड़ताल के मामले में आप हस्तक्षेप करें। हमारा मानना है कि सरकार के सिद्धान्तों के अनुसार ही शासितों की रजामंदी से भारतीय राष्ट्रीय कांग्रेस को तमाम राजनैतिक शक्तियां सौंपकर भारत की समस्या का समाधान तत्काल किया जा सकता है।

अमीय बोस, अमीर शाह, देव मोगंदर, करतार सिंह, पुलिन सील – 70 ऑक्सफोर्ड स्ट्रीट, लन्दन

हमें इस पत्र विशेष के सटीक प्रभाव के बारे में तो कोई जानकारी नहीं है, पर अब हम इतना जरूर जानते हैं कि तब अमेरिका को इससे असुविधा हुई थी और इसे वह भारतीय स्वतंत्रता के सवाल पर ब्रिटिश कट्टरता के तौर पर देखता था। हो सकता है कि इससे चर्चिल तथा उनके कुछ मंत्रियों के बारे में अमेरिका की धारणा बनने में मदद हुई हो, जो जापान के खिलाफ प्रशान्त युद्ध के बावजूद भारत पर अपना वर्चस्व कायम रखना चाहते थे।

अमीय को ब्रिटेन में भारतीय स्वतंत्रता संग्राम के संचालक को तौर पर देखा जाने लगा था। शिकागो डिफेंडर ने 31 अक्टूबर 1942 के अंक में उनके बारे में लिखा,

ब्रिटिश सूचना मंत्रालय की नाक के नीचे ब्रिटिश विरोधी भारतीय राष्ट्रवादियों, महात्मा गांधी के प्रबल समर्थकों तथा कांग्रेस के कट्टर सदस्यों ने अमीय नाथ बोस के नेतृत्व में कमिटी ऑफ कांग्रेसमेन का गठन किया है। युवा बोस भारतीय

[7] यह तार लेखिका को जुलाई 2007 में मेरीलैंड स्थित यूनाइटेड स्टेट्स नेशनल आर्काइव्स से मिला, जहां के दौरे पर वह न्यू यार्क में रहते हुए गई थीं। यहां जब उन्होंने संदर्भ के लिए अंग्रेजी अक्षर बी का कैटेलॉग कार्ड निकाला तो उसमें उनके पिता अमीय नाथ बोस का नाम पहला था।

> राष्ट्रीय कांग्रेस के पूर्व अध्यक्ष सुप्रसिद्ध सुभाष चन्द्र बोस के भतीजे हैं, जो भारत से निकल भागे हैं और अब हांगकांग, मलाया, सिंगापुर और बर्मा में पकड़े गए भारतीय फौजियों के साथ–साथ बर्मा के राष्ट्रवादियों एवं स्याम के लोगों को लेकर फौज तैयार करने में जापानियों की मदद करने में लगे हैं ताकि भारत से ब्रिटिश सत्ता का सफाया किया जा सके। मैंने जब इंडियन कांग्रेसमेन के न्यू ऑक्सफोर्ड स्ट्रीट स्थित मुख्यालय में मुलाकात की तो युवा बोस ने कहा, हमारे स्वतंत्रता संग्राम का निर्णायक दौर शुरू हो चुका है। अपने योजनाकारों या कार्यकारिणी के सदस्यों से घिरे श्री बोस में परिपक्व राजनेता के सभी गुण हैं। उन्होंने खुशी–खुशी अमेरिकी प्रेस के अश्वेत प्रतिनिधि को साक्षात्कार का समय दे दिया और कहा कि दुनिया भर के अश्वेत हमारे मित्र हैं। भारत सिर्फ अपनी आजादी के लिए नहीं लड़ रहा है, बल्कि वह अफ्रीकियों और दुनिया भर में फैले अफ्रिकी जाति के लोगों के लिए भी लड़ रहा है।

अगले वर्ष 1943 में जब बंगाल के दुर्भिक्ष में लाखों लोग मारे गए, अमीय ने इंग्लैंड में राहत के लिए संसाधन जुटाने का काम किया। उनकी सहकर्मी सुश्री सेहरी सकलतवाला[8] के अनुसार, उनकी व्यक्तिगत निष्ठा और कोशिशों की वजह से ही लन्दन में उस वर्ष (1943) जून महीने में भारतीय कला प्रदर्शनी लगाई जा सकी, जिसमें भारत का मूर्तिशिल्प, चित्रकला तथा वस्त्र रखे गए। उस समय ब्रिटेन में युद्ध के उन्माद को देखते हुए यह कोई छोटी उपलब्धि नहीं थी। अमीय ने लन्दन में टैगोर सोसाइटी के साथ मिलकर रवीन्द्रनाथ ठाकुर की कृतियों के सार्वजनिक पाठन का आयोजन भी किया। इन सभी आयोजनों से संग्रहित राशि कलकत्ता के महापौर के राहत कोष में भेज दी गई।

दूसरी तरफ अमीय के चाचा सुभाष ने बर्मा से अपने रेडियो प्रसारण में भूख से पीड़ितों के लिए चावल भेजने का प्रस्ताव बारम्बार किया, पर ब्रिटिश शासकों ने इस पर कोई ध्यान नहीं दिया।

सात साल के लम्बें समय तक घर से बाहर रहने के बाद दिसम्बर 1944 के आरंभ में अमीय इंग्लैंड से भारत लौट आए और यहां की राजनैतिक गतिविधियों में शामिल हुए। इससे पहले सिर्फ एक बार वह जून 1939 से लेकर अक्टूबर 1939 तक यहां रहे थे। इस बीच कून्नूर में बंदी बनाकर रखे गए शरत अपने बेटे को किसी भी तरह से भारत आने के लिए कई–एक बार लिख चुके थे, पर ब्रिटिश अधिकारियों ने उन्हें ऐसा करने से रोक रखा था। जाहिर तौर पर उन्हें लगता था कि अमीय कलकत्ता की बजाय लन्दन में ही रहें तो ठीक है। अमीय आखिरकार जब घर आने में सफल रहे तब उनके चाचा सुभाष रंगून (बर्मा) में

[8] सेहरी सकलतवाला कम्युनिस्ट राजनेता तथा यूनाइटेड किंगडम की संसद के सदस्य शपूरजी सकलतवाला की पुत्री थीं, जो अमीय एवं उनके परिवार की आजीवन मित्र भी रहीं।

भारत की अस्थायी सरकार के नेता और आज़ाद हिन्द फौज के सर्वोच्च सेनापति थे, जबकि उनके पिता शरत भारत में बंदी थे।

यूरोप से बंबई के रास्ते अमीय जब 9 दिसम्बर 1944 को कलकत्ता के हावड़ा रेलवे स्टेशन पहुंचे तो उनके स्वागत में वहां बोस परिवार के अनेक सदस्य थे। उनके बीच अपने पिता को नहीं पाकर उन्हें भारी निराशा हुई। दोनों पांच साल से एक–दूसरे से नहीं मिले थे।

उधर कुन्नूर में एकाकीपन झेल रहे शरत का मन भी अपने पुत्र को इतने समय के बाद भी नहीं देख पाने की वजह से भारी हो रहा था। 8 दिसम्बर 1944 को शरत ने कून्नूर से अपने पुत्र को पत्र लिखा था,

> आज सुबह लगभग 10:30 बजे इस बंदीगृह के विशेषाधिकारी ने मुझे तुम्हारा तार लाकर दिया। हांलांकि उसके कथनानुसार यह तुम्हारे द्वारा बंबई से 5 तारीख को भेजे गए तार की कॉपी थी, पर मैं कह नहीं सकता कि वह तुम्हारे तार की कॉपी थी या फिर तुम्हारे तार को दुबारा लिखकर मुझे दे दिया गया था। जो भी हो, मुझे यह जानकर खुशी हुई कि तुम बंबई सकुशल पहुंच गए हो और तुम कल कलकत्ता पहुंच जाओगे। ... मुझे यह सोच कर दुख होता है कि मैं घर से पांच साल से भी ज्यादा की तुम्हारी गैर–मौजूदगी के बाद भी भागकर तुम्हारे स्वागत में कलकत्ता नहीं पहुंच सकता हूं। .... पिछले कुछ समय से मैं तुम्हारे आने की बाट जोहता रहा हूं। मैंने शिशिर से कहा था कि वह 10 सितम्बर को उसे लिखे पत्र का संक्षेपण करके तुम्हें भेज दे। उसने बताया कि उसने ऐसा कर दिया है। मैंने तुम्हे पिछले 8 अक्टूबर को पत्र लिखा था, पर मैं नहीं जानता कि वह तुम्हे मिला या नहीं। यह कहने की जरूरत नहीं कि मद्रास से प्रकाशित हिन्दू में पिछले महीने तुम्हारे घर के लिए रवाना होने की खबर पढ़कर मुझे कितना चैन मिला था।

हिन्दुस्तान स्टैंडर्ड में 10 दिसम्बर 1944 को प्रकाशित साक्षात्कार में अमीय कांग्रेस के भारी समर्थक के तौर पर सामने आए, जो 1942 में गांधी द्वारा प्रेरित भारत छौड़ो आन्दोलन के बाद से ही ब्रिटेन में उसकी गतिविधियां चला रहे थे। इस आलेख के अनुसार अमीय ने बंबई पहुंचने पर जो पहली इच्छा जताई, वह थी गांधी से मिलकर उन्हें राजतंत्र के केन्द्र लन्दन की गतिविधियों की जानकारी देने की। इसके बाद भी गांधी अनेक बार अमीय से मिले। ऐसे ही एक मौके पर उन्होंने कैम्ब्रिज के नवप्रशिक्षित अर्थशास्त्री से ग्रामीण भारत के लिए विद्युतीकरण का प्रारूप तैयार करने को कहा, जो अमीय ने किया भी।

इन्ही मुलाकातों के बीच अमीय ने गांधी का संदेश शरत तक पहुंचाना भी स्वीकार किया, जिसमें गांधी ने शरत को अपना क्रांतिकारी नजरिया छोड़कर फिर से कांग्रेसी अभियान से जुड़कर सक्रिय भूमिका निभाने की बात कही थी।

अमीय की पहली चिन्ता और चुनौती अपने पिता शरत को कैद से छुड़ाने की थी। इस बीच 1944 में उनके छोटे भाई शिशिर तथा दो अन्य भाइयों को भी गिरफ्तार कर लिया गया था। उन्हें भी छुड़ाना था। भारतीय स्वतंत्रता के पक्ष में ब्रिटेन में आन्दोलन चलाने के क्रम में अमीय का ब्रिटिश जनों से व्यापक संपर्क रहा था। उनके संपर्क के दायरे में वहां के सांसद भी थे, जो अधिकतर वाम दलों से ही जुड़े हुए थे। प्रमुख एवं प्रभावी लोगों से उनकी मित्रता थी। भारत लौटकर अमीय ने उन सबसे अपने पिता की रिहाई में मदद करने की मांग की।

हालांकि शरत जापान द्वारा आत्मसमर्पण एवं अगस्त, 1945 के मध्य में प्रशान्त युद्ध की समाप्ति के बाद ही आखिरकार 14 सितम्बर 1945 को रिहा हो पाए। कलकत्ता पहुंचने पर हावड़ा स्टेशन पर उनका भारी गर्मजोशी से स्वागत किया गया।

2

मार्ग माण्डले का

मेरे सामने राष्ट्रीय लक्ष्य दिन के उजाले की तरह साफ है। यह है ब्रिटिश दासता से मुक्त स्वतंत्र गणराज्य का .... स्वतंत्र भारत मेरे जीवन का स्वप्न है और मुझे विश्वास है कि यह भारतीय इतिहास का सच होगा।

सुभाष चन्द्र बोस

बरह्मपुर जेल से लिखी गई टिप्पणी, दिसम्बर 1924

1924 में इंग्लैंड के कैम्ब्रिज विश्वविद्यालय से कलकत्ता लौटते हुए 24 वर्षीय युवा सुभाष की दिली इच्छा उस समय के प्रमुख राष्ट्रवादी नेता मोहनदास करमचन्द गांधी से बंबई में मिलने की थी। इसके साथ ही वह गांधी के आदर्शों तथा उनके द्वारा चलाए जा रहे अहिंसक असहयोग आन्दोलन की गतिविधियों के बारे में ज्यादा से ज्यादा जानना–समझना चाहते थे। वह खुद भी स्वतंत्रता संग्राम से जुड़ना चाहते थे, जोकि अब बड़ा भारी रूप ले चुका था।

मुलाकात होने पर गांधी ने सुभाष को कलकत्ता पहुंचकर बंगाल के करिश्माई कांग्रेसी नेता चित्तरंजन दास के साथ मिलकर काम करने के लिए प्रेरित किया। सुभाष जब ब्रिटेन में ही थे, तभी चित्तरंजन दास यहां के प्रमुख नेता के तौर पर उभर चुके थे और सुभाष के बड़े भाई शरत उनके साथ काम करने लगे थे। सुभाष ने खुद भी कैम्ब्रिज से चित्तरंजन दास को पत्र लिखा था, जिसके जवाब में उन्होंने वहां हो रहे कामों की जानकारी दी थी और साथ ही ईमानदार कार्यकर्ताओं की कमी का दुखड़ा रोया था।

कलकत्ता पहुंचने पर सुभाष ने बिना देर किए चित्तरंजन दास से मुलाकात कर कांग्रेस की सदस्यता ग्रहण कर ली। कुछ ही समय में उनके प्रति सुभाष की श्रद्धा इतनी बढ़ गई कि उन्होंने चित्तरंजन दास को अपना राजनैतिक गुरु स्वीकार कर लिया। अपने बड़े भाई शरत के साथ सुभाष ने राष्ट्रीय राजनीति के साथ ही प्रादेशिक तथा स्थानीय निकाय की राजनीति में भाग लेना शुरू किया और इस तरह दोनों भाइयों के बीच एक ऐसे परस्पर संबंध की शुरुआत हुई, जो जीवनपर्यन्त बना रहा। आगे आने वाले दशकों में परीक्षा एवं पीड़ा की घड़ियों ने इस संबंध को और भी मजबूती दी।

1923 के आते–आते बोस बंधु कांग्रेस में रहते हुए ही स्वराज पार्टी के कामों में पूरी तरह से लग चुके थे, जिसकी अगुवाई चित्तरंजन दास कर रहे थे। स्वराज पार्टी का गठन दिसम्बर 1922 में गया में आयोजित कांग्रेस अधिवेशन के दौरान चित्तरंजन दास के नेतृत्व में हुआ था। इसके द्वारा प्रस्तावित योजना गांधी और उनके समर्थकों के प्रतिनिधित्व वाली कांग्रेस की योजनाओं को खुली चुनौती देती थी, जिन्हें वह 'यथास्थितिवादी' मानते थे। फरवरी 1922 में गांधी द्वारा असहयोग आन्दोलन को वापस ले लिए जाने के बाद (इस संबंध में व्यापक चर्चा अध्याय 3 में की गई है) कांग्रेस के यथास्थितिवादी नेता चाहते थे कि कांग्रेस के सदस्य साम्प्रदायिक सद्भाव तथा मानवतावादी राहत कार्यों की दिशा में काम करने के साथ ही कताई–बुनाई एवं राष्ट्रवादी शिक्षा आदि क्षेत्रों में काम जारी रखें। इसके साथ ही वे राष्ट्रीय तथा प्रांतीय असेम्बलियों का बहिष्कार भी जारी रखें, जो कि 1920 के कांग्रेस अधिवेशन के बाद गठित हुए थे।

चित्तरंजन दास और उनके असंख्य समर्थकों का मत इससे अलग था। वे असेम्बलियों में प्रतिनिधित्व बनाए रखकर उसके भीतर से ही विरोध की हवा गरम रखना चाहते थे। इस बारे में जेल में रहते हुए उनके बीच विचार–विमर्श चलता रहा था। सुभाष ने दि इंडियन स्ट्रगल में लिखा है कि किस तरह गया अधिवेशन में अध्यक्ष पद पर रहते हुए भी चित्तरंजन दास अकेले पड़ गए थे और गांधी के समर्थक यथास्थितिवादी नेताओं ने बहुमत के आधार पर मुख्य मुद्दों पर उस दिन की कार्रवाइयों को अपने तरीके से चलाया था।[1]

इसके बावजूद चित्तरंजन दास और उनके समर्थकों के मत को पूरे प्रदेश में भारी समर्थन मिल रहा था। अपनी कार्य योजना को आगे बढ़ाने के उद्देश्य से वह कांग्रेस अधिवेशन के बहुमत के खिलाफ जाकर और उससे इस्तीफा देकर स्वराज पार्टी का गठन करने को बाध्य हुए। पंडित मोतीलाल नेहरू (जवाहरलाल के पिता) तथा विट्ठलभाई पटेल जैसे राजनैतिक दिग्गजों के अलावा बोस बंधु भी चित्तरंजन दास के नए दल स्वराज पार्टी से आ मिले और उन्होंने उनके उग्रवादी विचारों के प्रति अपनी आस्था जताई।

इस दौरान की राष्ट्रीय तथा राजनैतिक उथल–पुथल के बीच चित्तरंदन दास ने शरत को फॉरवर्ड पब्लिशिंग लिमिटेड का प्रबंध निदेशक नियुक्त किया, जिसकी देखरेख में 25 अक्टूबर 1923 से स्वराज पार्टी के मुखपत्र के तौर पर नए अंग्रेजी दैनिक फॉरवर्ड का प्रकाशन शुरू हुआ। हालांकि सरकारी ईस्ट इंडिया रेलवे कंपनी द्वारा दायर मानहानि के मुकदमे में हार के बाद 1929 में इसका नाम बदलकर लिबर्टी कर दिया गया। चित्तरंदन दास इस समाचार पत्र

[1] सुभाष चन्द्र बोस, दि इंडियन स्ट्रगल (नाट्यचिन्ता फाउंडेशन, कोलकाता, 2005), 110.

के पहले संपादक थे और जब बाकी लोग जेल चले गए तो सुभाष ने इसके संचालन एवं संपादन में योगदान किया।

इससे शरत तथा सुभाष दोनों को ही अपने राष्ट्रवादी राजनैतिक दृष्टिकोण को सामने रखने का मौका मिला, जोकि चित्तरंजन दास एवं स्वराज पार्टी की विचारधारा से मेल खाता था। दोनों ही भाइयों ने अंग्रेजी भाषा पर अपनी पकड़ के साथ ही अपनी कलम की ताकत भी दिखाई, जिसका प्रभावशाली प्रयोग वह पत्रकारिता के अलावा भी अपने संपूर्ण लेखन में करते रहे। शरत ने 14 मार्च 1912 को स्टार ऑफ उत्कल में आलेख लिखकर बिहार के राजनैतिक नेतृत्व में पनप रहे भ्रष्टाचार का खुलासा किया। पहले फॉरवर्ड और फिर लिबर्टी से निकट के जुड़ाव ने उन्हें अपना लेखकीय कौशल दिखलाने और उसे निखारने का मौका दिया। इस अवसर ने उन्हें समाचार माध्यम के भरपूर प्रभाव को अपने हक में इस्तेमाल करना भी सिखाया।

जनमत बना पाने में, और वह भी किसी परतंत्र देश में, स्वतंत्र एवं निडर प्रेस का महत्व शरत के पूरे लोकजीवन में बना रहा। बहुत साल बाद शरत को जब लगने लगा कि उस समय के पत्र व्यापक राष्ट्रीय मुद्दों पर चर्चा करने से कतरा रहे हैं तो अपनी मृत्यु से एक साल पहले सितम्बर 1948 में उन्होंने दि नेशन नाम से अपना खुद का दैनिक पत्र शुरू किया।

इसी समय 1920 के दशक के पूर्वार्द्ध में सुभाष को बंगाल प्रदेश कांग्रेस कमिटी का प्रचार मंत्री बनाया गया और फिर वह नवगठित राष्ट्रीय स्वयंसेवक कोर के कप्तान बना दिए गए। प्रिंस ऑफ वेल्स की भारत यात्रा के खिलाफ 17 नवम्बर 1921 को कलकत्ता में सफल प्रदर्शन का श्रेय सुभाष को ही जाता है। ज्ञातव्य है कि प्रिंस 1936 में किंग एडवर्ड अष्टम के तौर पर सत्तारूढ़ हुए और फिर 1938 में ही उन्हें हटना भी पड़ा। इस सफल विरोध प्रदर्शन के बाद सुभाष को पहली बार गिरफ्तार होना पड़ा और 10 दिसम्बर 1921 से लेकर 14 फरवरी 1922 तक उन्हें कैद में रखा गया। तब अपने अल्पावधि की इस जेल यात्रा पर उन्होंने चुटकी ली थी, क्या मैंने मुर्गी चुराई है? अपनी रिहाई के बाद उन्होंने उत्तर बंगाल बाढ़ राहत कमिटी के सचिव के तौर पर अपनी संगठन शक्ति से सबों को प्रभावित किया। राहत कमिटी का गठन उस समय बंगाल में बाढ़ की विभीषिका को देखते हुए किया गया था।

24 अप्रैल 1924 को चित्तरंजन दास ने सुभाष को नवगठित कारपोरेशन ऑफ कलकत्ता का मुख्य कार्यकारी अधिकारी नियुक्त किया। चित्तरंजन दास तब कलकत्ता के पहले मेयर चुने गए थे। इससे पहले कारपोरेशन में अध्यक्ष हुआ करता था और वही मेयर तथा मुख्य कार्यकारी अधिकारी दोनों की भूमिका निभाता था। सुभाष की आयु तब 27 वर्ष थी। उन्होंने आधा वेतन ही लेने का

फैसला किया, जिसका अनुसारण उनके सहकर्मियों ने भी किया। इसी दौरान अप्रैल 1924 में शरत को कारपोरेशन का सदस्य चुना गया, जिस पद पर वह 1932 तक लगातार बने रहे।

हालांकि कारपोरेशन के मुख्य कार्यकारी अधिकारी के तौर पर सुभाष का कार्यकाल अबाधित नहीं रह सका और उन्हें इस पद पर नियुक्ति के छह माह बाद ही 25 अक्टूबर 1924 को फिर से गिरफ्तार कर लिया गया। उनके साथ ही अनेक अन्य कांग्रेस जन भी गिरफ्तार किए गए। उन सब पर कथित तौर पर क्रांतिकारी षडयंत्र रचने का आरोप लगाया गया। ये गिरफ्तारियां ऐसे आपातकालीन कानून के तहत हुई, जिसे एक रात पहले ही वायसरॉय ने लागू किया था। इसके अलावा उन पर 1818 के बंगाल अध्यादेश का घातक अधिनियम 3 भी लगाया गया। सुभाष और उनके साथियों पर आरोप था कि वे सुदूर पूर्व के रूसी क्रांतिकारियों के संपर्क में थे और सशस्त्र क्रांति के लिए भारत में बंदूकों की तस्करी करना चाहते थे।

सुभाष को पहले कुछ समय के लिए तो अलीपुर जेल में रखा गया, लेकिन फिर कलकत्ता से 200 किलोमीटर की दूरी पर बरह्मपुर जेल में भेज दिया गया। आखिरकार 25 जनवरी 1925 को उन्हें बर्मा के माण्डले जेल में डाल दिया गया। चूंकि ब्रिटिश औपनिवेशिक अधिकारी उन्हें अदालत में दोषी ठहरा पाने की स्थिति में नहीं थे, इसलिए उन्होंने सुभाष तथा साथी कैदियों को महज बंदी बनाकर रखा और उन पर कभी कोई मुकदमा नहीं चलाया गया।

उनकी रिहाई में भी कोई जल्दी नहीं दिखाई गई। 16 मई 1927 से पहले सुभाष की रिहाई नहीं हो सकी और जब हुई भी तो उनकी खराब सेहत के कारण हुई। इस तरह सुभाष फिर अपने भाई और अन्य परिजनों के साथ रहने कलकत्ता के 38/1 एल्गिन रोड आ गए, जहां से लगभग ढाई साल पहले उन्हें गिरफ्तार किया गया था।

जाहिर तौर पर ब्रिटिश अधिकारी चित्तरंजन दास के इस आग्नेय सहकर्मी को बंगाल की राजनीति से दूर रखना चाहते थे। इतना ही नहीं, वे उन्हें प्रताड़ित एवं दंडित कर के उनके लक्ष्य से उन्हें डिगाना भी चाहते थे। लेकिन जैसा कि अमीय ने बताया है, हुआ उसका बिलकुल उल्टा, जैसा उन अधिकारियों ने सोचा भी न था।[2]

> सुभाष माण्डले जेल से परिपक्व, कट्टरपंथी तथा कांग्रेस की वाम राजनीति में महत्वपूर्ण भूमिका निभाने को तैयार होकर निकले। उन्होंने अपने कारावास का उपयोग व्यापक अध्ययन के लिए किया। साथ–साथ वह नोट्स भी बनाते जाते थे।

[2] मेमॉयर्स ऑफ अमीय नाथ बोस (अप्रकाशित, अमीय नाथ एवं ज्योत्स्ना बोस के निजी संग्रह से)

घर–बाहर की खबर रखने के लिए वह आम रोजमर्रा से लेकर महत्वपूर्ण सामाजिक, नागरिक एवं राजनैतिक विषयों पर अपने परिवार तथा दोस्तों से पत्राचार भी करते रहते थे।

माण्डले में गुजारे वर्षों के दौरान उन्हें सोचने–विचारने का मौका मिला और इससे भारतीय स्वतंत्रता संग्राम की दिशा एवं प्रकृति तथा उसमें अपनी खुद की भूमिका को लेकर उनका दृष्टकोण विकसित हो सका। इसी तरह भविष्य में भारत के सामाजिक एवं आर्थिक विकास पर भी उनकी सोच विकसित हुई।

कारावास में सोच–विचार की यह आदत बरह्मपुर जेल से पड़ी, जहां सुभाष को माण्डले लाने से ठीक पहले दो महीने के लिए रखा गया था। सुभाष के लिए जेल उनके विचारों की जन्मस्थली बन गई। बरह्मपुर में रहते हुए सुभाष ने आधुनिक साम्राज्यवाद के खिलाफ भारतीय स्वतंत्रता संग्राम संबंधी अपने अनुभवों पर आधारित विचारों को करीने से विकसित करना शुरू किया।

उनकी जेल नोटबुक में उनकी अनेक टिप्पणियां हैं, जो उन्होंने अमीय को सौंप दीं। इन टिप्पणियों में भारतीय समाज की प्रकृति, भारतीय राष्ट्रीय कांग्रेस के लक्ष्यों तथा भारतीय संदर्भ में राष्ट्रीय आन्दोलन के अर्थ पर चर्चा है, जिनमें उनके विचारों का सतत विकास देखा जा सकता है। बरह्मपुर की इन संक्षिप्त टिप्पणियों में भारतीय युवा के प्रति उनकी आस्था तथा उन्हें लेकर आकांक्षाएं आकार लेती नजर आती है, जोकि बाद के वर्षों में जगजाहिर हुई।

समाज के बारे में

परिवार, समाज या राज्य की स्थापित मान्यताओं, रिवाजों तथा नियमों के खिलाफ जाकर अपने विचार रखना हिम्मत की बात है। और जब विरोध की यह आवाज पर अमल होने लगता है तो फिर तमाम स्वार्थी तत्व या हमारे परिवार, समाज या राज्य की रूढ़िवादी ताकतें खुद के बचाव में एक होने लग पड़ती हैं। कई–एक मामलों में तो इस विरोध को ऐसे अनवरत उत्पीड़न से गुजरना पड़ता है, जिसकी कोई सीमा ही नहीं। किसी व्यस्क प्रतिरोधी से निबटने के लिए परिवार और समाज अक्सर हिंसक तरीके अपनाने लगते हैं और उस पर दबाव कायम करने के लिए बहिष्कार, सामूहिक निन्दा आदि का इस्तेमाल किया जाता है। जबकि संगठित हिंसा पर आधारित राज्य के मामले में गिरफ्तारी, कैद और यदि मृत्युदंड दिया गया हो तो फांसी तक का सहारा लिया जाता है। ऐसे में किसी व्यक्ति के लिए महज अपने विचारों को प्रकट करने तथा उन पर अमल करने की खातिर इन बाधाओं का सामना कर पाना कठिन हो जाता है।

वर्गों में बंटे समाज या परतंत्र राष्ट्र में ....

हम अपने राष्ट्रीय जीवन के ऐसे मुकाम पर आ पहुंचे हैं कि हमारे लिए अब साफ–साफ सोचना तथा निडर होकर काम करना जरूरी है। स्पष्ट चिन्तन तथा निर्भीक कर्म के बल पर ही जीवन के तथ्यों के बारें में सही धारणा बनाई जा सकती है। उन बुतो का क्या जिनके बारे में बेकन को शिकायत है? उस बौद्धिक एवं नैतिक जड़ता का क्या जो हम भारतीयों की आदत में शुमार है? कानून–व्यवस्था के नाम पर हमारे ऊपर लटकने वाली डैमाक्लिज़ की उस लटकती तलवार (ग्रीक कहावत) का क्या, जो हमपर दहशत बरपा रही है? सही अवधारणा बना पाना इतना आसान नहीं है, जितना कि यह लगता है।

बावजूद इसके कि राष्ट्र के तौर पर हम अपनी लम्बी दासता से उत्पन्न डर एवं कायरता से तेजी से उबरने की कोशिश कर रहे हैं, अभी कुछ खास हुआ नहीं है। सच यह है कि यदि हममें आस्था का बल होता तो ग्रेट ब्रिटेन के लोग ही नहीं, बल्कि पूरा विश्व ही, हमारी भीतरी इच्छाओं तथा हमारी हार्दिक आकांक्षाओं की अलग कहानी सुन रहा होता। जब कोई बलशाली पक्ष बदले की भावना से हमपर जुल्मो–सितम ढाह सकता हो तो फिर ईमानदार राय और उन पर अमल धरे के धरे रह जाते हैं। खास तौर से राजनीति में तो यही सच है। फिर भी किसी समाज का विकास सुस्पष्ट विचारों तथा निर्भीक कर्म पर ही आधारित होता है और जीवन के तथ्यों को जाने बिना साफ–साफ सोचना या फिर निडरता से काम करना असंभव है।

मेरे लिए विचार एवं कर्म में निर्भीकता जीवन का सबसे बड़ा गुण है।

इसलिए सही नजरिये की जरूरत हमें सबसे ज्यादा है। हमें तथ्यों का सामना हर हाल में करना चाहिए – चाहे उनका संबंध हमारे भीतरी मन से हो या फिर बाहरी समाज से। मानवीय चरित्र का अध्ययन किया जाना चाहिए। विश्व इतिहास को खंगालने के साथ ही भारतीय इतिहास के आशय को फिर से खोजने की जरूरत है।

लम्बे अर्से से मैं यह जानने की कोशिश करता रहा हूं कि श्रीयुत अरविन्द घोष जब राजनीति के क्षेत्र में थे तो बंगाल के युवकों पर उनके प्रभाव का रहस्य क्या था? मेरा अपना निष्कर्ष है कि इसका रहस्य उनका सुस्पष्ट दृष्टिकोण तथा निर्भीक विचार में था। जब उन्होंने अपने पत्र 'वंदे मातरम' में यह घोषणा की कि हमें ब्रिटिश नियंत्रण से मुक्त पूर्ण स्वायत्तता चाहिए तो प्रदेश के तमाम नवयुवकों के दिलों में सिहरन दौड़ गई। उनका दृष्टिकोण इतना विराट था कि उसने यदि युवा भारत की सोच को न भी झकझोरा हो तो युवा बंगाल की सोच को तो निश्चय ही झकझोर डाला था। उनके देशवासियों ने उनमें एक ऐसे व्यक्ति की झलक पाई जो निर्भीक होकर सोचता था तथा स्पष्ट देखता था और जो जानता था कि वह कह क्या रहा है। अरविन्द बेशक राजनैतिक चिन्तक थे, पर

उनके लिए उनकी दृष्टि यथार्थ से बढ़कर थी। उनकी नजर में स्वतंत्र भारत उतना ही बड़ा यथार्थ था, जितना कि रोजमर्रा का सच।

कांग्रेस के बारे में

भारतीय राष्ट्रीय कांग्रेस फिलहाल धुंध में टटोल रही है। कांग्रेसजन के तौर पर हम आन्दोलन तो कर रहे हैं, पर हमें पता ही नहीं कि यह किस बात को लेकर है। लिबरल पार्टी के बारे में मैं ऐसा नहीं कह सकता हूं। भारत में लिबरल पार्टी ने अपने सामने निश्चित लक्ष्य रखा है, वह है साम्राज्य में रहते हुए ही स्वशासन का। लिबरल पार्टी में स्वतंत्र भारत का स्वप्न देखने और उसकी आकांक्षा करने का साहस या उसकी क्षमता भले ही न हो, पर उनका लक्ष्य सुस्पष्ट तथा शंका से परे है। कांग्रेस एक कदम आगे बढ़ चुकी है। उसने साम्राज्यवादी संबंधों की सीमाओं को मानने से तो इंकार कर दिया है, मगर उसने यह स्पष्ट ही नहीं किया है कि स्वराज से उसका क्या आशय है। उसने हरेक सदस्य को इस शब्द का मतलब अपने अनुसार लगाने के लिए स्वतंत्र छोड़ दिया है।

मेरे सामने राष्ट्रीय लक्ष्य दिन के उजाले की तरह साफ है। यह है ब्रिटिश दासता से मुक्त स्वतंत्र गणराज्य का। मेरा अपना भाव, मानव मनोविज्ञान का अध्ययन तथा इतिहास से ली गई सबक सभी इसी लक्ष्य की ओर संकेत करते हैं। स्वतंत्र भारत मेरे जीवन का स्वप्न है और मुझे विश्वास है कि यह भारतीय इतिहास का सच होगा।

राष्ट्रीय आन्दोलन

बंगाल कों आज वास्तविक राष्ट्रीय आन्दोलन की जरूरत है। राष्ट्रीय से मेरा आशय राजनैतिक से नही है। राजनैतिक आन्दोलन तो यहां चलाया ही जा रहा है। इससे मेरा अभिप्राय अंध राष्ट्रभक्ति से भी नहीं है क्योंकि यह भारतीय चरित्र से मेल नहीं खाता। राष्ट्रीय आन्दोलन से मेरा अभिप्राय एक ऐसे अभियान से है जो हमारे सामाजिक एवं सामूहिक जीवन के हरेक पहलू तथा समाज के हरेक तबके से जुड़ा हुआ हो। हमें अपने सामूहिक जीवन में पुनर्रोत्थान या यूं कहें कि नवजागरण की जरूरत है। हमारी रचनात्मकता काव्य, संगीत, साहित्य, चित्रकला, मूर्तिकला, इतिहास के क्षेत्रों में तो दिखनी ही चाहिए, हमारी सामाजिक, धार्मिक एवं आर्थिक जिन्दगी भी इससे अछूती नहीं रहनी चाहिए। समाज से संकीर्णता तथा असमानता खत्म होनी चाहिए। घर्म को कट्टरता तथा अंधविश्वास से मुक्त होना चाहिए। भारतीय व्यापार जगत का विकास स्वस्थ, स्वविवेकी तथा लोकहित से जुड़े कारपोरेट के तौर पर होना चाहिए। संस्कृति के क्षेत्र में हमें ऐसे खरे कवि, चित्रकार, मूर्तिकार, इतिहासकार, दार्शनिक, अर्थशास्त्री चाहिए जो वैज्ञानिक पद्धति से सोच–विचार कर सकते हों और जों वास्तविक रचनात्मक कौशल के धनी हों। तभी भारत कला तथा विज्ञान के क्षेत्रों में दुनिया भर के विद्वानों के बीच अपना दबदबा बना सकेगा।

बंगाली युवा के बारे में

इस पृथ्वी की सतह पर कोई भी जीव इतना बदनाम नहीं है, जितना कि बंगाली युवा। सरकार उसे अराजक मानती है तो उसके अभिभावक उसे महज बच्चा समझते हैं, भले ही वह तीस साल का हो चुका हो। अपने यूरोपीय प्रोफेसरों की नजर में वह किसी काम का आदमी नहीं है, और जिसे जीवन भर संरक्षण चाहिए। इन सभी खामियों के बावजूद बंगाली युवक मानव चरित्र के कुछ–एक विलक्षण गुणों का मालिक है, जो भले ही अपने शिशु रूप में हों। बंगाली युवा की क्षमता तथा उसके भविष्य के प्रति मेरी पूरी आस्था है। इस प्रदेश में पुनरोत्थान की शुरुआत से ही बंगाली युवा को काफी प्रतिकूल परिस्थितियों में अनेक बाधाओं के बीच काम करना पड़ा है। यदि उसने किसी लोकहितकारी संगठन के साथ मिलकर पूरी लगन से काम करना चाहा भी तो उसे सामाजिक एवं राजनैतिक उत्पीड़न का शिकार होना पड़ा। ब्रह्म समाज से जुड़ने वाले युवा उत्साहियों को उनके समकालीनों द्वारा अनेक तरह से दंडित किया गया। रामकृष्ण तथा विवेकानन्द की छत्र छाया में आने वाले युवा संन्यासियों को उनके अपने लोगों ने ही तमाम तरह से प्रताड़ित किया। आज की ही बात करें तो किसी लोकहितकारी या राजनैतिक संगठन में सक्रिय भागीदारी निभाने वाले युवकों को लगातार पुलिस की निगरानी में रहना पड़ता है और जब कभी तो उन्हें बेवजह ही जेलों में डाल दिया जाता है। अपने ही देश में रहने वाले बंगाली छात्रों की तुलना अगर कैम्ब्रिज के उन छात्रों से की जाए जोकि अपने देश में रह रहे हों तो यह बात आसानी से समझी जा सकती है।

हालांकि कम लोगों को इस बात का भान होगा कि सामाजिक एवं सरकारी उत्पीड़न के दबाव में ही बंगाली युवा मजबूत इरादे पालने लगा है। सुप्रसिद्ध वर्ष 1921 के प्रारंभिक महीनों की एक सुबह हजारों छात्रों ने अपनी–अपनी पुस्तकें पटक कर यह जतला दिया कि यदि बंगाल के युवा चाह लें तो वे आपस में सामूहिक इच्छाशक्ति का विकास बखूबी कर सकते हैं।

असहयोग आन्दोलन किसी भूस्खलन की तरह आया और चला गया। हजारों की संख्या में छात्र सड़कों पर उतरे और फिर घर लौट गए। हालांकि कम लोगों को इस बात की जानकारी होगी कि 1921 में चुपचाप सेवा का व्रत लेने वाले सैकड़ों युवा अब भी अपने संकल्प पर कायम हैं और भविष्य में उस पर अडिग रहने के लिए दृढप्रतिज्ञ भी। ये युवा प्रदेश के दूर–दराज इलाकों में लोगों की नजरों से दूर रह कर काम कर रहे हैं और हो सकता है कि वे किसी की प्रशंसा पाए बिना ही मर–खप जाएं और कोई उन पर आंसू बहाने वाला भी न हो। लेकिन उनके इस ठोस बलिदान पर ही भारतीय राष्ट्रीयता का भवन खड़ा होगा।

बंगाली युवा को भावुक बताकर उसकी निन्दा की जाती है। हां, वह भावुक है। और उसकी इस भावुकता में ही उसकी मुक्ति है। जो लोग भावुकता से परे होते

हैं, वे सन्त हो सकते हैं, पर वे निष्ठुर भी तो हो सकते हैं। चूंकि बंगाली युवा भावुक होता है, इसीलिए उसमें मानवीय आवेग होते हैं और वह अपने दायित्व, प्रेम तथा त्याग को निभाने में सक्षम रहता है। मौत के मुंह पर खड़े होकर चुटकी बजाने वाले युवा को पथभ्रष्ट कहना तो आसान है, जबकि उसके साहस की प्रशंसा करना उतना ही कठिन।

किसी बंगाली युवा के दिल की अपनी ही खासियत है। उससे सही ढंग से पेश आईए तो वह आपका दास बन जाएगा और अगर आपका तरीका सही नहीं हुआ तो फिर उसकी प्रतिक्रिया मौत की तरह ठण्ढी रहेगी। कुछ सामाजिक, राजनैतिक तथा धार्मिक संगठनों को तो सैकड़ों की संख्या में कार्यकर्ता मिल जाते हैं, जबकि कुछ को एक नहीं मिलता। यह कैसे? इसका रहस्य बंगाली युवा के हृदय को सही तरह से छूने से जुड़ा है। विवेकानन्द को यह रहस्य मालूम था और इसीलिए तब और अब के भी युवा उन्हें पूजते हैं।

25 जनवरी 1925 को सुभाष को अचानक ही बिना सचेत किए बरह्मपुर से कलकत्ता भेज दिया गया, जहां रात भर के लिए उन्हें लालबाजार पुलिस स्टेशन में रखा गया। अगली ही सुबह उन्हें जहाज से रंगून के लिए रवाना कर दिया गया, जहां से फिर उन्हें सड़क मार्ग से उत्तरी बर्मा के माण्डले ले जाया गया। सड़क की यह यात्रा बेहद असुविधाजनक और थका देने वाली थी। सुभाष को आश्चर्य तो जरूर हुआ, पर वह इससे घबराए नहीं। संभवतः यह उन्हें ब्रिटिश साम्राज्यवाद के खिलाफ संघर्ष में खुद के इतिहास का एक अपरिहार्य अध्याय लगा हो।

दि इंडियन स्ट्रगल में सुभाष ने लिखा है कि उन्हें माण्डले के बारे में इतना ही मालूम था कि यह प्राचीन बर्मी राज्य है। हालांकि उन्हें और उनके साथी कैदियों को यह जानकारी जरूर थी कि सुप्रसिद्ध भारतीय क्रांतिकारी नेताओं लोकमान्य तिलक तथा लाला लाजपत राय को ब्रिटिश अधिकारियों ने यहीं पर अगल–अलग समय कैद करके रखा था। उन्ही के शब्दों में, 'यह सोचकर हमें थोड़ी सांत्वना मिली तथा गर्व भी हुआ कि हम उनकी राहो–कदम पर चल रहे हैं।'[3]

माण्डले जेल में रहने का नतीजा उनकी खराब सेहत के तौर पर सामने आया, और यह समस्या उन्हें वहां कारावास के दौरान ही नहीं, बल्कि उसके बाद भी जीवन भर तंग करती रही। खासकर ब्रिटिश अधिकारियों द्वारा अनेकों बार उन्हें जेल भेजे जाने पर यह समस्या गंभीर होती गई। जनवरी 1925 में माण्डले जेल लाए जाने के कुछ दिन बाद ही सुभाष ने 12 फरवरी 1925 को

[3] बोस, दि इंडियन स्ट्रगल, 169

शरत को लम्बा पत्र लिखा, जिसे कुछ हद तक सेंसर किया गया था। इसमें कलकत्ता....जिसमें कलकत्ता कारपोरेशन के लम्बित मामलों, चुनाव में उम्मीदवारी की संभावना, कलकत्ता के उनके खर्चों तथा गिरते हुए स्वास्थ्य आदि की चर्चा की गई थी। माता–पिता को न बताने की शर्त पर उन्होंने अपनी बीमारी की बात इस पत्र में लिखी थी।[4]

> जहां तक मेरे स्वास्थ्य का सवाल है, कारावास में रहते हुए पहली बार मैं अच्छा नहीं महसूस कर रहा हूं। जब से मुझे यहां लाया गया है, मैं परेशानी महसूस कर रहा हूं और मेरा हाजमा लगातार खराब रह रहा है। यही हाल मेरे साथ के और लोगों का भी है। मुझे नहीं लगता कि यहां का मौसम मुझे कभी भाएगा। माण्डले जेल को बर्मा के जेलों में सबसे ज्यादा स्वस्थ माना जाता है, जबकि मेरे जानते यहां प्लेग और चेचक से मरने वालों की संख्या सबसे ज्यादा है। यदि मेरी जानकारी सही है तो पिछले साल यहां तीस हजार लोग प्लेग का शिकार हुए थे। .... सुभाष

माण्डले में रहते हुए उनकी सेहत में सुधार नहीं हो सकता था, जबकि उनकी खराब सेहत को देखते हुए उन्हें कलकत्ता भेजने की तमाम कोशिशें दो सालों तक अनसुनी की जाती रहीं। हालांकि 13 जून 1925 से ही पत्र लिखकर अधिकारियों से उन्हें कलकत्ता भेजने की मांग की जाती रही थी। इन सभी परीक्षाओं एवं पीड़ाओं के बीच भी उनकी हास्यवृत्ति कायम रही। 2 जुलाई 1925 को शरत को भेजे पत्र में उन्होंने लिखा,

> कुछ दिन पहले कारा महानिरीक्षक यहां आया था। उसने मुझसे जानना चाहा कि मेरी बदहजमी कहीं ज्यादा खाने से तो नहीं है। मैंने उससे कह दिया कि भोजन भत्ता को आधा कर देने के बाद ऐसा पूछना मुनासिब है क्या। उसके बारे में चाहे जो कुछ भी सोचा जाए, इनता तो जरूर है कि वह अपनी सोच पर कायम रहने वाला व्यक्ति है। हाल ही में प्रकाशित सालाना प्रशासनिक रिपोर्ट में उसने लिखा है कि लम्बे समय तक जेल में रहने से आदमी की सेहत सुधर जाती है। इसे पढ़ने के बाद मुझे अपनी आंखों पर विश्वास नहीं हुआ। इसके बाद क्या कुछ और कहने की जरूरत है?
>
> महानिरीक्षक ने मुझे सलाह दी कि रोग के उपचार के लिए मुझे उपवास करना चाहिए। मतलब यह कि सरकारी सेवाओं में भी महात्मा गांधी को मानने वाले लोग हैं।

[4] सुभाष द्वारा शरत को लिखे गए तथा अब तक अप्रकाशित पत्रों में से एक पत्र, अमीय नाथ एवं ज्योत्स्ना बोस के निजी संग्रह से।

हो सकता है यह पत्र सेंसर से बच निकला हो। 6 मार्च 1925 को शरत को भेजे एक और पत्र में सुभाष ने कम शब्दों में ही अपनी बात रखी। इस पत्र से स्पष्ट है कि उन्हें यह लगता था कि यदि उन्होंने जेल के हालात और अपनी सेहत की बात विस्तार से की तो वह सेंसर की भेंट चढ़ जाएगा।

> आपने मुझे यहां के इंतजाम के बारे में लिखने को कहा है। मुझे डर है कि मैंने अगर ऐसा किया तो मेरा वह पत्र रोक लिया जाएगा। आपको इस पर आश्चर्य होगा, पर मेरे कुछ पत्रों को इसीलिए रोक लिया गया था कि उनमें सरकार की कार्रवाइयों की आलोचना थी, जबकि मैंने उनमें बरहमपुर से माण्डले तक की अपनी यात्रा के इंतजामों के बारे में ही लिखा था।

माण्डले में कारावास तथा वहां के हालात के बारे में उनके विचार बहुत बाद में सामने आए। इनमें कुछ विचार दि इंडियन स्ट्रगल में शामिल हैं, जिसमें उन्होंने बर्मी जेल में नाम से लिखे अध्याय में इन बातों का जिक्र किया है। जबकि उनके गहन दार्शनिक विचारों को पेबल्स ऑन सीशोर के चुनिन्दा अंश के तौर पर पहले–पहल इस पुस्तक में ही शामिल किया जा रहा है, जो इसी अध्याय के आगे के पन्नों में पढ़ा जा सकेगा।

अपने चरित्र के अनुरूप ही सुभाष ने अपनी बीमारी तथा परेशानियों को किसी भी तरह आड़े नहीं आने दिया और यहां से ही वह कलकत्ता म्युंसिपल कारपोरेशन एवं उसके कार्यों को लेकर अपनी प्रतिबद्धताओं में व्यस्त रहे। साथ ही वह बंगाल लेजिस्लेटिव काउंसिल के चुनाव की भी तैयारी करते रहे।

अपने कारावास के शुरुआती महीनों में अलीपुर तथा बरहमपुर जेलों में रहते हुए सुभाष की कोशिश रही कि वह कारपोरेशन के मुख्य कार्यकारी अधिकारी के तौर पर अपनी जिम्मेदारियों का निबटारा वहीं से करते रहें। कैदखाने में ही दस्तावेज उनकी सम्मति तथा सहमति के लिए लाए जाते थे, जिसपर संभवतः जेल अधिकारियों की भी रजामंदी थी। हालांकि उत्तरी बर्मा के दूरस्थ माण्डले में रहकर ऐसा कर पाना मुश्किल हो गया और सुभाष इस भौगोलिक दूरी को मिटाकर अपनी भूमिका निभा पाने में असमर्थ रहे। 12 फरवरी 1925 के ही अपने पत्र में उन्होंने शरत से अपने इस दुख का इजहार किया है कि यहां आने के बाद से ही मैं कारपोरेशन की कार्यवाहियों से कट गया हूं। ना तो यहां मुझे उसकी बैठकों के कार्यविवरण की कॉपी मिल पाती है और ना म्युंसिपल गजट ही मिल पाता है।

इसके बावजूद सुभाष अपने भाई को कारपोरेशन से जुड़े उन मामलों के बारे में लिखते ही रहे, जोकि उनके दिल के करीब थे। इन्ही मुद्दों में एक था प्राथमिक शिक्षा को अनिवार्य बनाया जाना। प्रभावी राष्ट्र निर्माण में इसके महत्व

को वह पूरी तरह समझते थे और इसीलिए उन्होंने इस ओर पहल ही नहीं की, जीवन भर इसे लेकर व्यस्त भी रहे। वर्षों बाद 1938 में कांग्रेस अध्यक्ष के तौर पर हरिपुरा में अपने अध्यक्षीय भाषण में उन्होंने कारपोरेशन की अपनी इस प्रतिबद्धता को राष्ट्रीय प्रतिबद्धता में बदल डाला। बहरहाल, 5 सितम्बर 1925 को उन्होंने जेल से ही शरत को पत्र भेजा, जिसमें कारपोरेशन तथा उसके डिप्टी मेयर के लिए संदेश था,

> मैं समझता हूं कि हमें सीमित क्षेत्र में ही सही, पर प्राथमिक शिक्षा को अनिवार्य कर देना चाहिए। वर्ष 1926 में इसकी शुरुआत कलकत्ता के दो वार्ड से हो। इससे कलकत्ता के लिए प्राथमिक शिक्षा की दिशा में हम चलने लग पड़ेंगे और इससे हमें जो अनुभव मिलेगा, उसके सहारे हम आगे की मंजिलें भी तय कर पाएंगे।

इसके बाद 9 अक्टूबर 1925 को उन्होंने फिर लिखा

> कानून में बदलाव की जरूरत हो सकती है, जिससे कि कारपोरेशन को आवश्यक अधिकार मिल सकें। .. इस बीच कारपोरेशन के शिक्षा विभाग को अगले बजट से पहले योजना तैयार कर देनी चाहिए। काम की शुरुआत हम ऐसे इलाके से कर सकते हैं, जहां शिक्षा का प्रसार अभी सबसे ज्यादा है। इससे इस इलाके को थोड़े खर्च में ही पूर्ण शिक्षित बनाया जा सकेगा।

वह जब माण्डले में ही थे, तभी 1925 के अन्त में भारत की राष्ट्रीय तथा प्रांतीय असेम्बलियों को भंग कर दिया गया और नए चुनाव के लिए बंगाल प्रदेश कांग्रेस कमिटी ने बंगाल लेजिस्लेटिव काउंसिल चुनाव में सुभाष को उत्तरी कलकत्ता क्षेत्र से अपना उम्मीदवार बनाया। इसमें शरत की कोशिशें भी थीं। बंगाल में लिबरल पार्टी के नेता यतीन्द्र नाथ बसु को हराकर सुभाष ने यह चुनाव जीत लिया।[5] शरत खुद भी कलकत्ता विश्वविद्यालय की सीट से स्वराज पार्टी के उम्मीदवार के तौर पर चुनाव लड़े और अपने अनुपस्थित भाई के साथ ही वह भी काउंसिल के सदस्य बन गए।

प्रबल प्रतिद्वंद्वी के खिलाफ इस शानदार जीत का पूरा श्रेय सुभाष ने अपने समर्थकों तथा मतदाताओं को दिया। आयरिश सिन फिन के क्रांतिकारी नारे की तर्ज पर उन्होंने अपने समर्थकों को नारा दिया – बाहर निकालने के लिए उसे अन्दर भेजो। हालांकि जीत के बाद भी रिहाई न होने पर सुभाष ने दि

[5] यतीन्द्र नाथ बसु भी विशिष्ट तथा लोकप्रिय व्यक्ति थे, जिन्हें उनकी ईमानदारी तथा राष्ट्रीय उद्देश्यों के प्रति उनके समर्पण के लिए जाना जाता था।

इंडियन स्ट्रगल में लिखा है कि भारत सरकार जनमत की कद्र करने के मामले में आयरिश सरकार से ज्यादा संवेदनहीन साबित हुई।[6]

दूरी के बावजूद सुभाष ने शरत से जितना सहयोग संभव था, उतना सहयोग लिया और कैद में रहते हुए ही अपने चुनाव अभियान की पूरी रूपरेखा तैयार की। भाग्य भरोसे कुछ भी न छोड़ते हुए उन्होंने छोटी से छोटी बातों का ध्यान रखा। 23 नवम्बर 1925 को शरत को लिखे पत्र में उन्होंने अपने चुनावी रणनीति को नौ सूत्रों में बांधा है।

> मुझे इस बात का खेद है कि मेरी उम्मीदवारी पर इतनी देर से फैसला हो सका। मुझे डर है कि अब हमारे पास चुनाव प्रचार के लिए वक्त नहीं रह गया है। मैं यह नहीं कह सकता कि मैं खुद इसे लेकर चिंतित नहीं हूं। ऐसे में यदि हमें असफल नहीं होना है तो इस आखिरी समय में हमें महामानवीय प्रयास करना पड़ेगा।
>
> इस समय मेरे मन में चुनाव को लेकर जो विचार हैं, उन्हें दुहराने में मैं कोई हर्ज नहीं समझता।
>
> 1. सबसे बड़ा काम किसी सशक्त औरं उत्साही व्यक्ति को संचालक बनाना है, जिसपर सारे अभियान का भार डाला जा सके। मैंने चाचा को बाबू नलिनी रंजन सरकार का नाम सुझाया है। मुझे उम्मीद है कि नलिनी बाबू इस काम के लिए तीन–चार हफ्ते का समय निकाल सकेंगे।
> 2. मतदाता सूची को ध्यान से देखना होगा और हमें अपनी सारी मेहनत उसी दिशा में करनी होगी। यदि ज्यादा वोट कलकत्ता में है तो यही हमारा मुख्य कार्यक्षेत्र होगा। और यदि कलकत्ता से अधिक वोट मुफस्सिल में हुए तो मुफस्सिल के संगठन पर ज्यादा ध्यान देना होगा।
> 3. मेरा मानना है कि दूसरे उम्मीदवारों के मुकाबले हम मुफस्सिल में ज्यादा वोट ला सकते हैं। चूंकि कांग्रेस का संगठन व्यापक है, मुफस्सिल में चुनाव प्रचार करना हमारे लिए आसान होगा। दूसरी ओर चूंकि हमारे साथ बड़ी संख्या में कार्यकर्ता हैं, हम कलकत्ता में थोड़े ही समय में दूसरे उम्मीदवारों के मुकाबले ज्यादा सघन एवं प्रभावी अभियान चला सकते हैं।
> 4. चुनाव के मद्देनजर पूरे क्षेत्र (पश्चिम बंगाल) को अनेक छोटे भागों में बांटना होगा और किन्ही जिम्मेदार आदमियों को अलग–अलग समूहों का प्रभारी बनाना होगा, जोकि इन भागों में काम कर सकें। मतपत्र के आने के बाद जो कोई भी मतदाताओं से संपर्क पहले बना लेता है, उसे ही वोट मिलने की संभावना अधिक होती है, बनिस्पत बाद में आने वाले के।
> 5. यदि अखबारों में अपील छापी जाए तो मैं समझता हूं कि हमें कार्यकर्ताओं की कमी नहीं होगी। हमारे हाथ में जितना कम समय है, उसमें हम कोई संगठन खड़ा कर सकते हैं, इसमें मुझे संदेह है।

[6] बोस, दि इंडियन स्ट्रगल, 179

6. विभिन्न समाचार पत्रों में ऐसे घोषणा पत्र छपवाए जाएं जिन पर मेरी उम्मीदवारी के समर्थन में कुछ प्रमुख लोगों के दस्तख़त हों।
7. इस बारे में सोचें कि क्या पश्चिम बंगाल के मतदाताओं के नाम मेरी ओर से कोई अपील प्रमुख समाचार पत्रों में दी जा सकती है। इस अपील पर आप या श्री सेनगुप्ता दस्तख़त कर सकते हैं। इस अपील को कई बार दोहराया जा सकता है।
8. यदि कोई प्रमुख व्यक्ति उपलब्ध हो तो उसका त्वरित दौरा जिले के विभिन्न केन्द्रों में रखा जा सकता है।
9. हमने इन महानुभावों को यहां से पत्र लिख भेजा है। वे आपसे संपर्क करेंगे। यदि उन्हें कुछ काम के लिए पैसों की जरूरत हो तो आप उन्हें पैसे भिजवा दें।

सुभाष ने हरेक जिले में चुनाव कार्य के लिए कुछ लोगों के नाम गिनाए और साथ में कुछ ऐसे लोगों के नाम भी सुझाए, जिनकी मदद ली जा सकती थी। इन सब के लिए वह अव्वल तो अपने भाई पर ही निर्भर थे। इसके अलावा उनकी निर्भरता कुछ ऐसे लोगों पर भी थी, जिनपर वह भरोसा कर सकते थे और जिन्हें जिम्मेदारी सौंपी जा सकती थी।

माण्डले कारावास के पहले साल में ही सुभाष या यूं कहें कि बंगाल, बल्कि भारत को ही भारी सदमे का सामना करना पड़ा। 16 जून 1925 को चित्तरंजन दास का असमय निधन हो गया, जिससे न सिर्फ राजनीति का एक शेर तथा अनेकों का अभिभावक चला गया, बल्कि सुभाष, शरत एवं उनके परिवार के लिए तो यह व्यक्तिगत त्रासदी ही रही। वे समान तथा महान उद्देश्य से बंधे राजनैतिक सहयोगी ही नहीं थे, एक–दूसरे के सच्चे मित्र भी थे, जो एक–दूसरे के प्रति सहानुभूति रखते थे, एक–दूसरे का ख्याल रखते थे और जरूरत पड़ने पर एक–दूसरे के लिए लड़ भी पड़ते थे। सुभाष ने कुर्सियांग के गिद्धपहाड़ स्थित शरत के पहाड़ी आवास में अपनी नजरबंदी के दौरान 16 जून 1936 को चित्तरंजन दास की जीवनी लिखनी शुरू की थी, जो अपूर्ण रह गई। उसमें उन्होंने लिखा,[7]

> विश्व में कम लोकनायक ही इतनी उंचाई तक पहुंच सके, जितना कि देशबंधु। और जैसा कि उनके ही किसी हमवतन ने कहा है, उनका लोक जीवन तेजोमय था और शक्ति के पुंज के तौर पर ही गरिमामय ढंग से उनका निधन हो गया। राजनीति के क्षेत्र में वह काफी उम्र होने पर आए, पर शुरू से ही उन्होंने देश के नेताओं की पहली पंक्ति में अपना नाम बना लिया। बाहर से देखने वालों को लगता था कि उन्हें देशवासियों पर अचानक ही थोप दिया गया है और ऊंचाई

[7] सुभाष चन्द्र बोस द्वारा चित्त रंजन दास पर लिखी गई अपूर्ण पुस्तक की भूमिका, जो 5 नवम्बर 1973 को बंगाल सरकार द्वारा प्रकाशित आउटलाईन स्कीम ऑफ स्वराज में शामिल की गई, 73.

पर पहुंचने के लिए उन्हें कोई खास प्रयास नही करना पड़ा है। कुछ लोग तो यह भी मानते थे कि अपने धन बल के कारण ही वह राष्ट्रीय स्तर के नेता बन बैठे। कुछ लोगों को यह सोचकर ईर्ष्या भी होती थी कि देर से आने वाला यह घुसपैठिया उन्हें दरकिनार कर उनसे आगे बढ़ गया है।

उनकी यह सोच सही ठहराई जा सकती थी, बशर्ते देशबंधु 1920 से पहले महज एक सफल वकील रहे होते तथा लोक जीवन में उनकी कोई भूमिका न रही होती। परन्तु ऐसा था नहीं। हालांकि वह ऐसे लोगों में थे जो धीरे–धीरे परवान चढ़ते हैं याकि जीवन में देर से परिपक्व होते हैं, पर उनमें अनेक खूबियां थी। इसके साथ ही वह बहुधंधी भी थे। इसी वजह से लोक जीवन में एक प्रतिभासंपन्न सेवी के तौर पर उनका आगमन हुआ तथा उनका चरित्र राजनीति में उनकी सफलता की कुंजी बन गया।

वैसे तो हाल के वर्षों में भारत में अनेक नामी वकील हुए हैं, पर उन जैसा दूसरा खोज पाना मुश्किल है, जिसने सिर्फ अपने पेशे के बल इतना नाम कमाया हो। यह इस कारण से हो सका कि उन्होंने राजनीति के अनेकों मामलों में बचाव पक्ष की तरफ से मुकदमा लड़ा। सच तो यह है कि उनका पेशेवर जीवन अरविन्द घोष के वकील के तौर पर शुरू हुआ, जब 1909 में अरविन्द घोष के खिलाफ अलीपुर बम षडयंत्र रचने के मामले में मुकदमा चलाया गया था। अरविन्द तब बंगाल के वामपंथी राष्ट्रवादी नेताओं में विशिष्ट स्थान रखते थे और देश भर के वामपंथी नेताओं में उनकी गिनती लोकमान्य बालगंगाधर तिलक के बाद दूसरे नंबर पर होती थी। पूरे देश की नजर इस मुकदमे पर थी और इसे लड़ने वाला युवा एवं उत्साही वकील चित्तरंजन दास सहज रूप से ही सबों के आकर्षण का केन्द्र बन गया। इस मामले में अरविन्द के बरी होने के साथ ही एक अच्छे वकील के तौर पर चित्तरंजन दास का नाम स्थापित हो गया। इसके बाद से राजनैतिक मामलों में उनसे सलाह ली जाने लगी और सौभाग्यवश हर बार वह अपने मुवक्किल को बचाने में सफल रहे। इस तरह साल–दर–साल वह सफलता की सीढ़ियां चढ़ते चले गए। 1920 तक तो वह अपने पेशेवर जीवन की ऊंचाई तक जा पहुंचे और उनकी प्रसिद्धि फौजदारी तथा दीवानी दोनों मामलों के वकील को तौर पर हो गई।

देशबंधु अपने दम पर ही यहां तक पहुंचे थे। उनके पेशेवर ज़िन्दगी की शुरुआत अभावों के बीच हुई थी। चूंकि उनके पिता भारी कर्ज में मरे थे, इस वजह से इस संघर्षशील वकील को दीवालिया घोषित कर दिया गया। लेकिन अपनी पहली कमाई के साथ ही उन्होंने अपने पिता का पूरा कर्ज स्वेच्छा से लौटा दिया। फिर जैसे–जैसे उनकी कमाई बढ़ी, वैसे–वैसे उनके खरचे भी बढ़े। दान–पुण्य के कामों में वह लापरवाही की हद तक शाहखर्च थे। बाढ़ अथवा सूखा जैसी विभीषिकाओं में, जो कि इस देश में होते ही रहते हैं, वह अपना खजाना खोल कर रख दिया करते थे। जल्दी ही उनकी उदारता के किस्से घर–घर में होने

लगे। बावजूद इसके उन्हें नेता बनाने में न तो उनकी साहित्यिक उपलब्धियों का योगदान रहा, न उनकी पेशेवर प्रतिष्ठा या फिर उनके अनेकों दानधर्म के कर्मों का ही कोई योगदान रहा। बल्कि लोकजीवन में अपने कामों के कारण ही वह अगली पंक्ति के नेता बन सके।

यह सही है कि 1920 से उनकी ख्याति उतनी नहीं थी। इसकी वजह यह रही कि अनेक अन्य नेताओं की तरह वह भी अपने पेशेवर जिन्दगी तथा राजनीति को साथ–साथ लेकर चले। 1907 में सूरत अधिवेशन के समय भारतीय राष्ट्रीय कांग्रेस के बंटवारे के बाद जब लोकमान्य बालगंगाधर तिलक के नेतृत्व वाले गरम दल के लोगों को पार्टी से निकाल दिया गया तब बंगाल में उग्रवादी गतिविधियों की बागडोर अरविन्द घोष तथा स्वर्गीय बिपिनचन्द्र पाल के हाथों में आ गई। देशबंधु उन दोनों से ही गहरे जुड़े हुए थे।

कांग्रेस द्वारा प्रशंसित 1909 के संवैधानिक सुधारों तथा उसी वर्ष राजनीति से अरविन्द घोष के संन्यास के साथ ही बिपिन चन्द्र पाल द्वारा नेतृत्व में परिवर्तन किए जाने और फिर बालगंगाधर तिलक को बंदी बनाए जाने से उग्रवादी आन्दोलन कमजोर पड़ गया। ऐसे में नरमपंथी कांग्रेस पार्टी का नेतृत्व स्वर्गीय सर सुरेन्द्रनाथ बनर्जी जैसे नेताओं के हाथ में चला गया। तब देशबंधु ने अपना ध्यान राजनीति से हटाकर साहित्य में लगाना ही बेहतर समझा। लेकिन 1916 में स्थितियां फिर बदलीं। जेल से बालगंगाधर तिलक के निकलने तथा भारतीय राजनीति में स्वर्गीय श्रीमती एनी बेसेन्ट के आगमन के परिणामस्वरूप 1916 के बनारस अधिवेशन में नरमपंथी तथा गरमपंथी नेताओं के बीच समझौता हो गया।

1917 तक गरम दल के नेता फिर से सक्रिय हो गए और बंगाल में इस दल का नेतृत्व स्वर्गीय बी. चक्रवर्ती तथा चित्तरंजन दास के हाथों में आ गया। 1917 के बाद से तो चित्तरंजन दास गरम दल में बेहद सक्रिय हो चुके थे। 1919 के अमृतसर अधिवेशन के दौरान उन्होंने बी. चक्रवर्ती के साथ मिलकर 1919 के सुधारों के प्रस्ताव का विरोध किया, जिसे और तो और, खुद गांधी का समर्थन प्राप्त हुआ और कांग्रेस को उसे स्वीकार करना पड़ा।

इसके बहुत साल बाद 16 जून 1940 को चित्तरंजन दास की पुण्य तिथि पर, जबकि यूरोप द्वितीय विश्व युद्ध की आग में जल रहा था और एशिया पर भी इसका खतरा मंडराने लगा था, शरत ने राष्ट्रवादी नेताओं को कर्म में प्रेरित करते हुए अपने दिल का दर्द इन शब्दों में बयान किया,[8]

देशबंधु आज यदि जीवित होते तो क्या वह इस अकर्मण्यता एवं निष्क्रियता को पसन्द करते? क्या उन्होंने 1923 में स्वराज पार्टी का गठन कर के कांग्रेस की

[8] शरत चन्द्र बोस कोमेमोरेशन वॉल्युम (कलकत्ताः शरत बोस अकादमी, 1982), 382

इसी निष्क्रियता की धज्जियां नहीं बिखेर दी थीं? क्या बंगाल के इस नायक की महामानवीय ऊर्जा तथा शक्ति ने भारत के राजनैतिक जीवन को नई दिशा नहीं दिखाई थी? दोस्तों, याद करें, आज हम वहीं एकत्र हुए हैं, जहां उनकी अस्थियां रखी हैं ताकि हम उनके संदेश और उनकी स्मृतियों को संजोए रख सकें।

माण्डले जेल में दूसरा साल बिताते हुए सुभाष ने पेबल्स ऑन सीशोर नाम से पुस्तक लिखी, जो उनके ही अनुसार उनकी पहली पुस्तक है। हालांकि वह प्रकाशित नहीं हो सकी। सुभाष के अनुसार यह उनके बेतरतीब विचारों का संकलन हैं। इसमें उनके दार्शनिक तथा सामाजिक–राजनैतिक सोच का विकास देखा जा सकता है।

सुभाष समय–समय पर अमीय को संभाल कर रखने अथवा उन्हें प्रकाशित कराने के लिए हस्तलिखित पाण्डुलिपियां, पत्र, टिप्पणियां, तथा अन्य दस्तावेज देते रहे थे। इन्ही दस्तावेजों में पेबल्स का हस्तलिखित प्रारूप भी था, जिसे उन्होंने एक छोटी सी अभ्यास पुस्तिका पर लिख रखा था और जिसमें मनुष्य के लिए नई नैतिक संहिता से लेकर राष्ट्र प्रेम की प्रकृति तक पर चिन्तन किया गया था। साथ ही इसमें धर्मांधता से लड़ने के लिए महत्वपूर्ण कारण भी सुझाए गए थे। इसके अलावा इसमें ट्युटनिक जाति को ऊंचा समझने की सोच और एशिया की दुरवस्था एवं उसके पुनरुत्थान पर भी चर्चा की गई थी।

पेबल्स ऑन सीशोर की भूमिका में सुभाष ने लिखा है, इस पुस्तक के लिए यह नामकरण उचित है। ज्ञान का अथाह समुद्र मेरे सामने है। मैंने तो जहां–तहां से कुछ पत्थर ही उठाए हैं। मेरी ये बेतरतीब सोच कुछ ऐसी है जैसे कि समुद्रतट पर बिखरे पड़े पत्थर।

पेबल्स में सुभाष ने कुछ ऐसी बातें सुझाई हैं, जो उनके अनुसार नई नैतिक आचार संहिता का आधार हो सकती हैं।

1. मान और स्वाभिमान सबसे बढ़कर हैं। यदि आप मान और स्वाभिमान के साथ नहीं रह सकते हैं तो मर जाना चाहिए।
2. अपने जीवन को पूरी तरह से समृद्ध बनाते रहने के बावजूद उसे लुटा देने के लिए हर पल तैयार रहना चाहिए।
3. स्वयं से अधिक परिवार से, परिवार से अधिक समुदाय से और समुदाय से अधिक अपने देश से प्यार करो।
4. वह जो कहता है कि उसे मानवता से तो प्यार है, पर देश से नहीं, झूठा है। अपने देश और उसकी संस्कृति की सेवा कर के ही तुम मानवता की सेवा कर सकते हो।
5. जब देश को तुम्हारी जरूरत है, ऐसे समय में संन्यासी हो जाना विश्वासघात का ही परिष्कृत रूप है।

6. तुम जीवन का तिरस्कार कर के दीव्य जीवन नहीं पा सकते।
7. सत्य सुन्दर है – सुन्दर सत्य है।
8. जहां कहीं भी तुम्हें कोई महिला मिले, उसे अपनी माँ के तौर पर देखो।
9. नागरिक तथा राष्ट्रीय दायित्वों के पालन में ही मनुष्य जीवन का नैतिक मूल्य निहित है।

***

राष्ट्र प्रेम तथा भारतीय राष्ट्रवाद को लेकर उनका मानना था कि

राष्ट्र प्रेम की प्रकृति – हमारे जीवन की पहचान भारतीय इतिहास की मुख्यधारा से होनी चाहिए। हमारा राष्ट्रीय जीवन और हमारा व्यक्तिगत जीवन पूरी तरह से एक होने चाहिए। किसी भी देशवासी की पीड़ा हम सब की पीड़ा होनी चाहिए। इसी तरह किसी भी देशवासी का गौरव हमारा गौरव होना चाहिए। भारत पर आक्रमण की हरेक घटना को हमें खुद अपने जीवन की घटना के तौर पर देखना होगा। जिन लोगों ने भारत को अपनी मातृभूमि माना है और जिन्होंने भारत को अपना स्थायी निवास बना लिया है, वे सभी मेरे बंधु हैं। चाहे वह पुरी का जगन्नाथ मंदिर हो या आगरा का ताजमहल, दोनों पर ही मुझे समान रूप से गर्व है। भारत के विभिन्न भागों तथा विभिन्न धर्मों के लोगों के बीच आपसी विवाद एवं कलह पारिवारिक झगड़ों की तरह हैं, जिनका अंत परिपक्वता के साथ ही हो सकता है। सहनशीलता बचपन का गुण नहीं है। बच्चे तो झगड़ते ही रहते हैं। भारत का नवराष्ट्र उसी बचपन के दौर से गुजर रहा है। इसलिए हममें सहनशक्ति का अभाव है। एक दिन ऐसा आएगा जब हिन्दुओं और मुसलमानों के बीच का झगड़ा खत्म हो जाएगा, जैसा कि रोमन तथा प्रोटेस्टेंट ईसाइयों के बीच का झगड़ा समाप्त हो गया। (बांग्ला से अनुदित)

आखिरकार राष्ट्रवाद भावना पर ही खड़ा है और भावना को उसी तरह से संवर्धित किया जा सकता है, जैसे कि शारीरिक सौष्ठव को।

***

भारत सरकार में कला विभाग होना चाहिए, जो शिक्षा विभाग से संबद्ध हो। इस विभाग का काम भारत विषयक सभी पुस्तकों का अनुवाद सभी महत्वपूर्ण आधुनिक भाषाओं (यथा फ्रेंच, अंग्रेजी, जर्मन, रूसी, इतालवी, चीनी एवं जापानी) में उपलब्ध कराने का होना चाहिए, चाहे वे संस्कृत में लिखी गई हों, किसी भारतीय भाषा में लिखी गई हो या फिर किसी अन्य भाषा में। इन पुस्तकों का विज्ञापन सभी देशों में किया जाना चाहिए, जिससे कि भारत की संस्कृति का प्रचार हो सके।

***

यूरोप में जब सामन्तवाद चरम पर था, तुर्की ने उस पर कब्जा जमा लिया। उस वक्त वहां राष्ट्रीय भावना नाममात्र को भी नहीं थी और यूरोपीय समाज में वर्ग चेतना पूरे जोर पर थी। तभी तुर्कों ने सैन्य लोकतंत्र का गठन किया, जिसे राष्ट्रीय सेना के समकक्ष माना जा सकता था। भारत पर भी ब्रिटेन का शासन इसीलिए संभव हो पाया क्योंकि यहां जाति का भाव राष्ट्रीय भाव से ऊपर था। यूरोप में राष्ट्रवाद के विकास के बाद तुर्कियों को वहां से लौटना पड़ा। इसी तरह भारत में भी राष्ट्रवाद के विकास के साथ ब्रिटेनवासियों को यहां से जाना पड़ेगा।

एशिया तथा यूरोप के बीच ऐतिहासिक विकास के अन्तर और उनकी तत्कालीन स्थिति पर विचार करते हुए सुभाष ने जो लिखा, उससे पता चलता है कि आधुनिक काल में एशिया के विकास तथा उसकी तुलना में यूरोप के पतन को वह देख पा रहे थे।

एशिया ने यूरोप को जीता और फिर यूरोप ने एशिया को। यह जीत जहां भी संगठन तथा संस्कृति पर आधारित थी, वहां तो वह कायम रही। स्पेन को जीतने वाले मूर सुसंस्कृत तो थे, पर उनके साथ संगठन नहीं था। पूर्वी तथा मध्य यूरोप में तुर्कों का आधिपत्य लम्बे अर्से तक बना रहा क्योंकि वे सुसंस्कृत होने के साथ–साथ संगठित भी थे। अब एशिया पर यूरोप का आधिपत्य उससे भी अधिक समय तक बना रहेगा क्योंकि उसके पीछे एक ऐसा शानदार संगठन खड़ा है, जो आधुनिक विज्ञान पर टिका हुआ है।

तुर्कों की असफलता उनकी बौद्धिक एवं नैतिक असफलता थी। यदि तुर्की विज्ञान के साथ कदम से कदम मिला कर चला होता तो उसका आधिपत्य कुछ और शताब्दियों तक कायम रहता। लेकिन उसमें ज्ञान की प्यास ही खत्म हो गई और धार्मिक कट्टरता की वजह से उसकी बौद्धिक भूख भी चली गई। कुरान के बाहर जो कुछ भी लिखा है, वह या तो फालतू का है या फिर शरारतपूर्ण', ऐसी मानसिकता आधुनिक विज्ञान के विकास के लिए माकूल नहीं है। जबतक धार्मिक कट्टरता को परे नहीं छोड़ दिया जाए, इस्लाम में ज्ञान की भूख नहीं जागेगी। मुस्तफा कमाल अब कुछ ऐसा ही करने की कोशिश कर रहे हैं। इसके साथ ही तुर्की ने यदि लोकतांत्रिक सिद्धान्तों के प्रभाव को समझा होता और अपने साम्राज्य में रह रही जातियों को स्थानीय स्वायत्तता दी होती तब भी इस साम्राज्य की आयु लम्बी होती।

यूरोप की असफलता भी नैतिक असफलता ही होगी, भले ही वह बौद्धिक असफलता न हो। यूरोपीय समाज के बीच आपसी समन्वय बैठा पाना आसान नहीं है और वर्ग संघर्ष किसी न किसी रूप में यहां होगा ही। इससे एशिया तथा अफ्रीका आदि में यूरोप की प्रतिष्ठा तथा उसकी शक्ति को धक्का लगेगा। इसके अलावा ईर्ष्या तथा आर्थिक प्रतिद्वंद्विता के कारण यूरोप में अन्तर्कलह बढ़ेगा और

भाई, भाई के खून का प्यासा हो जाएगा। तीसरी बात यह कि यदि यूरोप के देशों ने फ्रांस की तरह आबादी पर अंकुश नहीं रखा तो हरेक देश को यूरोप के बाहर अपना उपनिवेश रखना होगा। इससे यूरोपीय दोशों के बीच और भी तनाव बढ़ेगा। चौथी बात यह कि यूरोप में धनवृद्धि के साथ ही अन्तरराष्ट्रीय संबंधों के नैतिक सिद्धान्तों के प्रति उसमें आहिस्ता–आहिस्ता उपेक्षा का भाव आएगा। जैसे कि अफ्रीका में यूरोप की नीति क्या है? संगठित शोषण ही तो, जहां ज्यादा बड़ा देश, ज्यादा बड़े हिस्से का अधिकारी बन बैठता है। शांतिपूर्ण तरीके से भीतर घुसकर शोषण करना मानव समाज के लिए उतना ही घृणित एवं स्वार्थप्रेरित है, जितना कि मांस के टुकड़े के लिए भेड़ियों का आपस में लड़ना। ऊपर से यह सरासर अनैतिक भी है। इस स्वार्थप्रेरित नीति की वजह से इन शोषक देशों के बीच देर–सबेर युद्ध होना तय है। और अंतिम बात यह कि यूरोप श्वेतों की प्रभुता का हवाला देकर श्वेत तथा अश्वेत जातियों के बीच योजनाबद्ध ढंग से जातीय विभेद पैदा कर रहा है। यही तथ्य यूरोप के इन आघातों के खिलाफ पूरे एशिया को एक सूत्र में पिरो देगा।

यूरोप और एशिया में जातीय संबंधों पर–

गेबिनो द्वारा व्याख्यायित और वागर, नीत्शे एवं एच.एस. चैम्बरलेन द्वारा समर्थित टुयुटॉनिक जाति की श्रेष्ठता की बात सोच–समझकर फैलाया गया मिथक था, ताकि जर्मन लोगों के गौरव तथा आत्मसम्मान को बुलन्द किया जा सके। इसी तरह नॉर्डिक मिथक को भी एंग्लो–सेक्सन ने यूरोप तथा अमेरिका में सोच–समझकर फैलाया, जिससे कि एंग्लो–सेक्सन जाति के गौरव को वैज्ञानिक आधार दिया जा सके। जर्मन जाति पर अभिमान करने वालों की यह आदत थी कि जो कोई भी स्मरणीय काम करता था तो वे उसमें लम्बाई, नीली आंखें, लम्बा सिर, और भूरे बाल आदि शारीरिक गुण दिखाकर उसे जर्मन रक्त से जोड़ दिया करते थे। नॉर्डिक सिरफिरे भी उसी राह पर चल रहे हैं।

हालांकि समय के तत्व को भूलकर नॉर्डिक सिरफिरे भारी भूल कर रहे हैं। वे न तो आगे देखते हैं और ना ही पीछे। एक समय था जब एंग्लो–सेक्सन, ट्युटॉन, यहां तक कि यूरोपीय ही अज्ञानता और बर्बरता में डूबे हुए थे, जबकि पूर्व ज्ञान के प्रकाश तथा संस्कृति से भरा हुआ था। उस समय नॉर्डिक या ट्युटॉन जाति की श्रेष्ठता के सिद्धान्त की कोई कल्पना भी नहीं कर सकता था। सच तो यह है कि एक समय (और अब भी) पूर्व के लोग, जिसमें यहूदी, हिन्दू, चीनी और जापानी, यहां तक कि मुस्लिम भी शामिल हैं, खुद को ईश्वर के चुने हुए लोग उसी निष्ठा, जोश एवं उत्साह से मानते थे, जैसा कि आज नॉर्डिक सिरफिरे नॉर्डिक जाति के प्रभुत्व को लेकर मानते हैं। पूर्व की सभ्यताओं ने काल के थपेड़ों को झेला है और उन्हें अब भी अपनी श्रेष्ठता में विश्वास है। ऐसे में वे इस बात पर सिर्फ मुस्करा ही सकते हैं कि काल का पहिया किस तरह से

घूम चुका है और जिन्हें वे कभी मलेच्छ समझते थे, वही आज अपनी बंदूक एवं कलम की ताकत पर पूरे पूर्व को असभ्य एवं बर्बर बता रहे हैं। क्या अपनी तमाम संस्कृति और सभ्यता के रहते हुए यूरोप एक भी धर्म पैदा कर पाया है? बर्बर एशिया ही यहूदी, पारसी, इस्लाम, ईसाई तथा हिन्दू धर्म की माता है, यह कैसे? यह तो भविष्य ही तय करेगा कि कौन सी जाति श्रेष्ठ है। इनमें से कौन सी सभ्यता बची रह सकेगी, यह भी समय ही तय करेगा। पुरातन पूर्व रहेगा कि सतत परिवर्तनशील यूरोप? बौद्धिकता और नैतिकता में ज्यादा शक्तिशाली तथा चिरस्थायी क्या है, यह भी वक्त ही बताएगा।

एशिया का कहना है कि उसने अनेक सभ्यताओं का उत्थान और पतन देखा है और फिर भी वह बचा रह गया है तो अपनी नैतिक तथा आध्यात्मिक शक्ति की बदौलत। अब वह यूरोपीय सभ्यता को देख रहा है और कौन कह सकता है कि उसे भी वह गिरते हुए नहीं देखेगा। इसमें कोई शक नहीं कि फिलहाल यूरोप भाप इंजन या बिजली जैसे अपने आविष्कारों तथा अपनी सैन्यशक्ति तथा आर्थिक विकास की वजह से ज्यादा शक्तिशाली नजर आ रहा है, लेकिन क्या यूरोप में भारी–भरकम सभ्यताएं अपने ही भार से डूबती नहीं जा रही हैं? क्या धन की अनन्त लिप्सा वहां स्वार्थ को हवा देने तथा आपराधिक वृत्ति को भड़काने का काम नहीं कर रही है? क्या आधुनिक देशों में सबसे ज्यादा विकसित अमेरिका अपनी सीमाओं में तेजी से बढ़ते अपराध को लेकर परेशान नहीं है? क्या यूरोपीय सभ्यता के भीतर ही उसके पतन के कारण नहीं नजर आने लगे हैं? क्या चन्द पूंजीपतियों के हाथों में पूंजी का संचयन भारी सामाजिक तथा आर्थिक समस्या का कारण नहीं बन चुका है? और क्या इन समस्याओं के निदान में ही आधुनिक सभ्यता के विनाश का खतरा नहीं उठ खड़ा हुआ है?

आप कहते हैं कि नॉर्डिक जाति अन्य दूसरी जातियों की तुलना में अधिक बौद्धिक है। हमने यह मान लिया। पर क्या बौद्धिकता ही लोगों को बचा पाएगी? क्या पूंजी संचयन से स्वार्थ एवं अनैतिकता नहीं बढ़ जाएंगे, जिससे बौद्धिकता धरी रह जाएगी? क्या अधिक बौद्धिकता के होते हुए भी अनैतिक आचरण वाले लोग ऐसे लोगों से जीवन संघर्ष में पिछड़ नहीं जाएंगे, जो बेशक कम बौद्धिक हैं, पर उनमें नैतिकता का बल है? क्या बौद्धिक संस्कृति तथा सुख–सुविधा जुटा लेने के बाद देश की बड़ी शक्तियां किसी संघर्ष के अभाव में आप से आप शिथिल नहीं पड़ जाएंगी? क्या आज प्रतिकूल स्थितियों में नजर आने वाला देश अपने संघर्ष की बदौलत इतनी शक्ति और सामर्थ्य नहीं बटोर लेगा कि वह खुद से अधिक बौद्धिक जाति को परास्त कर दे? और फिर आखिरी बात यह कि क्या बौद्धिकता हमेशा बनी रहने वाली है? किसी व्यक्ति के मामले में ऐसा नहीं कहा जा सकता, और किसी देश के मामले में भी इसकी संभवनाएं नहीं हैं। सोचे–समझे प्रजनन से कुछ समय तक तो नस्ल को उन्नत बनाए रखा जा सकता है, पर कुछ समय के बाद इसका कमजोर पड़ जाना लाजिमी है। वह

जाति तब औसत जातियों की श्रेणी में चली आएगी और फिर अपने पुराने गौरव काल में दुबारा पहुंचने में उसे सदियों लगेंगे।

और फिर परिवर्तन आनुवांशिकता का महत्वपूर्ण नियम है। ऐसे में क्या यह जरूरी है कि कोई खास विशेषता वाले किन्ही दो लोगों की संतान भी वही विशेषता लिए हुए हो? एशिया अपनी लम्बी नींद से जाग रहा है। इस नवजारगण के लिए रक्त सम्मिश्रण एवं पश्चिमी प्रभाव के अलावा शारीरिक से लेकर मनोवैज्ञानिक तक अनेक तत्व जिम्मेदार कहे जा सकते हैं। कौन कह सकता है कि यह नवजागरण और यूरोप का पतन दोनों साथ–साथ ही नहीं होंगे। रोम का पुनर्जन्म आधुनिक इटली में हुआ और इतिहास की आदत है खुद को दोहराने की।

हम यह मान सकते हैं कि नॉर्डिक जाति को लेकर जिज्ञासा ने ब्रिटेन के लोगों में घुमक्कड़ी की ऐसी लत लगा दी कि वे पूरी दुनिया में पसर गए। इतना कि आप दूर–दराज कहीं भी चलें जाएं, कोई न कोई ब्रिटेनवासी वहां अचानक प्रकट हो जाएगा और आपसे सहज ही लन्दन टाइम्स की मांग कर बैठेगा। (नेशनल वेलफेयर एण्ड नेशनल डिके में मैकडुगॉल) ब्रिटिश साम्राज्य का यही आधार है।

राष्ट्रीय चरित्र तथा राष्ट्रीय चेतना के बारे में सुभाष ने लिखा,

हम गांव या शहर या जिला या प्रांत को लेकर अपनी जिम्मेदारियों से मुंह मोड़ रहे हैं। हमारा संज्ञान हमारे घर की चारदीवारी तक ही सीमित है। अब कोई हिंसक प्रतिक्रिया होकर ही रहेगी। लोग अपने घरों को शहर या जिला या राष्ट्र पर होम कर देंगे। जब यह तूफान थम जाएगा, तभी घरेलू जिम्मेदारियों और नागरिक तथा राष्ट्रीय जिम्मेदारियों के बीच संतुलन बन पाएगा।

जिम्मेदारियों के भाव का न होना जाहिर तौर पर हमारी लम्बी दासता एवं निर्भरता की वजह से है। लेकिन यह भी सच है कि हमारी दासता हमारे इस चारित्रिक दोष का ही नतीजा है। सामाजिक एवं राजनैतिक कल्याण का भार हम बड़ी आसानी से ब्राह्मण या क्षत्रिय जैसी कुछ जातियों या फिर कुछ लोगों पर डाल देते हैं। सामाजिक कल्याण ब्राह्मणों का विशिष्ट कार्य हुआ करता था। इसी तरह राजनैतिक कल्याण क्षत्रियों का विशिष्ट कार्य माना जाता रहा था। ऐसे में समाज, जिसमें निचले तबके शामिल थे, उनकी कोई जिम्मेदारी नहीं रह जाती थी। निचले तबकों में शूद्र आते थे। हिन्दुओं के सामाजिक एवं राजनैतिक संगठन का यह कमजोर पक्ष था। जब ब्राह्मण और क्षत्रिय अपनी–अपनी जिम्मेदारियों के प्रति लापरवाह हो गए या फिर उन्हें निभाने लायक नहीं रह गए तो समाज तथा राष्ट्र के परखच्चे बिखर गए। समाज को अब नए सिरे से बनाने की जरूरत है। इसके लिए ब्राह्मणवादी प्रभुत्व को बौद्धिक एवं चारित्रिक प्रभुत्व से बदलना होगा। उसी तरह राज्य का पुनर्गठन सबों के लिए मताधिकार के आधार पर करना होगा।

राष्ट्रीय चेतना को यदि वास्तविक बनना है तो उसे व्यावहारिक समजा सेवा पर आधारित करना होगा। गांव, शहर, जिले, और प्रांत की सेवा करते हुए ही व्यक्ति की राष्ट्रीय चेतना का सतत विकास संभव है। यह चेतना किसी वायवी या अवास्तविक की सेवा पर आधारित नहीं हो सकती। अपने देश के विकास के प्रति गर्व के भाव के साथ–साथ अपने गांव, अपने शहर, अपने जिले, अपने प्रांत के प्रति गर्व का भाव होना चाहिए।

***

आशा के जो दो संकेत आज दिखाई देते हैं, वे हैं भौतिक संस्कृति को लेकर आन्दोलन और तथाकथित निचले वर्गों में वर्गचेतना को लेकर जागृति। जहां तक भौतिक संस्कृति को फिर से जीवित करने तथा उसमें नई पीढ़ी की रुचि का सवाल है, हम उसे बंगाल में नए राष्ट्र के उदय के तौर पर अपनी आंखों से सामने घटित होता देख सकते हैं। कश्मीर और वहां से वापसी की साइकिल यात्राएं, देश के एक कोने से दूसरे कोने तक की पैदल यात्रा. लम्बी दूरी की तैराकी और नौकायन, मुक्केबाजी, कुश्ती, फुटबाल, हाकी तथा ऐसे ही खेलों में युवाओं की भागीदारी ही बंगाल का भविष्य बनाएगी, ना कि नैतिक व्याख्यान और बौद्धिक प्रवचन। हममें से जो अपनी शारीरिक सीमाओं के कारण इन राष्ट्रवादी गतिविधियों में भाग ले पाने में असमर्थ हैं, वे कम से कम अपनी पूरी ताकत से उन लोगों की हौसला अफजाई तो कर ही सकते हैं, जो इसमें भाग ले रहे हैं। कलकत्ता से लेकर रंगून तक पहाडों और घाटियों को पैदल ही लांघने वाले पराग रंजन डे की तारीफ करने के लिए शब्द नहीं हैं, जिन्हें जंगलों को पार करते हुए अनेक जंगली कबीलों का सामना करना पड़ा।

जो खुद को तथाकथित ऊंची जातियों का समझते हैं, उन्हें चाहिए कि वे तथाकथित निचली जातियों में चेतना जागृत करने के लिए सभी प्रकार से कोशिश करें। आखिरकार ये ऊंची जातियां हैं ही कितनी? .... फीसदी ही तो। यदि बंगाल को ऊपर उठना है तो उसे शेष .... फीसदी आबादी पर ही निर्भर होना पड़ेगा।

अपने शैशव में राष्ट्रीय चेतना कई तरह से अन्तरराष्ट्रीयवाद की विरोधी है। इसी तरह वर्ग चेतना भी अपनी प्रारंभिक स्थिति में राष्ट्रवाद की विरोधी है। किन्तु दोनों ही मामलों में दृष्टिकोण की संकीर्णता अस्थायी दौर ही कही जा सकती है, जिससे न तो डरने की जरूरत है और ना ही उसके कारण अपने मार्ग से डिगने की। आदर्श स्थिति में यह अवांछित है। अस्थायी तौर पर भी उसे नहीं होना चाहिए, लेकिन दुर्भाग्यवश सामाजिक बदलाव की प्रक्रिया का यह एक आवश्यक हिस्सा है। गरमी की तरह चेतना की प्रकृति भी फैलने की होती है। उसी तरह जैसे अज्ञान ठंड की तरह सिकुड़ रहता है। जैसे ही वर्ग चेतना परिपक्व हो जाती है, वह लगातार चौड़े होते वृत्त के अगले भाग में चली जाती है। चेतना किसी तालाब की शान्त एवं गंभीर सतह के समान है। इसमें

कोई कंकड़ फेंका जाए तो उसमें तरंगें पैदा होती हैं, जो तालाब के आखिरी छोर तक फैल जाती है। दुर्भाग्यवश विकास हमेशा सीधी चाल में नहीं होता। पहले वह बढ़ता है, फिर घटता है और फिर से बढ़ता है। हमें उसकी घुमावदार राह या फिर अस्थायी गिरावट से परेशान नहीं होना चाहिए, बल्कि हर हाल में उसका स्वागत किया जाना चाहिए।

***

हम पीड़ा क्यों सहते हैं? ऐसा क्यों है कि निष्काम भाव के साथ पीड़ा सहन कर लेते हैं? ऐसा इसलिए कि हमारी वर्तमान पीड़ा में ही हमारे भविष्य का अंदेशा है, जो गौरवशाली और प्रदीप्त है। हमें उम्मीद है और उम्मीद हिम्मत देती है। हममें असीम आशा है और आशा उत्साह और शक्ति देती है।

हम वसंत और भोर के भाव से उसी तरह विभोर हैं कि जैसे जर्मन कवि उलांद, जिसने कहा कि यह संसार दिन–प्रति दिन और भी सुन्दर होता जा रहा है। अब सब कुछ बदलना चाहिए। आशा का यह यौवन, भविष्य के बोध से मिलने वाला आनन्द, यही तो वह औषधि है जो हमारी नसों को मजबूती दे जाती है।

आगे आने वाले दिव्य जीवन के आनन्द का बोध वर्तमान अंधियारे तथा चारों तरफ फैले क्लेष को भुला देता है। बादलों को चीर कर आने वाली किरणों से हम इतना अभिभूत हो उठते हैं कि उदासी के साये का हमें होश ही नहीं होता। हां, हम पीड़ा सह पाते हैं क्योंकि हमें भविष्य में विश्वास है, क्योंकि हमें मालूम है कि शानदार किस्मत हमारे और हमारे लोगों के इंतज़ार में खड़ी है। मुकदमें की यह घड़ी, यह पीड़ा, यह उत्पीड़न उस भोर की ही कीमत है। हम देश के बंधक हैं जो देश का गौरव और उसकी मुक्ति लेकर आएंगे। जो लोग उत्पीड़न से कतरा जाते हैं, और जो वर्तमान को स्वीकार कर के बैठ गए हैं क्योंकि उनमें खड़े होकर कांटो के ताज का स्वागत करने का हौसला नहीं है, वे न तो अपनी किस्मत को जानते हैं, और ना ही अपने गैरवशाली अतीत तथा अपनी विरासत से परिचित हैं।

क्या पीड़ा से भरा यह प्याला महज कड़वा है? क्या यह उदासी से भरा होकर भी मीठा नहीं? क्या खुशी के ऑसू हमारी उदासी की ही अभिव्यक्ति नहीं? फिर तुम्हें किस बात का डर है... मुक्ति तो सिर्फ वीरों के लिए होती है।

***

यदि आप लोगों की चेतना को झकझोर नही सकते तो आप राष्ट्रीय साहित्य की रचना या निर्माण भी नहीं कर सकते। राष्ट्र की आत्मा को तह तक झकझोरना पड़ता है, तभी आप राष्ट्रीय साहित्य की आशा कर सकते हैं। व्यक्ति जब चेतना की नदी में गोते लगा देता है, तभी मनुष्य की आत्मा में साहित्य की मुख्यधारा

फूट पड़ती है और बुलबुले दिन का उजाला देख पाते हैं। स्वदेशी आन्दोलन साहित्य की रचना कर सका क्योंकि उसने लोगों की व्यक्तिगत चेतना को जाति की ऐतिहासिक चेतना से जोड़ दिया। असहयोग आन्दोलन ऐसा नहीं कर सका क्योंकि वह सांस्कृतिक अभियान था भी नहीं। वह पूरी तरह से राजनैतिक आन्दोलन था, जिसके नारे थे पंजाब, खिलाफत और स्वराज। राष्ट्र के पूर्व साहित्य और राष्ट्रीय जीवन के विभिन्न हिस्सों में होने वाली उपलब्धियों के अध्ययन के साथ ही उसके गौरवशाली अतीत तथा महानता पर विचार करने से ही वह प्रेरणा आकार लेगी, जो स्थायी साहित्य और कला का सृजन कर सके।

हमें अपने व्यक्तिगत तथा सामाजिक जीवन को ज्यादा तर्कपूर्ण बनाना होगा। तर्क से ही अंधविश्वास जा सकता है और वही विज्ञान के विकास के लिए सही जमीन तैयार कर सकता है। तर्क धर्मांधता का भारी शत्रु है। एक को स्वीकारने का मतलब ही है दूसरे का त्याग।

जैसा कि अमीय ने बताया है, सुभाष के इस लेखन में, बल्कि उनकी पूरी जिन्दगी में ही, एक विचार पूरी शिद्दत से सामने आता है, वह है उनके द्वारा चरित्र को दिया जाने वाला महत्व। यह कि मनुष्य को अपना जीवन कैसे जीना चाहिए। जैसा कि पेबल्स में उन्होंने लिखा है, 'हमें अब और मस्तिष्क नहीं चाहिए। हमारे पास पर्याप्त मस्तिष्क हैं, कम से कम उसकी संभावना तो है ही। हमें ज्यादा से ज्यादा चारित्रिक गुण चाहिए – सशक्त आत्मबल, दृढता से अपने विचार रखने की क्षमता, अपने पथ पर अटल रहने का संकल्प, तथा सम्मान का गहरा भाव।'

मई 1927 में माण्डले जेल से रिहा होने के बाद 30 वर्षीय सुभाष, शरत तथा उनके परिवार के साथ रहने कलकत्ता के 38/1 एल्गिन रोड बंगले में चले आए, जो उनके पिता जानकीनाथ के घर से लगा हुआ था। इस तरह तीन साल की जुदाई के बाद बोस बंधु फिर साथ रहने लगे और अपनी प्रतीक्षा में खड़ी अनेक राजनैतिक तथा अन्य चुनौतियों का सामना करने की तैयारी में जुट गए। लेकिन अब दुनिया में चित्तरंजन दास नहीं रह गए थे और ना ही माण्डले के कठोर कारावास के दुष्परिणामों से उबर कर सुभाष कभी पूरी तरह स्वस्थ ही हो पाए।

हालांकि तब तक दोनों भाइयों के दिलो–दिमाग में भारतीय संग्राम के आगे का रास्ता बिलकुल पक्का हो चुका था – वह रास्ता जो साम्राज्यवादी शक्ति से आजादी के साथ–साथ आजाद भारत के लिए बेहतरीन सामाजिक–आर्थिक तंत्र तैयार करने की तरफ जाता था।

इस दृष्टि में साम्राज्यवादी ब्रिटेन से देश को स्वतंत्र कराने के लिए संघर्ष तो शामिल था ही, स्वतंत्र भारत में रहने वाली बड़ी आबादी के हित में अपनाए जा सकने योग्य समाजवादी शासन का प्रारुप भी था ताकि यहां के लोग स्वतंत्रता, सामन्जस्य और सम्मान के साथ जीवन गुजार सकें।

3

स्वराज की पुकार, स्वराज से इनकार

> हमें गाकर स्वराज हासिल नहीं हो सकता। हमें चरखा चलाकर भी स्वराज हासिल नहीं हो सकता। स्वराज हमें लड़कर लेना होगा। हमारा लक्ष्य पूर्ण स्वराज है।
>
> सुभाष चन्द्र बोस
>
> फॉरवर्ड ब्लॉक (राजनैतिक साप्ताहिकी), 2 मार्च 1940

1918 में यूरोप में प्रथम विश्व युद्ध की समाप्ति पर ब्रिटिश भारत में देशव्यापी राजनैतिक गतिविधियां शुरू हो गईं, जिसमें ब्रिटिश अधिकारियों द्वारा भारत सरकार अधिनियम, 1919 के तहत 1919 में लाया गया नया संविधान भी था। इस समय तक गांधी अपने 20 साल के दक्षिण अफ्रीका प्रवास के बाद जनवरी 1915 में भारत लौट आए थे। 1919 के आरंभ तक वह प्रखर राष्ट्रीय स्वर के तौर पर उभर चुके थे और कांग्रेस के अग्रणी नेताओं में शुमार थे। हालांकि तब तक साम्राज्य के प्रति उनकी भक्ति कायम थी और साम्राज्य में रहते हुए भारत की औपनिवेशिक स्थिति बरकरार रखने के हिमायती थे।

इसी वर्ष साम्राज्यवादी शक्तियों ने 18 मार्च 1919 को भारत में अन्यायपूर्ण रोलेट कानून लागू कर दिया, जिसके तहत मुकदमा चलाए बिना किसी को भी गिरफ्तार कर सकने का प्रावधान था। इसके कुछ ही दिन बाद 18 अप्रैल 1919 को अमृतसर के जालियांवाला बाग में शांतिपूर्ण प्रदर्शन कर रहे स्त्री–पुरुष–बच्चों के जघन्य नरसंहार की घटना घटी।

जालियांवाला कांड के विरोध में उसी साल दिसम्बर में अमृतसर में कांग्रेस का अधिवेशन बुलाया गया। इतना कुछ होने पर भी नरम रुखवाली कांग्रेस ने अपने अधिवेशन में प्रस्ताव पारित कर के नए संविधान का समर्थन ही किया। चित्तरंजन दास तथा बंगाल के अन्य नेताओं के घोर विरोध के बावजूद गांधी और उनके समर्थक अधिकतर लोगों को यह समझाने में सफल रहे कि नए संविधान को एक मौका दिया जाना चाहिए। ऐसा करते हुए गांधी और उनके समर्थक जाहिर तौर पर यह मानकर चल रहे थे कि जालियांवाला के दोषियों को सजा मिलेगी।

इस दिशा में साम्राज्यवादी शक्तियों के असफल रहने पर, बल्कि न्याय दिला पाने में ही पूरी तरह से उनके असफल हो जाने पर लोगों का गुस्सा फूट पड़ा।

वह न्याय तो क्या करते, रोलेट कानून के अन्यायपूर्ण प्रवधानों का इस्तेमाल करते हुए उन्होंने लोगों को धरना–पकडना जारी रखा। इससे गांधी का साम्राज्यवाद से पूरी तरह मोहभंग हो गया और कांग्रेस ने अपना नरम रवैया समाप्त करते हुए अमृतसर अधिवेशन में अपनाए गए समझौतावादी प्रस्ताव को खारिज कर दिया। इस पर सुभाष ने इंडियन स्ट्रगल में लिखा है, 'भारतीय मामलों के मंत्री श्री मॉन्टेगू ने सहयोग का जो जहाज तैयार किया था, वह जालियांवाला बाग की शिला से टकराकर चकनाचूर हो गया।' और, 'पंजाब के अत्याचारों और उसके बाद की घटनाओं ने उस समय तक साम्राज्य के प्रति वफादार गांधी को विद्रोही बना डाला।'[1]

इन्हीं विद्रोही गांधी के नेतृत्व में 1920 के सितम्बर में कांग्रेस का विशेष अधिवेशन कलकत्ता में बुलाया गया, जिसमें प्रगतिशील, अहिंसक असहयोग आन्दोलन की नींव रखी गई और फिर इस प्रस्ताव को दिसम्बर 1920 के नागपुर अधिवेशन में पारित कराया गया। इसी अधिवेशन में स्वराज की मांग भी उठाई गई और कहा गया कि एक साल के भीतर ही हम उसे लेंगे, चाहे इसके लिए हमें साम्राज्य में रहना पड़े या फिर उससे बाहर निकलना पड़े।

इन्हीं राजनैतिक घटनाओं तथा राष्ट्रीय भावना के बीच बोस बंधु राष्ट्रीय क्षितिज पर उभर रहे थे। दरअसल, शरत तो 1918 में ही भारतीय राष्ट्रीय कांग्रेस से जुड़ चुके थे और चित्तरंजन दास का प्रभाव जैसे–जैसे बढ़ता जा रहा था, शरत की सक्रियता भी उसमें बढ़ती चली जा रही थी। इस समय तक शरत ने खुद को कलकत्ता उच्च न्यायालय में स्थापित कर लिया था और सफल वरिष्ठ वकील के तौर पर उनको पहचाना जाने लगा था।

सुभाष जब जुलाई 1921 में इंग्लैंड से लौटे, तब तक गांधी का असहयोग आन्दोलन तेज हो चुका था। इसके तहत लोगों ने साम्राज्यवादी शक्ति द्वारा दिए गए तमगे एवं खिताब ही नहीं लौटाए, बल्कि असेम्बलियों से लेकर अदालतों तथा शैक्षिक संस्थानों का बहिष्कार भी किया। लोगों ने सरकार को कर अदा करना बंद कर दिया। और जैसा कि पहले ही कहा जा चुका है, खुद सुभाष ने इस असहयोग आन्दोलन के प्रति अपने ढंग से अपना समर्थन जताते हुए प्रतिष्ठित इंडियन सिविल सर्विस में उत्तीर्ण होने बावजूद 23 अप्रैल 1921 को इसमें जाने से साफ इनकार कर दिया।

सुभाष तब भारत में ही थे, जब गांधी ने 12 फरवरी 1922 को असहयोग आन्दोलन को मुअत्तिल कर देने का अचानक फैसला किया, जबकि राज को इसकी वजह से भारी परेशानियों का सामना करना पड़ रहा था। गांधी ने यह कदम 4 फरवरी 1922 को उत्तर प्रदेश के चौराचोरी में क्रोधित ग्रामीणों द्वारा

[1] सुभाष चन्द्र बोस, दि इंडियन स्ट्रगल (नाट्यचिन्ता फाउंडेशन कोलकाता, 2005), 56.

भारतीय पुलिस के कुछ सिपाहियों को मार डालने के बाद उठाया था, जबकि ग्रामीणों ने यह हिंसक वारदात कथित तौर पर पुलिस द्वारा उकसाए जाने पर ही की थी। गांधी के इस फैसले से अनेक भारतीय नेताओं को नाराजगी तथा नाखुशी हुई, जिनमें चित्तरंजन दास और बोस बंधु भी थे। सुभाष ने बाद में दि इंडियन स्ट्रगल में लिखा,[2]

> यह बात किसी की भी समझ से परे है कि चौरीचौरा जैसी अलग–थलग घटना का इस्तेमाल महात्मा ने पूरे देश में चलाए जा रहे आंदोलन को दबाने के लिए क्यों किया? लोगों की नाखुशी इस कारण भी ज्यादा थी कि ऐसा करते हुए गांधी ने विभिन्न प्रांतो के प्रतिनिधियों से विचार–विमर्श करने की जरूरत तक नहीं समझी, वह भी तब जबकि देश भर के हालात सविनय अवज्ञा की सफलता के लिए पूरी तरह से अनुकूल थे। लोगों का उत्साह जब चरम पर पहुंचने को था, तभी पीछे हटने का आदेश किसी राष्ट्रीय आपदा से कम नहीं था।

1920 में गांधी ने अपने प्रस्तावित असहयोग कार्यक्रम से कांग्रेस पर तो अपनी पकड़ बना ही ली थी, वैकल्पिक रणनीति के पैरोंकारों को भी कुछ समय के लिए चुप करा दिया था। चित्तरंजन दास यह तो चाहते थे कि प्रांतीय असेम्बलियों में असहयोग चलाया जाए, पर साथ ही वह यह भी चाहते थे कि उससे पहले कांग्रेस चुनाव लड़कर काउंसिल में आए और फिर अपनी नकारात्मक कार्रवाइयों से उसकी कार्यवाहियों को ठप्प कर दे।

गांधी के समर्थक – यथास्थितिवादी – असहयोग की ऐसी नीति चाहते थे जिसमें काउंसिल का बहिष्कार शामिल था। उनकी यह नीति चित्तरंजन दास तथा उनके समर्थकों की नीति के विपरीत थी। कांग्रेस के भीतर बदलाव न चाहने वाला गुट तथा चित्तरंजन दास के समर्थक 1922 में भारतीय राष्ट्रीय कांग्रेस के गया अधिवेशन में इस बिन्दु पर एक–दूसरे से भिड़ भी पड़े। विडम्बना यह कि उस समय चित्तरंजन दास ही कांग्रेस के अध्यक्ष थे, लेकिन जीत गांधी के समर्थकों की हुई।

हालांकि यह जीत खोखली साबित हुई और चित्तरंजन दास ने तत्काल ही अध्यक्ष पद से इस्तीफा दे दिया। इससे पहले गांधी द्वारा असहयोग आंदोलन की मुअत्तली, और उसकी वजह से कुछ समय के लिए सभी विरोध के लोप के बीच ही चित्तरंजन दास ने मोतीलाल नेहरू तथा विट्ठलभाई पटेल जैसे कांग्रेसी दिग्गजों के साथ मिलकर आंदोलन की राख में से स्वराज पार्टी को पैदा किया और उसे सींचा। इससे राष्ट्रीय राजनीति में रचनात्मक बदलाव आया और स्वराज तथा ब्रिटिश साम्राज्यवाद से स्वतंत्रता का महत्व फिर से रेखांकित हो सका।

[2] पूर्वोक्त, 99

30 जनवरी 1923 को आउटलाइन स्कीम ऑफ स्वराज की भूमिका में चित्तरंजन दास ने लिखा, काउंसिल के लिए चुनाव लड़ने के सवाल पर उठे मतांतर के चलते स्वराज पार्टी का गठन हुआ। उस समय की मांग थी कि स्वशासन का व्यापक खाका खींचा जाए तथा उसके आधारभूत सिद्धान्त को आकार दिया जाए, जो कि भारतीय स्वराज का आधार बन सके। स्वराज पार्टी का गठन वस्तुतः इसी मांग का नतीजा था।[3]

स्वराज का यह प्रारूप स्वतंत्रता की लम्बी लड़ाई में एक महत्वपूर्ण कदम था। इससे विभिन्न मतो के भारतीय राष्ट्रवादियों में यह सोचने का साहस जागा कि स्वतंत्र देश की तस्वीर क्या होगी। इस आउटलाइन स्कीम में स्वराज पार्टी के आदर्शों की बात तो की गई थी पर स्वशासित भारत की स्थिति को लेकर कोई चर्चा नहीं की गई थी कि ब्रिटिश राष्ट्रकुल में भारत की डोमेनियन स्थिति को बरकरार रखा जाए या फिर ब्रिटेन से सारे संवैधानिक रिश्ते तोड़कर उसे पूरी तरह आजाद कराया जाए। चित्तरंजन दास तथा अन्य नेता फिलहाल इतने से ही संतुष्ट थे और इस सवाल को आगे के लिए टाल देना चाहते थे। हालांकि बोस बंधु भारत की पूर्ण आजादी चाहते थे। स्वराज पार्टी तथा आउटलाइन स्कीम का बल तत्काल की इस जरूरत पर था कि भारतीयों को किस तरह से अपना स्वशासन चलाना चाहिए और किस तरह के प्रतिनिधित्व की व्यवस्था होनी चाहिए जो लोगों की इच्छा से मेल खा सके।

ऐसे में आउटलाइन स्कीम में सबों के लिए मताधिकार की बात की गई। लेकिन इसमें कुछ ऐसी अहर्ता जोड़ दी गई थी जो आज भी आश्चर्य का कारण हो सकती है। इसके अनुसार 21 वर्ष की आयु में स्त्री को तो मताधिकार प्राप्त था, लेकिन पुरुष को 25 वर्ष की आयु में मताधिकार मिलना था। समझा गया था कि 25 साल में ही पुरुष मत देने के लिए परिपक्व हो पाता है। इसमें लिंग भेद को दरकिनार कर सबों को मताधिकार देने की बात तो थी पर साथ ही पढाई करने योग्य सभी बच्चों तथा युवाओं के लिए, चाहे वे स्त्री हों या पुरुष, उपयुक्त शिक्षा का प्रावधान किया गया था।

आउटलाइन स्कीम में कार्यपालिका, विधायिका तथा न्यायपालिका की शक्तियों को अलग–असग करने की बात कही गई थी। वह एक ऐसे मजबूत संघीय ढांचे की सिफारिश करता था, जिसमें

> नियंत्रण की शक्ति केन्द्र सरकार के पास हो, लेकिन इस शक्ति का उपयोग असाधारण स्थितियों में ही किया जाए। इसके लिए पर्याप्त उपाय किए जाएं, ताकि स्थानीय निकायों की स्वायत्तता बनी रह सके और साथ ही केन्द्र सरकार

[3] चित्त रंजन दास, आउटलाईन स्कीम ऑफ स्वराज (कोलकाताः पश्चिम बंगाल सरकार, 1973)

> का विकास सबों को मिलाकर चलने वाले राष्ट्र के तौर पर संभव हो सके। ऐसी केन्द्र सरकार का आम कामकाज सिर्फ सलाह देने का हो।

देश की प्राचीन परम्परा से प्रेरणा ग्रहण करते हुए आउटलाइन स्कीम में लोगों पर ही अपने जीवन को चलाने की संवैधानिक जिम्मेदारी सौंपने की बात कही गई थी। ज्ञातव्य है कि 90 फीसदी ग्रामीण आबादी के लिए हमारे गांव तथा ग्राम समुदाय ही अपनी विशिष्ट संस्कृति एवं सभ्यता के पारम्परिक आधार रहे हैं।

आउटलाइन स्कीम के परिशिष्ट में जहां कुछ आधारभूत सिद्धान्तों की समीक्षा की गई है, वहीं उसमें सरकारी प्रक्रियाओं को लेकर चित्तरंजन दास तथा उनके समकालीनों की निराशा भी देखी जा सकती है।

> केन्द्र के हाथों में सारी सत्ता तथा नौकरशाहों के हाथों में तमाम शक्तियां, ये कुछ अभिशाप हैं, जिनकी वजह से भारत में दिन–प्रति दिन लोकसेवकों की ठाठ और लोगों की ठठरी बढ़ती जा रही है। इन नौकरशाहों को अपनी प्रतिष्ठा और अपने वेतन–भत्ता आदि की जितनी चिन्ता है, उतनी लोगों के दुख–दर्द की नहीं। इन्होंने लोकमत से खुद को पूरी तरह से काट लिया है। यहां तक कि आम जन को वे हेय दृष्टि से देखते हैं और खुद को लेकसेवक न मानकर लोकाधिपति समझते हैं। ऐसे में प्रशासन का वास्तविक विकेन्द्रीकरण, शक्ति का पर्याप्त वितरण तथा लोगों के चुने हुए प्रतिनिधियों के प्रति लोकसेवकों की पूर्ण जवाबदेही ही इसके निदान के उपाय दीख पड़ते हैं। इसीलिए व्यावहारिक स्थानीय स्वायत्तता हमारा आधारभूत सिद्धान्त है।

दि इंडियन स्ट्रगल में इस पर व्यापक विचार हुआ है और इसकी चर्चा इस पुस्तक के पिछले अध्याय में भी हो चुकी है कि कैसे चित्तरंजन दास और उनके समर्थकों ने, जिनमें बोस बंधु भी शामिल थे, बंगाल तथा राष्ट्रीय स्तर पर इस दिशा में तत्काल राजनैतिक पहल की। और जैसा कि पहले भी बताया गया है, 25 अक्टूबर 1923 को स्वराज पार्टी के मुखपत्र के तौर पर फॉरवर्ड का प्रकाशन शुरू हुआ, जिसके संपादक तथा न्यासमंडल के अध्यक्ष चित्तरंदन दास थे और शरत उसके कार्यकारी निदेशक तथा प्रधान कोषाध्यक्ष थे।

इस अंग्रेजी दैनिक के पहले अंक का भरपूर स्वागत करने वालों में रवीन्द्रनाथ ठाकुर थे, जिन्होंने इस अवसर के लिए विशेष कविता भी लिखी,

> हे मातृभूमि, आपके लिए भय से मुक्ति की कामना है
>
> यह दैत्यरूपी भय
> निर्मित हमारे ही विकृत सपनों से
> हों हम मुक्त अतीत के भार से

लटके हुए सिर और झुकी हुई रीढ़ से
पुकारते भविष्य पर मूंदें हुए नेत्र से
हों हम मुक्त नींद की जकड़न से
हमने है खुद को बांध लिया जिससे
सच्चाई की राह दिखाते थे तारे
उन पर भी विश्वास छोड़ दिया हमने
हों हम मुक्त भाग्य की दुर्व्यवस्था से
जिसके पाल ही कमजोरी से बंधे
है जो खुद ढुलमुल हवाओं के सहारे
हों हम मुक्त अपने अपमान से
गुड़ियों के संसार में अपने निवास से
जहां दिमागहीन तारों से
से उन्हें चलाया जाता है।
बेमन की आदतों को दोहराया जाता है
जहां आकृतियां आज्ञापालन की प्रतीक्षा करती हैं,
इस तमाशे को चलाने वाले के लिए
एक पल के जीवन की
नकल में खो जाने के लिए।

रवीन्द्रनाथ ठाकुर
27 सितम्बर 1923

मार्च 1924 में कलकत्ता के नवगठित कारपोरेशन के चुनावों में स्वराज पार्टी को ज्यादातर सीटों पर जीत हासिल हुई, जिसमें मुस्लिम सदस्यों की भी अच्छी संख्या थी। स्वराज पार्टी के सदस्यों ने चित्तरंजन दास के कलकत्ता का पहला मेयर चुना, जबकि मुस्लिम नेता शहीद सुहरावर्दी को डिप्टी मेयर चुना गया। इससे पहले कारपोरेशन में अध्यक्ष का पद हुआ करता था। खुद मेयर चुने जाने के बाद चित्तरंजन दास ने सुभाष को कारपोरेशन का मुख्य कार्यकारी अधिकारी नियुक्त किया। यह भी नया पद था क्योंकि इससे पहले मुख्य कार्यकारी अधिकारी का काम भी अध्यक्ष के ही जिम्मे था।

स्वराज पार्टी को प्रांतीय तथा राष्ट्रीय असेम्बलियों में भी प्रतिनिधित्व हासिल हुआ और भीतर रहकर कोहराम मचाने की अपनी नीति पर चलते हुए उन्होंने सत्तारूढ़ औपनिवेशिक अधिकारियों को नाकों चने चबवा दिए। संयुक्त प्रांत तथा बंगाल में उन्हें विशेष सफलता मिली और दोनों ही जगहों पर उन्हें पूर्ण बहुमत हासिल हुआ। इन दोनों ही स्थानों पर उन्होंने व्यवस्था द्वारा निर्धारित द्विशासन प्रणाली को चलने ही नहीं दिया।

राष्ट्रीय असेम्बली में भी पंडित मोतीलाल नेहरू के नेतृत्व में स्वराज पार्टी को अच्छा प्रतिनिधित्व मिला। फिर भी वह वहां उतनी ताकतवर नहीं थी कि

संविधान द्वारा निर्धारित वायसरॉय की भारी शक्ति को चुनौती दे सके। तब भी उन्होंने सरकारी अधिकारियों का जीना मुहाल किए रखा और 10 मार्च 1922 से ही जेल में बंदी बनाकर रखे गए बीमार गांधी को छुड़ाने के लिए बड़ी मुहिम चलाई। बीमारी के उपचार के बाद आखिरकार गांधी को 5 फरवरी 1924 को रिहा कर दिया गया।

इसी बीच 15 जून 1925 को अचानक चित्तरंजन दास का निधन हो गया, जबकि वे अपनी राजनैतिक सत्ता के शीर्ष पर थे और स्वराज आन्दोलन की अगुवाई कर रहे थे। राष्ट्रीय स्तर के इस करिश्माई नेता के निधन से उनके प्रिय बंगाल के लोगों को ही नहीं, पूरे देश के लोगों को गहरा आघात लगा। स्वतंत्रता आन्दोलन के लिए भी यह भारी झटका था। अमीय की आयु तब सिर्फ 10 वर्ष की थी। बाद में उन्होंने उस घटना को याद करते हुए लिखा,

> मुझे याद है कि अपनी मृत्यु के करीब एक हफ्ते पहले चित्तरंजन दास दार्जिलिंग से लौटते वक्त कुर्सियांग के गिद्धपहाड़ स्थित हमारे घर पर आए थे। उनके साथ उनकी पत्नी वसन्ती देवी भी थीं। उन्होंने कुछ घंटे हमारे साथ खुशी–खुशी बिताए। हालांकि वह बीमार चल रहे थे और आराम करने के लिए ही दार्जिलिंग के अपने घर 'स्टेप असाइड' आए थे, पर हमें उनके इस तरह अचानक चले जाने का जरा भी अंदेशा नहीं था।
>
> उनकी मृत्यु के दुःखद दिन मैं उनके कलकत्ता स्थित आवास (रूसा रोड जिसे अब आशुतोष मुखर्जी रोड कहते हैं) की बालकनी में खड़ा होकर उनकी शव यात्रा के यहां पहुंचने का इंतजार कर रहा था। और लोगों के अलावा गांधी भी वहीं बरामदे में शव यात्रा के पहुंचने का इंतजार कर रहे थे। जब लोगों का सैलाब उनके शव के साथ उनके आवास के पास पहुंचा तो गांधी नीचे उतर पड़े और अर्थी को कंधा देने वालों में शामिल हो गए।

चित्तरंजन दास के इस त्रासद तथा असामयिक निधन पर उनके सबसे बड़े समर्थकों में एक सुभाष ने बाद में दि इंडियन स्ट्रगल में लिखा,[4]

> भारत के इतिहास में जून 1925 निर्णायक मोड़ साबित हुआ। राजनीति के अखाड़े से देशबंधु के विराट व्यक्तित्व का लोप भारत का महादुर्भाग्य था। उनकी मृत्यु के बाद उनके द्वारा बनाई गई स्वराज पार्टी को तो मानो लकवा मार गया और फिर पार्टी के भीतर मतभेद उभरने लगे। हालांकि उनके निधन के समय यह पार्टी ऐसी स्थिति में थी कि कोई भी उस पर गर्व कर सके। कलकत्ता से प्रकाशित होने वाले कैपिटल ने उनके निधन के बाद स्वराज पार्टी की तुलना आयरलैंड की सिन्न–फिन्न पार्टी से करते हुए लिखा कि अपने चालीस साल के

[4] बोस, दि इंडियन स्ट्रगल, 145–146.

जीवन में उसने ऐसा कुछ भी नहीं देखा था। पत्र के अनुसार पार्टी का यह अनुशासन जर्मन चरित्र लिए हुए था। स्वराज पार्टी के कमजोर पड़ जाने से भारत तथा इंग्लैंड की प्रतिक्रियावादी ताकतें मजबूत हुईं और देश में साम्प्रदायिक अन्तर्कलह की घटनाएं बढ़ीं, जबकि श्रेष्ठ राष्ट्रवादी शक्तियों ने अब तक उन्हें दबा रखा था। आज (1934 में) जब मैं वर्ष 1925 की तरफ पलट कर देखता हूं तो यह सोचे बिना नहीं रहा जाता कि यदि विधाता ने देशबंधु को कुछ और वर्षों के लिए रहने दिया होता तो भारत के इतिहास की दिशा कुछ और होती।

दिसम्बर 1922 के गया अधिवेशन के बाद गांधी ने खुद को भी अनेक सालों तक राजनैतिक गतिविधियों से अलग–थलग कर लिया। इसमें मार्च 1922 से फरवरी 1924 तक तो वह कैद में ही रहे, जहां वह बीमार भी पड़ गए। चित्तरंजन दास के निधन के बहुत साल बाद ही वह राजनैतिक क्षितिज पर, और खासकर कांग्रेस में, फिर से उभरे। साबरमती आश्रम में तन्हा जीवन बिताते हुए 9 अप्रैल 1926 को गांधी ने शरत को पत्र लिखा,

प्रिय शरत बाबू

मणिलाल कोठारी ने मुझे आपका संवाद दिया। चाहता तो था कि तत्काल ही आपको कुछ ऐसा भेजूं जो सनसनी पैदा कर दे और निश्चयात्मक हो, पर देश के मौजूदा हालात में मेरे पास ऐसा कुछ है नहीं। बैठकें तथा प्रस्ताव, यहां तक कि काउंसिल में विरोध भी कुछ ज्यादा ही हो चुका है। अब हमें कुछ ऐसा करने की जरूरत है जिससे खुद हमें अपनी ताकत का अहसास हो सके। इस दिशा में फिलहाल मैं विदेशी वस्त्रों के बहिष्कार के अलावा कुछ और नहीं सोच पाता हूं। चूंकि यह बिना खद्दर के संभव नहीं है, इसलिए मेरी बीमारी तथा इस मनहूस कारावास के अलावा मेरे साथ सिर्फ चरखा ही रह गया है। फिर भी पता नहीं मैं लोगों को कैसे समझा पाउंगा कि यही सबसे बड़ी दवा है। इसे लेकर मेरा अपना विश्वास तो अडिग है ही, वह बढ़ता भी जा रहा है। और इसीलिए इस राष्ट्रीय सप्ताह के दौरान पूरे हफ्ते दिन–रात चरखा चलाने का काम जारी है। यह काम हम इस अव्यक्त विश्वास के सहारे कर रहे हैं कि एक न एक दिन इसी के बीच से ऐसी ताकत उभरेगी जो हमारी मनोकामना को पूरा करने में मददगार होगी।

मैं जानता हूं कि चरखा का विकल्प है, और वह है हुल्लड़बाजी। लेकिन इस मामले में मैं किसी काम का नहीं हूं और फिर इसमें मेरी कोई निष्ठा भी नहीं है। एक व्यावहारिक व्यक्ति के तौर पर मैं जानता हूं कि हमारी हुल्लड़बाजी सरकार की हुल्लड़बाजी के आगे कुछ भी नहीं हैं। इसलिए अपनी सारी पिछली कोशिशों का भुलाकर मैंने अपना पूरा दांव चरखे पर लगा दिया है। मैं आपसे और साथ ही उन सभी लोगों से, जो इस देश की दुर्दशा से परेशान हैं, इस काम

में हाथ बंटाने का आग्रह करता हूं। विश्वास करें इस काम को करने के लिए पूरी निपुणता, पूर्ण अनुशासन तथा भरपूर संगठन शक्ति की जरूरत पड़ती है।

आपका विश्वासी
एम.के. गांधी

जाहिर तौर पर गांधी अपने तरीके से राष्ट्रीय संग्राम में अहिंसा को बढ़ावा देने की कोशिश कर रहे थे और इसके लिए उन्होंने चरखा को अपना पसंदीदा माध्यम बनाया था। हुल्लड़बाजी के प्रति उनका विरोध भाव साफ तौर पर जतलाता था कि बोस बंधुओं सहित बंगाल के गरमपंथी नेताओं द्वारा प्रस्तावित क्रांतिकारी गतिविधियों से उनका कोई लेना–देना नहीं है। यहां तक कि रवीन्द्रनाथ ठाकुर जैसे प्रमुख लोगों की बातें भी उन्हें उनके इस मत से नहीं डिगा सकीं। कवीन्द्र रवीन्द्र ने अक्टूबर 1921 को अपने आलेख सत्यार आह्वान (सत्य का आह्वान) में गांधी के इस मत को चुनौती दी थी कि चरखा ही आगे का रास्ता हो सकता है। उनका मानना था कि ऐसा करने से राष्ट्रीय मुहीम बेहद सीमित हो जाएगी। रवीन्द्र ने जोर देकर कहा कि ईश्वर ने गांधी को ऐसी शक्ति प्रदान की है कि वे लोगों को कर्म के लिए प्रेरित कर सकें, लेकिन वह लोगों को पतले मैदान की तरफ ले जा रहे हैं, जो सही नहीं है। वह कहते हैं चरखा चलाओ और सूत कातो, पर क्या यह आह्वान हमें चहुंमुखी विकास की उन गतिविधियों की तरफ ले जा सकेगा, जिससे नए युग का सूत्रपात हो सके?

1920 के उथल–पुथल भरे दशक के बारे में विस्तार से लिखते और उस पर टिप्पणी करते हुए अमीय अक्सर ही बोस बंधुओं की क्रांतिकारी भूमिका की चर्चा किया करते थे, जिसे लेकर लम्बे समय से ऐतिहासिक विवाद चलाया जाता रहा है। ऐसा करते हुए उनका ध्यान जहां शरत तथा सुभाष के क्रांतिकारी रुझानों की तरफ रहता था, वहीं वह कांग्रेस के गांधीवादी तरीकों को भी नजरअंदाज नहीं करते थे। अमीय ने अपने अप्रकाशित संस्मरण में लिखा है,

1921 से 1923 को शरत और सुभाष के लिए उनके आगे के गौरवशाली राजनैतिक जीवन की तैयारी का साल माना जा सकता है। इन तीन वर्षों के दौरान भारत की स्वतंत्रता के सवाल पर उनके विचार बनने लगे थे। सुभाष 1921 में चित्तरंजन दास के साथ काम करने लगे थे, जो कलकत्ता न्यायालय की अपनी आलिशान वकालत छोड़कर बंगाल में असहयोग आन्दोलन की अगुवाई करने में लगे थे।

सुभाष और शरत दोनों के लिए क्रांतिकारी तरीका उतना ही वैध था, जितना कि गांधी का अहिंसक तरीका। उनके लिए अहिंसा कभी लक्ष्य नहीं रहा और कभी हो भी नहीं सकता था। शरत और सुभाष दोनों ने ही क्रांतिकारियों के

साथ गहरा रिश्ता कायम किया और उसे निभाते रहे। बाद में दोनों भाइयों को कैद में डालने के लिए ब्रिटिश अधिकारियों ने इसी दलील का सहारा लिया।

अपने पिता तथा चाचा को करीब से जानने की वजह से और फिर बाद में उपलब्ध ब्रिटिश खुफिया फाइलों को खुद से पढ़ने के कारण अमीय का यह मानना था कि क्रांतिकारियों से इन भाइयों के रिश्ते को लेकर ब्रिटिश अधिकारियों का आकलन सतही था। इनमें से कुछ सरकारी आकलन तो संदिग्ध किस्म के स्थानीय मुखबिरों से प्राप्त सूचनाओं पर आधारित होने के कारण भयावह अटकलों से अधिक कुछ नहीं थे। फिर भी औपनिवेशिक अधिकारी इन भाइयों तथा क्रांतिकारियों के बीच जुड़ाव को लेकर अपने आकलन में सही ही थे। इनमें से अधिकतर क्रांतिकारी बंगाल के ही युवक–युवतियां थे।

इनमें से कुछ क्रांतिकारी तो अंग्रेज अधिकारियों की हत्या के लिए भी जिम्मेदार थे और उन्हें अपने इस कृत्य की कीमत फांसी पर झूलकर चुकानी पड़ी। शरत, सुभाष तथा अन्य वरिष्ठ कांग्रेसियों ने उनके प्रति अपनी सहानुभूति सार्वजनिक तौर पर जाहिर की। सहानुभूति के ये वक्तत्व स्वराज पार्टी के दैनिक फॉरवर्ड और फिर लिबर्टी में हमेशा छापे जाते रहे।

जैसा कि पहले ही बताया जा चुका है, शरत और सुभाष दोनों संपादक चित्तरंजन दास के साथ ही इन समाचार पत्रों से गहरे जुड़े हुए थे। संपादकीय सामग्रियों पर निर्णय भी मुख्य तौर पर इन्ही तीनों का होता था। चित्तरंजन दास के विश्वस्त सहयोगी तथा फॉरवर्ड पब्लिशिंग लिमिटेड के कार्यकारी निदेशक के तौर पर शरत ही इस समाचार–पत्र का प्रकाशन देखते थे, जिसने निडर तथा निष्पक्ष पत्रकारिता की मिसाल खड़ी की थी। सरकार के गोपनीय दस्तावेजो तक पहुंचकर इसने खोजी पत्रकारिता के क्षेत्र में भी अपना स्थान बना लिया था। अमीय के अनुसार यह एक ऐसा बेमिसाल मेल था, जहां विरोध के संवैधानिक तरीकों पर यकीन रखने वाले और क्रांतिकारी गतिविधियों में भाग लेने वाले, दोनों ने ही अपने साझा लक्ष्यों के लिए समान उद्देश्य तय कर लिए थे।

हालांकि क्रांतिकारियों के प्रति अपनी सहानुभूति में दोनों भाई खुद चित्तरंजन दास से प्रेरित कहे जा सकते हैं, जिन्होंने अपना पहला मुकदमा ही क्रांतिकारी अरविन्द घोष के बचाव में लड़ा था, जिनपर अलीपुर बम कांड का षडयंत्र रचने का आरोप था।[5]

अमीय के अनुसार, चित्तरंजन दास ने बाद में गांधी के नेतृत्व में असहयोग आन्दोलन में अपनी भागीदारी निभाते हुए भी भारत के क्रांतिकारियों से अपना

[5] बम हमले में दो ब्रिटिश नागरिकों की हत्या के सिलसिले में अलीपुर बम कांड के मामले में लगभग तीन दर्जन संदिग्धों को गिरफ्तार किया गया था, उनमें अरविन्द घोष भी थे। लेकिन बचाव पक्ष के वकील के तौर पर युवा वकील चित्त रंजन दास ने उन्हें छुड़ा लिया।

संबंध कभी नहीं तोड़ा। ब्रिटिश अधिकारियों ने अपनी खुफिया रिपोर्टों में लिखा है कि 1924 में कलकत्ता कारपोरेशन के गठन और उसमें चित्तरंजन दास के मेयर चुने जाने तथा सुभाष के मुख्य कार्यकारी अधिकारी बनने के बाद क्रांतिकारियों के साथ उनके संबंध और भी बढ़ गए।

ब्रिटिश अधिकारी इस बात को लेकर चिंतित थे कि कारपोरेशन ने अनेक पूर्व क्रांतिकारियों को नौकरी दे रखी है, पर उन्होंने इसे स्वराज पार्टी तथा उसके वैध राजनैतिक गतिविधियों से उन सबों को जोड़ने के लिए चित्तरंजन दास के प्रयासों के तौर देखना ही मुनासिब समझा। चूंकि चित्तरंजन दास उस समय देश के शक्तिशाली नेता थे, अतः ब्रिटिश अधिकारियों को उनसे निबटने में सावधानी बरतने की भी जरूरत पड़ती रही होगी।

युवा सुभाष इस मामले में इतने भाग्यशाली नहीं थे कि उन्हें नजरअंदाज कर दिया जाए। सुभाष को 25 अक्टूबर 1924 को क्रांतिकारी षडयंत्र के आरोप मे गिरफ्तार कर पहले भारत और फिर माण्डले (बर्मा) में कैदी बनाकर रखे जाने से पहले वायसरॉय कार्यालय के गृह विभाग ने 28 अगस्त 1924 को भारतीय मामलों के राज्यमंत्री को तार भेजकर सुभाष तथा दो अन्य लोगों को तत्काल गिरफ्तार करने का आदेश मांगा।

> सत्येन्द्र मित्रा, सुरेन्द्र घोष और सुभाष बोस, ये सभी युगांतर (क्रांतिकारी) पार्टी के नेता हैं और भारत में भारी मात्रा में हथियार लाने का षडयंत्र कर रहे थे। सुभाष बोस इस योजना के लिए पैसे जुटा रहे हैं और भगोड़ों को भी पैसे दे रहे हैं। चित्तरंजन दास के आग्रह पर युगांतर नेताओं ने हाल में ही आपराधिक गतिविधियों को रोकने का फैसला किया था, लेकिन इसके बाद सत्येन्द्र, सुरेन्द्र और सुभाष की जानकारी में अनुशीलन पार्टी ने टेगार्ट की हत्या का षडयंत्र रचा और सत्येन्द्र तथा सुरेन्द्र इसमें मदद के लिए भी तैयार थे। हाल के बम कांड से ठीक पहले सत्येन्द्र, सुरेन्द्र तथा सुभाष ने महामहिम गवर्नर की हत्या के प्रस्ताव पर विचार करने के लिए भी गुप्त बैठक की थी। कम से कम छह स्वतंत्र सूत्रों से मिली जानकारी के अनुसार जल्दी ही कुछ और लोगों का हत्या की आशंका बनी हुई है। महामहिम गवर्नर तथा बम कांड के शिकायतकर्ताओं को चेतावनी भरे पत्र भी मिले हैं।

इस तार तथा गिरफ्तारी की मांग के समर्थन में 27 अगस्त 1924 को तथाकथित 'हिस्ट्री शीट' तैयार की गई, जिसमें सुभाष का विवरण कुछ इस तरह से दिया गया था,

> वह चीरी प्रेस में क्रांतिकारी नेताओं के साथ अनेक सम्मेलनों में शामिल रहा है। चीरी प्रेस का मालिक कुख्यात अमरेन्द्र नाथ चटर्जी है। उसने छात्र तथा युवा संगठनों की गतिविधियों के संयोजन की भी कोशिशें कीं। वह कलकत्ता में युवाओं

> के केन्द्रीय संगठन का अध्यक्ष भी रहा है। वह चित्तरंजन दास का खास आदमी है और उसके भाई श्री शरत चन्द्र बोस वरिष्ठ वकील हैं, जिन्होंने न्यायमूर्ति पेज के खिलाफ मुहिम खड़ा करने की कोशिश की थी। जनता के बीच उसके भाषण क्रांतिकारी दर्शन (लेखक ने इस पर ज़ोर दिया है) से भरे होते हैं, जिनमें वह देश भर के युवाओं को अपने पैरों पर खड़ा होने के लिए ललकारता है।

इसके साथ ही 25 अगस्त 1924 की खुफिया रिपोर्ट भी नत्थी की गई थी, जो भारत में हथियारों की तस्करी के षडयंत्र से संबंधित थी। इस पर सीआईडी खुफिया शाखा के विशेष आरक्षी अधीक्षक के हस्ताक्षर थे और इसमें किसी बेहद 'विश्वस्त सूत्र' के हवाले से सुभाष पर 'आतंकी गतिविधियों में पूरी तरह लिप्त' होने का आरोप मढ़ने की कोशिश थी।

> 17 जुलाई को उसी सूत्र ने बताया कि उसे पता चला है कि सरकार ने ऐसे हथियार तथा गोले–बारूद जब्त किए हैं, जिन्हें सुभाष बोस भारत लाने की कोशिश कर रहे थे। इससे रिवोल्युशनरी पार्टी को करीब 25 हजार रुपयों का नुकसान हुआ है। साथ में उसे यह भी पता चला है कि वही लोग ऐसा ही और सामान लाने की कोशिश में हैं और उन्हें रखने के लिए कोई सुरक्षित ठिकाना खोज रहे हैं।
>
> कुछ दिन बाद उसी सूत्र ने यह भी बताया कि खुद सुभाष बोस से ही उसे मालूम चला है कि कोलम्बो में जब्त हथियारों मे से कुछ उन्होंने भारत के लिए ही मंगवाए थे और इसके लिए किसी और देश को 50 हजार रुपए का भुगतान भी किया था। उन्हें माल के भेजे जाने की खबर तो थी पर यह नहीं पता था कि उसे किस रास्ते से भेजा गया है। उन्होंने किसी क्रांतिकारी को इसका पता लगाने के लिए कोलम्बो भेजा था। सुभाष ने यह भी बताया कि यह सारा सामान बर्मा या चीन पहुंचेगा, जहां पिछले दस सालों से क्रांतिकारियों का दफ्तर चल रहा है। वहां से फिर उसे भारत भेजने का इंतजाम किया जाएगा।
>
> सुभाष ने यह भी बताया कि उन्होंने रंगून से कलकत्ता तक कुछ सामान गलत लेबल लगा कर भेजा ताकि यह पता चल सके कि वहां के सीमा शुल्क अधिकारी कितने सतर्क हैं। मजेदार बात है कि इससे पहले इस सूत्र ने बताया था कि क्रांतिकारियों ने पुलिस की छापामारी की आशंका के कारण रंगून से आए कुछ सामान को नष्ट कर दिया। सुभाष ने इस सूत्र को यह भी बताया कि अब वह बर्मा से नौकाओं में सामान भारत लाने पर विचार कर रहे हैं। इसी तरह पेड़ों के तनों को खोखला करके उसमें हथियार भरकर लाने की भी योजना है। इस योजना में लकड़ी के व्यापारी भी उसका साथ देने को तैयार हैं।

उस समय के कुछ अन्य पुलिस रिपोर्ट में शरत बोस को किसी ऐसी गुप्त कमिटी का सदस्य बताया गया था, जो क्रांतिकारियों को धन मुहैया कराती थी। 5 जून 1924 की रिपोर्ट के अनुसार उन्होंने जाहिर तौर पर कुछ क्रांतिकारियों

को बर्मा आने–जाने का खर्च दिया ताकि वे वहां सुभाष चंद्र बोस से मुलाकात कर सकें, पर दरअसल ये क्रांतिकारी वहां कोई आन्दोलन खड़ा करने के उद्देश्य से गए थे।

सुभाष और शरत के खिलाफ ब्रिटिश खुफिया अधिकारियों के आरोपों के पीछे चाहे जो भी सच्चाई हो, पर उस समय के सबूतों के आधार पर एक बात तो साफ थी कि 1920 के दशक में इन दोनों भाइयों की राजनैतिक तथा रणनीतिक सोच में क्रांति एक महत्वपूर्ण विकल्प बन चुका था।

तब जबकि सुभाष माण्डले जेल में कैद थे और शरत कलकत्ता कारपोरेशन में कार्यरत पूर्व क्रांतिकारियों की संगत में, ऐसे में दोनों भाइयों की क्रांतिकारी सोच किसी सोची–समझी कोशिश का हिस्सा नहीं हो सकती थी। वास्तव में दोनों ही अलग–अलग रहकर भी एक तरह से ही सोच रहे थे। दोनों ही एक समय जहां असहयोग आन्दोलन के प्रबल समर्थक थे, वहीं भारत की आजादी के लिए वह किसी और रास्ते की खोज में बेसब्री से लग गए – वह रास्ता जो उन्हें क्रांतिकारियों से करीबी रिश्तों की तरफ ले जाने वाला था।

क्रांतिकारियों से इन्ही नजदीकियों के कारण शरत 18 अप्रैल 1930 के चटगांव शस्त्रागार छापेमारी मामले के आरोपियों के बचाव में उतरे। इस मामले में प्रमुख आरोपी बंगाल के प्रख्यात क्रांतिकारी और बंगाल कांग्रेस के पूर्व सदस्य सूर्य सेन[6] थे, जिन्हें साक्षात देखने का अवसर अमीय को 1 वूडबर्न पार्क के घर में रहते हुए मिला था।

इसी मामले के एक अन्य नेता अनन्तलाल सिंह ने कभी बाद में अमीय को बताया कि आरोपियों से जेल में मिलने आए शरत एक बार अपनी ब्रीफकेस में बम चुराकर ले आए थे, जिसे वे इन क्रांतिकारियों को देना चाहते थे ताकि उनके कैद से निकलने की सूरत बन सके।

ये बातें सच हों, न हों, पर लाल सिंह, शरत को याद करते हुए बताते हैं कि वह कोई आम राजनैतिक नेता की तरह नहीं थे, बल्कि वह बंगाल के क्रांतिकारियों के सच्चे हिमायती और दोस्त थे – उनके सबसे करीबी रिश्तेदार की तरह। हमारे लिए वह अभिभावक और फरिश्ता थे।[7]

क्रांतिकारी गतिविधियों को शरत का यह समर्थन अमीय के लिए किसी तरह की भावुकतापूर्ण रूमानी कल्पना नहीं होकर भारतीय स्वतंत्रता संग्राम के महत्वपूर्ण काल में घटने वाली क्रांतिकारी घटनाओं की प्रकृति तथा महत्व को समझने का तार्किक जरिया था।

[6] चटगांव शस्त्रागार पर छापे के आलोक में सूर्य सेन को ब्रिटिशों ने मृत्युदंड दिया और उनके शरीर को ब्रिटिश युद्धपोत से बंगाल की खाड़ी में फेंक दिया गया।

[7] स्मृति सभा में 8 सितम्बर 1963 को दिया गया भाषण, शरत चन्द्र बोस कोमेमोरेटिव वॉल्युम (कलकत्ताः शरत बोस अकादमी, 1982), 31.

यहां यह देखना भी दिलचस्प होगा कि बंगाल के नवनियुक्त गवर्नर सर स्टेनले जैक्सन को 23 अप्रैल 1927 को भेजी लम्बी चिट्ठी में शरत ने क्रांतिकारियों से सुभाष या अपने संबंधों को छिपाने की कोशिश नहीं कर के सुभाष पर बिना कोई मुकदमा चलाए उन्हें गिरफ्तार किए जाने पर सवाल खड़े किए और उनसे निष्पक्षता बरतने को कहा।

प्रिय महोदय

मैं आपके लिए अजनबी हूं। फिर यदि मैं आपको यह पत्र लिखने की स्वतंत्रता ले रहा हूं तो इसलिए कि मुझे आशा है कि बिना मुकदमा चलाए किसी को बंदी बनाने के सवाल पर आप खुले दिमाग से सोच सकेंगे।

मैं यह दिखावा नहीं करना चाहता कि इस मामले में मेरा कोई स्वार्थ नहीं है क्योंकि मेरे भाई सुभाष चन्द्र बोस को ही कैद में रखा गया है। विश्वास करें, फिर भी यदि मैं आपको पत्र लिख रहा हूं तो इसलिए कि मेरा मानना है, और मेरे साथ ही देश के लोगों का भी मानना है, कि उन्हें अन्यायपूर्ण तरीके से बंदी बनाकर रखा गया है। यदि मैं खुद ऐसा नहीं मानता तो फिर आपका समय भी नहीं ले रहा होता। श्री सुभाष चन्द्र बोस को 1818 के अधिनियम 3 के तहत 25 अक्टूबर 1924 को ऊपर लिखे गए पते से गिरफ्तार किया गया था। उस समय वह मलेरिया की बुखार से ठीक से उबरे भी नहीं थे। मई 1924 में ही उन्होंने कलकत्ता कारपोरेशन के मुख्य कार्यकारी अधिकारी का पदभार लिया था और मई 1924 से अक्टूबर 1924 तक के उनके कार्यकलाप कलकत्ता के लोगों को भली–भांति मालूम हैं।

उन्हें बंदी बनाए जाने के दौरान, दो अवसरों पर, मेरे जानते, किसी सीआईडी अधिकारी ने उन्हें आरोप पढ़कर सुनाए थे। ये आरोप पूरी तरह से अस्पष्ट थे। जब मैंने 24 अप्रैल 1925 को बंगाल सरकार से इन आरोपों की कॉपी मांगी तो मुझे बंगाल सरकार के राजनैतिक विभाग के अतिरिक्त उपमंत्री ने 13 मई 1925 को जवाब में लिख भेजा कि ऐसी कोई कॉपी उपलब्ध नहीं कराई जा सकती है। मैं यह बिलकुल नहीं समझ पाता हूं कि कोई व्यक्ति अपने ऊपर लगाए गए आरोप का भला कैसे जवाब दे सकता है, यदि उसे आरोप पत्र की कॉपी ही न दी जाए और ना उसे उसके खिलाफ जुटाए गए सबूतों की जानकारी ही दी जाए। इस बारे में बंगाल सरकार के रटे–रटाये जवाब से मैं अवगत हूं। वह तो यही कहेगी क इन आरोपों को सिद्ध करने वाले सबूतों की जानकारी देना खतरनाक होगा। अभी यह कह देना ही पर्याप्त होगा कि यह जवाब जनता को संतुष्ट करने में असफल रहा है।

समय–समय पर हम यह अफवाह सुनते रहे हैं कि बंगाल सरकार ने सुभाष चन्द्र बोस पर हथियार की तस्करी का षडयंत्र रचने का आरोप लगाया है। इसी तरह हमने ऐसी अफवाहें भी सुनी हैं कि बंगाल सरकार उन पर कुछ ऐसा

आरोप मढ़ने जा रही है कि उन्होंने कलकत्ता कारपोरेशन के मुख्य कार्यकारी अधिकारी के तौर पर यहां की जलापूर्ति व्यवस्था इस तरह से करने का प्रयास किया कि शहर के उस भाग में जहां यूरोपीय रहते हैं प्रदूषित पानी पहुंचाया जा सके ताकि वक्त पड़ने पर कलकत्ता के इन यूरोपीय अधिकारियों को जहर देकर मारा जा सके।

यदि पहले आरोप में जरा सी भी सच्चाई होती तो बिना किसी गवाह के जीवन को संकट में डाले हुए इसे अदालत में आसानी से सिद्ध किया जा सकता था। सुभाष चन्द्र बोस की गिरफ्तारी से पहले और उसके बाद भी जो अनेक मुकदमे चलाए गए हैं, उनमें ऐसा कतई नहीं लगता कि गवाहों को यदि अदालत में लाया गया तो उनकी जान को खतरा हो सकता है। जबकि दूसरे आरोप को तो मैं इतना हास्यास्पद पाता हूं कि उसके बारे में कुछ बोलना भी फिजूल है। इस बारे में मुझे सबसे बड़ा आश्चर्य तो इस बात को लेकर है कि सुभाष चन्द्र बोस खुद अपने ही परिवार के लोगों की जान जोखिम में डालने की सोच सकते हैं, जो बड़ी संख्या में एल्गिन रोड पर रहते हैं और जो शहर के उसी हिस्से में स्थित है, जहां ज्यादातर यूरोपीय रहते हैं।

मैं महामहिम से विनीत स्वर में पूछना चाहता हूं कि क्या किसी व्यक्ति को अपने बचाव के लिए कोई मौका दिए बिना कैद कर के रखना न्यायपूर्ण या उचित है? यह पूर्व गवर्नर लॉर्ड जस्टिस का न्याय तो हो सकता है, पर ऐसा न्याय आम लोगों की समझ से परे है। भारतीय नौकरशाहों के मानदंडों पर भले ही यह सही हो, पर इंग्लैंड से आए हुए नए खिलाड़ी की दृष्टि में तो यह उचित नहीं ठहरेगा।

महामहिम, आपने इंग्लैंड में अपने किसी भाषण में कहा था कि आप खेल को खेल की तरह खेलना चाहते हैं। यदि आप चाहें तो बंगाल में ऐसा करने का भरपूर मौका आपके सामने है। बंगाल का गवर्नर यदि सुभाष चन्द्र बोस तथा कुछ और बंदियों को बुलाकर उनसे सीधी बात करना चाहे तो कौन भला उसे ऐसा करने से रोक सकता है? हो सकता है कि ये बंदी आपके सामने कुछ ऐसे चौंकाने वाले तथ्य रख सकें, और संभवतः रखेंगे भी, जो 25 जुलाई 1924 के व्हाइटहॉल के स्टेट्स प्रिजनर मेमोरंडम या फिर भारतीय असेम्बली के सदस्यों के नाम पत्र, जो 17 फरवरी 1925 के फॉरवर्ड में छापा जा चुका है, में दिए गए तथ्यों से भी ज्यादा सनसनीखेज हों। ये दोनों ही फॉरवर्ड पब्लिशिंग लिमिटेड द्वारा प्रकाशित 'लॉलेस लॉ' शीर्षक पुस्तक के पृष्ठ संख्या 45 से लेकर 75 में भी दिए गए हैं। ऐसा भी हो सकता है कि वे आपके सामने क्रांतिकारी षडयंत्र के मिथक का पर्दाफाश कर दें और कुछ ऐसे तथ्य रख दें जिससे कि बेगुनाह लोगों को जेल में डालने के बड़े षडयंत्र का पता चलता हो।

महामहिम पूछ सकते हैं कि बंदी मुझे सीधे–सीधे क्यों नहीं लिख सकते? इस पर मेरा जबाव होगा कि इस बात की क्या गारंटी है कि उनके पत्रों को बिना खोले

आप तक पहुंचाया जाए और इसी बात की क्या गारंटी है कि उसे आप तक पहुंचाया ही जाए? यदि बंदियों ने आपके सामने तथ्य रखने की कोशिश की तो वे पूरे अफसरशाही के कोपभाजन बन जा सकते हैं। महामहिम क्या चाहेंगे कि वे ऐसा कोई खतरा मोल लें, जबकि इस बात की गारंटी भी न हो कि उनके पत्र अपने गंतव्य तक पहुंच ही जाएंगे।

मैं जानता हूं कि मैं आपसे कड़े कदम उठाने को कह रहा हूं, इतने कड़े कदम कि जैसा इस कार्यालय में अब से पहले किसी ने न लिया होगा। मैं यह कर रहा हूं क्योंकि मैं जानता हूं कि जब ऐसा कोई कदम उठाया जाएगा, तभी माहौल को साफ करने में मदद मिल सकेगी। हर कोई यह जानता है कि संदेह तथा अविश्वास से भरा माहौल न तो सरकार के लिए ठीक है और ना ही जनता के लिए। हालांकि दुर्भाग्य की बात है कि लोगों का मत महामहिम के पास अगर पहुंचता भी हो तो बहुत कम ही पहुंच पाता है। मुझे इस बात में जरा भी संदेह नहीं कि जल्दी ही आप खुद ही यह जान लेंगे कि आपसे मिलने वाले ज्यादातर भारतीय महानुभाव, बेशक गणमान्य हों, पर वे खुद के अलावा किसी और का प्रतिनिधित्व नहीं करते। अतः बिना मुकदमा चलाए कैद में रखने के बारे में लोगों का मत जानने के लिए आपको दूसरे लोगों पर निर्भर होना पड़ेगा।

मैंने आपका इतना समय लिया, इसके लिए क्षमा मांगते हुए मैं इस पत्र को समाप्त कर रहा हूं। मैंने इतनी स्वतंत्रता इसीलिए ली कि मैं समझता हूं कि सरकार तथा लोगों के बीच बेहतर समझदारी बनाने के मामले में अब भी देर नहीं हुई है।

सादर
आपका विश्वासी
हस्ताक्षर – शरत चन्द्र बोस

इसे संयोग कहें या कुछ और, पर एक महीने बाद ही 27 मई 1927 को गवर्नर जैक्सन के आदेश पर सुभाष को रिहा कर दिया गया और साम्राज्यवादी सत्ता का विरोध करने वाली सभी शक्तियों को एक करने के लिए वह अपने भाई के साथ मिलकर अगले पांच साल तक ठोस प्रयास में लगे रहे। 1927 में, बंगाल के काउंसिल की कुल 140 सीटों में से 39 पर स्वराज पार्टी के सदस्य थे। हालांकि वह अकेली सबसे बड़ी पार्टी थी, पर चित्तरंजन दास द्वारा प्रेरित 1924 के बंगाल समझौते के असफल हो जाने के बाद उसने अपने मुस्लिम सदस्यों का समर्थन खो दिया था। शरत ने कलकत्ता कारपोरेशन का एल्डरमैन रहते हुए तथा अदालत में जो अनुभव हासिल किए थे, काउंसिल के सदस्य के तौर पर वे उनके काम आए। पुलिस बलों की भूमिका तथा उनके रवैये से लेकर ब्रिटिश द्वारा लाद दी गई सरकारी व्यवस्था तक की खामियों पर उन्होंने काउंसिल में अपनी आवाज जमकर उठाई।

1927 में ही सुभाष बंगाल प्रदेश कांग्रेस कमिटी के अध्यक्ष चुने गए। अगले दो दशकों तक इन दोनों भाइयों में कोई न कोई बंगाल कांग्रेस के इस बेहद महत्वपूर्ण गुट की अगुआई करता रहा। यह गुट गांधीवादी नेतृत्व तथा उसके द्वारा अपनाए जाने वाले रास्तों का विरोध लगातर करता रहा। 1929 से 1932 के बीच यह विरोध पूरी तरह से दिखाई देता रहा।

स्वतंत्रता संग्राम में गांधी की भूमिका को लेकर शरत और सुभाष जो सवाल उठाते रहे थे, उसके तीन सैद्धान्तिक आधार थे। अव्वल तो वे राष्ट्रीय आन्दोलन में गांधी द्वारा अपनाए गए तरीके के ही घोर आलोचक थे। खास तौर से अहिंसा पर लगातार जोर दिया जाना, ब्रिटिश अधिकारियों को लेकर समझौतावादी रवैया, और पूर्ण स्वराज के लक्ष्य के प्रति टालमटोल उन्हें जरा भी स्वीकार नहीं था। दूसरी बात यह थी कि बोस बंधु जिस बंगाली बुद्धिजीवी वर्ग का प्रतिनिधित्व करते थे, वही सुभाष के कहे अनुसार, महात्मा और उनके दर्शन के खिलाफ बौद्धिक विद्रोह का भाव रखता था। तीसरी बात यह थी कि बंगाल प्रदेश कांग्रेस के जिस गुट का नेतृत्व शरत और सुभाष के हाथों में था, वह मानता था कि गांधी को शहरी मध्यम एवं निम्न वर्ग की समस्याओं का कोई ज्ञान नहीं है। उनका मत था कि गांधी के कार्यक्रम ग्रामोन्मुखी हैं, और शहर की जिन्दगी से जुड़े मसलों को वह नजरअंदाज करते हैं।

1927 से 1929 के बीच सुभाष ने खास तौर से युवाओं को राष्ट्रीय संग्राम के लिए संगठित करते हुए उन्हें मजदूरों एवं किसानों से जुड़े मसलों के प्रति जागृत करने की कोशिश की। बोस बंधु मजदूरों और किसानों, दोनों को ही, राष्ट्रीय आन्दोलन के लिए प्रेरित कर के राजनैतिक संघर्ष में उनकी भागीदारी सुनिश्चत करना चाहते थे। वर्ग संघर्ष के सवाल पर उनका मत कम्युनिस्टों से अलग था, जो अभी भारत में खुद को संगठित करने की कोशिश में ही लगे हुए थे। बोस बंधुओं और उनके समर्थकों के अनुसार, ब्रिटिश साम्राज्यवाद ही श्रमिक वर्ग का असली दुश्मन था।

1920 के दशक के अंत में शरत और सुभाष दोनों का ही शिद्दत से यह मानना था कि 1924 का बंगाल समझौता भले ही टूट चुका हो, पर मुस्लिम समुदाय से सहयोग लेने की कोशिशें जारी रखनी चाहिए। इसीलिए मुस्लिम नेताओं तथा बंगाल की जनता से मैत्री कायम करने की दिशा में वे संकल्पबद्ध मुहिम लगातार चलाते रहे।

1930 आते–आते अहिंसक आन्दोलन को लेकर शरत और सुभाष का असंतोष बढ़ता गया था। हालांकि उन्होंने खुद को इस आन्दोलन से पूरी तरह अगल नहीं किया था, पर अब वे क्रांतिकारी संघर्ष की अवधारणा की तरफ ही पूरी निष्ठुरता से बढ़ रहे थे। 1930 में ही सुभाष ने अरविन्द के भाई एवं क्रांतिकारी

नेता बरीन्द्र कुमार घोष को लम्बा पत्र लिखा, जो फ्रांसिसी प्रभुत्व वाले पांडिचेरी में निर्वासन भोगकर लौट आए थे और कलकत्ता में ही रह रहे थे।

सुभाष भी तब कलकत्ता में ही अपने भाई शरत और उनके परिवार के साथ 1 वूडबर्न पार्क में रह रहे थे। किशोरवय के अमीय भी उनके ही कमरे में रहते थे। एक दिन सुभाष ने अमीय से कोई पत्र बरीन घोष को हाथों–हाथ दे आने के लिए कहा, जो उन्होंने किया भी। इस पत्र का मूल तो कहीं खो गया, पर बांग्ला में तैयार किया गया उसका प्रारूप अमीय के पास सुरक्षित रह गया। अमीय ने बहुत बाद में इसका अंग्रेजी अनुवाद भी कराया।

अमीय का मानना है कि सुभाष को समझने के लिए यह पत्र महत्वपूर्ण दस्तावेज है। यह सुभाष की तत्कालीन राजनैतिक तथा सामाजिक–आर्थिक सोच को तो उजागर करता ही है, इसमें उस समय की घटनाओं के बारे में उनका अपना ब्यौरा भी शामिल है। इससे समझा जा सकता है कि सुभाष तब किस उद्देश्य में लगे हुए थे। वैसे ये बातें दि इंडियन स्ट्रगल में भी आई हैं, जिसे उन्होंने कुछ साल बाद 1934 में यूरोप में अपने निर्वासन के दौरान लिखा था। पत्र के अंग्रेजी अनुवाद का संशोधन अनेक बार किया गया और अनेक बार वह प्रकाशित भी हुआ। अब यहां इसे पूरे का पूरा हिन्दी अनुवाद के साथ दिया जा रहा है।

मेरे लिए आपसे फिर मिलना आवश्यक था, पर शायद ही यह हो सके। आज का दिन समाप्ति पर है और कल सुबह मुझे फैसला सुनने के वास्ते अदालत जाना है और ऐसा लगता है कि वहां से मैं देर से ही लौट पाउंगा। इसीलिए मैं यह पत्र लिखकर कुछ बेहद महत्वपूर्ण मसलों पर अपना अंदरुनी भाव व्यक्त कर रहा हूं।

बहुत ही लम्बे समय के बाद आप बंगाल की धरती पर लौटे हैं। मैं इस बात से बेहद खुश हूं क्योंकि बिलकुल सही समय पर आप यहां आए हैं। यह मैं सिर्फ अपने लिए ही नहीं कह सकता, बल्कि मेरे अलावा भी आज बंगाल में अनेक लोग हैं जो आपके आने से खुश हैं। आप उन सबों का जानते भी न होंगे।

बंगाल आपको भूला नहीं है। ना ही बंगाल उस गुट को भूला है, जिसे आपने खड़ा किया था। आपको कभी भुलाया जा भी नहीं सकता। यदि बंगाल में आज आपकी तथा आपके साथियों की आलोचना हो रही है, या फिर आगे भी आपकी आलोचना होगी तो इसीलिए कि देश आपसे अब भी उसी कदर प्यार करता है और आप पर अपना अधिकार मानता है। और आपसे वह जो अपेक्षा करता है, उसके मिल जाने पर वह खुद को संतुष्ट होने का अधिकारी पाता है।

आपने और आपके सहयोगियों ने बंगाल के लिए बहुत कुछ किया है। आपने उन्हें बहुत सारी बातें सिखाई हैं। आपने उन्हें अमरता का मार्ग दिखाया है। आपने उसे स्वतंत्रता का स्वप्न देखने के लिए प्रेरित किया है और ऐसा संदेश दिया है जो स्वतंत्रता की राह को प्रशस्त करता हो। आपने उसे आत्मसम्मान

एवं निडरता के साथ रहना सिखाया है। आपने उसे सिखाया है कि कोई व्यक्ति जब तक अपना पूरा जीवन होम करने के लिए तैयार नही होगा, तब तक वह नए जीवन का आनन्द भी नहीं उठा सकता। इन सब से बढ़कर आप अपने पत्र युगांतर के माध्यम से बंगाल की भावना का उद्घोष हमेशा ही करते रहे हैं। क्या बंगाल के लोग इनमें से कुछ को भी भूल सकते हैं?

अब बंगाल के इस संदेश को कौन आगे बढ़ाएगा? यह कार्य जिन लोगों को करना है, उनमें से कितने बंगाल को इतने अच्छे से जानते हैं कि वे बंगाल के इस संदेश को बंगालियों तक पहुंचा सकें? निम्न दर्जे के अंग्रेजी उपन्यासों को पढ़कर क्या बंगाल की संस्कृति को समझना संभव है?

बंगाल को समझने के लिए बेहद निष्ठा की जरूरत है। ऐसे निष्ठा आज है कहां? ऊंची आवाज तथा नाटकीय अदाएं वोटरों को तो आकर्षित कर सकते हैं, पर लोगों को शिक्षित नहीं कर सकते। यह वाकई हमारे लिए खेद की बात है कि श्रेष्ठ बाग्ला राष्ट्रवादिता तथा संस्कृति के प्रतीक देशबंधु आज हमारे बीच नहीं हैं। मुझे याद है कि मेरे किसी मराठी दोस्त ने मुझसे कभी कहा था, 'लोकमान्य तिलक की मृत्यु ने हमें बेबस बना डाला है। हम बेसहारा हो गए हैं।' देशबंधु के जाने के बाद हमने भी महसूस किया कि हम कितने मजबूर और अनाथ हो गए हैं। तब मुझे समझ आया कि लोकमान्य के निधन के बाद मराठियों ने कैसा महसूस किया होगा। लाचारी का यह भाव आज भी बना हुआ है और मैं नहीं जानता कि हम इससे कब तक उबर पाएंगे।

पिछले 40 सालों में बंगाल में तीन महान लोगों का उदय हुआ, जिन्होंने बांग्ला राष्ट्रवाद को आकार दिया। वे हैं – विवेकानन्द, अरबिन्द और चित्तरंजन। उनके जीवन में बंगालियों को अपनी खोई हुई आत्मा मिली और अपना आध्यात्मिक आदर्श हासिल हो सका। आधुनिक बंगाल को समझने के लिए हमें इन तीन महान लोगों को समझना होगा। जो लोग इनके संदेशों को नहीं समझ पाएं हैं, वे नए बंगाल को भी नहीं समझ सकते। जो लोग उनके काम की प्रकृति को समझने में असमर्थ रहे हैं, वे बंगाल के सांस्कृतिक महत्व को कभी समझ ही नहीं पाएंगे।

विवेकानन्द और देशबंधु दोनों ही हमारे बीच नहीं हैं और अरविन्द भी अब वन्दे मातरम वाले अरविन्द नहीं रह गए हैं जो कभी स्वतंत्रता के पथप्रदर्शक थे। फिर भी मैं जानता हूं कि उनके संदेश और आदर्श अभी मिटे नहीं हैं। बंगाल में अब भी ऐसे लोग हैं जो उनके संदेशों को आगे बढ़ा सकते हैं। और फिर जब तक आप और आपके सहयोगी हमारे बीच हैं, तब तक उनके संदेशों को आगे बढ़ाने वाले लोगों की कमी कैसे हो सकती है? आप अग्नि परीक्षा रूपी इस क्रांतिकारी संघर्ष की प्रेरणा रहे हैं। मैं आपसे आज यह विनती करता हूं कि आप एक बार फिर सामने आएं और दैवी प्रकाश से हमारी आंखों को चौंधिया दें। बंगाल के असीम मैदानों में आप फिर से बिजली की कौंध भर दे। और बंगाल के संदेश

को फिर से बंगालियों तक अपनी गर्जन से पहुंचा दें, वह संदेश जिसमें बंगाल की भावना निहित है।

देशबंधु के जाने के बाद आप शायद पहली बार बंगाल की हालत को खुद अपनी नजरों से देख रहे हैं। देखने से आपको ऐसा लग सकता है कि क्या वाकई बंगाली देशबंधु को याद रखे हुए हैं। आपको लग सकता है कि शायद वे देशबंधु को भूलने लग पड़े हैं। लेकिन जो दिखाई देता है, महज उसके आधार पर अपनी राय नहीं बनानी चाहिए। बंगाली देशबंधु को भूले नहीं हैं। कभी भूल सकते भी नहीं हैं। मेरा विश्वास है कि समय के साथ बंगाल का बुद्धिजीवी तबका उन्हें और ज्यादा समझ पाएगा।

इस बात को तो मानना ही पड़ेगा कि बंगाल के राजनैतिक परिदृश्य पर कुछ ऐसे नेता और कार्यकर्ता आ गए हैं जो उन्हें नहीं समझते क्योंकि उनके पास इसे समझने के लिए न तो निष्ठा है और ना ही बुद्धि। वे बाहरी लोगों पर विश्वास करना चाहते हैं और सूरज बेशक रोज पूर्व में उगता हो पर वे भारत के सूरज से पश्चिम में उगने की अपेक्षा करते हैं। वे चाहें कितना ही धूम–धड़ाका और दिखावा कर लें, और चाहे कितनी जोर से अपना बाजा बजा लें, पर उनकी आवाजें जल्दी हीं काल के गाल में खो जाएंगी। झूठ, फरेब और दिखावा देर तक नहीं टिके रह सकते।

जब आप और आपके सहयोगियों ने अंडमान जेल से लौटकर नारायण पत्रिका की बागडोर संभाली, तब तक असहयोग आन्दोलन का पहला चरण शुरू हो चुका था। अब जब आप पांडिचेरी से वापस आए हैं तो पा रहे होंगे कि हम इस आंदोलन के आखिरी चरण में पहुंच चुके हैं। इन वर्षों के दौरान आप में से बहुत लोग रवीन्द्रनाथ ठाकुर के कथनानुसार एकाकीपन के निष्क्रिय कार्यव्यापार में लगे रहे होंगे।

जहां तक हमारा सवाल है, हमने अनेक मुकदमें और उतार–चढ़ाव देखे हैं। हममें से बहुतों ने इन वर्षों में लगातार कठिनाइयां झेली हैं। हालांकि हमारे प्रयास निष्फल नहीं रहे हैं, पर मुझे स्वीकारना पड़ता है कि हमें आशा के अनुरूप कामयाबी नहीं मिली है। सच का तकाजा है कि मैं इस बात को कबूल करूं कि वर्तमान कार्यकलाप के जरिये हमें पूरी तरह सफल होने यानीकि पूर्ण स्वतंत्रता की कोई उम्मीद ही नहीं रह गई है।

इतना जरूर है कि लाहौर कांग्रेस के दिशानिर्देशों तथा महात्मा गांधी की इमानदार कोशिशों के परिणामस्वरूप इस वर्ष (1930) भारत भर में जबरदस्त उफान आएगा और यह आन्दोलन हमें हमारी मंजिल के और नजदीक ले आएगा। इसलिए, बेशक हम इस आन्दोलन की रफ्तार से गोल पोस्ट तक न पहुंच पाएं, पर फिर भी हमें इस साल शुरू होने जा रहे अवज्ञा आन्दोलन को सफल बनाने के लिए खुद को पूरी तरह झोंक देना पड़ेगा।

अब जब हम यहां पहुंच ही गए हैं तो ऐसे में आप एक बार फिर बंगाली दिल को धक्का देकर उनके विचारों को मथ डालिए। फिर लोगों को खुद से ही सोचने दीजिए और अपने–अपने दिलों में उन्हें समझदारी का चिराग जलाने दीजिए। डाईओजनी की तरह दिया जलाकर बाहर घूमने से हमें कुछ हासिल नहीं होगा। (ज्ञातव्य है कि यह यूनानी दार्शनिक एथेंस की गलियों में सुबह के उजाले में चिराग लेकर ईमानदार आदमी की खोज करता रहता था) इसके लिए जरूरी है कि हम देश को पूरी तरह से जानें। यथार्थ को जाने बिना हम कुछ कर भी नहीं सकेंगे।

मैं फिर से कहता हूं कि अपने ही भीतर हमें हमें अपना आत्मविश्वास, अपनी प्रेरणा और ज्ञान खोजना है। इनमें से कुछ भी बाहर से नहीं मिलने वाला। पिछले कुछ समय से बंगाल में निराशावाद की लहर चल पड़ी है। यह हरेक स्तर पर निष्ठा की कमी का बुरा संकेत है जो हमेशा से ही रचनात्मकता का बाधक रही है। सिर्फ निष्ठा ही सृजनात्मक हो सकती है। सिर्फ निष्ठा के बल से ही आदमी बड़ी से बड़ी सफलता पा सकता है। मुझे विश्वास है कि यदि आप चाहेंगे तो इस पागलपन को रोक सकते हैं। इन तमाम वर्षों के एकान्तवास के दौरान आपने जिस आध्यात्मिक पूंजी का संग्रह किया है, अब उसे बांटना चाहिए।

जब मैं 1927 में जेल से रिहा हुआ, तब बंगाल में कांग्रेस बुरी हालत में थी। अन्तर्कलह और विवाद से सभी पक्ष थक–हार चुके थे। जब 1925 में देशबंधु का निधन हुआ, वे हमारे पास महान और अपूर्व विरासत छोड़ गए। मात्र दो वर्षों में ही यह अद्भुत विरासत नष्ट हो गया। देशबंधु के निधन के बाद पार्टी को नियंत्रित करने वालों से कांग्रेस का नेतृत्व लेने की खातिर एक गुट बनाया गया। कांग्रेस की ऊर्जा विरोधियों के प्रयासों को काटने में ही जाया होती रही। बंगाल में कांग्रेस कुछ भी नया नहीं कर पाई और वह बंगाल काउंसिल तथा कलकत्ता कारपोरेशन के व्यामोह में फंस कर रह गई।

नतीजतन देशबंधु के निधन के बाद बंगाल में ताराकेश्वर सत्याग्रह की तरह का कोई आन्दोलन नहीं खड़ा हो सका। पिछले साल जेस्सोर जिले में बंदबिल्ला सत्याग्रह के छेड़े जाने से यह उदासीनता हटी। देशबंधु के निधन के बाद जिस तरह से कांग्रेस को तोड़ने की बड़ी भारी कोशिश हुई, वैसी ही कोशिश उनके रहने पर भी हुई थी। उस विद्रोह के अगुआ श्याम सुन्दर चक्रवर्ती थे। कांग्रेस के खिलाफ विद्रोह की ये घटनाएं आज भी बहुतों को याद होंगी।

1927 में जब हमें दुर्व्यवस्था का सामना करना पड़ा तो हमने तीन दिशाओं में काम किया। पहले तो हमें कांग्रेस के भीतर शुरू हो चुके विभाजन को रोकना पड़ा। दूसरे हमें कांग्रेस के कार्यक्रमों के अनुसार अपनी गतिविधियों को जारी रखना पड़ा। तीसरे, भविष्य के बड़े आन्दोलनों के लिए हमें मजबूत नींव रखनी

पड़ी। अब मैं आपको बताना चाहूंगा कि हमने नींव रखने की दिशा में क्या कुछ किया है और आपसे इस काम में मदद देने के लिए अनुरोध भी करना चाहूंगा।

हम इस निष्कर्ष पर पहुंचे हैं कि देश भर में शक्तिशाली आन्दोलन खड़ा करने के लिए हमें किसी ऐसे प्रेरक आदर्श की जरूरत है जो हमारे उत्साह को बढ़ा सके। इसके साथ ही हमें ऐसे लोगों के साथ काम करना था जिनमें स्वाभाविक तौर से आदर्शवादिता के गुण तथा त्याग की भावना हो और जो कल्पनाशील हों।

इसीलिए हमने महसूस किया कि जब तक हम देश के सामने पूर्ण स्वतंत्रता का आदर्श नहीं रखते, तब तक हम अपने लोगों को कार्य के लिए प्रेरित नहीं कर सकेंगे। इसके लिए हमें कलकत्ता कांग्रेस में भारी लड़ाई लड़नी पड़ी थी और हमें न जाने कितना भला–बुरा सुनना पड़ा था। श्री (जेएम) सेनगुप्ता तो तभी से हमारे दुश्मन बन गए। सौभाग्यवश बंगाल ने अपनी विरासत नहीं भुलाई। हमें ब्रिटिश नियंत्रण से मुक्त पूर्ण स्वायत्तता चाहिए। बंगालियों ने अरविन्द बाबू की इस आवाज को नरम नहीं पड़ने दिया, जिसका उद्‍घोष उन्होंने अपने पत्र वन्दे मातरम में किया था। बावजूद इसके अन्य प्रांतो के अधिसंख्य मतों के बल पर पूर्ण स्वराज के प्रस्ताव को कलकत्ता कांग्रेस (1928) में नामंजूर कर दिया गया। हम वोट में भले ही हार गए, फिर भी हम पराजित नहीं हुए। और इसीलिए कलकत्ता कांग्रेस की इस भूल को लाहौर कांग्रेस (1929) में सुधारते हुए पूर्ण स्वराज का प्रस्ताव मंजूर कर लिया गया।

कलकत्ता कांग्रेस में बंगाल की हार का कलंक लाहौर में पूरी तरह धो–पुछ गया, लेकिन इससे हमारे देश के बारह महीने बेकार चले गए। बहरहाल, अब भारतीयों के सामने एक ऐसा आदर्श है जो उनकी आत्मा को मथ सके – एक ऐसा आदर्श जिसके सामने जीवन का बलिदान भी कोई मायने नहीं रखता।

अपने लोगों में ताजा जोश भरने के लिए हमें उनके सामने स्वतंत्रता की नई एवं समेकित छवि पेश करने की जरूरत है। इन तमाम वर्षों में हम स्वतंत्रता का अर्थ सिर्फ राजनैतिक स्वतंत्रता समझते रहे हैं लेकिन अब हमें यह घोषणा करनी होगी कि हम लोगों को सिर्फ राजनैतिक दासता से मुक्त नहीं कराना चाहते। हम उन्हें तमाम तरह के बंधनों से मुक्त कराना चाहते हैं। इस स्वतंत्रता संग्राम का लक्ष्य तीन तरह की दासता से मुक्ति है – राजनैतिक, आर्थिक तथा सामाजिक उत्पीड़नों से मुक्ति। जब सारी बेड़ियां हट जाएंगी, तब हम साम्यवाद के आधार पर नया समाज बनाने की कोशिशों में लगेंगे। हमारे स्वतंत्रता संग्राम का मुख्य उद्देश्य स्वतंत्र एवं वर्गरहित समाज बनाना है। इस आदर्श और इस स्वप्न ने हरेक युग में और हर जगह पर लोगों को प्रेरित किया है।

कलकत्ता लौटने के बाद आपको अनेक सूत्रों से मेरे और श्री जे.एम. सेनगुप्ता के बीच की कटुता का पता चला होगा। यह सही है कि हमारे बीच एक बड़ी खाई है। यदि मैं इस तथ्य से इनकार करता हूं तो मुझपर झूठ बोलने का दोष

होगा। पर मुझे नहीं लगता कि किसी को भी इस विवाद के पीछे की सच्चाई मालूम है। कुछ लोग मानते हैं कि यह झगड़ा सत्ता के लिए है। जो ऐसा कहते हैं, वे या तो अनजान हैं या फिर जानबूझकर झूठ फैला रहे हैं। जब मेरे और सेनगुप्ता के बीच मतभेद उभरने शुरू हुए तब भी हमने कभी उनके तिहरे ताज को लेकर कोई विरोध नहीं किया। बल्कि 1929 में हमारे वोटों और हमारी कोशिशों के बल पर वह 'मेयर' और 'काउंसिल के नेता' चुने गए।

इसके बाद 1927 और 1928 में लगातार दो बार उन्हें प्रांतीय कांग्रेस कमिटी का अध्यक्ष बनाने का प्रस्ताव दिया गया, पर उन्होंने हमारे इस प्रस्ताव को अस्वीकार कर दिया। जेल से रिहा होने के बाद हमने उन्हें तीन ताज देने की पेशकश की, जिसमें से दो को उन्होंने स्वीकार किया और तीसरे को अस्वीकार। मुझे इसमें अपनी तरफ से सत्ता के लिए किसी तरह का संघर्ष नहीं नजर आता। यदि सेनगुप्ता के प्रभाव तथा महत्व को खत्म करने पर हम आमदा होते तो जेल से अपनी रिहाई के बाद हम दूसरी दिशा में काम कर रहे होते और हमने उन्हें तीन–तीन ताज देने का प्रस्ताव न किया होता। मेरे और सेनगुप्ता के बीच जो अन्तर है, वह वास्तव में सेनगुप्ता और युवा बंगाल के बीच का अन्तर है। मैं अब तक उन्हें नहीं समझ पाया हूं और उनके राहो–कदम पर नहीं चल सका हूं।

मैं उनकी बातों और उनके कार्यों में कोई सामंजस्य नहीं पाता हूं। मुझे लगता है कि अलग–अलग समय में और अलग–अलग जगहों पर वे परस्पर विरोधी बयान देते रहे हैं। इसका कारण यह हो सकता है कि जीवन में कभी उन्होंने निष्ठा से कोई काम नहीं किया। मैं नहीं जानता कि उनके जीवन में कोई सिद्ध ान्त मायने भी रखता है। सबसे बड़ी बात कि वह बंगाल को बिलकुल ही नहीं समझते। मुझे नहीं लगता कि बंगाल की संस्कृति, उसकी भावना तथा उसकी विशिष्टता के बारे में उन्हें कोई ज्ञान है।

इसलिए बंगाल के प्रतिनिधि के तौर पर उनका काम करना संभव नहीं है। यह बात कलकत्ता कांग्रेस में ही साफ हो गई थी। एक तरफ बंगाल के लोग स्वतंत्रता के समर्थन में प्रस्ताव लाना चाहते थे तो दूसरी तरफ महात्मा का निर्देश भारत के औपनिवेशिक दर्जे को समर्थन देने का था। उन्होंने महात्मा को खुश करने के लिए बंगाल की भावना के खिलाफ जाकर उनका समर्थन किया और तब भी वह बंगाल पर अपना पूरा प्रभाव बनाए रखना चाहते थे। यही बात लाहौर कांग्रेस में भी दोहराई गई। उन्होंने संशोधन के सभी प्रस्तावों का विरोध करते हुए महात्मा के मूल प्रस्ताव का समर्थन किया, जबकि बंगाल के ज्यादातर प्रतिनिधि संशोधन के पक्ष में थे।

इतना ही नहीं। बंगाल में बंगालियों को लुभाने के लिए वह एक तरह की बात करते हैं तो बंगाल से बाहर जाने पर उनकी भाषा और बर्ताव अलग तरह के हो जाते हैं। त्रिपुरा जिले में उन्होंने समानांतर सरकार के पक्ष में भाषण किया।

इसके तत्काल बाद ही उन्होंने महात्मा को प्रसन्न करने की खातिर उनके दिल्ली के घोषणा–पत्र पर हस्ताक्षर कर दिए। और जब मैंने लाहौर कांग्रेस में समानान्तर सरकार के पक्ष में संशोधन प्रस्ताव लाने की कोशिश की तो उन्होंने मुझे समर्थन देने की बजाय महात्मा के मूल प्रस्ताव का खुलेआम समर्थन किया।

मैं मानता हूं कि देशबंधु की जगह लेने वाला कोई भी व्यक्ति बौना ही नजर आएगा। फिर भी निष्ठापूर्वक प्रयास करने से वह अपनी कई खामियां सुधार सकता है और लोग उसे माफ भी कर देंगे। लेकिन अगर प्रयासों में निष्ठा का अभाव है तो वह अपनी चालाकी के जरिये और थोथी बातें कर के कितने दिनों तक चल सकेगा। आप इस बात को भली–भांति जानते हैं कि बंगाल का नेतृत्व करने के लिए बौद्धिक, सांस्कृतिक तथा आध्यात्मिक होना जरूरी है। बंगाली बौद्धिकता किसी के भी सामने झुकने के लिए तैयार नहीं हो रहती। बंगाल के लोग कभी भी उनके नेतृत्व को स्वीकार नहीं करेंगे क्योंकि बंगालियों से ज्यादा नुक्ताचीनी करने वाला भारत में दूसरा कोई नहीं है। अपनी साधारण क्षमताओं के बावजूद सेनगुप्ता बंगाल के लिए काम करते रह सकते थे, बशर्ते वह सभी मतों के लोगों को अपने साथ लेकर चलते। लेकिन वह ऐसा नहीं कर पाए। इसकी बजाय वह हमेशा दंभ और अहंकार से भरे रहे।

1930 के दशक तक ब्रिटिश अधिकारियों को पक्का यकीन हो चुका था कि न सिर्फ सुभाष, बल्कि उनके बड़े भाई शरत भी भारत के भीतर और बाहर क्रांतिकारी गतिविधियों को फैलाने की कोशिशों में सोत्साह लगे हुए हैं। अमीय बताते थे कि क्रांतिकारियों से संपर्क साधने के लिए शरत किस हद तक चले जाते थे। वैसे इस बात के समर्थन में अनेकों तथ्यात्मक सबूत भी हैं। 8 दिसम्बर 1931 की पुलिस रिपोर्ट में कहा गया है,

श्री शरत बोस बेशक सरकार के सबसे खतरनाक विरोधी हैं और बौद्धिकता के मामले में वह प्रांत के ज्यादार कांग्रेसी नेताओं से अधिक श्रेष्ठ भी हैं। अनेक वर्षों से वह विदेशों में रहने वाले ऐसे लोगों के संपर्क में हैं, जो प्रचार–प्रसार द्वारा कांग्रेस की राष्ट्रीयता को मदद पहुंचा सकते हैं। 1930 में उन्होंने कांग्रेसी आन्दोलन के लिए बहुतेरे काम किए, जिनका मकसद ही कानून का खुला उल्लंघन कर के सरकार को परेशान करना था।

इसमें कतई संदेह नहीं कि 1930 के दौरान कलकत्ता में अवज्ञा आन्दोलन चलाने वाले कुछ षडयंत्रकारियों में वह शामिल थे और इस बात की पूरी संभावना है कि यदि इस आन्दोलन को दुबारा शुरू किया गया तो वह फिर वैसा ही काम करेंगे। यह समझने के पर्याप्त आधार हैं कि श्री बोस राजनैतिक मामलों में फरार लोगों को पूंजी उपलब्ध कराते रहे हैं और दूसरे तरीकों से भी उनकी

मदद करते रहे हैं। इसी तरह रिहा होने वाले कैदियों को भी राहत पहुंचाने में इनकी दिलचस्पी रही है।

वह अच्छा–खासा प्रभाव रखते हैं और उनकी सांगठनिक शक्ति भी बेहद है। मौका मिलते ही वह सरकार का तख्ता पलटने में अपनी इस ताकतों को जरूर लगाएंगे। ऐसे में जरूरी है कि 1818 के अधिनियम 3 के तहत उन पर बंदिशें लगाई जाएं।

इसके आठ दिन बाद 16 दिसम्बर 1931 को गृह विभाग की राजनैतिक शाखा ने शरत के क्रांतिकारी गतिविधियों में लिप्त होने की बात दोहराई।

हमारे सामने जो तथ्य हैं, उनसे यही लगता है कि शरत बोस की मानसिकता उन्हें आतंकवाद के समर्थन की दिशा में ले जाने वाली है। न केवल हमारे पास ऐसी जानकारी है, जिनसे पता चलता है कि वह कैदी आतंकवादियों की मदद कर रहे हैं, बल्कि 'लिबर्टी' में तो इन आतंकवादियों की प्रशंसा में लगातार लेख भी छापे जाते रहे हैं। कलकत्ता कारपोरेशन में जिस गुट का आधिपत्य है, उसके वे खास सदस्य हैं और इस गुट ने कारपोरेशन में भारी तादात में आतंकवादियों को रोजगार दे रखा है। उनकी इस मानसिकता को देखते हुए कहा जा सकता है कि उनके द्वारा आतंकवादियों को सहायता देने की संभावना बनी हुई है और ऐसे में इन सूचनाओं पर यकीन करना आसान हो जाता है कि वह वाकई ऐसा कर भी रहे हैं। ये सूचनाएं हमें आठ अलग–अलग सूत्रों से मिली हैं, जो पिछले दो सालों से शरत बोस के खिलाफ हमें बताते रहे हैं। वह सर चार्ल्स टेगार्ट पर हुए कातिलाना हमले से जुड़े बताए जाते हैं और भगोड़े आतंकवादियों को मदद भी दे रहे हैं।

इस मामले में बंगाल सरकार भी पीछे नहीं रही। जैसा कि शरत को अंदेशा था, औपनिवेशिक पुलिस तथा सरकारी अधिकारियों की आड़ लेकर उसने भी अपना नजरिया रखा।

बंगाल सरकार इस बात से आश्वस्त है कि शरत बोस को पिछले अनेक वर्षों से आतंकवादी क्रांतिकारी गतिविधियों की जानकारी रही है और वह इसके समर्थक भी रहे हैं। हालांकि उन्होंने खुद इन गतिविधियों में भाग नहीं लिया, पर वह इन वारदातों के पहले और उसके बाद भी उन्हें सलाह और आर्थिक सहायता देने का काम करते रहे हैं। पिछले दो सालों में वह चटगांव के क्रांतिकारियों तथा भगोड़ों को सहायता तथा प्रोत्साहन देते रहे हैं।

इस बीच शरत पर शिकंजा कसता जा रहा था, जबकि 4 जनवरी 1932 को सुभाष तथा राष्ट्रीय आन्दोलन से किसी न किसी तरह से जुड़े हजारों लोगों

को गिरफ्तार किया जा चुका था। इसके बाद 5 जनवरी 1932 के बहुचर्चित खुफिया रिपोर्ट में तत्कालीन पुलिस कमिश्नर चार्ल्स टेगार्ड ने निर्णायक टिप्पणी देते हुए लिखा,

> शरत बोस वर्षों से क्रांतिकारियों को अपने धन, अपने प्रेस तथा अपनी प्रतिष्ठा से मदद करते रहे हैं। वह उन लोगों में नहीं हैं जो खुद बम फोड़ेगे, पर उसे बनाने के लिए पैसा लगाने के लिए तैयार रहते हैं। संभवतः अपने पूरे जीवन काल में वह खुद एक भी यूरोपीय अधिकारी को न मारें, पर वह युवाओं को हत्या करने के लिए उकसाने को हमेशा तैयार रहते हैं। इस प्रेसिडेंसी में कम ही लोगों ने आतंकी गतिविधियों को इतना धन मुहैया कराया है। हत्या के इस मौजूदा दौर के लिए कोई और इतना जिम्मेदार नहीं है, जितना कि वह। बंगाल के युवाओं के दिल में विष भरने तथा राजनैतिक हत्याओं को सही ठहराने की दिशा में जितना कुछ उन्होंने किया, उतना किसी और ने नहीं। वह एक बेहद खतरनाक व्यक्ति हैं और अधिनियम 3 के तहत उनसे निबटना जरूरी है।

5 फरवरी 1932 को शरत को गिरफ्तार कर लिया गया और उन्हें सिवनी जेल में अपने छोटे भाई सुभाष के पास भेज दिया गया, जहां ब्रिटिश औपनिवेशिक अधिकारियों ने गांधी तथा स्वतंत्रता संग्राम के खिलाफ सख्ती से पेश आते हुए और भी हजारों लोगों को बंदी बना रखा था। इसके करीब एक साल बाद 23 फरवरी 1933 को सुभाष अपने उपचार के लिए जबरन यूरोप भेज दिए गए, जबकि शरत को उनके कुर्सियांग स्थित घर से आखिरकार 26 जुलाई 1935 को रिहा कर दिया गया, जहां उन्हें नजरबंद रखा गया था।

अपने बीमार पिता जानकीनाथ से मिलने के लिए सुभाष ब्रिटिश अधिकारियों की सहमति लिए बिना ही नवम्बर 1934 में वियना से कलकत्ता चले आए। दुर्भाग्यवश 4 दिसम्बर को वह जब कलकत्ता पहुंचे, उससे पहले 2 दिसम्बर को ही उनके पिता स्वर्ग सिधार चुके थे। एक महीने की इस शोक अवधि के दौरान उन्हें नजरबंद रखा गया और उन पर सख्त पहरा लगा रहा। जनवरी 1935 में उन्हें फिर से यूरोप के लिए रवाना हो जाना पड़ा। उसी साल उनकी पुस्तक दि इंडियन स्ट्रगल छप कर आई, जिसे लन्दन के लारेंस एण्ड विशार्ट ने प्रकाशित किया था। यूरोप में अपने निर्वासन के दौरान 1934 में उन्होंने इसे पूरा किया था। जैसा कि समझा जा सकता था, भारत में उस पर प्रतिबंध लगा दिया गया। हालांकि यूरोप में उसका अच्छा स्वागत हुआ, जबकि ब्रिटेन में भी उसे ठीक–ठाक प्रतिक्रियाएं मिलीं।

उसी साल अप्रैल में वियना में रहते हुए सुभाष के गॉल ब्लैडर का सफल ऑपरेशन हुआ। कुछ महीने के आराम के बाद उन्होंने यूरोप में भारत की आजादी के लिए समर्थन जुटाने का काम शुरू कर दिया। ब्रिटिश अधिकारियों को लगता

रहा कि सुभाष के देश में रहने से अच्छा है कि वह विदेश में ही रहें और वह उन्हें यहां लौटने से रोकते रहे।

हालांकि सुभाष को रोक पाना कठिन था और मार्च 1936 में वह इतालवी जहाज कोंते वर्दे में सवार होकर सुदूर पूर्व के लिए निकल पड़े। जैसा कि अपेक्षित था, और जैसा कि ब्रिटिश अधिकारियों ने चेताया भी था, 8 अप्रैल 1936 को बंबई पहुंचते ही उन्हें बंदी बना लिया गया। बाद में लोकमत को देखते हुए मई 1936 में सुभाष को अपने भाई के कुर्सियांग स्थित घर में नजरबंद कर के रखा गया। उसी साल दिसम्बर में उन्हें उपचार के लिए कलकत्ता भेजा गया और फिर खराब सेहत में ही उन्हें मार्च 1937 में रिहा कर दिया गया।

इस दौरान दोनों भाई अलग–अलग जगहों पर लम्बे–लम्बे समय के लिए कैद रखे गए। इस बीच भारतीय स्वतंत्रता संग्राम में भी 1920 के आखिरी दशक से लेकर 1930 के शुरू के दशक जैसी गति नहीं रह गई। फिर पांच सालों की जुदाई के बाद बोस बंधु एक बार फिर साथ आए और 'पूर्ण स्वराज' की लम्बी लड़ाई के अगले चरण के लिए खुद को तैयार करने में जुट गए।

चित्र

1. बोस बंधु – शरत और सुभाष

[जिन चित्रों में स्रोत का उल्लेख किया गया है, उन्हें छोड़कर अन्य सभी चित्र लेखिका के निजी संग्रह से हैं]

2. 2 सितम्बर 1946 को अंतरिम सरकार की पहली बैठक में (बाएं से) श्री सैयद अली ज़हीर, श्री जगजीवन राम, श्री शरत चन्द्र बोस, श्री आसफ अली, डॉ. राजेन्द्र प्रसाद, सरदार वल्लभ भाई पटेल, पंडित जवाहर लाल नेहरू, महामहिम लॉर्ड वावेल

3. 1946 में आईएनए रिलीफ कमिटी के साथ अमीय नाथ और आज़ाद हिन्द फौज के वरिष्ठ अधिकारी शाह नवाज खान

4. अंडमान द्वीप समूह में नेताजी सुभाष, 7 जनवरी 1944

5. चुनाव प्रचार के दौरान विभावती के साथ शरत चन्द्र बोस

6. 13 जनवरी 1946 को कलकत्ता के लोगों द्वारा नागरिक अभिनन्दन में शरत चन्द्र बोस (सौजन्यः डी. रतन एण्ड कंपनी, कलकत्ता)

7. लन्दन में व्याख्यान देते शरत चन्द्र बोस, जुलाई 1948

8. प्रधानमंत्री जवाहर लाल नेहरू नेताजी भवन पधारने पर माधुरी बोस के साथ, 2 दिसम्बर 1961

9. शरत और विभावती द्वारा नवदम्पत्ति अमीय एवं ज्योत्स्ना का स्वागत, 9 मार्च 1948

10. 1947 में आयरलैंड के राष्ट्रपति एमॉन डे वालेरा तथा कार्यवाहक गवर्नर जनरल राजगोपालाचारी के साथ शरत चन्द्र बोस, कलकत्ता

11. सुभाष चन्द्र बोस तथा उनकी तात्कालीन सचिव एमिली शेंकन बैडगस्टाइन में अमीय के साथ, 26 दिसम्बर 1937

12. 9 जनवरी 1938 को लन्दन के विक्टोरिया स्टेशन में सुभाष चन्द्र बोस का आगमन

13. सुभाष चन्द्र बोस के हस्ताक्षर सहित उनकी तस्वीर (सौजन्यः सूर्य कुमार बोस)

14. शरत चन्द्र बोस (सौजन्यः सुब्रत बोस)

15. सुभाष चन्द्र बोस

16. शरत और विभावती, अमीय तथा अपने पौत्र–पौत्रियों के साथ गिद्धपहाड़, कुर्सियांग में

17. कॉलेज के दिनों में अमीय नाथ बोस

18. बर्लिन में सुभाष, 1942

पत्र

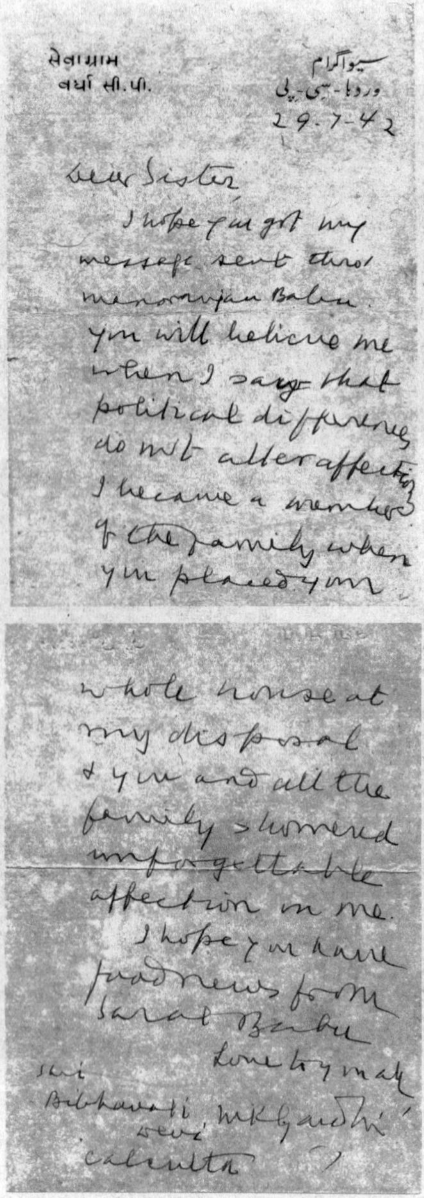

सेवाग्राम
वर्धा सी.पी.

سیواگرام
وردھا سی۔پی۔

29-7-42

Dear Sister,

I hope you got my message sent thro' Manoranjan Babu. You will believe me when I say that political differences do not alter affection. I became a member of the family when you placed your whole house at my disposal & you and all the family showered unforgettable affection on me.

I hope you have good news from Sarat Babu.

Love to you all

M.K.Gandhi

Shri Bibhavati Devi
Calcutta

1. विभावती को गांधी का संदेश, 29 जुलाई 1942 (पृष्ठ 1 और 2)

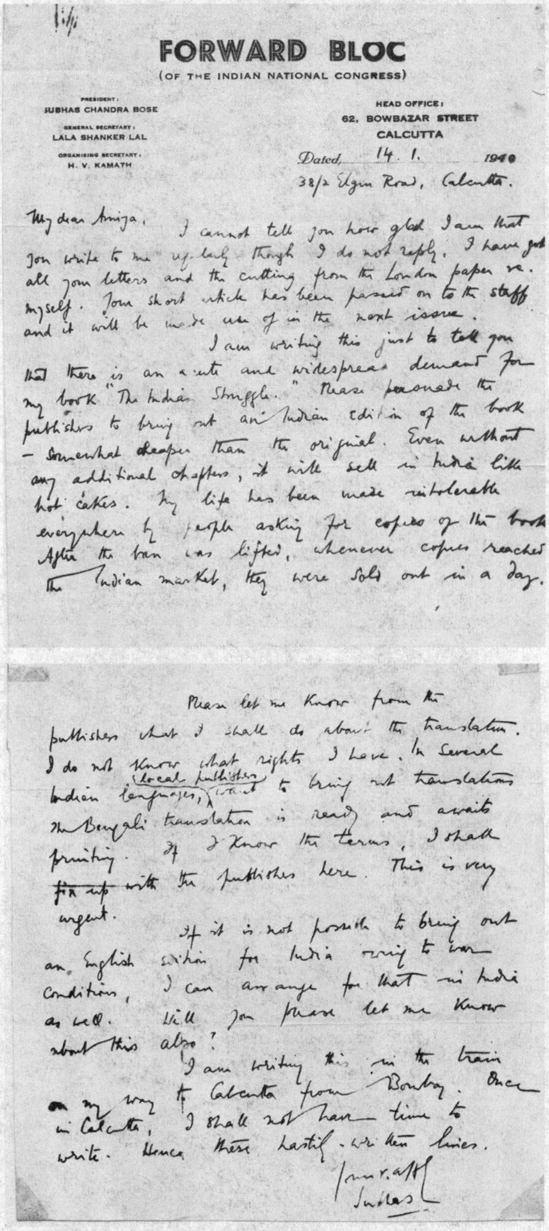

FORWARD BLOC
(OF THE INDIAN NATIONAL CONGRESS)

PRESIDENT:
SUBHAS CHANDRA BOSE
GENERAL SECRETARY:
LALA SHANKER LAL
ORGANISING SECRETARY:
H. V. KAMATH

HEAD OFFICE:
62, BOWBAZAR STREET
CALCUTTA

Dated 14. 1. 1940
38/2 Elgin Road, Calcutta.

My dear Amiya,

I cannot tell you how glad I am that you write to me regularly though I do not reply. I have got all your letters and the cutting from the London paper re. myself. Your short article has been passed on to the staff and it will be made use of in the next issue.

I am writing this just to tell you that there is an acute and widespread demand for my book "The Indian Struggle." Please persuade the publishers to bring out an Indian edition of the book — somewhat cheaper than the original. Even without any additional chapters, it will sell in India like hot cakes. My life has been made intolerable everywhere by people asking for copies of the book. After the ban was lifted, whenever copies reached the Indian market, they were sold out in a day.

Please let me know from the publishers what I shall do about the translation. I do not know what rights I have. In several Indian languages, (local publishers) want to bring out translations. The Bengali translation is ready and awaits printing. If I know the terms, I shall ~~fix up~~ with the publishers here. This is very urgent.

If it is not possible to bring out an English edition for India owing to war conditions, I can arrange for that in India as well. Will you please let me know about this also?

I am writing this in the train on my way to Calcutta from Bombay. Once in Calcutta, I shall not have time to write. Hence these hastily-written lines.

Yours affly
Subhas

2. दि इंडियन स्ट्रगल के बारे में अमीय को सुभाष का संदेश, 14 जनवरी 1940 (पृष्ठ 1 और 2)

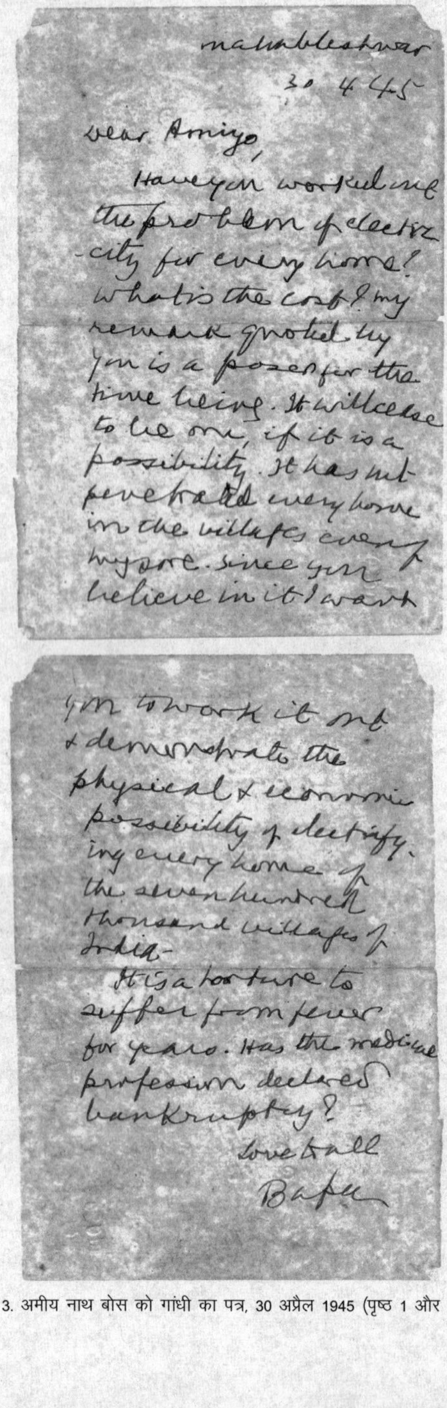

Mahableshwar
30.4.45

Dear Amiya,

Have you worked out the problem of electricity for every home? What is the cost? My remark quoted by you is a poser for the time being. It will cease to be one, if it is a possibility. It has not penetrated every home in the villages even in Mysore. Since you believe in it I want you to work it out & demonstrate the physical & economic possibility of electrifying every home of the seven hundred thousand villages of India.

It is a torture to suffer from fever for years. Has the medical profession declared bankruptcy?

Love to all

Bapu

3. अमीय नाथ बोस को गांधी का पत्र, 30 अप्रैल 1945 (पृष्ठ 1 और 2)

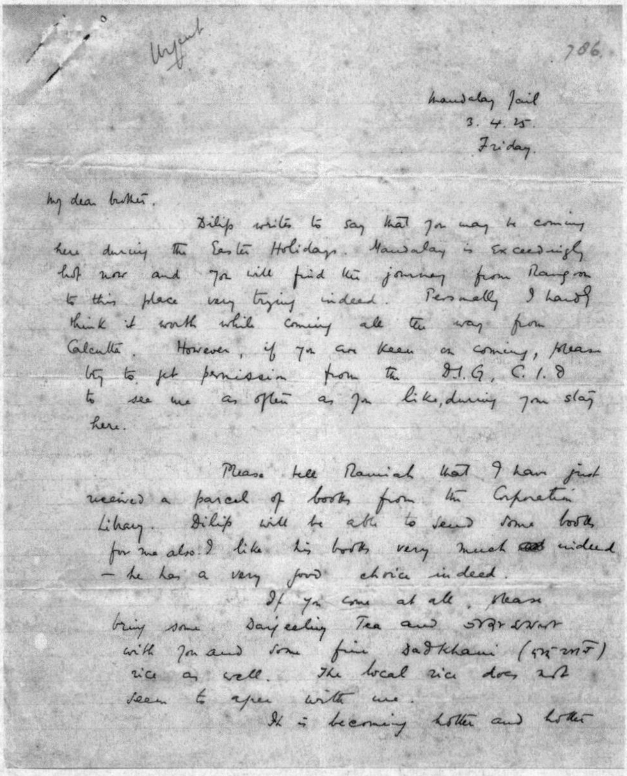

Urgent

786

Mandalay Jail
3. 4. 25.
Friday.

My dear brother,

Dilip writes to say that you may be coming here during the Easter Holidays. Mandalay is exceedingly hot now and you will find the journey from Rangoon to this place very trying indeed. Personally I hardly think it worth while coming all the way from Calcutta. However, if you are keen on coming, please try to get permission from the D.I.G., C.I.D to see me as often as you like, during your stay here.

Please tell Ramiah that I have just received a parcel of books from the Corporation Library. Dilip will be able to send some books for me also. I like his books very much ~~much~~ indeed — he has a very good choice indeed.

If you come at all, please bring some Darjeeling Tea and [illegible] with you and some fine Sadkhani ([illegible]) rice as well. The local rice does not seem to agree with me.

It is becoming hotter and hotter

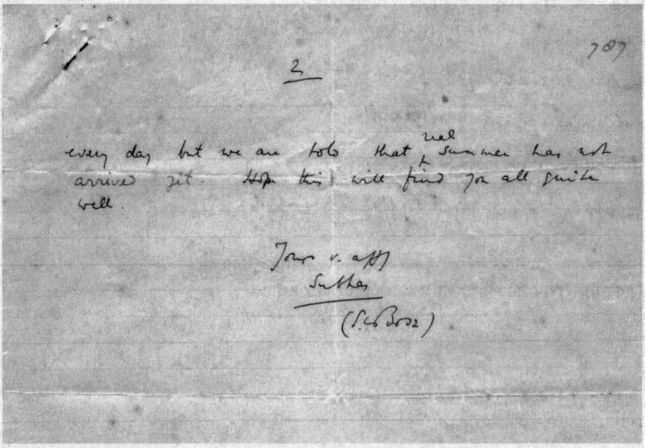

787

2

every day but we are told that real summer has not arrived yet. Hope this will find you all quite well.

Yours v. affly
Subhas
(S.C. Bose)

4. माण्डले जेल से संदेशः शरत को सुभाष का पत्र, 3 अप्रैल 1925 (पृष्ठ 1 और 2)

ANAND BHAWAN
ALLAHABAD

9.1.38

My dear Subhas,

I wonder if you will get this letter before you leave. I am taking my chance. In another week or more the presidential election will be over. Apart from your name, the nominations were of Abul Kalam Azad, Abdul Ghaffar Khan & me. Abdul Ghaffar & I have formally withdrawn. Abul Kalam has also said so but so far we have not received his formal letter of withdrawal. So there is likely to be no election but still we shall probably have to go through the formality.

Ever since the Calcutta AICC I have been greatly worried over the turn events have been taking. Gandhiji's emotional outburst at the W.C. meeting and his subsequent article in the Harijan upset me. This has been followed by other events which are disturbing. I shall not go into all these matters but I shall just point out to you that I find it extraordinarily difficult to accept passively the new orientation of Congress policy which involves a suppression of left elements and mass movements.

नेहरू की शिकायतः सुभाष को नेहरू का पत्र, 9 जनवरी 1938 (पृष्ठ 1)

I have remained quiet in public because I dislike criticising Gandhiji or my W.C. colleagues publicly. We have to observe a certain decorum and discipline. But this quiet acceptance of others' opinion has been hard on me. Matters are likely to come to a head at Haripura or even earlier. We are having a W.C. meeting at Wardha from Feb 3rd onwards, at which you will have to be present. At this meeting we shall draw up the resolutions for Haripura. We have set aside five days for this — from Feb 3rd to 8th.

The last two years have been difficult years but the coming year is going to be far more difficult. Your job will be a terrible one. Of course I want to help you in every way I can and I shall do so. But I do not see how I can continue to associate myself with the present W.C. or something like it.

Gandhiji, Abul Kalam and others want me to function as General Secretary next year. I am quite certain that I should not do so.

3

ANAND BHAWAN
ALLAHABAD

Apart from other reasons, I do not want to tie myself down to the enormous amount of routine activity that this involves and which prevents all other more vital work. But I am worried by another matter. I would much rather not be in the W.C. although I should like to give it all possible cooperation from outside. I think that I can be of greater use outside than inside. This is my present view. Remaining outside I can retain a measure of freedom to criticize in a friendly way and to keep in touch with other elements. Otherwise I disable myself and cannot prevent the crisis which I see developing rapidly.

I have mentioned this to Gandhiji & others so that they might think about it. We shall discuss it fully when you return.

In a few days' time I am going to the Frontier province. I shall return just in time for the W.C. I am afraid I cannot go to Bengal before Haripura, nor can I attend the Bengal Provincial Conference at Faridpur. You must

4

forgive me.

When you fly back I am afraid I shall not be in Allahabad. I shall be in the Frontier Prov. If I had been here I would have asked you to stay here for a ~~sto~~ day before proceeding to Calcutta.

You must be having a busy time in London.

Love
Yours affly
Jawahar

5. नेहरू की शिकायतः सुभाष को नेहरू का पत्र, 9 जनवरी 1938 (पृष्ठ 4)

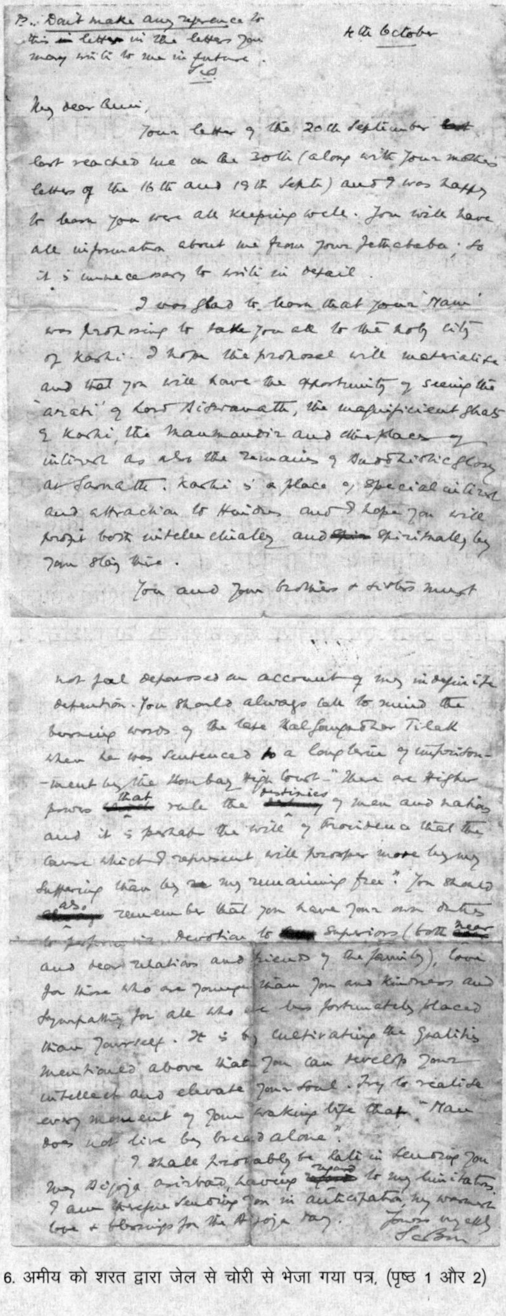

B.. Don't make any reference to this letter in the letters you may write to me in future.
S.B.

4th October

My dear Ami,

Your letter of the 20th September last reached me on the 30th (along with your mother's letters of the 16th and 19th Septr.) and I was happy to learn you were all keeping well. You will have all information about me from your Jetababa. So it is unnecessary to write in detail.

I was glad to learn that your 'Mama' was proposing to take you all to the holy city of Kashi. I hope the proposal will materialise and that you will have the opportunity of seeing the 'arati' of Lord Bishwanath, the magnificent ghats of Kashi, the Manmandir and other places of interest as also the remains of Buddhistic glory at Sarnath. Kashi is a place of special interest and attraction to Hindus and I hope you will profit both intellectually and spiritually by your stay there.

You and your brothers & sisters must not feel depressed on account of my indefinite detention. You should always call to mind the burning words of the late Bal Gangadhar Tilak when he was sentenced to a long term of imprisonment by the Bombay High Court—"There are higher powers that rule the destinies of men and nations and it is perhaps the will of Providence that the cause which I represent will prosper more by my suffering than by my remaining free." You should also remember that you have your own duties to perform viz. devotion to superiors (both near and dear relations and friends of the family), love for those who are younger than you and kindness and sympathy for all who are less fortunately placed than yourself. It is by cultivating the qualities mentioned above that you can develop your intellect and elevate your soul. Try to realise every moment of your waking life that "Man does not live by bread alone".

I shall probably be late in sending you my Bijoya asirbad, having regard to my limitations. I am therefore sending you in anticipation my warmest love & blessings for the Bijoya day.

Yours affly
S.C. Bose

6. अमीय को शरत द्वारा जेल से चोरी से भेजा गया पत्र, (पृष्ठ 1 और 2)

4

बोस बंधु और गांधीः अलग–अलग रास्ते

> यदि हमारे रास्ते अलग–अलग हुए तो गृह युद्ध छिड़ जाएगा। इसका नतीजा चाहे और जो कुछ हो, पर इससे कांग्रेस आगे आने वाले लम्बे समय के लिए कमजोर हो जाएगी तथा इसका लाभ ब्रिटिश सरकार उठा ले जाएगी।
>
> गांधी को सुभाष का पत्र, 31 मार्च 1939

महात्मा गांधी के आशीर्वाद से सुभाष चन्द्र बोस को फरवरी 1938 में आयोजित हरिपुरा (गुजरात) कांग्रेस अधिवेशन का अध्यक्ष चुन लिया गया। इस अवसर का लाभ उठाते हुए उन्होंने अपने अध्यक्षीय भाषण में संघीय एवं समाजवादी आधार पर प्रशासित स्वतंत्र एवं विकासशील भारत का प्रारूप ब्रिटिश भारत के सभी हिस्सों से वहां पहुंचे कांग्रेस के प्रतिनिधियों के सामने रखा। इस विचार के मूल में ऐसी राष्ट्रीय योजना कमिटी का प्रस्ताव था, जो गरीबी, अशिक्षा तथा बीमारी से निबटने के लिए केन्द्र एवं प्रांतीय सरकारों के मार्गदर्शन में पुनर्निर्माण की समेकित योजना तैयार कर सके।

भारतीय योजना को लेकर पहले–पहले सोचने वाले सुभाष ने साल के अंत तक राष्ट्रीय योजना कमिटी की व्यवस्था पर विचार करने के लिए कांग्रेस के तत्वावधान में बैठक भी बुला ली। 17 दिसम्बर 1938 को इसकी पहली बैठक की अध्यक्षता करने के लिए उन्होंने जवाहर लाल नेहरू को मना लिया। इस तरह यह कमिटी 1946 में अन्तरिम सरकार द्वारा गठित सलाहकार योजना परिषद और फिर स्वतंत्र भारत की सरकार द्वारा 1952 में गठित योजना आयोग की पूर्वगामी थी।

हालांकि सुभाष के नेतृत्व में हरिपुरा कांग्रेस सुचारू ढंग से संपन्न हो गया, परन्तु इसके बाद से ही सैद्धान्तिक तथा राजनैतिक मतभेद सतह पर दिखाई देने लगे। सुभाष के अध्यक्षीय भाषण के बाद से ही कांग्रेस में दरार दिखाई देने लग पड़ी थी, जबकि समाजवादी रुझान वाले लोग, पूंजीवाद के प्रति रुझान रखने वाले लोगों को स्पष्ट रूप से भारतीय व गैर–शोषणकारी समाजवाद के बारे में समझाने–बुझाने में नाकाम रहे थे।

जब राष्ट्रीय संग्राम को तत्काल शुरू करने तथा ब्रिटेन से किसी भी हाल में कोई समझौता न करने को लेकर सुभाष ने अपनी मुहिम छेड़ दी तो यह स्थिति

और भी बिगड़ गई। कांग्रेस के अध्यक्ष पद पर रहते हुए सुभाष ने राष्ट्रीय संग्राम के लिए लोगों को तैयार करने के उद्देश्य से भारत भर में प्रचार कार्यक्रम चलाया ताकि यूरोप में युद्ध के साथ ही भारत में राष्ट्रीय संग्राम चालू किया जा सके।[1]

1938 में ही सुभाष को लगने लगा था कि यूरोपीय युद्ध तय है। उनकी इस बात से गांधी और नेहरू सहमत नहीं थे और तभी से बोस बंधुओं तथा गांधी एवं नेहरू के बीच गंभीर तकरार शुरू हो गई थी। जैसा कि दि इंडियन स्ट्रगल में बताया गया है, गांधी के विश्लेषणों, उनकी कार्य पद्धति तथा उनकी रणनीति को लेकर सुभाष की असहमति सालों–साल बनी रही और एक समय तो जवाहरलाल नेहरू ने भी इसमें उनका साथ दिया। लेकिन इस समय तक गांधी और नेहरू के बीच राजनैतिक गठजोड़ बनने लगा था और गांधी ने नेहरू को स्पष्ट तौर से अपना उत्तराधिकारी ही घोषित कर दिया था।

सुभाष को यह भी लगता था कि कांग्रेसी नेतृत्व का एक तबका भारतीय स्वतंत्रता के सवाल पर ब्रिटिश अधिकारियों से समझौता करना चाहता है और उन्होंने समय–समय पर अपनी इस आशंका को सार्वजनिक तौर पर व्यक्त भी किया। उदाहरण के तौर पर 9 जुलाई 1938 को सुभाष ने कांग्रेस के अध्यक्ष रहते प्रेस में बयान दिया कि कांग्रेस के कुछ प्रभावी गांधीवादी नेता भारत सरकार अधिनियम, 1935 के तहत प्रस्तावित संघीय योजना के मुद्दे पर ब्रिटिश अधिकारियों से साठगांठ कर रहे हैं। दि इंडियन स्ट्रगल में सुभाष ने ब्रिटिश संसद द्वारा भारत के संविधान को पारित किए जाने की घटना को 1935 की सबसे बड़ी राजनैतिक घटना बताया है।[2]

इस अधिनियम के प्रावधान दो भागों में बंटे हुए थे, संघीय और प्रांतीय। प्रस्तावित संघ में पूरे भारत के लिए एक केन्द्र सरकार होनी थी, जो ब्रिटिश भारत के 11 प्रांतो के साथ ही सैकड़ों अर्धस्वायत्त रजवाड़ों को एक करती थी। संघीय चैम्बर सीमित अधिकार वाले ऊपरी तथा निचली सदनों से मिलकर बना था। रक्षा तथा विदेश नीति ब्रिटिश वायसरॉय के लिए आरक्षित थीं। इसके साथ ही आर्थिक मामले तथा पुलिस सहित प्रशासन पर नियंत्रण इन दोनों सदनों की हदों से बाहर रखे गए थे। वायसरॉय को ऐसी शक्तियां दी गई थीं, जिनका इस्तेमाल अपने विवेक के अनुसार करते हुए वह किसी भी अधिनियम पर वीटो लगा सकता था, मंत्रियों को बरखास्त कर सकता था, विधायिका द्वारा पारित अधिनियमों को रद्द कर सकता था, सदनों को भंग कर सकता था तथा संविधान को निलंबित रख सकता था।

[1] सुभाष चन्द्र बोस, दि इंडियन स्ट्रगल (नाट्यचिन्ता फाउंडेशन कोलकाता, 2005), 417.

[2] पूर्वोक्त, 407–408.

नए संविधान का प्रांतीय तत्व सिर्फ ब्रिटिश भारत के 11 प्रांतों पर ही लागू होता था और उसे लेकर ज्यादा विवाद नहीं था। पूर्ण स्वराज की लड़ाई लड़ रहे बोस बंधु जैसे लोगों के लिए तो वह कोई खास महत्व भी नहीं रखता था।

बोस बंधुओं का भारी गुस्सा और विरोध तथाकथित संघीय योजना को लेकर था और उन्हें इसमें कांग्रेस के वामपंथी गुट का समर्थन भी प्राप्त था। 9 जुलाई 1938 के सुभाष ने अपने बयान में कहा,

> ब्रिटिश प्रेस में समय–समय पर ऐसी खबरें छपती रहीं हैं कि कांग्रेस के कुछ प्रभावी नेता भारत सरकार अधिनियम के तहत सुझाई गई संघीय योजना को लेकर ब्रिटिश सरकार से बातचीत कर रहे हैं। मेरा ख्याल है कि इस तरह की आखिरी खबर मैंने मैनचेस्टर गार्डियन में देखी थी और तत्काल उसका पुरजोर खंडन भी किया था। किसी सबूत के अभाव में मैं नहीं मानता, और ना ही मान सकता हूं कि कोई प्रभावी कांग्रेसी नेता कांग्रेस से छिपकर ब्रिटिश सरकार से समझौता करने के लिए कोई बातचीत कर रहा है।
>
> मैं यह भी स्पष्ट कर दूं कि संघीय योजना तथा प्रांतीय स्वायत्तता में कहीं कोई समानता नहीं है और कांग्रेस द्वारा प्रांतों में सरकार बनाने पर सहमति को केन्द्र में संघीय योजना पर उसकी सहमति के तौर पर नहीं लिया जाना चाहिए। मुझे इस बारे में जरा भी संदेह नहीं कि कांग्रेस पर संघीय योजना थोपने की सभी कोशिशें नाकाम रहेंगी। दुर्भाग्यवश यदि वह सफल रही तो कांग्रेस ही टूट जाएगी क्योंकि मैं यह नहीं समझ पाता कि जो लोग शुद्ध मन से संघीय योजना का विरोध कर रहे हैं, वे उसे चुपचाप कैसे स्वीकार कर लेंगे।
>
> व्यक्तिगत तौर पर मैं मानता हूं कि भारतीय इतिहास की इस महत्वपूर्ण घड़ी में कांग्रेस अथवा उसके किसी गुट द्वारा दिखाई गई कोई भी कमजोरी भारत की स्वतंत्रता के प्रति अव्वल दर्जे का विश्वासघात होगा। रणनीतिक तौर पर आज हम इतने मजबूत हैं कि यदि हम सब मिलकर एक स्वर में बोलें तो हम ब्रिटिश सरकार को अपनी सभी राष्ट्रीय मांगें मानने के लिए बाध्य कर सकते हैं। संघीय योजना को लेकर हमारे रवैये में थोड़ी सी भी नरमी हमें कमजोर कर देगी और ब्रिटिश सरकार को मजबूत।
>
> जहां तक मेरा सवाल है, यदि ऐसी अनहोनी होती है कि कांग्रेस अपने बीच बहुमत के आधार पर संघीय योजना को स्वीकार कर ले तो मेरा यह दायित्व होगा कि मैं खुद को पद की जंजीरों से मुक्त कर लूं ताकि मैं वह काम करने के लिए आजाद हो रहूं, जिसे मैं देश के हित में मानता हूं, जैसे कि इस दानवी संघीय योजना का खुल्लम–खुल्ला और सख्ती से विरोध।

15 जुलाई 1938 को सुभाष ने एक और प्रेस बयान जारी कर के कहा कि उन्हें पता चला है कि ब्रिटिश सरकार संघीय योजना के पक्ष में कांग्रेस के नरमपंथी

गुट का समर्थन जुटाने की कोशिश कर रही है। सुभाष के नेतृत्व में गरमपंथियों तथा नरमपंथियों के बीच का यह टकराव उनकी इमानदार सोच का नतीजा था।

इसी बीच सुभाष ने अगले साल 1939 में कांग्रेस अध्यक्ष पद के लिए फिर से चुनाव लड़ने का फैसला किया। उन्हें लगता था कि संघीय योजना पर सहमति भारत के लिए खतरनाक कदम होगा और ऐसी किसी भी स्थिति से लड़ने के लिए उनका पद पर बने रहना जरूरी है। गांधी के स्पष्ट विरोध के बावजूद वह ऐसा करने की सोच रहे थे, जोकि कांग्रेस पर गांधी के अधिकार एवं पकड़ को खुली चुनौती थी, जो बात इससे पहले सोची भी नहीं जा सकती थी।

1938 के अंत में रवीन्द्रनाथ ठाकुर ने गांधी को व्यक्तिगत पत्र लिखकर उनसे सुभाष को दुबारा कांग्रेस अध्यक्ष बनाने की बात कही। रवीन्द्र ने इसके लिए नेहरू से भी समर्थन मांगा। हालांकि सुभाष अपने मामले में कवीन्द्र के इस हस्तक्षेप से तब अनजान थे। कवीन्द्र के इस अनुरोध का गांधी पर कोई असर नहीं हुआ और उन्होंने साफ कर दिया कि कांग्रेस के अध्यक्ष पद पर सुभाष के दुबारा चुने जाने को लेकर उनकी सहमति नहीं है।

सुभाष ने तब मामला अपने हाथों में ले लिया और यह तय कर लिया कि वह कांग्रेस के गरमपंथियों के समर्थन से यह चुनाव लड़ेंगे। दूसरी ओर गांधी ने पट्टाभि सीतारमैय्या को अध्यक्ष पद के लिए अपना उम्मीदवार बनाना तय किया। इससे पहले मौलाना आजाद ने चुनाव लड़ने से मना कर दिया था जबकि नेहरू दुबारा अध्यक्ष नहीं बनना चाहते थे।

1939 के नए साल के आरंभ के साथ ही यूरोप पर युद्ध के बादल मंडराने लगे और 1939 के लिए अपने नए अध्यक्ष को चुनने के लिए कांग्रेस के संगठन में भी तैयारियां शुरू हो गईं। 11 जनवरी 1939 को आयोजित कांग्रेस कार्यकारिणी की बैठक पर टिप्पणी करते हुए यूनाइटेड प्रेस ऑफ इंडिया ने कहा कि संघ के पक्ष में कुछ कांग्रेस नेताओं की बयानबाजी इस बैठक में चर्चा का विषय बनी रही। कांग्रेस के अध्यक्ष पद के चुनाव की पृष्ठभूमि बनाने में यह सहायक सिद्ध हुई और इसके साथ ही शरत एवं सुभाष और गांधी के मुख्य समर्थक वल्लभभाई पटेल तथा अन्य गणमान्य कांग्रेसी नेताओं के बीच टकराव अवश्यंभावी हो गया।

24 जनवरी 1939 को पटेल तथा शरत के बीच जो तार का आदान–प्रदान हुआ, उससे कांग्रेस के दोनो गुटों के साथ ही बोस बंधुओं तथा गांधी के बीच बढ़ते अलगाव को देखा जा सकता है। ये दोनों ही तार अमीय नाथ एवं ज्योत्स्ना बोस के निजी संग्रह में मौजूद हैं।

शरत बोस को पटेल द्वारा भेजा गया तार

> अध्यक्षीय चुनाव को लेकर सुभाष बाबू के बयान पर कांग्रेस कार्यकारिणी के ऐसे सदस्यों का बयान आना चाहिए, जो मानते हैं कि दुबारा चुनाव लड़ना ठीक

नहीं है। संक्षिप्त बयान तैयार है। उसमें कहा गया है कि दुबारा चुनाव अभूतपूर्व स्थिति में ही हो। सुभाष बाबू को दुबारा चुनने के लिए इसके पहले की कोई मिसाल नहीं है। इसमें संघ को लेकर सुभाष बाबू के तर्क को गलत बताया गया है और कहा गया है कि कार्यक्रम एवं नीतियां कांग्रेस या कार्यकारिणी तय करते हैं, अध्यक्ष नहीं। बयान में डॉ. पट्टाभि की उम्मीदवारी का समर्थन किया गया है और सुभाष बाबू से अपील की गई है कि वह अध्यक्षीय चुनाव पर कांग्रेसजनों को न बांटें।

पटेल को शरत बोस द्वारा भेजा गया तार—

सुबह तार मिला। सिल्हट से आते हुए मौलाना और सुभाष दोनों के बयान देखे। मेरे विचार से मौलाना के इनकार के बाद डॉ. पट्टाभि को चुनाव लड़ाना अवांछनीय था। यह वर्ष हर तरह से 1937 से भी अधिक महत्वपूर्ण एवं असाधारण है। मेरी दृढ मान्यता है कि सहयोगियों के बीच इस प्रतिस्पर्धा में कार्यकारिणी के सदस्यों को किसी का भी पक्ष नहीं लेना चाहिए। आपके प्रस्तावित बयान से दक्षिण तथा वाम गुटों के बीच अन्तर्कलह बढ़ेगा, जिससे बचना चाहिए। आगामी संघर्ष में डॉ. पट्टाभि देश के विश्वास को नहीं जगा पाएंगे। कृपया कांग्रेस को न तोड़े।

शरत बोस को पटेल द्वारा भेजा गया तार—

आपकी बात सराहनीय है। दायित्व के भाव से ही यह बयान तैयार किया है। मतभेद व्यक्तियों को लेकर नहीं, सिद्धान्तों को लेकर हैं। यदि चुनाव होना ही है तो आशा करता हूं कि यह बिना किसी दुर्भाव के तथा उद्देश्यों को लेकर किसी तरह की छींटाकशी के बीच होगा। दुबारा चुनाव देश के हितों के लिए खतरनाक है।

इस बारे में कांग्रेस कार्यकारिणी की प्रतिक्रिया त्वरित रही। 24 जनवरी 1939 को ही विट्ठलभाई पटेल तथा कार्यकारिणी के अन्य सदस्यों ने सुभाष की उम्मीदवारी के विरोध में बयान जारी किया। 26 जनवरी 1939 को जवाहर लाल नेहरू ने अल्मोड़ा में बयान जारी कर कहा कि सुभाष बाबू को चुनाव में नहीं खड़ा होना चाहिए। इसके साथ ही सब कुछ निश्चित हो गया।

अब तो यह इतिहास की ही बात है कि 29 जनवरी 1939 को कांग्रेस के वामपंथी गुट के पूर्ण समर्थन से सुभाष ने पट्टाभि सीतारमैय्या को अच्छे—खासे अन्तर से पराजित किया। इस पर अपनी प्रतिक्रिया देने में गांधी ने देर नहीं की। गांधी ने अध्यक्षीय चुनाव के परिणाम को लेकर 31 जनवरी 1939 को गुजरात के बारदोली से बयान जारी किया, जिसमें उन्होंने कहा,

श्री सुभाष बोस ने अपने प्रतिद्वंद्वी पट्टाभि सीतारमैय्या के खिलाफ भारी जीत दर्ज की है। मैं कबूल करता हूं कि उनके दुबारा चुनाव लड़ने को लेकर शुरू से ही मेरा विरोध था। इसके कारणों में मैं यहां नहीं जाना चाहता हूं। उनके तथ्यों तथा उनके घोषणा पत्र के तर्कों से मेरी सहमति नहीं है। मेरा मानना है कि अपने सहयोगियों के बारे में उनके बयान अनुचित थे। फिर भी मैं उनकी जीत पर खुश हूं और चूंकि मौलाना साहब के पीछे हटने के बाद डॉ. पट्टाभि को चुनाव में खड़ा रखने में मेरा ही हाथ था, इसलिए यह हार उनकी हार से ज्यादा खुद मेरी हार है। और मैं यदि अपने निश्चित सिद्धान्तों तथा नीतियों का प्रतिनिधित्व नहीं करता हूं तो मैं कुछ भी नहीं हूं। मेरे सामने यह साफ है कि कांग्रेस के प्रतिनिधियों को वे सिद्धान्त एवं नीतियां पसन्द नहीं, जिनपर मैं खड़ा हूं। मैं अपनी इस हार में भी खुश हूं ... आखिरकार, सुभाष बाबू इस देश के दुश्मन तो नहीं हैं।

इसी दरमियान 1939 की शुरुआत में बंगाल प्रदेश कांग्रेस कमिटी की बैठक में शरत को बंगाल प्रांतीय सम्मेलन का अध्यक्ष चुन लिया गया। यह सम्मेलन 4 फरवरी 1939 को बंगाल के जलपाईगुड़ी में आयोजित हुआ। अपने अध्यक्षीय भाषण के दौरान शरत ने भारत सरकार अधिनियम 1935 में सुझाई गई कथित संघीय योजना और पूर्ण स्वराज के रास्ते पर बढ़ने में उसकी असफलता पर फिर से हमला चालू करते हुए कहा,[3]

हमें यह बात समझ लेनी चाहिए कि बिना किसी उपयुक्त व्यावहारिक मुद्दे के हम पूर्ण स्वराज के आदर्श को आगे नहीं रख सकते हैं। पिछले दो–तीन सालों में हमारे पास ऐसा कोई भी मुद्दा नहीं था, पर अब हमारे सामने ऐसा एक मुद्दा है, वह है संघीय योजना। इसमें कतई संदेह नहीं कि इस अवांछित संघीय योजना को थोपने की कोशिशें हो रही हैं। वायसरॉय तथा अन्य वरिष्ठ अधिकारियों की बातें इसी दिशा में संकेत देती हैं। इन कोशिशों का विरोध हमें पूरी शक्ति से करना चाहिए। यह मानकर चलना गलत होगा कि कांग्रेस की तरफ से संघीय योजना के मामले को दफना दिया गया है। कांग्रेस ने निश्चित तौर पर तथा खुले शब्दों में इसकी निन्दा की है और इसे अस्वीकार्य बताया है, पर ऐसा यकीन करने के कई कारण हैं कि कांग्रेस से संबद्ध कुछ व्यक्ति इस बारे में पक्का विचार नहीं बना पाए हैं। इसी वजह से संघीय योजना को लेकर चौकस रहना जरूरी है।

इस संबंध में एक बात पर जोर दिया जाना जरूरी है। भारत सरकार अधिनियम 1935 में सुझाई गई संघीय योजना, संघीय संविधान है ही नहीं। अपने प्रस्ताविक घटकों की तरह ही यह भी बनावटी है। इन संघीय इकाइयों का भाषाई, भौगोलिक

[3] शरत चन्द्र बोस कोमेमोरेटिव वॉलयुम (कलकत्ताः शरत बोस अकादमी, 1982) 356–357.

या राजनैतिक आधार नहीं है। ब्रिटिश भारत के प्रांत आंशिक रूप से लोकतांत्रिक हैं, जबकि भारतीय राज्य लगभग पूरी तरह राजशाही हैं। राजनैतिक सिद्धान्तों के खिलाफ किसी तरह की संघीय इकाई नहीं हो सकती है।

संघीय योजना के खिलाफ जो दूसरी बड़ी आपत्ति है, वह है कि यह भारत की जनता के लिए स्वशासन के सिद्धान्त को पहचानने में पूरी तरह असफल रही है। यह पुरानी द्विशासन प्रणाली को ही नए कलेवर में पेश करने की कोशिश है। ऊपर से इसमें भारत के लोगों के हाथों से विदेश तथा रक्षा मामले हमेशा के लिए छीन लेने का प्रावधान है। किसी भी आत्मसम्मानी भारतीय के लिए यह स्थिति संतोषप्रद नहीं कही जा सकती।

विश्व युद्ध का करीब होना पूर्ण स्वराज के आदर्शों को पुनर्स्थापित करने का हमें दूसरा अवसर देता है। अधिनायकवादी और तथाकथित लोकतांत्रिक शक्तियों के बीच संघर्ष अब अवश्यंभावी है। यह संघर्ष अधिनायकवादी ताकतों तथा लोकतांत्रिक ताकतों के बीच का संघर्ष नहीं, बल्कि पुरानी एवं स्थापित साम्राज्यवादी शक्तियों तथा साम्राज्य की लालासा रखने वाली नई शक्तियों के बीच का संघर्ष है। यह तय है कि पुरानी साम्राज्यवादी शक्तियां भारत के मानव तथा भौतिक संसाधनों का इस्तेमाल अपने पक्ष में करने की कोशिश करेंगी। उनकी इस कोशिश का विरोध किया जाना चाहिए। भारत इन अलग–अलग किस्म के साम्राज्यवादियों के झगड़े में फंसना नहीं चाहता है। यह झगड़ा कोई ऐसा नहीं है कि जिसपर एक भी भारतीय की जान या फिर भारतीय कोष का एक भी रुपया बर्बाद किया जाए।

इसके साथ ही शरत का ध्यान अपने भाई सुभाष को समर्थन देने पर भी था, जो कांग्रेस के अध्यक्ष पद पर दुबारा चुने गए थे, पर चुनाव के साथ ही पार्टी गंभीर रूप से बंट गई थी। शरत कांग्रेस के प्रति समर्पित बने रहे और विघटन को टालने के लिए हर संभव प्रयास करते रहे, लेकिन तथाकथित संघीय योजना तथा पूर्ण स्वराज के रास्ते में उसके बुरे असर को लेकर उनका विरोध भी बना रहा। 7 एवं 8 फरवरी 1939 को उनके 1 वूडबर्न पार्क स्थित आवास पर दो दिनों की बैठक हुई, जिसकी अध्यक्षता उन्होंने ही की। इसमें सुभाष को दुबारा अध्यक्ष चुनने वाले कांग्रेसी तथा पूरे देश से वहां पहुंचे उनके समर्थकों ने शिरकत की। इस बैठक में हाल के अध्यक्षीय चुनाव से उत्पन्न स्थिति पर चर्चा करने के बाद निम्नलिखित बयान जारी किया गया,

देश के विभिन्न हिस्सों से आए कांग्रेसजनों, जिन्होंने सुभाष को दुबारा अध्यक्ष चुने जाने का समर्थन किया था, की बैठक 8 तारीख की सुबह 1 वूडबर्न पार्क में संपन्न हुई। बैठक की अध्यक्षता शरत चन्द्र बोस ने की। उन्होंने अध्यक्षीय चुनाव के बाद उत्पन्न स्थिति के हरेक पहलू पर विचार–विमर्श करने के साथ ही कांग्रेस के भावी रुख पर भी चर्चा की।

इन तमाम चर्चाओं के बीच से कुछ निष्पर्ष उभर कर सामने आए। यह स्पष्ट था कि वहां उपस्थित सभी लोग विघटन रोकने के लिए हर संभव कोशिश करने को तैयार हैं।

इस बात पर भी आम सहमति थी कि भारत तथा विदेश के हालात को देखते हुए कांग्रेस संघीय योजना को लेकर अपना विरोध और भी तेज कर दे और मौजूदा मौके का फायदा पूर्ण स्वराज की दिशा में बढ़ने के लिए उठाए।

यह भी तय हुआ कि सम्मेलन में चर्चित कार्य योजना को प्रस्ताव के प्रारूप में शामिल किया जाए और उसे जल्दी ही प्रेस में जारी कर दिया जाए ताकि देश भर के कांग्रेसजन इस पर अपने विचार रख सकें। इन कांग्रेसजनों के सुझावों को लेते हुए अस्थायी प्रस्ताव तैयार किया जाए और उसे त्रिपुरी कांग्रेस से पहले ही अखिल भारतीय कांग्रेस कमिटी को भेज दिया जाए।

कांग्रेस के कार्यक्रमों के सभी पहलुओं पर विचार–विमर्श किया गया, जिनमें स्वतंत्रता का मसला, प्रांतो की समस्याएं, राजनैतिक बंदियों की रिहाई तथा संसदीय कार्य की निरंतरता प्रमुख हैं। बैठक में उपस्थित सभी लोग इस बात को लेकर बेहद आशांवित थे कि त्रिपुरी कांग्रेस देश को साहसिक नेतृत्व दे सकेगा, जिससे पूर्ण स्वराज समय से पहले हासिल किया जा सके।

1939 के मध्य फरवरी के आसपास सुभाष गंभीर रूप से बीमार पड़ गए। उन्होंने वल्लभभाई पटेल से अनुरोध किया कि 22 फरवरी 1939 को वर्धा में होने वाली कांग्रेस कार्यकारिणी की बैठक 8 मार्च 1939 को शुरू होने जा रही त्रिपुरी कांग्रेस तक के लिए स्थगित कर दी जाए। ऐसा न कर के पटेल तथा अन्य दक्षिणपंथी सदस्यों ने कमिटी से ही इस्तीफा दे दिया। इस्तीफा देने वालों में नेहरू भी थे। जाहिर तौर पर यह कदम सुभाष को कमजोर करने तथा गांधी एवं उनके समर्थकों की सत्ता को फिर से बहाल करने के उद्देश्य से उठाया गया था।

अमीय ने अनुभव किया कि यह वही जवाहरलाल थे, जिन्होंने अब से एक साल पहले 9 जनवरी 1938 को अपने इलाहाबाद स्थित आवास आनन्द भवन से सुभाष को पत्र लिखा था, जो सुभाष को अध्यक्ष के तौर पर अपना पहला पदभार लेने के लिए आने से पहले लन्दन में मिला।[4]

अखिल भारतीय कांग्रेस कमिटी के कलकत्ता अधिवेशन के बाद से जिस तरह घटनाएं घटती जा रही हैं, उससे मुझे भारी चिन्ता हो रही है। कार्यकारिणी की बैठक में गांधी के भावात्मक विस्फोट और फिर हरिजन में उनके आलेख की वजह से मैं परेशान हूं। इसके बाद कुछ और ऐसी घटनाएं भी हुईं, जो परेशान

[4] पूर्ण मूल पत्र के लिए अमीय नाथ एवं ज्योत्स्ना बोस निजी संग्रह देखें।

करने वाली हैं। मैं इन सभी मामलों की गहराई में नहीं जाउंगा, पर आपसे इतना जरूर कहना चाहूंगा कि वामपंथी तत्वों तथा जन आन्दोलन को दबाने संबंधी कांग्रेस के इस नए रुख को चुपचाप स्वीकार करने में मुझे भारी मुश्किल हो रही है। मैं चुप हूं क्योंकि गांधीजी या कार्यकारिणी के अपने सहयोगियों की सार्वजनिक आलोचना करना मुझे पसन्द नहीं है। हमें शिष्टाचार तथा अनुशासन बरतना ही चाहिए। लेकिन दूसरे लोगों की तल्खी को चुपचाप सहना मेरे लिए कठिन हो रहा है। यह मामाला हरिपुरा या उससे पहले ही उठ सकता है। 3 फरवरी से वर्धा में कार्यकारिणी की बैठक होने जा रही है, जिसमें आपका रहना जरूरी है। इस बैठक में हम हरिपुरा के लिए प्रस्ताव तैयार करेंगे। इस काम के लिए हमने 3 से 8 फरवरी के बीच पांच दिन तय कर रखे हैं।

पिछले दो साल मुश्किलों से भरे रहे हैं, पर अगला साल और भी कठिन होने वाला है। ऐसे में आपका काम भारी मुश्किल होगा। जाहिर तौर पर मैं हर तरह से आपकी मदद करना चाहता हूं और ऐसा करूंगा भी। लेकिन मैं यही नहीं समझ पा रहा हूं कि वर्तमान कांग्रेस कार्यकारिणी से किस तरह मैं अपना संबंध बनाए रख सकता हूं।

अमीय को यह बड़ा ही हास्यास्पद लगा कि जब कांग्रेस के वाम तथा दक्षिण गुटों के बीच वास्तविक तकरार की शुरुआत हुई तो वामपंथी समझे जाने वाले नेहरू को दक्षिणपंथियों का साथ देने में कोई कठिनाई या असुविधा नहीं हुई।

भारत के मध्य प्रांत के त्रिपुरी में कांग्रेस का अधिलेशन 8 मार्च 1939 को शुरू हुआ। उस समय तक भी सुभाष गंभीर रूप से बीमार थे और उनके डाक्टर ने उन्हें कलकत्ता से बाहर लम्बी रेल यात्रा करने से मना कर रखा था। उनकी इस सलाह को न मानकर सुभाष ने अधिवेशन में जाने का निर्णय लिया। खतरनाक बुखार के दौरान ही उन्हें एम्बुलेंस में लाद कर घर से हावड़ा स्टेशन तक लाया गया, जोकि कलकत्ता में हुगली नदी के पश्चिमी तट पर स्थित है। मध्य भारत के त्रिपुरी की इस लम्बी रेल यात्रा में उनकी माँ प्रभावती और भाई डॉ. सुनील बोस उनके साथ थे।

दूसरी ओर गांधी ने त्रिपुरी न जाने का फैसला किया। इसके लिए उन्होंने बहाना किया कि उनके लिए कांग्रेस के सालाना जलसे में उनकी मौजूदगी से ज्यादा जरूरी काम राजकोट के रजवाड़े में है। हठी तथा बगावत पर उतारू सुभाष पर अंकुश लगाने का काम उन्होंने अपने सहयोगियों पर छोड़ दिया।

बीमारी के कारण सुभाष त्रिपुरी में अपना अध्यक्षीय भाषण दे पाने में असमर्थ थे। ऐसे में उनका भाषण उनके भाई शरत ने पढ़ा। सुभाष अपने टेंट में ही रहकर यह भाषण और उसके मुख्य संदेशों, जो वे भारत के लोगों के सामने रखना चाहते थे, पर लोगों की प्रतिक्रिया सुनते रहे।

अपनी खराब सेहत की वजह से मैं भारतीय राजनीति के कुछ महत्वपूर्ण पहलुओं की ही चर्चा करूंगा। सबसे पहले मैं साफ तौर से यह बतला दूं कि पिछले कुछ समय से मुझे लगता रहा है कि स्वराज के मुद्दे को उठाने और ब्रिटिश सरकार से सामने अंतिम चेतावनी के तौर पर राष्ट्रीय मांग को रखने का समय आ गया है। अब वह समय जा चुका है कि जब हम चुपचाप बैठे रहकर अपने ऊपर संघीय योजना के थोपे जाने का इंतजार करते रह सकते थे।

अब समस्या यह नहीं है कि संघीय योजना कब हमारे गले के नीचे जबरन उतार दी जाएगी। समस्या यह है कि यूरोप में शांति की बहाली तक कुछ वर्षों के लिए यदि संघीय योजना को सुविधानुसार टाला जाता है तो ऐसी स्थिति में हमें क्या करना चाहिए। इसमें कोई संदेह नहीं कि यूरोप में शांति बहाली के बाद, चाहे वह फोर पावर पैक्ट के जरिये हो या किसी और जरिये, ग्रेट ब्रिटेन ज्यादा कड़ी साम्राज्यवादी नीति अपनाएगा। इस समय वह अगर फिलिस्तीन में यहूदियों के खिलाफ अरबों से समझौता करने की कोशिश में है तो इसके पीछे यही कारण है कि फिलहाल वह खुद को अंतरराष्ट्रीय क्षेत्र में कमजोर पा रहा है।

इसलिए मेरे ख्याल से हमें अंतिम चेतावनी के तौर पर ब्रिटिश सरकार को अपनी राष्ट्रीय मांगे सौंप देनी चाहिए और इसके जवाब के लिए समय सीमा तय कर देनी चाहिए। यदि इस समय तक हमे कोई जवाब नहीं मिलता है या फिर असंतोषजनक जवाब मिलता है तो हमें अपनी राष्ट्रीय मांगों के समर्थन में सविनय अवज्ञा या सत्याग्रह का मार्ग अपनाना चाहिए। ब्रिटिश सरकार आज इस स्थिति में नहीं है कि वह लम्बे समय तक पूरे देश में सत्याग्रह झेल सके।

मुझे यह देखकर खेद होता है कि कांग्रेस में कुछ ऐसे लोग हैं जो इतने निराशावादी हैं कि उन्हें लगता है कि अभी ब्रिटिश साम्राज्यवाद पर हमला करने का सही वक्त नहीं है। लेकिन पूरी स्थिति का जायजा लेने के बाद मैं निराश होने का कोई कारण नहीं पाता हूं। कांग्रेस के आठ प्रांतों में सत्ता में रहने की वजह से हमारे संगठन की शक्ति एवं प्रतिष्ठा बढ़ी है। यह जन आन्दोलन पूरे ब्रिटिश भारत में काफी फैल गया है। अंतिम बात यह कि भारतीय राज्यों में अपूर्व जागृति आई है। स्वराज की तरफ बढ़ने के लिए हमारे राष्ट्रीय इतिहास में इससे ज्यादा अच्छा अवसर भला क्या हो सकता है, खास तौर से तब जबकि अन्तरराष्ट्रीय हालात हमारे पक्ष में हैं।

यथार्थवादी के तौर पर बोलते हुए मैं इतना ही कहूंगा कि मौजूदा हालात इतने ज्यादा हमारे पक्ष में हैं कि हम पूरी तरह से आशावादी रह सकते हैं। यदि हम अपने मतभेदो को भुलाकर अपने तामाम संसाधनों के साथ राष्ट्रीय संग्राम में अपने को पूरी तरह झोंक दें तो ब्रिटिश साम्राज्यवाद पर हमारा हमला अकाट्य हो जाएगा। ऐसे में हममें अपने इस मौजूदा अनुकूल अवसर का भरपूर लाभ

> उठाने की राजनैतिक दृष्टि होनी चाहिए या फिर देश के सामने आए इस दुर्लभ अवसर को गंवा देना चाहिए?
>
> अगली बात यह कि हमें सभी साम्राज्यवाद विरोधी संगठनों, खासकर किसान तथा श्रमिक आन्दोलनों को साथ लेकर चलना चाहिए। देश की सभी कट्टरपंथी शक्तियों को सामन्जस्य तथा सहयोग के आधार पर काम करना चाहिए और सभी साम्राज्य विरोधी संगठनों को एक होकर ब्रिटिश साम्राज्यवाद पर हल्ला बोल देना चाहिए।

इससे पहले तक नवनिर्वाचित कांग्रेस अध्यक्ष ही अगली कार्यकारिणी का गठन करता रहा था। 1939 के अध्यक्षीय चुनाव में हारने के बाद कांग्रेस का दक्षिणपंथी गांधीवादी गुट बोस बंधुओं को त्रिपुरी कांग्रेस अधिवेशन में हराने के लिए संकल्पित था। हालांकि शरत ने कार्यसमिति से इस्तीफा नहीं दिया था, परन्तु नेहरू सहित सभी अन्य सदस्यों के इस्तीफा दे देने से त्रिपुरी कांग्रेस अधिवेशन के समय कार्यकारिणी का अस्तित्व नहीं के बराबर रह गया था।

त्रिपुरी में कांग्रेस के दक्षिणपंथी गुट ने अपने अतिरिक्त कार्यकारिणी के अन्य 14 सदस्यों को चुनने संबंधी अध्यक्ष के अधिकार पर अंकुश लगाने की कोशिश की। गोविन्द वल्लभ पंत ने इस आशय का प्रस्ताव रखा, जिसे पंत प्रस्ताव के नाम से जाना जाता है। प्रस्ताव में कहा गया,

> अध्यक्षीय चुनाव को लेकर कांग्रेस तथा देश भर में जो विवाद उभरे हैं, उन्हें देखते हुए यह जरूरी हो गया है कि कांग्रेस इस पर अपनी स्थिति का खुलासा करने के साथ ही अपनी सामान्य नीतियों को भी लोगों के सामने रखे।
>
> यह सम्मेलन अपनी उन मूलभूत नीतियों पर कायम रहने का निश्चय करता है, जो महात्मा गांधी के मार्गदर्शन में इसके कार्यक्रमों को पिछले अनेक वर्षों से संचालित करती रही हैं। इसके साथ ही उसका निश्चित विचार है कि इन नीतियों में किसी तरह का व्यावधान नहीं आना चाहिए और आगे भी कांग्रेस के कार्यक्रम इन्ही नीतियों के आधार पर संचालित होने चाहिए। यह सम्मेलन कार्यकारिणी के कामों के प्रति अपना विश्वास व्यक्त करता है और इसके किसी भी सदस्य के खिलाफ आक्षेप लगाए जाने पर खेद प्रकट करता है।
>
> आगामी संकट की आशंका के मद्देनजर ... सिर्फ गांधी ही कांग्रेस तथा देश को संकट की इस घड़ी में जीत की ओर ले जा सकते हैं। ऐसे में यह सम्मेलन जरूरी समझता है कि उनका विश्वास कांग्रेस कार्यकारिणी में बना रहे और अध्यक्ष से अनुरोध करता है कि वह गांधी की इच्छाओं के अनुसार ही कार्यकारिणी का गठन करें।

बोस बंधुओं के समर्थकों ने पंत प्रस्ताव पर अनेक संशोधन सुझाए और रखे, लेकिन अधिकतर प्रतिनिधियों ने उसे स्वीकार नहीं किया। कांग्रेस का वामपंथी गुट इस सवाल पर गंभीर रूप से बंट गया। जयप्रकाश नारायण के नेतृत्व वाली कांग्रेस सोशलिस्ट पार्टी ने, जो सबसे बड़ा वामपंथी धड़ा थी, पंत प्रस्ताव के खिलाफ वोट नहीं डाला। बहुतों ने इसे बोस बंधुओं के साथ उनका विश्वासघात माना है। इस तरह अध्यक्ष पद का चुनाव जीतने के बावजूद सुभाष त्रिपुरी में गांधीवादी दक्षिणपंथियों से आखिरकार मात खा गए और पंत प्रस्ताव के जरिये कांग्रेस की राजनीति पर गांधी का वर्चस्व बना रह गया।

सुभाष की बीमार के बीच ही 21 मार्च 1939 को शरत ने अपने 1 वूडबर्न पार्क स्थित आवास से गांधी को पत्र लिखकर त्रिपुरी के अपने अनुभव बयान किए,

मेरे प्रिय महात्माजी

मैं पिछले शनिवार को (18 तारीख) जामडोबा (धनबाद के निकट) गया था ताकि सुभाष की सेहत में सुधार (यदि कुछ हो) खुद से ही देख सकूं। पिछले रविवार (19 तारीख) को कलकत्ता लौटने पर मुझे आपका तार मिला, जो कि 18 तारीख को भेजा गया था।

पहले मैं सुभाष के बारे में बता दूं। मुझे यह बताते हुए खुशी हो रही है कि उनका बुखार लगातार नियंत्रण में होता जा रहा है। पिछले दो दिनों से यह 101.2 या 101.4 से ऊपर नहीं गया है। उनके फेफड़ों में गड़बड़ी बनी हुई है, पर दाहिने फेफड़े की हालत में उल्लेखनीय सुधार हुआ है। जबकि बाएं फेफड़े में अब भी जकड़न है। जामडोबा में रहते हुए वह डाक्टर द्वारा सुझाए गए आराम और खानपान का पालन सख्ती से कर रहे हैं। यदि किसी और तरह का झटका न लगे तो वह एक–आध हफ्ते में बुखार से मुक्त हो जा सकते हैं। इसी तरह उनके फेफड़ों की गड़बड़ी भी दस–पंद्रह दिन में ठीक हो जा सकती है।

मैंने जब आपको 17 तारीख को तार भेजा था कि मैंने दिल्ली नहीं आने का फैसला किया है तो मैंने यही सोचा था कि बाद में कभी मैं इनके कारणों को विस्तार से बताउंगा। लेकिन चूंकि आपको मेरी यह बात हैरान करने वाली लगी, और आपने मुझे लिखने के लिए कहा है तो मैं इस फैसले के पीछे के कारणों के बारें में बेहद संक्षेप में बता रहा हूं।

त्रिपुरी में सात दिनों के दैरान मैंने जो सुना और देखा, उससे मेरी आंखें खुल गईं। जिन लोगों को जनता आपके चुनिन्दा शिष्यों तथा प्रतिनिधियों के तौर पर देखती है, उनके सत्य और अहिंसा का प्रदर्शन मैंने खुद अपनी आंखों से देखा और उसके दुर्गंध से (आपके ही शब्दों का इस्तेमाल करूं तो) मेरी नाक भर गई

है। राष्ट्रपति (अध्यक्ष) तथा उनके मत को मानने वालों के खिलाफ वहां जिस तरह का प्रचार हो रहा था, वह बेहद तुच्छ, दुर्भावनापूर्ण तथा बदले की भावना से भरा हुआ था और उसमें सत्य एवं अहिंसा का नामो–निशान तक नहीं था।

पिछले महीने के मध्य में वर्धा से लौटने पर सुभाष ने मुझे बताया कि अन्य बातों के अलावा आपने उससे यह भी कहा कि उसके रास्ते में किसी तरह की बाधा नहीं आएगी। जबकि जो लोग जनता के सामने आपके नाम की दुहाई देते हैं, उन्होंने त्रिपुरी में उसके रास्ते में बाधा डालने के अलावा और कुछ नहीं किया। यहां तक कि अपना मतलब निकालने के लिए उन्होंने उसकी बीमारी का भरपूर फायदा उठाया। कार्यकारिणी के कुछ पूर्व सदस्य तो लगातार कपटपूर्ण तरीके से यही प्रचार करते रहे कि राष्ट्रपति की बीमारी ढोंग है और यह महज राजनैतिक बुखार है।

मैंने ऊपर तो कुछ भी तथ्य दिए हैं, वे त्रिपुरी में सभी को पता थे और मैं समझता हूं कि वहां मौजूद हजारों लोग इसकी पुष्टि कर सकते हैं। भूलाभाई देसाई तो एक कदम आगे ही बढ़ गए और विषय कमिटी के मंच पर बैठकर उन्होंने राष्ट्रपति तथा उसके वकील भाई (यानी कि मैं) को लुच्चा–लंफंगा तक कह डाला। शिविर में, रसोई में, लगभग सभी जगह ऐसा ही दुष्प्रचार किया जा रहा था। पूरा ही माहौल उबकाई भरा था। इसी माहौल की वजह से गोविन्द वल्लभ पंत के प्रस्ताव में शब्दों के फेरबदल की कोशिशें नाकाम रहीं। कार्यकारिणी के कुछ सदस्यों और कांग्रेस के मंत्रियों का खुला रवैया था कि एक शब्द भी नहीं बदलेगा। यहां तक कि एक कौमा तक नहीं हटाया जाएगा।

कांग्रेस के खुले सत्र की कार्रवाई सही ढंग से नहीं चलाई गई। श्री के.एफ. नरीमन ने श्री गोविन्द वल्लभ पंत के प्रस्ताव को राष्ट्रपति की सेहत के मद्देनजर स्थगित करने का प्रस्ताव रखने के संबंध में नोटिस दिया था, पर मौलाना साहब ने उसे अधिवेशन के दूसरे दिन रखने से मना कर दिया। इसका कारण या तो वही जानते हैं, या फिर उनके आसपास मंडराने वाले लोग। इस तरह से के.एफ. नरीमन का गला दबा दिए जाने के बाद श्री एम.एस. अणे ने श्री गोविन्द वल्लभ पंत के प्रस्ताव पर कांग्रेस कमिटी में विचार करने का प्रस्ताव रखा, जिसे स्वीकार करते हुए मौलाना साहब ने पारित घोषित कर दिया।

इन दो घटनाओं के खिलाफ बंगाल, उत्तर प्रदेश, पंजाब तथा कुछ और प्रांतों के प्रतिनिधियों ने काफी समय तक हंगामा किया, जिसे शान्त कराने में मैं आखिरकार सफल रहा। मैं जब प्रदर्शनकारियों को शान्त कराने की कोशिश कर ही रहा था और उनसे पंडित जवाहर लाल की बात सुनने का अनुरोध कर रहा था, और उसमें लगभग सफल भी हो गया था, तभी नेहरू ने अपना आपा खो दिया और माइक पर खड़े होकर प्रदर्शनकारियों को गुण्डा–बदमाश और फांसीवादी आदि कहने लगे। हालांकि मैं फिर शान्ति व्यवस्था बहाल कराने

में सफल रहा और तब पंडित जवाहर लाल नेहरू के लम्बे भाषण के बाद श्री एम.एस. अणे को अपना प्रस्ताव वापस लेने की अनुमति दे दी गई, जो मंजूर भी हो गई। इसके तत्काल बाद श्री जयप्रकाश नारायण को संघ और राष्ट्रीय मांग पर प्रस्ताव रखने के लिए बुलाया गया। मैंने मौलाना साहब को सलाह दी कि चूंकि अब काफी देर हो चुकी है, इसलिए यह प्रस्ताव अगले दिन रखा जाए, पर उन्होंने इस पर ध्यान नहीं दिया। मैंने इस पर संशोधन प्रस्ताव लाना चाहा तो मौलाना साहब ने उसे यह कहकर नामंजूर कर दिया कि इस बारे में कोई नोटिस नहीं दी गई है। मैंने उन्हें बताया कि लगभग इसी आशय का संशोधन प्रस्ताव पंडित लक्ष्मीकान्त मोइत्रा, विधायक विषय कमिटी में पहले ही रख चुके हैं और मैंने उन्हें यह भी समझाया कि मैं दोपहर में इस संबंध में नोटिस क्यों नहीं दे पाया। मैंने तत्काल नोटिस देने और संशोधन पर अगले दिन चर्चा कराने का आग्रह भी उनसे किया।

मुझे इतनी राहत भी नहीं दी गई, जबकि मौलाना साहब को भली–भांति मालूम था कि संघ और राष्ट्रीय मांग के अपने प्रस्ताव के लिए पंडित जवाहर लाल ने भी नोटिस नहीं दी थी, फिर भी विषय कमिटी तथा कांग्रेस में उसे लाया जा सका क्योंकि राष्ट्रपति ने नोटिस देने के नियम को टाल दिया था। सच तो यह है कि राष्ट्रपति ने पंडित जवाहर लाल को विषय कमिटी में कम से कम छह प्रस्ताव रखने की अनुमति दी, जबकि इसमें से किसी के लिए भी नोटिस नहीं दी गई थी। चलते–चलते मैं यह भी बता दूं कि श्री गोविन्द वल्लभ पंत के प्रस्ताव के लिए भी कोई नोटिस नहीं नहीं दिया गया था। फिर भी यदि उसे विषय कमिटी में रखा जा सका तो इसलिए कि राष्ट्रपति ने नोटिस संबंधी नियम को टाल दिया और यहां तक कि उन्होंने इस आपत्ति को भी दरकिनार कर दिया कि उसका अंतिम पैराग्राफ कांग्रेस के संविधान के खिलाफ है। यहां मैं यह भी जोड़ना चाहूंगा कि अगले साल कांग्रेस के सभास्थल के बारे में श्री राजेन्द्र प्रसाद के प्रस्ताव को रखने की अनुमति मौलाना साहब ने दे दी, जबकि इसके लिए भी पहले से कोई नोटिस नहीं दिया गया था। मैं कांग्रेस की कार्यवाही के निष्पादन में बरते जाने वाले अनेकों अन्याय तथा अनौचित्य का उल्लेख कर सकता हूं, पर फिलहाल ऐसा करने से खुद को रोक रहा हूं।

इन सबने मुझे आश्वस्त किया है कि जिन लोगों ने भी अपना मान–सम्मान और शिष्टता नहीं खोई है, उनके सामने दो ही विकल्प हैं। या तो हम उन लोगों का कोई विरोध नहीं करें जो कांग्रेस पर अपनी सत्ता बनाए रखने के लिए आपके नाम का इस्तेमाल कर रहे हैं और उसके पीछे पनाह ले रहे हैं या फिर जिस पद को उन्होंने बदनाम कर रखा है, उस पर से उन्हें हटाने के लिए उनका संकल्पपूर्वक कड़ा विरोध करें। मेरी सोच इन दोनों के बीच झूलती रही है, पर लिखते समय मैं पाता हूं कि हमें दूसरा विकल्प ही अपनाना चाहिए। यह अकेले मेरी व्यक्तिगत राय नहीं है, बल्कि बड़ी संख्या में प्रतिनिधि इसके साथ हैं। यदि

आपके प्रतिनिधियों को आपके नाम, प्रभाव तथा प्रतिष्ठा का इस्तेमाल करते हुए कांग्रेस चलाने दी जाए तो भी वे आपके जीवन काल तक ही ऐसा कर सकेंगे। आपकी अनुपस्थिति में उन्हें दरकिनार करने में जनता को ज्यादा वक्त नहीं लगेगा। अध्यक्षीय चुनाव के बाद सार्वजनिक वक्तव्य में आपने चुनाव नतीजे को अपनी हार बताया था। मुझे यह कहने की इजाजत दें कि आपका यह कहना पूरी तरह गलत था क्योंकि लोगों को आपके पक्ष या विपक्ष में निर्णय लेने के लिए नहीं बुलाया गया था। हालांकि उसे आलाकमान यानि उस सत्तारूढ़ मंडली की हार बताना बिलकुल उचित है, जिसके चमकते सितारे सरदार पटेल हैं।

भविष्य में हम अपने आपको दोराहे पर खड़ा पाएंगे। हालांकि मैं समझता हूं कि एकमात्र आप ही ऐसे व्यक्ति हैं जो कांग्रेस को उस बदहाली से बाहर निकाल सकते हैं, जिसमें उन लोगों के कार्यों तथा आचरण ने उसे पहुंचा दिया है, जो आपका नाम जपते हैं। अब यह आप पर है कि सच का पता लगाकर आप उस अनुसार काम करें। मैं समझ सकता हूं कि आपका स्वास्थ्य सच की स्वतंत्र जांच के आड़े आ सकता है पर अब समय आ गया है कि आप इकतरफा रिपोर्ट द्वारा संचालित होने से बचें। इस मामले में मैं आपको देश के अधिसंख्य लोगों की राय बताने से खुद को नहीं रोक पाता हूं जो मानते हैं कि यह देश का दुर्भाग्य है कि जबसे आपका स्वास्थ्य खराब हुआ है, आप सच्चाई से पूरी तरह कट गए हैं और चाहे–अनचाहे सूचनाओं के लिए उन्हीं लोगं पर निर्भर हो गए हैं, जो आपको घेर कर रखे हुए हैं और जिनकी बात आप सुनते हैं। देश में आज भी ईमानदार और शिष्ट लोग हैं पर वे हर समय आपके पास आकर इस बीमारी में आपको नई–नई कहानियां सुनाकर परेशान करने से बचते हैं। हालांकि जहां तक आपकी बात है, उनके इस रवैये ने उन्हें हानि ही पहुंचाई है। तब भी वे अपने इस रवैये पर बने रहना चाहते हैं, बशर्ते उन्हें इस बात का भरोसा हो कि आलाकमान में जो कुछ तुच्छ, दुर्भावनापूर्ण तथा बदले के भाव से प्रेरित है, और जैसा कि त्रिपुरी में साफ दिखाई भी दिया, उस पर आप सख्ती से कार्रवाई करेंगे। यही वास्तविक भ्रष्टाचार है, जिससे कांग्रेस को साफ किया जाना है। जिस भ्रष्टाचार की बात हम पिछले दिसम्बर से करते रहे हैं, वह तो इसके मुकाबले कुछ भी नहीं है।

त्रिपुरी में मौजूद कांग्रेसी मंत्रियों की चर्चा के बिना मेरी बात अधूरी रह जाएगी। जिन लोगों को इस उद्देश्य से चुना गया था कि वे भारत सरकार अधिनियम की धज्जियां उड़ा कर रख दें, वे कांग्रेस को अपनी इच्छापूर्ति का जरिया बनाकर उसकी ही धज्जियां उड़ाने में लगे थे। वे सभी खुद अपना स्थान सुरक्षित करने को लेकर ही चिंतित थे क्योंकि उन्हें लगता था कि अध्यक्षीय चुनाव से उस पर खतरा मंडराने लगा है।

त्रिपुरी में इन मंत्रियों ने एक पक्ष के समर्थन में अपने नैतिक तथा भौतिक प्रभाव का खुलेआम इस्तेमाल किया। और बातों से कहीं ज्यादा इस तत्व का असर

अंतिम परिणाम पर पड़ा। यदि कांग्रेस पर इन मंत्रियों का प्रभुत्व इसी तरह बना रहता है तो कांग्रेस इन नए स्वार्थी तत्वों की भौंपू बनकर रह जाएगी और तब उसके द्वारा स्वतंत्र एवं लोकतांत्रिक ढंग से नीति निर्धारण नहीं हो सकेगा।

मैं फिर से अपनी बात दोहराना चाहूंगा कि मैंने जो कुछ कहा है, वह सिर्फ मेरा अपना नजरिया नहीं है, बल्कि देश का एक बड़ा तबका ऐसा ही सोचता है। मैंने जानबूझकर यहां त्रिपुरी में पारित प्रस्तावों में निर्धारित कांग्रेस के कार्यक्रमों, या यूं कहें कि उसके अभाव का, जिक्र नहीं किया है। मैं इसे आगे के लिए बचाए रखता हूं। यहां सिर्फ एक बात और जोड़ना चाहता हूं। अभी आपके पास आने में मेरा अपना स्वास्थ्य ही भारी बाधक है। त्रिपुरी में मैं जिस शारीरिक तथा मानसिक तनाव से गुजरा हूं, उसने मेरे स्वास्थ्य को बिगाड़ दिया है और मैं समझता हूं कि मुझे कुछ हफ्ते के लिए सक्रिय राजनैतिक कार्यों से मोहलत लेने की जरूरत है। मैं आपसे ईस्टर की छुट्टियों के बाद मिलूंगा।

इस बीच मैं आपके स्वास्थ्य के बारे में जानने को उत्सुक हूं। आशा करता हूं कि हमें आपके सेहत में सुधार की खबरें सुनने को मिलती रहेंगी। अगले कुछ हफ्तों में आपके यात्रा कार्यक्रम की बाबत भी मैं जानना चाहूंगा ताकि जरूरत पड़ने पर मैं आपसे पत्र और तार के जरिये संपर्क में रह सकूं।

प्रणाम सहित
आपका स्नेही
शरत चन्द्र बोस

गांधी ने नेहरू के माध्यम से शरत को जवाब दिया। नेहरू ने 24 मार्च 1939 को लिखा,

मेरे प्रिय शरत

गांधीजी आज सुबह यहां मौलाना आजाद को देखने पहुंचे और उन्होंने मुझे आपका 21 मार्च को लिखा पत्र दिखाया। मैं उसे पढ़कर हैरान और परेशान हो गया। जैसा कि हम सभी जानते हैं, नीतियों एवं कार्यक्रम को लेकर कांग्रेस के वरिष्ठ नेताओं में मतभेद बना हुआ है, और हमने अपना–अपना नजरिया समय–समय पर रखा भी है। बावजूद इसके हम सभी साथ मिलकर काम करते रहे हैं। सामान्य तौर पर गांधीजी के कार्यक्रमों को कांग्रेस ने अपनाया है और उनका नेतृत्व हमें स्वीकार रहा है। कार्यवाहक अध्यक्ष के निर्णय या रवैये पर मैं कुछ भी नही कह सकता, पर मैं समझता हूं कि आप इस बात पर सहमत होंगे कि उनकी स्थिति कठनाइयों से भरी हुई थी और ऐसे में उन्होंने निष्पक्षता तथा शिष्टता से कार्रवाई चलाई। हो सकता है कि उन्होंने राष्ट्रीय मांग संबंधी प्रस्ताव पर आपके संशोधनों को अनुमति देने में कुछ अतियां की हों, फिर भी कांग्रेस के सामने अपना नजरिया पेश करने के लिए आपके पास भरपूर मौका

था। वोटिंग में आप अकेले और एकमात्र व्यक्ति थे, जिसने प्रस्ताव का विरोध किया। मैं बता नहीं सकता कि मुझे इससे कितना आश्चर्य हुआ, क्योंकि मैं सोच भी नहीं सकता था कि खुद को वामपंथी कहने वाला कोई भी कांग्रेसी इसका विरोध कर सकता है।

.... अब आप बंगाल में गठबंधन सरकार को ही लें। किन्ही स्थितियों में यह आपके लिए विचारणीय रहा होगा, पर फिलहाल तो इसे दक्षिणपंथी कदम ही माना जा सकता है। मैं यह नहीं समझ पाता हूं कि बंगाल में आप संदिग्ध हालातों में भी गठबंधन सरकार क्यों चाहते हैं, जबकि दूसरी जगहों की कांग्रेस सरकार को लेकर आपकी आपत्ति है? हालांकि वे सरकारें अपनी खामियों के बावजूद बेहतर स्थितियों में हैं।

इसका दो टूक जबाव देते हुए शरत ने 4 अप्रैल 1939 को नेहरू को पत्र लिखा,

गलतफहमियों का दौर तो बारदोली में ही शुरू हो चुका था, जहां एक खास गुट ने अगले साल के कांग्रेस अध्यक्ष के सवाल पर विचार करने के लिए बैठक की और वर्तमान अध्यक्ष तथा कार्यकारिणी के कुछ सदस्यों की जानकारी के बिना उनके पीठ पीछे कुछ फैसले लिए गए। इस तरह की अजीबो–गरीब एवं गुप्त कार्रवाई मेरी समझ से परे है। मैं नहीं जानता कि आप इसमें सहयोगियों के बीच कितना आपसी विश्वास और समझदारी देखते हैं, जिसे आप महत्वपूर्ण बताते रहे हैं। मैं यह भी नहीं जानता कि किसी ऐसे मामले में वर्तमान अध्यक्ष को विश्वास में लेने के प्रति अनिच्छा के इस भाव को आप कितना उचित मानते हैं, जिसका संबंध कांग्रेस तथा अध्यक्ष दोनों से ही था और जिसपर अपनी राय रखने का अधिकार उन्हें था, बशर्ते उनके प्रति किसी व्यक्तिगत वैमनस्य के चलते या फिर उनके सामने दो टूक शब्दों में अपनी बात रखने में झिझक के कारण ऐसा किया गया हो।

कुछ खास व्यक्तियों के बारे में मेरे द्वारा कही गई बातों को स्वीकार करना आपके लिए मुश्किल रहा हो तो मुझे इस पर कोई हैरानी नहीं है। कोई व्यक्ति दूसरों के बारे में कही गई ऐसी बातों पर विश्वास नहीं करना चाहता, तब तो और भी नहीं जबकि वह व्यक्ति उसका सहयोगी हो। फिर अपने स्वभाव एवं प्रशिक्षण के कारण आपके लिए तो उन लोगों के बारे में गलत सोचना और भी मुश्किल है, जिनके साथ आपने खुद को जोड़ रखा है। क्या इसका सबूत मौजूदा ब्रिटिश सरकार के कुछ ऐसे सदस्यों में नहीं दिखाई देता, जो इस बात पर यकीन ही नहीं कर पाते कि इस दुनिया में कुछ ऐसे मूल्य और आचरण प्रणालियां हैं, जो एटन कालेज तथा हैरो स्कूल के अनुरूप नहीं चलते? वे हिटलर तथा मोसोलिनी को बढ़िया समझते हैं पर ये तानाशाह जब क्रिकेट या फिर पुराने जमाने की स्कूल टाई की सराहना नहीं करते तो उन्हें अचरज होता है।

आपने लिखा है कि आपके द्वारा लाए गए राष्ट्रीय मांग के प्रस्ताव पर मेरे विरोध से आप चकित रह गए। यदि मुझे अपना संशोधन रखने दिया जाता तो ऐसी कोई स्थिति ही नहीं आती। चूंकि यह अवसर मुझे नहीं दिया गया, इसलिए मैंने प्रस्ताव पर अपना विरोध दर्ज कराना जरूरी समझा और अपने भाषण में मैंने इसके कारण भी बताए। मेरे विचार से यह मांग बेअसर एवं बेरंग थी, जो हमें कहीं नहीं पहुंचा सकती थी। ऐसे प्रस्ताव तो हम साल–दर–साल अपनाते रहे हैं लेकिन किसी निश्चित इरादे या योजना के अभाव में इनसे न तो हमारे शत्रु परेशान हुए हैं और ना ही हमारी जनता को इससे खुशी हुई है। समय सीमा के सुझाव का विरोध करते हुए आपने कुछ ऐसा कहा मानो कांग्रेस के इतिहास में इससे पहले समय सीमा की बात ही नहीं की गई हो।

जहां तक बंगाल में गठबंधन सरकार को चाहने की बात है, मैंने कार्यकारिणी की पिछली बैठकों में अपना पक्ष रखने की कोशिश की है। सत्ता को मंजूर करना निश्चित रूप से दक्षिणपंथी कदम है। लेकिन एक बार यदि कांग्रेस ने इसके पक्ष में निर्णय ले लिया तो फिर मेरी राय में तथाकथित कांग्रेसी राज्यों और तथाकथित गैर–कांग्रेसी राज्यों में अन्तर नहीं किया जाना चाहिए, बशर्ते गैर–कांग्रेसी राज्यों में भी कांग्रेस के कार्यक्रमों को उसी तरह से स्वीकार किया गया हो। आखिरकार यह महज संयोग ही है कि कांग्रेस को कुछ राज्यों में बहुमत हासिल है – एक ऐसा संयोग जो खुद इस संयोग पर आधारित है कि हिन्दू उन राज्यों में बहुमत में हैं।

इस पत्र को पूरा करने से पहले मैं एक और भूल का सुधार करना चाहूंगा। प्रायः यह मान लिया जाता है कि मैं जो कुछ भी लिखता हूं, वही सुभाष का भी नजरिया होता है। ऐसा हमेशा नहीं होता क्योंकि मैं हर बात के लिए सुभाष से न तो राय–मशविरा करता हूं और ना ही ऐसा कर सकता हूं। उसी तरह वह भी ऐसा नहीं करता है। इस मामले में मैंने गांधीजी को लिखे पत्र की प्रति उसे भी भेज दी है। अब यह उस पर है कि वह मेरी किस बात से इत्तेफाक रखता है और किससे नहीं। उसकी तरफ से कोई पावर ऑफ एटॉर्नी मेरे पास नहीं है।

इस बीच सुभाष ने गांधी को जलगोड़ा से 29 एवं 31 मार्च को पत्र लिखकर त्रिपुरी की घटनाओं पर अपनी चिन्ताओं का इजहार किया,

मेरे प्रिय महात्माजी

मुझे 24 तारीख को ट्रेन से लिखा गया आपका पत्र तथा उसके साथ की चीजें मिली।

पहली बात यह कि मेरे भाई ने आपको अपनी तरफ से लिखा था। आपने उसके पत्र में ध्यान दिया होगा कि यहां से कलकत्ता लौटने के बाद उन्हें आपका तार

मिला और तभी उन्होंने आपको पत्र लिखा। यदि आपका तार उन्हें नहीं मिला होता तो मुझे संदेह है कि उन्होने आपको पत्र लिखा होता।

हालांकि उनके पत्र में कुछ बातें ऐसी हैं जो मेरी भी भावनाओं को अभिव्यक्त करती हैं। लेकिन यह और बात है। मुझे जो सबसे बड़ी समस्या नजर आती है, वह यह कि क्या दोनों धड़े पिछली बातों को भुलाकर साथ काम कर सकेंगे? यह पूरी तरह आपपर निर्भर है। यदि आप सही ढंग से निष्पक्षता का व्यवहार रखते हुए दोनों धड़ों का विश्वास बनाए रख सकते हैं तो आप कांग्रेस को बचा सकते हैं और राष्ट्रीय एकता को फिरसे बहाल कर सकते हैं।

स्वभाव से मैं बदले की भावना रखने वाला व्यक्ति नहीं हूं और ना ही मेरी आदत शिकायत करते रहने की है। मेरी मानसिकता एक तरह से मुक्केबाज की–सी है। यानि मेरी प्रवृत्ति मुक्केबाजी का दौर खत्म होते ही मुस्कराते हुए हाथ मिलाने और परिणाम को खेल की भावना से स्वीकार करने की है।

दूसरी बात यह कि बावजूद इसके कि मुझे पंत प्रस्ताव के खिलाफ अनेक पत्र मिलते रहे हैं, मैं उसे स्वीकार करता हूं क्योंकि कांग्रेस ने इसे पारित किया है। हमें अब उस पर काम करना है। मैंने खुद इस प्रस्ताव को रखने तथा इस पर चर्चा की अनुमति दी, जबकि इसमें एक व्यक्ति को पूर्ण अधिकार देने की बात है। इससे मैं पीछे कैसे हट सकता हूं?

तीसरी बात यह कि आपके सामने दो विकल्प हैं। (1) या तो आप नई कार्यकारिणी के गठन में हमारे विचारों को भी स्थान दें या फिर (2) पूर्ण रूप से अपने ही विचारों पर कायम रहें। यदि आप दूसरा विकल्प चुनते हैं तो हम अलग हो जाएंगे।

चौथी बात यह कि मैं वह हर कुछ करने के लिए तैयार हूं जो नई कार्यकारिणी के शीघ्र गठन के लिए जरूरी हैं। इसके साथ ही कांग्रेस कमिटी तथा कार्यकारिणी की बैठक बुलाने के लिए भी तैयार हूं। लेकिन मुझे खेद के साथ कहना पड़ता है कि मैं इस समय दिल्ली आने में असमर्थ हूं। (इस बारे में डॉ. सुनील ने आपको तार भेजा है) मुझे आपका तार कल ही मिला है।

पांचवी बात यह कि मुझे आपके पत्र से यह जानकर आश्चर्य हुआ कि कांग्रेस कार्यालय ने आपको पंत प्रस्ताव की प्रति नहीं भेजी है। (अब उसे भेजा जा चुका है) इससे अधिक आश्चर्य मुझे यह जानकर हुआ कि इलाहाबाद आने से पहले आपको इस बारे में कोई जानकारी नहीं थी। त्रिपुरी में यह अफवाह जोरों पर था कि इस प्रस्ताव को आपका भरपूर समर्थन प्राप्त है। जब हम त्रिपुरी में ही थे, तब इस आशय की खबर दिल्ली के अखबारों में छपी भी थी।

छठी बात यह कि मुझे पद पर बने रहने की जरा भी इच्छा नहीं है। लेकिन मैं नहीं समझता हूं कि अपनी बीमारी की वजह से मुझे इस्तीफा दे देना चाहिए।

उदाहरण के तौर पर किसी भी अध्यक्ष ने इसलिए इस्तीफा नहीं दिया क्योंकि वह जेल में था। मैं आपको बता दूं कि इस्तीफा देने के लिए मुझपर भारी दबाव बनाया जा रहा है। मैं इससे बच रहा हूं क्योंकि मेरे इस्तीफे से कांग्रेस में एक नया दौर आ जाएगा और मैं उसे अंतिम समय तक टालना चाहता हूं।

पिछले कुछ दिनों से मैं अखिल भारतीय कांग्रेस कमिटी के कुछ महत्वपूर्ण कामों में लगा रहा हूं।

मैं आपको कल या परसों में फिर पत्र लिखूंगा। मेरे स्वास्थ्य में सुधार हो रहा है। मैं आशा करता हूं कि आपका रक्तचाप फिर से नीचे चला आएगा।

प्रणाम सहित
आपका स्नेही
सुभाष

पुनश्चः यह पत्र आपके पत्र के जवाब में नहीं है। मेरे मन में जो बातें आई, उन्हें मैं लिखता चला गया हूं। मैं उन्हें आप तक पहुंचाना चाहता था।

31 मार्च 1939 को लिखे गए अपने अगले पत्र में सुभाष ने गांधी से अपील की,

यदि हमारे रास्ते अलग–अलग हुए तो गृह युद्ध छिड़ जाएगा। इसका नतीजा चाहे और जो कुछ हो, पर इससे कांग्रेस आगे आने वाले लम्बे समय के लिए कमजोर हो जाएगी तथा इसका लाभ ब्रिटिश सरकार उठा ले जाएगी। कांग्रेस तथा देश को इस संकट से उबारना आप पर है। ... इसमें कोई शक नहीं कि आज कांग्रेस के दोनों महत्वपूर्ण दलों या धड़ों के बीच गहरी खाई है। लेकिन यह खाई पाटी जा सकती है, आपके ही द्वारा।

पत्र में आगे लिखा था.

मेरे भाई शरत द्वारा आपको लिखे गए पत्र से साफ है कि उन्हें कड़वा लगा है। मैं समझता हूं कि यह त्रिपुरी की घटनाओं के कारण है क्योंकि कलकत्ता से त्रिपुरी जाने के वक्त उनके मन में ऐसा कोई भाव नहीं था। स्वाभाविक तौर से त्रिपुरी की घटनाओं की जानकारी उन्हें मुझसे अधिक है क्योंकि वह वहां घूमने–फिरने, मिलने–जुलने तथा सूचनाएं एकत्र करने के लिए स्वतंत्र थे। हालांकि मैं अपने बिस्तर पर ही पड़ा रहा, फिर भी अनेक स्वतंत्र सूत्रों से मुझे हमारे विरोधी खेमे के जिम्मेदार लोगों के रवैये का पता चलता रहा, जिसने इस पूरे मामले को लेकर मेरे भीतर खीज पैदा कर दी। यहां तक कि जब मैं त्रिपुरी से चलने को हुआ तो कांग्रेस की राजनीति को लेकर इतनी घृणा से भरा हुआ था, जैसा कि मैंने पिछले 19 सालों में कभी महसूस नहीं किया

था। भगवान का शुक्र है कि अब मेरे भीतर वैसा कोई भाव नहीं रह गया है और मैंने अपना धैर्य वापस पा लिया है।

जवाहर ने अपने किसी पत्र में (और शायद बयान में भी) कहा है कि मेरे नेतृत्व में कांग्रेस में गिरावट आई है। ....

त्रिपुरी कांग्रेस के दौरान तथा उसके बाद की घटनाओं को लेकर सुभाष का गुस्सा अपने भतीजे अमीय को लिखे 17 अप्रैल 1939 के पत्र में देखा जा सकता है। देश में विकासशील शक्तियों की जीत के प्रति उनके अटल विश्वास को भी इस पत्र में देखा जा सकता है। अमीय तब कैम्ब्रिज में थे और सुभाष अपनी गंभीर बीमारी के बाद बिहार के जामडोबा में स्वास्थ्य लाभ कर रहे थे।

मेरे प्रिय अमीय,

मुझे बिस्तर पकड़े दो माह हो चुके हैं। लम्बे समय में मैं कभी इतना बीमार नहीं पड़ा था। मुझे ब्रॉन्को–निमोनिया हो गया था और साथ में जिगर तथा अंतड़ियों में कुछ शिकायत थी। इस बीमारी के समय ही राजनैतिक संकट भी उठ खड़ा हुआ, जिससे मानसिक तनाव रहा। मुझे शारीरिक या मानसिक किसी भी तरह का आराम नहीं मिला, जबकि बिस्तर में पड़े–पड़े भारी बुखार के साथ ही काम करते रहना पड़ा। जब–कभी तो लगा कि मैं कभी ठीक ही नहीं होउंगा। लेकिन अब खतरा टल गया है और मेरी सेहत सुधरने लगी है। 21 तारीख को मैं बंगाल प्रदेश कांग्रेस कमिटी तथा अखिल भारतीय कांग्रेस कमिटी की बैठकों आदि के सिलसिले में कलकत्ता जा रहा हूं। हालांकि तापमान अब सामान्य हो गया है, पर कमजोरी अभी लम्बे समय तक बनी रहेगी। यदि संभव हुआ तो मैं गरमियों में कुछ बदलाव के लिए निकलुंगा। देखते हैं।

तुम्हारे पास अखबार आता है इसलिए तुमने अध्यक्षीय चुनाव से पहले तथा उसके बाद भी जिस तरह की बयानबाजी होती रही, उसे देखा होगा। तुमने त्रिपुरी कांग्रेस का ब्यौरा भी देख लिया होगा। पुरातनपंथियों का आकलन था कि चुनाव में मुझे सिर्फ 25 से 30 फीसदी वोट मिलेंगे, लेकिन चुनाव के परिणाम से उन्हें भारी झटका लगा। इससे उनके शिविर में सनसनी फैल गई। न सिर्फ उन्हें यह लगा कि जैसे सात प्रादेशिक सरकारों की सत्ता उनके हाथों से खिसकती जा रही है, बल्कि गांधीवादी नेताओं को यह भी लगने लगा मानो बीस सालों का उनका काम एक दिन में ही चौपट हो गया हो। उनका सारा गुस्सा मुझ पर फूटा। देशबंधु के बाद किसी ने भी उन्हें ऐसी करारी हार नहीं दी थी। इसकी बाद गांधीजी का बयान आया – वह खुद पुरातनपंथी नेताओं के बचाव में उतर आए और उनकी हार को अपनी हार बताई। मध्यमार्गियों का मत हमारी तरफ झुक गया। वे हमें समर्थन देने के लिए तो तैयार थे, पर जैसा कि उन्होंने ही कहा, गांधीजी को बाहर करने के लिए तैयार नहीं थे।

मेरी बीमारी भारी त्रासद घटना थी। स्पष्ट तौर पर त्रिपुरी में हमारी हार हुई। लेकिन जैसा कि मेरे बंबई के किसी मित्र ने कहा, यह एक ऐसा मामला था, जहां बिस्तर पर पड़ा एक बीमार व्यक्ति (1) बारह दिग्गज पुरातनपंथियों (2) जवाहर लाल नेहरू (3) सात प्रांतीय मंत्रिमंडलों (जो पुरातनपंथियों की ही मदद कर रहे थे) और (4) महात्मा गांधी के नाम, प्रभाव तथा प्रतिष्ठा से लड़ रहा था। उनका निष्कर्ष था कि यह हमारी नैतिक जीत है।

इसके अलावा हमारी यह हार कांग्रेस सोशलिस्ट पार्टी के विश्वासघात और हमारी तरफ से कुछ रणनीतिक खामियों का भी नतीजा थी। अपने नेताओं की त्रिपुरी नीति के खिलाफ कांग्रेस सोशलिस्ट पार्टी में ऊपर से नीचे तक बगावत छिड़ गई है, जिसने उसकी चूलें हिला दी हैं। कम्युनिस्ट पार्टी भी कांग्रेस सोशलिस्ट पार्टी के तर्ज़ पर ही चल रही थी, लेकिन आखिरी समय में उसमें बगावत हो गई और कम्युनिस्ट पार्टी के नेताओं को अपना फैसला बदलना पड़ा, जो उन्होंने समाजवादियों के साथ मिलकर गुप्त तरीके से कर रखा था।

पंडित नेहरू ने व्यक्तिगत तोर पर मेरे और हमारे उद्देश्यों को जितनी हानि पहुंचाई है, उतना किसी और ने नहीं। यदि वह हमारे साथ रहे होते तो हमें बहुमत मिल जाता। यहां तक कि वह यदि तटस्थ रह गए होते को भी शायद हमें बहुमत मिल जाता। लेकिन त्रिपुरी में उन्होंने पुरातनपंथियों का साथ दिया। उनके खुले प्रचार ने मेरा जितना नुकसान किया है, उतना तो बारहों दिग्गजों ने मिलकर भी नहीं किया। यह कितने खेद की बात है।

निकट भविष्य में क्या होगा, पता नहीं। मेरे और गांधीजी के बीच समझौते के लिए बातचीत चल रही है। इसका कोई समाधान निकलेगा या नहीं, इसके बारे में अभी कुछ कहा नहीं जा सकता। यह भी संभव है कि आखिरकार मुझे अपना त्याग–पत्र देना पड़े।

लोगों की नजरों में कांग्रेस सोशलिस्ट पार्टी का कद घटा है। हालांकि इसका मतलब यह नहीं कि इससे (कम्युनिस्ट नेता) मानवेन्द्र नाथ राय का कोई लाभ हुआ है। वह फिलहाल बंगाल के दौरे पर हैं और उन्हें हर जगह लोगों का उत्साह मिल रहा है। बंगाल की सहज सहानुभूति उनके साथ है, पर उन्हें अपने काम में सफलता मिलेगी या नहीं, यह उनके सहयोगियों पर निर्भर है, जिनके साथ उन्होंने खुद को जोड़ रखा है। वह घोर व्यक्तिवादी हैं और सबों को साथ लेकर नहीं चल सकते। यह उनकी सबसे भारी खामी है।

अध्यक्षीय चुनाव और उसके परिणाम चाहे कितने भी दुर्भाग्यपूर्ण हों, फिर भी उनसे राजनैतिक चेतना बहुत बढ़ी है। आगे चलकर यह विकास की दिशा में बेहद मददगार साबित होगी। निकट भविष्य में हमारे लिए चाहे जो कुछ भी हो, पर हमारा भविष्य उज्ज्वल है। ऐसा मैं यथार्थवादी व्यक्ति के तौर पर मानता हूं। 90 फीसदी विकासशील तथा उग्रवादी शक्तियां हमारे साथ हैं। मुझे इस बात

का खेद है कि अध्यक्षीय चुनाव से पहले तथा बाद में और खासकर त्रिपुरी में उनकी हरकतों के कारण जवाहर के पुराने प्रशंसकों तक में उनकी प्रतिष्ठा गिरी है। पार्टी के प्रतिनिधियों ने लगभग डेढ़ घंटे तक उन्हें भाषण नहीं देने दिया। जब मेजदादा (शरत) ने उनसे आग्रह किया, तभी वे चुप हुए। इससे पहले ऐसा कभी नहीं हुआ था।

सस्नेह
सर्वदा तुम्हारा
सुभाष

गांधी और सुभाष के बीच कांग्रेस कार्यकारिणी के गठन को लेकर समझौते की कोशिशें कुछ समय तक चलीं, पर आखिरकार वे असफल रहीं। 29 अप्रैल 1939 को कलकत्ता में अखिल भारतीय कांग्रेस कमिटी की बैठक बुलाई गई, जिसमें सुभाष ने कांग्रस के अध्यक्ष पद से अपना इस्तीफा दे दिया और उसे स्वीकार कर लिया गया। अखिल भारतीय कांग्रेस कमिटी ने तब उनकी जगह पर राजेन्द्र प्रसाद को अध्यक्ष चुन लिया।

2 मई 1939 को नए कांग्रेस अध्यक्ष ने दिन की कार्यवाही के शुरू होने से पहले कार्यकारिणी के सदस्यों का नाम घोषित किया। कार्यकारिणी में सुभाष चन्द्र बोस, शरत चन्द्र बोस तथा जवाहर लाल नेहरू का नाम नहीं था। नेहरू की जगह खाली रखी गई थी, जबकि शरत और सुभाष की जगह पर डॉ. विधानचन्द्र राय तथा डॉ. प्रफुल्ल चन्द्र घोष को कमिटी में शामिल किया गया था।

कांग्रेस अध्यक्ष पद से सुभाष के इस्तीफे की खबर सुनकर रवीन्द्रनाथ ठाकुर ने उन्हें 3 मई 1939 को तार भेजा,[5]

उत्तेजना से भरे माहौल में आपने जो शिष्टता और धैर्य दिखाया है, उसकी मैं सराहना करता हूं और इससे आपके नेतृत्व के प्रति मेरा विश्वास बढ़ा है। अब ऐसी ही शिष्टता बंगाल को अपने आत्मसम्मान की खातिर दिखानी है। तभी वह आपकी स्पष्ट हार को आपकी स्थायी जीत में बदल पाने में सहायक हो सकेगा।

यह बेवजह नहीं है कि गांधी ने सुभाष को कभी अपराजेय बताया था। कांग्रेस के अध्यक्ष पद से इस्तीफा देने के लिए बाध्य किए जाने के कुछ ही दिन बाद 3 मई 1939 को सुभाष कांग्रेस में ही फॉरवर्ड ब्लॉक के नाम से उग्रवादी एवं समाजवादी पार्टी के गठन में लग गए, जिससे कि सभी वामपंथी शक्तियों को एक ही छत के नीचे लाया जा सके। शुरू में तो फॉरवर्ड ब्लॉक कांग्रेस के भीतर से

[5] प्रशान्त कुमार पाल द्वारा संपादित, रवीन्द्रनाथ एण्ड सुभाष चन्द्र (विश्वभारती, शान्ति निकेतन, 2001), 42–43.

ही काम करता रहा, पर अगस्त 1939 में जब सुभाष तथा उनके कुछ समर्थकों को कांग्रेस से निष्कासित कर दिया गया तो ऑल इंडिया फॉरवर्ड ब्लॉक उससे अलग स्वतंत्र पार्टी के तौर पर काम करने लगा।

फॉरवर्ड ब्लॉक के गठन के तत्काल बाद, कांग्रेस के भीतर ही सभी वामपंथी ताकतों को एक जगह लाने और कांग्रेस के दक्षिणपंथी गुट के वर्चस्व को चुनौती देने के इरादे से सुभाष ने लेफ्ट कॉन्सोलिडेशन कमिटी के गठन की पहल की। इसमें कांग्रेस सोशलिस्ट पार्टी, भारतीय कम्युनिस्ट पार्टी, ऑल इंडिया किसान सभा के साथ ही पूर्व कॉमइंटर्न नेता एम.एन. रॉय के नेतृत्व में गठित रॉयिस्ट नामक गुट भी शामिल था। सुभाष इस लेफ्ट कॉन्सोलिडेशन कमिटी के अध्यक्ष बनाए गए, लेकिन यह आगे नहीं बढ़ पाया और धीरे–धीरे लोगों की नजरों से ओझल हो गया।

कांग्रेस से निष्कासित होने तथा वामपंथी शक्तियों के बीच एकता कायम करने की कोशिशों में नाकाम रहने के बाद सुभाष को लगने लगा कि भारत में रहते हुए स्वतंत्रता संग्राम को जारी रख पाने के लिए सीमित विकल्प बचे हैं। इसलिए सामने आने वाले मौकों का फायदा उठाते हुए ही वह भारत में ब्रिटिश सत्ता के खिलाफ जंग छेड़ने के लिए बाहर से मदद लेने पर भी विचार करने लगे।

***

अचानक ही मई 1939 के अन्त में अमीय को सुभाष का संवाद मिला, जिसमें उन्हें गर्मियों की छुट्टी में कैम्ब्रिज से भारत आने के लिए कहा गया था।

> सुभाष चाचा ने मुझसे कहा कि भारत आते हुए मैं वियना में कुछ दिन गुजारूं और वहां फ्राउ हेडी फुलॉप मिलर से मिलूं। उनसे मैं इससे पहले दिसम्बर 1937 में बैडगस्टाइन में मिल चुका था। जैसे ही कैम्ब्रिज विश्वविद्यालय में लम्बी छुट्टियां शुरू हुईं, मैं वियना पहुंच गया।
>
> वियना पहुंचने पर फ्राउ हेडी मुझे प्रो. डॉक्टर स्टिगलर से मिलाने ले गए, जो नाजी पार्टी के संस्थापक सदस्यों में थे। इस समय तक ऑस्ट्रिया पर जर्मन कब्जा हो चुका था। प्रो. स्टिगलर ने बर्लिन स्थित जर्मन सरकार में अपने संबंधों की मदद से मेरे और किन्ही श्री ज़ेल्नर के बीच मुलाकात की व्यवस्था की।
>
> कुछ दिनों के बाद मैं वियना में श्री ज़ेल्नर से मिला। वियना के इम्पीरियल होटल में हमने दो बार साथ भोजन किया। उन्होंने जर्मन निर्यात परिषद के वरिष्ठ सदस्य के तौर पर अपना परिचय दिया। बाद में मुझे पता चला कि वह नाज़ी पार्टी के प्रमुख सदस्यों में एक थे। हालांकि मैं इस बारे में निश्चित तौर

> पर नहीं कह सकता कि ज़ेल्नर ही उनका वास्तविक नाम था। बातचीत में श्री ज़ेल्नर ने मुझे बताया कि इसी साल यूरोप में युद्ध छिड़ सकता है।
>
> जून 1939 के अन्त तक मैं भारत पहुंचा। मैंने सुभाष चाचा को श्री ज़ेल्नर से अपनी बातचीत का ब्यौरा दिया और यह भी बताया कि उनके अनुसार युद्ध होना तय है। चाचा के साथ बातचीत में मैं समझ पा रहा था कि यूरोप के बदलते हुए हालात को लेकर कुछ महत्वपूर्ण जानकारियों की मैं पुष्टि ही कर रहा हूं।

1939 की गर्मियों को याद करते हुए अमीय ने आगे लिखा है,

> मेरे कलकत्ता लौटने के बाद ही सत्यरंजन बख्शी (बोस बंधुओं के सहयोगी और घनिष्ठ मित्र) सुभाष चाचा के बारे में पुलिस की अनेक फाइलें चाचा के पास रात में लाने में सफल रहे। तब सुभाष चाचा 38/2 एल्गिन रोड के घर में रह रहे थे। 1939 तक सुभाष चाचा और उनके मित्र भारत भर के पुलिस तथा प्रशासनिक अधिकारियों से संपर्क साधने में सफल हो गए थे। लेकिन तमाम कोशिशों के बाद भी ब्रिटिश भारतीय फौज से उनका कोई संबंध नहीं बन पाया था, जबकि यही ब्रिटिश राज की रीढ़ थी।
>
> एलेशियम रो (अब लार्ड सिन्हा रोड) स्थित खुफिया मुख्यालय से आधी रात के बाद फाइलें गायब कर उनके पास लाई जातीं और फिर भोर होने से पहले उन्हें वापस कर दिया जाता। यह सिलसिला एक हफ्ते तक चला। सात दिनों में सुभाष चाचा और मैंने ये सभी फाइलें पढ़ डालीं। इन फाइलों में अन्य बातों के अलावा कुछ ऐसी सूचनाएं भी थीं जो उनके राजनैतिक सहकर्मियों, तथाकथित मित्रों, यहां तक कि उनके अपने रिश्तेदारों सहित अनेक व्यक्तियों की संदिग्ध गतिविधियों की जानकारी देती थीं। अपने कुछ सहकर्मियों की संदिग्ध भूमिका के बारे में जानकर उन्हें हैरानी हुई। इससे उन्हें इस बात का भी पता चला कि उनका कोई भाई ही उनकी गतिविधियों पर नजर रखे हुए था। पुलिस फाइलों से मिलने वाली ये जानकारियां उन्हें अपने वास्तविक एवं संभावित शत्रुओं से बचकर रहने में काम आईं और इससे उन्हें जनवरी 1941 में भारत से निकल भागने में भी मदद मिली।

अक्टूबर 1939 में जब अमीय अपनी पढ़ाई के लिए वापस ब्रिटेन जाने की तैयारी कर रहे थे, उनके चाचा ने उन्हें एक और महत्वपूर्ण काम की जिम्मेदारी सौंप दी। इस बार अमीय को सुभाष की एक हस्तलिखित चिट्ठी सोवियत सरकार तक पहुंचानी थी। इस पत्र में सुभाष ने भारत की स्वतंत्रता के लिए सोवियत मदद मांगी थी।

सुभाष ने सोवियत रूस सरकार से संपर्क करने में मदद मांगने के लिए भारतीय कम्युनिस्ट पार्टी के साथ अनेक बैठकें की। उन बैठकों में भारतीय

कम्युनिस्ट पार्टी का प्रतिनिधित्व करने वाले सोली बाटलीवाला के अनुसार, भारतीय कम्युनिस्ट पार्टी इस पर सहमत हो गई और उसने ऐसा ही किया। फैसला किया गया कि सुभाष मास्को से सीधा संपर्क करें और अमीय उनका संवाद लेकर जाएं। श्री बाटलीवाला ने इन बैठकों का ब्यौरा दिया है।[6]

> सुभाष चन्द्र बोस के साथ अक्टूबर 1939 में हुई बैठकों में मैंने भारतीय कम्युनिस्ट पार्टी का प्रतिनिधित्व किया था। उस वक्त द्वितीय विश्व युद्ध शुरू ही हुआ था।
>
> चूंकि मुझे इसकी जानकारी पार्टी को देनी पड़ती थी, इसलिए मैं उनकी बातों को नोट करता रहा था।
>
> उन्होंने कहा – 'मुझे विश्वास है कि भारत को उपनिवेश बनाने में सोवियत रूस की दिलचस्पी नहीं होगी। इसलिए मैं ब्रिटिश साम्राज्यवाद के पंजे से भारत को स्वतंत्र कराने के लिए सोवियत रूस से मदद लेने को तैयार हूं। आधुनिक हथियारों से सुसज्जित सेना की मदद के बिना मैं अपने देश की आजादी की संभावना नहीं देखता। मेरे विचार से जो रणनीति अपनाई जानी चाहिए, वह यह है – हम भारत के भीतर स्वतंत्रता के लिए पुरजोर राष्ट्रीय अभियान छेड़ दें। उसी दौरान सोवियत रूस यह कहते हुए उत्तर से चढ़ाई कर दे कि वह राजशाही से खुद को मुक्त कराने के लिए संघर्षरत भारतीय राष्ट्रवादियों की मदद करने के लिए यहां आ रहा है। उन्हें विश्वास था कि पूरा भारत एक होकर सोवियत रूप के इस कदम का स्वागत करेगा। एक तरफ सोवियत सेना और दूसरी तरफ भारत के हर गांव एवं शहर में उठ खड़े राष्ट्रवादियों के बीच पिस कर ब्रिटिश जल्दी ही कुचल जाएंगे।'
>
> उन्हें इस बात का गहरा विश्वास था कि सोवियत रूप पर भरोसा किया जा सकता है कि वह इस स्थिति का लाभ उठाकर खुद भारत पर कब्जा नहीं जमाएगा। क्रांति के सिद्धान्त के प्रति उनका सार्वजनिक विश्वास तथा व्यवहार उन्हें ऐसा नहीं करने देगा। वे हमारे साथ धोखा नहीं करेंगे। उन्होंने मास्को की सत्ता तक अपनी बात पहुंचाने के लिए हमारी मदद चाही है। मैंने भारतीय कम्युनिस्ट पार्टी के पोलित ब्यूरो को उनकी यह बात बता दी और नेताजी को उनका जवाब भी दे दिया। भारतीय कम्युनिस्ट पार्टी को उनकी यह योजना अच्छी नहीं लगी। उन्हें यह अवसरवादिता लगी। फिर भी उन्होंने कहा कि यदि उन्हें इस बारे में कोई लिखित संवाद दिया जाता है तो वे उसे मास्को पहुंचाने में मदद करेंगे।
>
> सुभाष ने बताया कि अमीय वहां जा रहे हैं और इसके लिए उन पर भरोसा किया जा सकता है। रोम, लन्दन या उससे आगे भी वह संपर्क में रह सकते

[6] सोली बाटलीवाला कोलकाता में भारतीय कम्युनिस्ट पार्टी के प्रमुख सदस्य थे। अमीय द्वारा जानकारी मांगने पर उन्होंने 6 मार्च 1972 को हस्तलिखित उत्तर में ये बातें बताई।

हैं। कुछ विचार–विमर्श के बाद भारतीय कम्युनिस्ट पार्टी ने इसे स्वीकार कर लिया और उसी अनुसार काम किया।

इस तरह अमीय को इंग्लैंड लौटते हुए दो–दो पत्र पहुंचाने थे। एक भारतीय कम्युनिस्ट पार्टी की तरफ से ब्रिटिश कम्युनिस्ट पार्टी को और दूसरा सुभाष चन्द्र बोस की तरफ से सोवियत सरकार को। अमीय बताते हैं,

सुभाष चाचा ने मेरे पिता को मेरे रूसी 'अभियान' के बारे में बताया। लेकिन साथ ही यह भी कहा कि वह इसके बारे में मेरी माँ को कुछ न बताएं। उन्होंने भरोसा दिलाया कि अगर कहीं कुछ गड़बड़ी हुई तो वह खुद ही सारी बातें मेरी माँ को बताएंगे। दोनों भाइयों के बीच इतना अधिक विश्वास था। शरत ने न केवल सुभाष द्वारा अपनी जिन्दगी को खतरे में डालना स्वीकार किया, बल्कि अपने बेटे की ज़िन्दगी को भी खतरे में डालने की स्वीकृति दे दी।

अब मैं अपने मिशन के लिए तैयार था। सुभाष चाचा ने मुझे दोनों संदेश अपने ओवरकोट की पाकेट में रखने की सलाह दी। जैसा कि मैंने बाद में पाया, वह खुफिया अधिकारियों के सोचने के तरीके से पूरी तरह वाकिफ थे। मैंने चाचा से कहा – यदि मुझे इन संदेशों के साथ पकड़ लिया गया तो आपको निश्चित तौर पर फांसी दे दी जाएगी। उन्होंने जवाब में कहा कि वह यह खतरा उठाने के लिए खुशी–खुशी तैयार हैं।

इस तरह अक्टूबर 1939 को मैं अपने माता–पिता शरत तथा विभावती के साथ बंबई के लिए रवाना हुआ। सुभाष चाचा ने मुझे अपनी यूरोप यात्रा के लिए टिकट इतालवी जहाज से लेने को कहा था। पर जब मैं बंबई पहुंचा तो बंबई के पुलिस अधीक्षक ने बताया कि मैं इतालवी जहाज से यूरोप नहीं लौट सकता हूं (हालांकि अक्टूबर 1939 तक इटली युद्ध में शामिल नहीं हुआ था)। तब इम्पीरियल एअरवेज़ से मेरी यात्रा की व्यवस्था की गई। इसके साथ ही हम पूना के लिए रवाना हुए, जहां से मुझे कराची जाने वाली टाटा एअरवेज़ की उड़ान लेनी थी।

कराची से बसरा के लिए मैंने पानी का जहाज पकड़ा, जहां रात भर के लिए मुझे रुकना पड़ा। वहां से मैं कोर्फू (यूनान) गया और फिर रात में वहां रुका। अंत में मैं बोर्दो (फ्रांस) आया। रात वहां बिताकर अगली सुबह मैं वहां से इंग्लैंड के पूले बंदरगाह के लिए चल पड़ा।

पूले बंदरगाह पहुंचने पर मैं ज्यों ही जहाज से उतरा, न्यू स्कॉटलैंड यार्ड का कोई अधिकारी आकर मुझसे मिला। बढ़िया बांग्ला बोलते हुए उसने मुझे अपने साथ चलने को कहा। मैं यह सोच कर परेशान हो गया कि न जाने वह मेरे बारे में क्या जानता है। अक्टूबर का महीना था और सर्दी पड़ रही थी, पर मैं अपनी कमीज को पसीने से तर–बतर होते महसूस कर रहा था। तीन घंटे तक

मुझसे पूछताछ की गई। सूटकेस में रखीं मेरी ढेरों किताबें ले ली गईं। यहां तक कि पूछताछ कर रहे अधिकारी ने दाढ़ी बनाने का मेरा सामान और मेरा दूसरा जूता भी जब्त कर लिया। लेकिन मेरे ओवरकोट की जेब की तलाशी नहीं ली गई। मैंने अपना सूटकेस और ओवरकोट संभाला और लन्दन की ट्रेन लेने के लिए तेजी से भागा।

योजनानुसार मैंने रजनी पाल्मे दत्त से संपर्क किया और उन्हें भारतीय कम्युनिस्ट पार्टी का पत्र दे दिया, जो कम्युनिस्ट पार्टी ऑफ ग्रेट ब्रिटेन के लिए था। उन्होंने मुझे ब्रिस्टल के किसी होटल में जाने के लिए कहा और बताया कि वहां कोई सोवियत एजेंट मुझसे सोवियत सरकार के नाम सुभाष का पत्र ले लेगा। मैंने वैसा ही किया और ब्रिस्टल के होटल से सोवियत एजेंट ने मुझसे पत्र ले लिया।

हमें मालूम है कि सुभाष चन्द्र बोस के इस प्रस्ताव का सोवियत सरकार ने कोई जवाब नहीं दिया। भारत की आज़ादी के लिए सोवियत सशस्त्र सहायता मांगने को लेकर सुभाष चाचा का यह पत्र किसी सोवियत अभिलेखागार में खोजा जा सकता है।

***

इसी बीच 3 सितम्बर 1939 को सुभाष जब मद्रास के समुद्र तट पर लगभग 20 हजार लोंगों की सभा को संबोधित कर रहे थे, तभी श्रोताओं में से किसी ने उन्हें बताया कि ब्रिटेन ने जर्मनी के खिलाफ युद्ध छेड़ दिया है। तब सुभाष ने जनसभा में ही ऐलान किया कि भारत के लिए अपनी आजादी का बिगुल फूंकने का यह सुनहरा अवसर है। इसके साथ ही उन्होंने फिर से राष्ट्रीय संग्राम छेड़ने के लिए लोगों को तैयार करने का काम भी शुरू कर दिया। उसी दिन वायसरॉय लार्ड लिंलिथगो ने भारत को ब्रिटेन की तरफ से युद्धरत घोषित कर दिया। साथ ही उन्होंने अध्यादेश जारी किया, जिसमें आन्तरिक अव्यवस्था को सख्ती से कुचलने की भारी शक्तियां दी गई थीं।

सुभाष ने दि इंडियन स्ट्रगल में लिखा है,[7]

6 सितम्बर 1939 को महात्मा गांधी ने लार्ड लिंलिथगो से मिलने के बाद बयान दिया कि भारतीय स्वतंत्रता के प्रश्न पर भारत और ब्रिटेन के बीच मतभेदों के बावजूद खतरे की इस घड़ी में भारत को ब्रिटेन का सहयोग करना चाहिए। भारतीय जनता के लिए यह बयान किसी बम विस्फोट की तरह था क्योंकि 1927 से ही कांग्रेस के नेता उन्हें बताते रहे थे कि अगला युद्ध स्वतंत्रता पाने का अनूठा मौका होगा। गांधी के इस बयान के बाद उनसे जुड़े बहुत सारे नेता

[7] बोस, दि इंडियन स्ट्रगल, 426–428.

लोगों को यह बताने में लगे थे कि हालांकि वे भारत की आजादी की मांग करते हैं, फिर भी वे युद्ध में ब्रिटेन की जीत चाहते हैं। चूंकि इस तरह के प्रचार से भारतीय जनमत पर दुर्भाग्यपूर्ण असर होता, इसलिए फारवर्ड ब्लॉक ने, जो अब तक अखिल भारतीय स्तर की पार्टी बन चुका था, बड़े पैमाने पर इसके खिलाफ प्रचार कार्य शुरू किया। फारवर्ड ब्लॉक का कहना था कि चूंकि 1927 से ही कांग्रेस लगातार यह कहती रही थी कि ब्रिटेन के युद्ध में भारत को उसका साथ नहीं देना चाहिए तो अब उसे अपनी उस नीति के अनुसार काम करना चाहिए। फारवर्ड ब्लॉक के सदस्यों ने यह भी घोषणा की कि वे नहीं चाहते कि ब्रिटेन युद्ध जीते क्योंकि तभी ब्रिटिश साम्राज्य टूटेगा और भारत अपनी आज़ादी की आशा कर सकेगा।

फारवर्ड ब्लॉक द्वारा किए जा रहे इस सामान्य प्रचार के अलावा लेखक ने स्वयं देश भर में घूम–घूमकर भाषण दिए। दस महीने के दौरान उसने हजारों सभाएं कीं।

(लेखक : इन सभाओं में नागपुर में अक्टूबर 1939 को आयोजित साम्राज्य विरोधी सम्मेलन, और जनवरी 1940 में दिल्ली में आयोजित अखिल भारतीय छात्र सम्मेलन भी था, जिसकी अध्यक्षता सुभाष ने की। छात्र सम्मेलन में अध्यक्षीय भाषण देते हुए उन्होंने अपना राजनैतिक दृष्टिकोण स्पष्ट करते हुए कहा कि ... 'हमारे सामने भारत की स्वतंत्रता का सबसे बड़ा अवसर है। ऐसा अनूठा मौका छोड़ना हमारी भूल होगी। यदि हम इस अवसर को चूक गए तो भावी पीढ़ियां हमें कभी माफ नहीं करेंगी।')

ब्रिटिश सरकार ने ब्रिटिश विरोधी तथा युद्ध विरोधी इस प्रचार को कैसे जारी रहने दिया, यह लेखक सहित बहुतों के लिए आश्चर्य का विषय है। हालांकि तथ्य यह था कि ब्रिटिश सरकार इस बात से डर रही थी कि उसने अगर फारवर्ड ब्लॉक के खिलाफ कोई कठोर कदम उठाए तो इससे कहीं कांग्रेस तथा आम जनता भड़क न उठे और फिर ब्रिटिश सरकार के खिलाफ सविनय अवज्ञा शुरू हो जाए। ब्रिटिश सरकार की इस घबराहट के कारण ही फारवर्ड ब्लॉक अपना ब्रिटिश विरोधी तथा युद्ध विरोधी अभियान जारी रख सका। हालांकि इस दौरान उसके अनेक कार्यकर्ता जेल में डाल दिए गए।

फारवर्ड ब्लॉक के इस प्रचार की देश भर में उत्साहजनक प्रतिध्वनि हुई। इसके बाद महात्मा गांधी और उनके अनुयायियों को लगने लगा कि ब्रिटेन से सहयोग की नीति को जनता का समर्थन नहीं मिलेगा और इससे उनके प्रभाव एवं प्रसिद्धि में निश्चित तौर पर कमी आएगी। इसके बाद उन्होंने अपना रवैया धीरे–धीरे बदलना शुरू किया।

गांधी के रवैये से भी ज्यादा अजीब नेहरू का रवैया था। 1927 से 1938 के बीच वह कांग्रेस के सभी युद्ध विरोधी प्रस्तावों में प्रमुख तौर पर शामिल रहे थे। इस वजह से युद्ध छिड़ने पर लोगों को स्वाभाविक रूप से लगता था कि अब

वह युद्ध विरोधी नीति में पहल करेंगे। लेकिन न सिर्फ नेहरू ने यह नीति नहीं अपनाई, बल्कि उन्होंने अपना पूरा प्रयास यह सुनिश्चत करने में लगा दिया कि युद्ध के दौरान कांग्रेस किसी भी तरह से ब्रिटेन को परेशानी में न डाले।

मार्च 1940 मे बिहार के रामगढ़ में कांग्रेस का वार्षिक अधिवेशन हुआ। इसमें युद्ध विरोध के बारे में कोई फैसला नहीं किया जा सका। इसी के साथ फारवर्ड ब्लॉक तथा किसान सभा के संयुक्त तत्वावधान में रामगढ़ में ही समझौता विरोधी सम्मेलन का भी आयोजन हुआ। मौलाना आज़ाद ने कांग्रेस के रामगढ़ अधिवेशन की अध्यक्षता की, जबकि समझौता विरोधी सम्मेलन की अध्यक्षता सुभाष ने की।

अमीय के अनुसार देश और उसके बाहर भी लोगों को यह मालूम हो गया कि समझौता विरोधी सम्मेलन में कांग्रेस के रामगढ़ अधिवेशन से ज्यादा लोग जुटे थे और उसमें उत्साह भी अधिक था। अमीय ने यह भी बताया कि बर्मी नेता आंग सान ने तब रामगढ़ पहुंचकर सुभाष से लम्बी बातचीत की थी। वह कलकत्ता में शरत से भी मिले। बर्मा के संविधान पर अपनी पुस्तक में डॉ. माउंग माउंग ने लिखा है,[8]

> थाकिन आंग सान मार्च 1940 में भारतीय राष्ट्रीय कांग्रेस के रामगढ़ अधिवेशन में शामिल होने के लिए भारत गए थे। उनके साथ थाकिन थान तुन भी थे, जो बाद में बर्मा के प्रमुख कम्युनिस्ट नेता हुए और उनके कट्टर राजनैतिक विरोधी हो गए। यह प्रतिनिधिमंडल कई जगहों पर गया और अनेक नेताओं से मिला। आंग सान महात्मा गांधी से अधिक सुभाष चन्द्र बोस से प्रभावित होकर वापस आए।

जून 1940 में सुभाष अंतिम बार गांधी से मिले और जैसा कि सुभाष ने दि इंडियन स्ट्रगल में लिखा है, दोनों के बीच 'दिल से' बात हुई जो देर तक चली। सुभाष ने एक बार फिर महात्मा को समझाने की कोशिश की कि वह आगे बढ़कर अपना सविनय अवज्ञा आन्दोलन फिर से छेड़ें पर महात्मा ने इस पर कोई निर्णय नहीं किया। गांधी का मानना था कि देश अभी लड़ाई के लिए तैयार नहीं है और इस दिशा में की गई कोई भी कोशिश उसके लाभ से ज्यादा उसका नुकसान करेगी। साथ में उन्होंने यह भी कहा कि यदि भारत को स्वतंत्र कराने में लेखक के प्रयास रंग लाते हैं तो उनका (यानी गांधी का) तार लेखक को मिलने वाले बधाई संदेशों में पहला होगा।[9]

इस तरह उस समय साफ तौर पर भारतीय स्वतंत्रता सेनानी दो धड़ों में बंटे थे। एक जिसका नेतृत्व गांधी करते थे और जो समझौतावादी अहिंसक समाधान

[8] माउंग माउंग, बर्माज़ कॉन्स्टीट्यूशन (मार्टिनस निझोफ, 1959), 43–44.
[9] बोस, दि इंडियन स्ट्रगल, 431–432.

पर जोर देता था और दूसरा जिसका नेतृत्व सुभाष करते थे और जो मानता था कि सशस्त्र संघर्ष से ही आजादी पाई जा सकती है।

3 जुलाई 1940 के बाद ही सुभाष को बिना उन पर मुकदमा चलाए बंदी बना लिया गया। बावजूद इसके तत्काल आजादी के लिए फारवर्ड ब्लॉक का सविनय अवज्ञा आन्दोलन जारी रहा। गांधी ने जब देखा कि आम जनता के साथ कांग्रेस के कार्यकर्ताओं से लेकर नेताओं तक में क्रांतिकारियों का प्रभाव बढ़ता जा रहा है तो उन्होंने अक्टूबर 1940 में ब्रिटिश युद्ध में भारत की संलिप्तता का प्रतिरोध शुरू करने का फैसला किया। हालांकि इस बार यह 1920 या फिर 1930 के दशक जैसा बड़ा अभियान नहीं था। इस तरह 1940 तक कांग्रेस तथा फारवर्ड ब्लॉक दोनों ही ब्रिटिश विरोधी तथा युद्ध विरोधी नीति को लेकर प्रतिबद्ध थे, हालांकि यह काम दोनों अपने–अपने तरीकों से तथा अलग–अलग तीव्रता के साथ कर रहे थे।

यह अभियान 1940 के नवम्बर में पूरी तरह चालू हो गया और ब्रिटिश अधिकारी जल्दी ही उसे कुचलने में लग पड़े। थोड़े ही समय में सभी आठ कांग्रेस नियंत्रित प्रदेशों के कांग्रेसी मंत्रियों को सैकड़ों प्रभावी नेताओं तथा हजारों अन्य लोगों के साथ गिरफ्तार कर जेल में डाल दिया गया। भारत सरकार अधिनियम 1935 के संघीय प्रावधानों को वायसरॉय ने इससे पहले सितम्बर 1939 से ही युद्ध की पूरी अवधि तक के लिए निलम्बित कर रखा था। अब इस नई कार्रवाई से सरकार में कांग्रेस की भागीदारी 1945 में युद्ध की समाप्ति तक के लिए नहीं रह गई।

इस बीच सुभाष ने जेल से जिन्दा या मुर्दा निकलने के संकल्प के साथ जेल में ही भूख हड़ताल करने का फैसला किया। उन्होंने 29 नवम्बर 1940 को आमरण अनशन शुरू किया। जेल में ही सुभाष की मौत की आशंका से ब्रिटिश सरकार घबरा उठी और उन्हें 5 दिसम्बर 1940 को बिना किसी शर्त के छोड़ दिया। उन्हें कलकत्ता के 38/2 एल्गिन रोड स्थित बंगले पर ले आया गया। हालांकि सुभाष अब आज़ाद थे, पर सादे कपड़ों में पुलिसकर्मी तथा उनके एजेंट हर वक्त उनके घर पर निगरानी रखे हुए थे।

अब सुभाष ने भारत से निकल भागने की योजना बनानी शुरू कर दी। उन्होंने इस बारे में 1 वूडबर्न पार्क में शरत से विस्तृत चर्चा की। उनके निकल भागने की इस योजना को कम लोग ही जानते थे। शरत को छोड़कर अन्य किसी को भी पूरी योजना का पता न था। इस काम में भारी सावधानी बरतने की जरूरत थी क्योंकि अमीय के साथ गुप्त तौर पर पुलिस फाइलें देखते हुए सुभाष को पता चल चुका था कि उनके आसपास के लोग ही पुलिस को उनकी बाबत सूचनाएं देते रहे हैं।

17 जनवरी 1941 को सुभाष पठान के भेष में एल्गिन रोड के घर से भाग निकले और खतरनाक यात्रा करते हुए पेशावर जा पहुंचे। भारत–अफगान सीमा

लांघकर वह काबुल पहुंच गए, जहां उन्हें लगभग दो महीनों के लिए रुकना पड़ा। आखिरकार अप्रैल 1941 में वह मास्को से हवाई जहाज पकड़कर जर्मनी आ गए।

***

वर्ष 1939 सुभाष और शरत दोनों के लिए महत्वपूर्ण था। सुभाष जहां फारवर्ड ब्लॉक का नेतृत्व करते हुए ब्रिटिश साम्राज्यवाद से भारत को स्वतंत्र कराने के लिए गैर समझौतावादी संघर्ष की रूपरेखा तैयार करने में लगे थे, वहीं शरत भी बंगाल की प्रांतीय असेम्बली के भीतर और बाहर से ऐसा ही करने की कोशिश कर रहे थे। 1939 के अंतिम दिनों में जलपाईगुड़ी (उत्तरी बंगाल) में आयोजित बंगाल राजनीतिक कांग्रेस की अध्यक्षता करते हुए शरत ने तत्काल सत्ता हस्तांतरण के लिए ब्रिटिश सरकार को अंतिम चेतावनी देने पर अपनी सहमति भी व्यक्त की।

इसके तत्काल बाद 13 दिसम्बर 1939 को ही शरत ने बंगाल असेम्बली में स्वशासन की मांग संबंधी प्रस्ताव रखा। बदले में कांग्रेस आलाकमान ने उन्हें जनवरी 1940 में पार्टी से निष्कासित कर दिया। उसी महीने बोस बंधुओं के नेतृत्व वाली बंगाल प्रांतीय कांग्रेस को भी कांग्रेस आलाकमान ने भंग कर दिया और असेम्बली के भीतर तथा बाहर अस्थायी कमिटी का गठन कर दिया गया। इसके साथ ही बंगाल असेम्बली में किरण शंकर राय को अस्थायी कांग्रेस संसदीय दल का नेता घोषित कर दिया गया।

अब तक गांधी और उनके अनुयायियों को यह लगने लगा था कि ब्रिटेन भारत को अपने–आप आजादी नहीं देगा, न अब और ना ही बाद में। इसी बीच कांग्रेस को युद्ध का लाभ उठाते हुए जन आन्दोलन करने के लिए मनाने में असफल होने पर सुभाष ने भारत छोड़ दिया।

उस समय गांधी और नेहरू के सामने सुभाष अबूझ पहेली बने हुए थे। 1939 में सुभाष के चुनाव के इर्द–गिर्द त्रिपुरी कांग्रेस के दौरान घटने वाली घटनाओं तथा सुभाष की बढ़ती हुई लोकप्रियता से गांधी और नेहरू दोनों को भारी झटका लगा था। 1941 में भी सुभाष की लोकप्रियता घटने का नाम नहीं ले रही थी। उन्हें लगने लगा मानो नेतृत्व उनके हाथ से फिसलता जा रहा है। और गांधी जैसे–जैसे अकेले पड़ते गए, उनमें और उनके चुने हुए उत्तराधिकारी के बीच टकराव के संकेत भी दिखाई देने लग पड़े।

बोस बंधु जिस तरह ब्रिटेन की इस संकटपूर्ण स्थित का लाभ उठाने में गांधी तथा नेहरू की अनिच्छा को लेकर अपनी निराशा व्यक्त करते रहे थे, उससे न निबट पाने पर उनका तनाव और भी बढ़ गया होगा।

इसी दौरान कलकत्ता तथा बंगाल में बढ़ते जा रहे साम्प्रदायिक तनाव के मद्देनजर शरत ने अपना ध्यान सुप्रसिद्ध मुस्लिम नेता ख्वाजा नज़ीमुद्दीन

के नेतृत्व वाले साम्प्रदायिक मुस्लिम लीग मंत्रिमंडल को गिराने में लगाया। अगले साल 1941 की शुरुआत में बंगाल असेम्बली में कांग्रेस के बागी बोस गुट के नेता के तौर पर (कांग्रेस से निष्कासित रहते हुए ही) शरत ने अपने पुराने सहयोगी कृषक प्रजा पार्टी के फजलूल हक़ के साथ मिलकर प्रोग्रेसिव कोलिजन पार्टी के गठन का फैसला किया। इस नए गठबंधन के पास इतनी संख्या थी कि वह तत्कालीन मुस्लिम लीग सरकार को गिरा दे और वह ऐसा करने में सफल रही।

इसके बाद ब्रिटिश गवर्नर ने बंगाल असेम्बली में सबसे बड़े दल के तौर पर प्रोग्रेसिव कोलिजन पार्टी को फजलूल हक़ के नेतृत्व में नई सरकार गठित करने के लिए बुलाया। यह भी तय हुआ कि शरत इसमें गृह मंत्री रहेंगे, पर दुर्भाग्यवश ऐसा हो न सका और गठबंधन सरकार के सत्ता संभालने के एक दिन पहले 11 दिसम्बर 1941 को ब्रिटिश अधिकारियों ने शरत को 'भारत की सुरक्षा के लिए खतरा' बताते हुए गिरफ्तार कर लिया।

ठीक इसी समय बंगाल के गांधीवादी नेताओं को रिहा कर दिया गया, जो कि साल भर पहले अक्टूबर 1940 से कैद में थे। शरत को तत्काल ही कलकत्ता के प्रेसिडेंसी जेल में डाल दिया गया। फिर त्रिचनापल्ली तथा मरकरा जेलों से होते हुए उन्हें कुन्नूर की जेल में डाल दिया गया, जहां उन्हें सितम्बर 1945 तक रखा गया।

अब जबकि सुभाष भारत के बाहर जा चुके थे और बाहरी ताकतों के साथ मिलकर यहां सशस्त्र युद्ध छेड़ने की योजना बना रहे थे और शरत कारावास में रहते हुए ही एशियाई राष्ट्रों के बीच स्वतंत्र, संयुक्त तथा पंथनिरपेक्ष भारत को स्थापित करने का सपना पाल रहे थे, गांधी और बोस बंधुओं के रास्ते बिलकुल ही अलग हो गए थे। बावजूद इसके दोनों के बीच कटुता कभी नहीं रही।

सुभाष और उनकी अस्थायी सरकार के लिए और बर्मा में ब्रिटिश सेना से मोर्चा ले रही आज़ाद हिन्द फौज के लिए भी, गांधी हमेशा राष्ट्रपिता रहे। सुभाष ने युद्ध क्षेत्र से अपने भाषणों में बराबर उन्हें यही कहकर संबोधित किया। जब उन्होंने जिन्ना और उनके मुस्लिम लीग की ताकत बढ़ती हुई महसूस की तो उन्होंने गांधी से प्रार्थना की कि वह संयुक्त भारत के अपने संकल्प को कायम रखें।

जहां तक सुभाष के प्रति गांधी के रवैये का सवाल है, मौलाना आज़ाद ने इसके बारे में अपनी आत्मकथा इंडिया विन्स फ्रीडम में लिखा है,[10]

> मैंने यह भी देखा कि सुभाष के जर्मनी बचकर निकल जाने का गांधीजी पर गहरा असर हुआ। इससे पहले उनके बहुत से कार्यों में उनकी सहमति नहीं

[10] मौलाना अबुल कलाम आज़ाद, इंडिया विन्स फ्रीडम (ओरियन्ट ब्लैक स्वान, 2009), 40.

रही थी, लेकिन अब मुझे उनके नजरिये में बदलाव देखने को मिला। उनकी बहुत सारी टिप्पणियों से मैंने महसूस किया कि सुभाष ने भारत से निकल भागने में जो साहस और कुशलता दिखाई थी, उसकी वह सराहना करते हैं। सुभाष के लिए उनकी प्रशंसा उनके अनचाहे ही युद्ध संबंधी उनके विचारों पर दूसरा रंग चढ़ा देने वाली थी।

कलकत्ता से दूर दक्षिण भारत के किसी एकान्त कोने में बंदी बनाकर रखे गए शरत युद्ध के दौरान की राजनैतिक गतिविधियों से लगभग कट गए थे। अपने छोटे भाई की हरकतों तथा मुस्लिम लीग के उदय सहित भारत के अन्य राजनैतिक घटनाचक्र की जानकारी, उन्हें मिलती तो थी, पर जेल में बंद इन चार सालों में वह इस पर न तो अपनी प्रतिक्रिया दे पाते थे और ना ही इन घटनाओं को किसी और तरह से प्रभावित कर पाते थे।

उनकी बची हुई जेल डायरियों से ही हमें पता चल पाता है कि उस समय घटित घटनाओं पर उनकी नजर बनी हुई थी और कुछ मामलों पर वह शिद्दत से सोचते रहे थे। खास तौर से देश के सामने खड़े बंटवारे के संकट पर उनके विचार बड़े ही तीखे थे और उन्हें आशा थी कि जिन्ना, ब्रिटिश तथा देश के बंटवारे की बातें खुलेआम करने वाले कुछ कांग्रेसी नेताओं का सामना गांधी दृढता से कर सकेंगे।

गांधी ने भी शरत को हमेशा आदर भाव से देखा। इसीलिए जब अमीय सितम्बर 1945 में शरत की रिहाई के बाद उनसे मिले तब अलग–थलग पड़ चुके गांधी ने उनसे अपने पिता को वापस कांग्रेस तथा खुद उनके साथ आने के लिए मनाने में हस्तक्षेप करने को कहा। हालांकि बाद में अमीय को इस बात का खेद रहा कि वह गांधी के कहने पर अपने पिता को कांग्रेस में लौटने के लिए मनाने में सफल रहे। पीछे मुड़कर देखते हुए अमीय महसूस करते थे कि कांग्रेस से बाहर रहकर ही शरत ज्यादा सफल भूमिका निभा सकते थे। देश में क्रांति का जो भाव 1945 से 1946 के दौरान दिखाई दे रहा था, उसका सही उपयोग कांग्रेस के बाहर रहते हुए ही किया जा सकता था।

उस समय की ब्रिटिश खुफिया रिपोर्ट से भी पता चलता है कि अमीय का सोचना सही था कि क्रांति की आग तब हवा में थी और 21 नवम्बर 1945 को आज़ाद हिन्द फौज के कुछ अफसरों के खिलाफ मुकदमा चलाकर ब्रिटिश सरकार ने उसमें घी डाल दिया था। ब्रिटिश खुफिया अधिकारियों का अनुमान था कि इस घटना के बाद कलकत्ता खासकर अशान्त हो गया है।

प्रदर्शनों की शुरुआत तो छात्रों के बीच से हुई थी, पर जल्दी ही उसमें श्रमिक संगठन भी आ मिले, जिनमें कम्युनिस्टों द्वारा नियंत्रित श्रमिक संघ भी शामिल थे। और जैसा कि ब्रिटिश तथा अन्य टिप्पणीकारों ने बताया है, ये प्रदर्शन

गैर–साम्प्रदायिक थे, जिनमें मुस्लिम, हिन्दू, और सिख, सभी की अच्छी–खासी हिस्सेदारी थी। ब्रिटिश अधिकारियों के अनुसार ही, ये प्रदर्शन व्यापक और स्वतःस्फूर्त थे। बवाजूद इसके वे बड़े ही सुगठित और सुव्यवस्थित थे और उनमें जानमाल का नुकसान न के बराबर था।

ब्रिटिश रिपोर्टों से यह भी पता चलता है कि ये प्रदर्शन राजनैतिक तो थे ही, साथ ही पुलिस विरोधी, यूरोपीय विरोधी तथा सरकार विरोधी भी थे। उस समय की उनकी कई रिपोर्ट्स में से एक, जिसका शीर्षक था 'रिपोर्ट ऑन दि कलकत्ता डिस्टर्बेंस' में बताया गया था कि

> इसमें कोई संदेह नहीं कि यूरोपीय समुदाय में बेचैनी फैली हुई है। यह समझा जाने लगा है कि वर्तमान भारत सरकार सत्ता पर से अपना कब्जा खोती जा रही है। और यदि अभी वह सत्ता पर अपनी पकड़ नहीं दिखाती है तो वह दिन दूर नहीं कि जब वह अपनी सत्ता दिखाने लायक रह भी नहीं जाएगी। इससे देश में अराजकता तथा खूनखराबे का दौर शुरू हो जाएगा।

इसी तरह उसी समय से जुड़ी एक अन्य रिपोर्ट जिसका शीर्षक था 'कलकत्ता डिस्टर्बेंसेस इन रेट्रोस्पेक्ट' (कलकत्ता की अशान्ति का सिंहावलोकन) के निष्कर्ष के अनुसार,

> इन तीन दिनों के प्रदर्शन के नतीजे आगामी गड़बड़ियों की ओर संकेत करते हैं, खासतर यह देखते हुए कि कांग्रेस ने इन प्रदर्शनों को नहीं छेड़ा था। इस दौरान कानून व्यवस्था में लगे आम बलों के लिए अपना काम करना भारी मुश्किल हो गया। ऐसे भी संकेत हैं कि जो भारतीय आम तौर से राजनीति से दूर रहते हैं, या जिनके रिश्तेदार (ब्रिटिश) भारतीय फौज में हैं, वे सभी आज़ाद हिन्द फौज और उसके आदर्शों के प्रति आकर्षित हो रहे हैं। लोग एक–दूसरे से मिलने पर या फिर पत्र में भी जय हिन्द और आज़ाद हिन्द जैसे बोलों का प्रयोग करते हैं, जो कि आज़ाद हिन्द फौज के जयघोष हुआ करते थे।
>
> यह आम राय है और इस राय में भारतीय जनता की राय भी शामिल है कि आज़ाद हिन्द फौज के मुकदमें का निबटारा सही ढंग से नहीं किया जा रहा है और भारत में उनके खिलाफ मुकदमा चलाने का फैसला कर के सरकार ने गलती की है। चूंकि सरकार ने इस बारे में प्रचार की खुली छूट दे दी, इसलिए उन लोगों पर भी इसका गंभीर असर पड़ा, जो कि राजनीति तथा राजनैतिक संकटों से खुद को दूर रखते रहे थे और भारतीय स्वतंत्रता संग्राम से जिनका कोई लेना–देना नहीं था। इससे सरकार के खिलाफ लोगों की भावना तेजी से भड़की है।
>
> भविष्य को लेकर यूरोपीय तबके में निराशा का भाव है और यह भाव सिर्फ गैर–सरकारी अधिकारियों तक ही सीमित नहीं है। भारतीय फौज की वफादारी

पर भी आशंका व्यक्त की जा रही है और समझा जा रहा है कि यदि इन प्रदर्शनों से निबटने के लिए उन्हें बुलाना पड़ा, जोकि करना ही होगा, तो कहीं ऐसा नहीं कि आज़ाद हिन्द संबंधी इन प्रचारों का असर उन पर भी दिखाई दे।

निराशा का यह भाव इस वजह से भी है कि लोगों को लगता है कि ब्रिटिश सरकार और भारत सरकार दोनों खुद ही नहीं जानते कि भारतीय राजनीति के इस संकट से कैसे निबटा जाए। अनेक वफादार भारतीय और ज्यादातर यूरोपीयों का यही विचार है। उन्हें लगता है कि यह मामला और भी खराब होता जा रहा है।

लोग चाहते हैं कि ब्रिटिश सरकार स्पष्ट तौर पर बताए कि उसके इरादे क्या हैं। यूरोपीय समुदाय में खास कर यह तीव्र भाव है कि या तो सरकार उस समय तक कानून व्यवस्था को बनाए रखने के लिए संकल्पित हो, जब तक कि वह भारतीयों को इस देश की सत्ता सौंप देने के लिए वह तैयार नहीं होती, या फिर जल्दी ही कोई दिन निश्चित कर के उन्हें सत्ता सौंप दे और खुद देश छोड़ दे।

ब्रिटिश सरकार के इस अनिर्णय के कारण भारत सरकार के अधिकारियों को, चाहे वे कितने ही वफादार हों, अपना कर्तव्य निभाने में मुश्किल हो रही है। सरकार की सख्त कार्रवाई तथा ठोस निर्णय से सरकारी अधिकारियों का हौसला बढ़ता है। यदि सरकार एक बार अपने भारतीय नौकरशाहों का समर्थन और उनकी वफादारी गंवा देगी तो फिर वह खत्म हो जाएगी।

कांग्रेस और अन्य प्रदर्शनकारी इस बात को समझ रहे हैं और इसीलिए वे अपने भाषणों में पुलिस का आह्वान करते हैं कि सही मौके पर वे अपने आकाओं का साथ छोड़ दें। छात्र इस बात पर संतोष जता रहे हैं कि अशान्ति को कुचलने के लिए भारतीय पुलिस अधिकारी तथा कर्मी आगे नहीं आए। और अमृत बाजार पत्रिका (समाचार पत्र) ने तो यहां तक लिखा है कि भारतीय पुलिस अधिकारियों तथा कर्मियों की अनुपस्थिति ध्यान देने योग्य थी।

हाल में ही कुन्नूर में लम्बा कारावास झेल कर रिहा हुए और अब अमीय के साथ कलकत्ता में रह रहे शरत के लिए आज़ाद हिन्द फौज प्रेरित इन प्रदर्शनों को देखते हुए यह समझना कठिन नहीं रहा होगा कि भारत आखिरकार अपनी गहरी नींद से जाग रहा है। वह आज़ाद हिन्द फौज के उत्प्रेरक की भूमिका को लेकर सुभाष की भविष्यवाणी को सच होता देख रहे होंगे।

ब्रिटिश अधिकारियों ने इन प्रदर्शनों के भंवर के बीच शरत को देखा। उनके अनुसार यह पूरा मामला सुनियोजित था। उन्होंने अपने इस निष्कर्ष के पीछे तर्क दिया कि इन प्रदर्शनों की शुरुआत जहां से हुई, वह जगह शरत के घर के करीब ही थी। हालांकि ब्रिटिश अधिकारियों ने शुरू में ही यह मान लिया था कि इन प्रदर्शनों को कांग्रेस का समर्थन नहीं प्राप्त है, फिर भी इसके पीछे

उन्होंने कांग्रेस का हाथ देखा तो शायद इस वजह से कि तब तक शरत कांग्रेस में वापस लौट आए थे और इस मामले के प्रमुख संदिग्ध लोगों में थे।

ऐसे में यह हैरानी की बात नहीं थी कि खुफिया रिपोर्टों में शरत का नाम उन राष्ट्रीय नेताओं के बीच प्रमुखता से था, जिनपर ब्रिटिश अधिकारियों को टोह रखना जरूरी था और इस हालात पर काबू पाने में जो सहायक हो सकते थे। इनमें से एक रिपोर्ट के अनुसार शरत 23 नवम्बर 1945 को कुछ और नेताओं के साथ बंगाल के गवर्नर रिचर्ड कैसी के साथ बैठक में शामिल भी हुए।

ब्रिटिश रिपोर्ट में यह भी बताया गया कि उसी दिन दोपहर में दक्षिण कलकत्ता के भवानीपुर इलाके में कांग्रेस के वाहन से लाउडस्पीकर पर प्रचार हो रहा था कि जवाहर लाल नेहरू ने सभी छात्रों तथा अन्य उपद्रवकारियों के नाम संदेश भेजा है कि किसी तरह की और गड़बड़ी से कांग्रेस का नुकसान होगा। इसलिए वे कोई ऐसी हरकत न करें। भवानीपुर का यह इलाका सबसे ज्यादा उपद्रवग्रस्त था और यह शरत के आवास 1 वूडबर्न पार्क के निकट ही पड़ता था। मार्के की बात है कि इस संदेश के बाद भी प्रदर्शन का सिलसिला बना रहा।

इस तरह शरत कांग्रेस की मुख्यधारा से फिर आ मिले और पहले तो देश, फिर बंगाल के विघटन को रोकने की दिशा में गांधी की अंतिम कोशिशों का हिस्सा बन गए और उनसे जितना बन पड़ा, उतना किया भी। गांधी ने भी शरत, मुस्लिम नेता सहरावर्दी तथा अन्य लोगों के साथ मिलकर 1947 में बंगाल में सौहार्द्र बनाए रखने के लिए साहसपूर्ण एवं सफल अभियान चलाया और कलकत्ता में 1946 के खूनखराबे की पुनरावृत्ति नहीं होने दी।

दुर्भाग्यवश इस समय तक गांधी का सितारा डूबने लगा था और उनके चुने हुए उत्तराधिकारी नेहरू का सितारा बुलन्दियों पर था। जैसा कि हम आगे के अध्याय मे देखेंगे, देश के विभाजन की विभीषिका को रोक पाने में न बोस बंधु कामयाब हो सके और ना ही गांधी। हालांकि इतिहासकारों के लिए इस बात पर विचार करना दिलचस्प होगा कि बोस बंधु और गांधी यदि भारतीय स्वतंत्रता संग्राम में शुरू से ही एक रहे होते तो फिर क्या होता?

5

बंटवाराः कड़वी दवा

.... देश के विभाजन के त्रासद इतिहास की याद दिलाना चाहूंगा कि किस तरह से निराशा से भरे एक कमजोर और बीमार नेतृत्व ने घातक विभाजन में ही देश की बीमारियों की दवा खोज निकाली। मार्च 1947 से लेकर अगस्त 1947 तक का समय देश के लिए आत्महत्या करने जैसा था..

शरत चन्द्र बोस का अध्यक्षीय भाषण
अखिल भारतीय सुभाषवादी छात्र सम्मेलन, कलकत्ता, 26 दिसम्बर 1949

एक तरफ जहां आज़ादी की लड़ाई लड़ी जा रही थी, वहीं उसके नायकों के मन में तत्कालीन साम्राज्यवादी भारत में रहने वाले लोगों तथा समुदायों के बीच एकता का सवाल भी बना हुआ था। जाति, भाषा, क्षेत्र तथा धर्म की विभिन्नताओं के मध्य हिन्दू और मुसलमान के बीच का धार्मिक विभाजन उस समय की सबसे बड़ी चिन्ता और चुनौती बनी हुई थी। बीसवीं शताब्दी में आजादी मिलने के पहले से ही दोनों समुदायों के बीच तनाव बना हुआ था और भारत के विभिन्न भागों में यह साम्प्रदायिक दंगों के तौर पर बार–बार उभरने लगा था।

1920 के दशक के पूर्वार्द्ध में कांग्रेस के सर्वसम्मत तथा सर्वाधिक प्रभावी नेता के तौर पर गांधी मुसलमानों को राष्ट्रीय आन्दोलन से जोड़ने की कोशिश करते रहे और उन्हें भले ही कांग्रेस से सीधी तरह न जोड़ा हो, पर उसके प्रभाव में ले आए थे। महायुद्ध के बाद तुर्की से संधि को लेकर भारतीय मुसलमानों में जो अप्रसन्नता और असंतोष था, उसमें गांधी उनके साथ थे। तुर्की और उसके खलीफा को मुस्लिम जगत अपना नेता मानता था, पर महायुद्ध के विजेता इसे नहीं समझ सके और उन्होंने अपनी कार्रवाई से मुसलमानों को नाराज कर दिया।

खिलाफत को बहाल करने की मांग के समर्थन में गांधी ने देश भर के मुसलमानों को खिलाफत कमिटी बनाने के लिए प्रोत्साहित किया ताकि उनके इस गुस्से का इज़हार हो सके। यह खिलाफत आन्दोलन के नाम से जाना गया। अनेक टिप्पणीकारों ने माना है कि इस खिलाफत आन्दोलन के दौरान हिन्दुओं और मुसलमानों के बीच सहयोग और संबंध बहुत ही बढ़िया था। लेकिन 3 मार्च 1924 को तुर्की गणराज्य के नए राष्ट्रपति मुस्तफा कमाल अतातुर्क द्वारा खिलाफत को कानूनी तौर पर खत्म कर दिए जाने के बाद भारत में खिलाफत कमिटियों का आस्तित्व समाप्त हो गया और आन्दोलन भी शान्त हो गया।

खिलाफत आन्दोलन तो तेजी से खत्म हो गया, पर ऑल इंडिया मुस्लिम लीग देश के मुसलमानों की आवाज बनकर उभरने लगी। धीरे–धीरे उसका रवैया कठोर और साम्प्रदायिक होता चला गया।

शरत और सुभाष के दृष्टिकोण के आलोक में अमीय ने खिलाफत आन्दोलन को असहयोग आन्दोलन से जोड़ने के संबंध में गांधी के फैसले पर सवाल खड़े किए हैं।

> गांधी द्वारा खिलाफत आन्दोलन का समर्थन भारतीय इतिहास की महत्वपूर्ण घटना थी। खिलाफत का नेतृत्व कर रहे अली बंधुओं, मोहम्मद अली और शौकत अली के साथ समझौता करने के बाद उन्होंने 1920 में अपना असहयोग आन्दोलन छेड़ दिया। खिलाफत आन्दोलन के कारण ही मौलाना आज़ाद से भी उनका पहले–पहले संपर्क हुआ। खिलाफत आन्दोलन में बढ़–चढ़ कर हिस्सा लेने के कारण गांधी ने भारतीय राजनीति से धर्म को जोड़ दिया। खिलाफत आन्दोलन में हिन्दू–मुस्लिम भागीदारी अवांछित थी और बाद में इसके दुष्परिणाम सामने आए। यह एक ऐसी अवसरवादिता थी, जिसका कोई राजनैतिक औचित्य नहीं था। कमाल पाशा द्वारा खलीफा अब्दुल मजीद को निर्वासित कर देने तथा खिलाफत को पूरी तरह समाप्त कर देने के बाद भारत में खिलाफत आन्दोलन खत्म हो गया।
>
> मुस्लिम समुदाय को गांधी ने किसी सामाजिक–आर्थिक कार्यक्रम के तहत असहयोग आन्दोलन से नहीं जोड़ा था, ना ही उन्हें भारत की आजादी के सवाल पर जोड़ा था, बल्कि उन्हें तो अली बंधुओं के इस नारे के साथ असहयोग आन्दोलन से जोड़ा गया था कि इस्लाम खतरे में है। 1921 के खिलाफत सम्मेलन के कराची प्रस्ताव को अखिल भारतीय कांग्रेस से जोड़कर गांधी ने मुस्लिम समुदाय की धार्मिक भवनाओं का इस्तेमाल राजनैतिक लाभ के लिए किया। इससे बेशक गांधी को तात्कालिक राजनैतिक लाभ मिला भी, पर लम्बें समय में उसके राजनैतिक परिणाम दुखद ही रहे।

1924 के मार्च में खिलाफत की समाप्ति के बाद गांधी ने उसी साल सितम्बर में दिल्ली में एकता सम्मेलन बुलाने की पहल की, जिसे तब काफी सफल माना गया। जैसा कि सुभाष ने दि इंडियन स्ट्रगल[1] में लिखा है, 'भारत के साम्प्रदायिक सौहार्द्र को बिगाड़ने में लगे विभिन्न समुदाय के लोगों की गलतियों पर आत्म प्रायश्चित के लिए गांधी ने सम्मेलन के दौरान ही तीन सप्ताह के उपवास की घोषणा कर दी। सुभाष के अनुसार, विभिन्न सम्प्रदायों के बीच सौहार्द्र कायम करने के उद्देश्य से इस सम्मेलन मे फार्मूला भी निकाला गया। 15 सदस्यों की सुलह समिति बनाई गई, जिसका काम था कि यदि कभी साम्प्रदायिक समस्या उठ

[1] सुभाष चन्द्र बोस, दि इंडियन स्ट्रगल (नाट्यचिन्ता फाउंडेशन कोलकाता, 2005), 135.

खड़ी होती है तो वह वहां पहुंचकर उसमें हस्तक्षेप करे। वैसे तो यह सम्मेलन सफल रहा, पर इससे कोई नतीजा निकल कर सामने नहीं आया।

इस बीच हिन्दू–मुस्लिम सुलह के लिए स्वराज पार्टी के नेता एवं संस्थापक चित्तरंजन दास अलग. प्रयास कर रहे थे। उन्होंने बंगाल के मुस्लिम राजनेताओं के साथ दिसम्बर 1923 में कथित बंगाल संधि की, जिसमें बंगाल में उनकी बहुसंख्या के हिसाब से असेम्बली सहित अन्य राजनैतिक हलकों में भी उनके आनुपातिक प्रतिनिधित्व की बात कही गई थी। जैसा कि अनुमान था, इस संधि को मुस्लिम समुदाय का भरपूर समर्थन मिला, जबकि इसे लेकर हिन्दुओं का वैसा उत्साह नहीं रहा। दक्षिण भारत के कोकनन्दा में दिसम्बर 1923 में आयोजित कांग्रेस के वार्षिक सम्मेलन में इस संधि को नामंजूर कर दिया गया।

चित्तरंजन दास पर कई हलकों से व्यक्तिगत आक्षेप भी लगाए गए, परन्तु वह बराबर यही कहते रहे कि हिन्दू–मुस्लिम एकता के बिना स्वराज नहीं पाया जा सकता है। 16 जून 1925 को राजनैतिक सत्ता, प्रतिष्ठा तथा प्रभाव के शीर्ष पर रहते हुए चित्तरंजन दास के असामयिक निधन से बंगाल संधि टूट गई और विघटनकारी भावना ही बची रह गई। साथ ही मुस्लिम राजनीति में कांग्रेस को लेकर कड़वाहट भी बनी रही।

इस बीच सुभाष बीमार हालत में दूरस्थ माण्डले की जेल में पड़े थे, जहां रहकर दूरी तथा ब्रिटिश सेंसर की वजह से भारत में घटने वाली घटनाओं को प्रभावित कर पाना संभव नहीं था। जबकि भारत में शरत अपने शहर कलकत्ता में ही 1926 के साम्प्रदायिक कलह के चश्मदीद बने हुए थे, जो खूनी दंगों के रूप में फिर से अपना कुरूप चेहरा दिखाने लगा था और मंदिर, मस्जिद या गुरुद्वारे भी हमलों से नहीं बचे थे। इन दंगों से निबटने की कोशिश में शरत ने बंगाल के अनेक जिलों का दौरा भी किया, पर वह भी यह समझने लगे थे कि अब बंगाल संधि को फिर से लागू कर पाना संभव नहीं रह गया है और कांग्रेस ने एक बार फिर मौका गंवा दिया है।

यह जानते–बूझते हुए भी कि बंगाल संधि कांग्रेस द्वारा अस्वीकार तथा अपने मुख्य पैरोंकार चित्तरंजन दास के निधन जैसे दो–दो झटकों को सहने में नाकाम रही है, शरत ने हिन्दू–मुस्लिम के बीच सुलह तथा एकता की कोशिशें नहीं छोड़ीं। 31 जुलाई 1926 को माण्डले में सुभाष को भेजे पत्र में उन्होंने अपने बंगाल दौरे के बारे में उन्हें बताते हुए कलकत्ता से लिखा,

> कुछ दिन राजशाही में गुजारने के बाद हम पुत्तिया, नटोर और नवगांव गए। पास के पबना जिले में साम्प्रदायिक तनाव रहने के बावजूद राजशाही ने अपना आपा नहीं खोया है। राजशाही जिले में हम स्वयंसेवकों का जत्था खड़ा कर पाने में सफल रहे ताकि जरूरत पड़ने पर आसपास के गांवों में राहत कार्य

चलाया जा सके। यदि बंगाल के सभी जिलों में इसी तरह काम होता रहा तो आहिस्ता–आहिस्ता हम साम्प्रदायिकता की समस्या का समाधान निकालने में सफल हो जाएंगे। इस स्वयंसेवी संगठन को सफल बनाने के लिए प्रशिक्षित धर्म प्रचारकों की, और खासकर मुस्लिम धर्म प्रचारकों की जरूरत है। काश, इसके लिए मैं अपना अधिक समय निकाल पाता, पर ऐसा करना मुमकिन नहीं है।

मैं समझता हूं कि तुमने अखबारों में यह खबर पढ़ ली होगी कि कांग्रेस ने कलकत्ता में संपन्न अपनी कार्यकारिणी में प्रस्ताव पारित किया कि दोनों समुदायों को चाहिए कि वे 1924 के एकता सम्मेलन के प्रस्तावों को मंजूर करते हुए उसी दिशा में प्रयास करें। मैं समझता हूं कि यह सही फैसला था। बंगाल संधि अब हिन्दुओं और मुसलमानों दोनों के लिए ही इतनी घृणास्पद हो चुकी है कि मेरे ख्याल से उसे छोड़ देने में ही समझदारी है। साथ ही हमें दोनों समुदायों के बीच कोई बेहतर समझौते के लिए उपयुक्त समय का इंतजार करना चाहिए। एक बात मैं शिद्दत से महसूस करता हूं कि दोनों समुदायों के लिए अलग–अलग निर्वाचन क्षेत्र नहीं होने चाहिए, अन्यथा इस समस्या का समाधान नहीं हो सकेगा।

यह पत्र और ऐसे कुछ सबूत बोस बंधुओं के खिलाफ उस समय लगाए जा रहे आरोपों को गलत सिद्ध करने के लिए काफी हैं कि चूंकि वे उन क्रांतिकारियों का साथ देते रहे, जो ज्यादातर बंगाली हिन्दू परिवारों से ही आते थे, इसलिए समझा जा सकता है कि मुस्लिम समस्याओं के प्रति उनकी सहानुभूति नहीं थी। शरत और सुभाष दोनों ही अच्छी तरह जानते थे कि केवल हिन्दू आकांक्षाओं की पैरोकारी से बंगाल का नेतृत्व सही तरीके से नहीं किया जा सकता है।

1927 के साईमन कमीशन और 1930 के दशक की शुरुआत में लन्दन के गोलमेज सम्मेलनों के जरिये औपनिवेशिक अधिकारियों ने भारत सरकार अधिनियम, 1919 से लेकर भारत सरकार अधिनियम. 1935 जैसे जो संवैधिनिक बदलाव किए, उन सबने भारतीय समुदायों, खासकर हिन्दुओं तथा मुस्लमानों, के बीच अलगाव और तनाव बढ़ाने का ही काम किया।

इस संवैधानिक प्रक्रिया में जो बात खास गौर करने लायक थी, वह थी लेबर पार्टी की ब्रिटिश सरकार के प्रधानमंत्री रामसे मेकडॉनल्ड द्वारा 17 अगस्त 1932 को जारी कथित कम्युनल अवार्ड। इसमें प्रांतीय असेम्बलियों में भारत के विभिन्न समुदायों को अनुपातिक प्रतिनिधित्व देने की बात कही गई थी, खास तौर से वहां, जहां हिन्दुओं तथा मुसलमानों के प्रतिनिधित्व का मामला बना हुआ था।

इससे पहले 1916 की लखनऊ की संधि में मुसलमानों को पर्याप्त प्रतिनिधित्व देने की बात तो थी, पर गैर–मुसलमानों का ही पलड़ा उसमें भारी था। उदाहरण के तौर पर बंगाल में गैर–मुसलमानों को 60 फीसदी तथा मुसलमानों को 40 फीसदी प्रतिनिधित्व देना तय हुआ था। हालांकि इसमें उनके पहले के प्रतिनिधित्व

के अनुपात से सुधार था, फिर भी इसका आधार साम्प्रदायिक नहीं था क्योंकि तब प्रांत में मुसलमान ही बहुसंख्यक थे।

कम्युनल अवार्ड में साम्प्रदायिक आधार पर निर्वाचन क्षेत्र के प्रावधान से न केवल मुस्लिम समुदाय को ज्यादा प्रतिनिधित्व मिलना था, बल्कि इसमें सिखों, ईसाइयों, बोद्धों तथा यूरोपीयों को उनकी आबादी के अनुपत में प्रतिनिधित्व देने की बात कही गई थी। वैसे तो उसमें अनुसूचित जातियों या दलित वर्गों के लिए भी अलग निर्वाचन क्षेत्र की बात कही गई थी, पर गांधी ओर दलितों के सर्वमान्य नेता डॉ. भीमराव अम्बेडकर के बीच 24 सितम्बर 1932 को हुई पूना संधि की शर्तों के तहत यह श्रेणी हटा ली गई। दलितों के लिए एकदम अलग श्रेणी बनाए जाने के बनिस्पत गांधी उनके लिए ज्यादा सीटें आरक्षित करने के लिए सहमत हो गए।

शरत और सुभाष कारावास से ही कम्युनल अवार्ड को अपने गृह प्रदेश बंगाल में न सिर्फ हिन्दुओं और मुसलमानों के बीच, बल्कि कांग्रेस के बीच भी, मतभेद तथा तनाव को हवा देते देखते रहे। हिन्दू नेताओं को यह उनके राजनैतिक कद में गिरावट जान पड़ता था। दूसरी ओर कुछ मुस्लिम नेता हिन्दू प्रतिनिधियों द्वारा असेम्बली में भागीदारी के लिए अहर्ता तथा योग्यता तय करने का सवाल उठाए जाने को लेकर नाराज थे।

1936 में जवाहर लाल नेहरू के कांग्रेस अध्यक्ष पद पर रहते हुए कांग्रेस के राष्ट्रीय नेतृत्व तथा बंगाल के प्रादेशिक कांग्रेसी नेतृत्व के बीच फूट दिखाई देने लगी थी। बंगाल प्रदेश कांग्रेस कमिटी ने कम्युनल अवार्ड को राष्ट्र विरोधी तथा हिन्दू–मुसलमानों के बीच अलगाव का तरीका बताते हुए उसका विरोध किया। भारत सरकार अधिनियम 1935 के तहत थोपे गए नए संविधान का हिस्सा होने के कारण भी इसका विरोध हुआ। वैसे तो कांग्रेस ने भी इस पूरे अधिनियम का औपचारिक विरोध राष्ट्रीय स्तर पर किया था और इसे अपने घोषणा पत्र में भी रखा था, पर संविधान के विरोध संबंधी अपनी नीति की फिर से पुष्टि करते हुए उसने बंगाल कांग्रेस के सीधे–सीधे विरोध के तरीकों गलत करार दिया।

इस बीच शरत जेल से छूट चुके थे और बंगाल प्रदेश कांग्रेस कमिटी के कार्यवाहक अध्यक्ष के तौर पर काम कर रहे थे। नेहरू के साथ पत्राचार के क्रम में उन्होंने शिमला से 19 सितम्बर 1936 को पत्र लिखकर कम्युनल अवार्ड को देश की एकता, विकास और स्वतंत्रता के लिए बाधक बताया,[2]

> कांग्रेस के चुनावी घोषणा पत्र से स्पष्ट है कि कांग्रेस द्वारा नए अधिनियम को सिरे से अस्वीकार करने में इस साम्प्रदायिक निर्णय के प्रति उसकी अस्वीकृति

[2] शरत चन्द्र बोस कोमेमोरेटिव वॉलयुम (कलकत्ताः शरत बोस अकादमी, 1982), 230–232.

> निहित है। अधिनियम की बात न भी करें तो यह साम्प्रदायिक निर्णय ही पूरी तरह से अस्वीकार्य है क्योंकि यह स्वतंत्रता के लक्ष्यों और लोकतंत्र के सिद्धान्तों से मेल नहीं खाता। साथ ही यह अलगाववादी तथा विघटनकारी प्रवृत्तियों को प्रोत्साहित करने वाला, सामाजिक एवं आर्थिक विकास को बाधित करने वाला, राष्ट्रीय विकास की दिशा में रोड़ा अटकाने वाला और भारतीय एकता की जड़ पर प्रहार करने वाला है। इसलिए कांग्रेस का रवैया इसके प्रति तटस्थ या उदासीन नहीं है। यह इस साम्प्रदायिक निर्णय को सिरे से खारिज करती है और इस पर रोक लगाना चाहती है।
>
> कांग्रेस के चुनावी घोषणा पत्र से यह भी स्पष्ट है कि कांग्रेस नए संविधान को खारिज करने की मांग को लेकर आन्दोलन करेगी। और चूंकि नए संविधान की अस्वीकृति में ही इस साम्प्रदायिक निर्णय की अस्वीकृति निहित है, इसलिए तय है कि नए संविधान का विरोध, इस साम्प्रदायिक निर्णय का भी विरोध है। बंगाल के कांग्रेसजनों और कांग्रेस की विचारधारा को मानने वाले सभी लोगों का मत है कि नए संविधान को स्वीकार किए जाने का विरोध और इस साम्प्रदायिक निर्णय को स्वीकार किए जाने को लेकर चुप्पी साथ–साथ नहीं चल सकते....
>
> हमें यह कहते खेद है कि हम इस बात को नहीं मानते कि बंगाल प्रदेश कांग्रेस कमिटी की कार्यकारिणी का यह प्रस्ताव और कांग्रेस के चुनावी घोषणा पत्र में किसी तरह का कोई अन्तर है। हमारा मानना है कि कांग्रेस संगठनों द्वारा इस साम्प्रदायिक निर्णय के विरोध को न तो किसी एक समुदाय द्वारा किसी दूसरे समुदाय की कीमत पर ब्रिटिश सरकार से कोई साम्प्रदायिक लाभ उठाने की कोशिश माना जा सकता है और ना ही ऐसा मानना चाहिए। इसी तरह इसे किसी एक समुदाय के विरोध के मद्देनजर किसी दूसरे समुदाय द्वारा निर्णय बदलने की दिशा में किया गया प्रयास बताकर इसकी भर्तस्ना करना भी सही नहीं है। ...हम मानते हैं कि कांग्रेस तथा उससे जुड़े संगठनों को इस साम्प्रदायिक निर्णय के खिलाफ देश भर में विरोध प्रदर्शन जरूर करना चाहिए तभी साम्प्रदायिक समस्याओं के समाधान के रास्ते खुलेंगे।

दूसरी ओर नेहरू ने बंगाल में कम्युनल अवार्ड के विरोध के औचित्य पर सवाल खड़े करते हुए अनुशासनहीन बंगालियों पर राष्ट्रीय कांग्रेस की सत्ता लादनी चाही। शरत को 3 सितम्बर 1936 को भेजे पत्र में उन्होंने लिखा,[3]

> साम्प्रदायिक निर्णय के खिलाफ अभी से व्यापक संगठित विरोध प्रदर्शन करने से आज भारत तथा विश्व के सामने खड़ी विशाल राजनैतिक एवं आर्थिक समस्याओं से हमारा ध्यान भटक जाएगा। यह तय है कि ब्रिटिश सरकार भारी दबाव से

[3] पूर्वोक्त, 227–228.

ही झुकेगी। हमारा काम उस दबाव को बनाना है। यह दबाव सिर्फ राजनैतिक तरीके से ही बनाया जा सकता है। जहां तक कम्युनल अवार्ड की बात है, कांग्रेस इसकी भर्तस्ना कठोर शब्दों में कर चुकी है। आगे भी जब मौका होगा तो वह इसकी भर्तस्ना करने से नहीं चूकेगी। यदि यह मामला असेम्बली में लाया जाता है तो कांग्रेस का यह दायित्व होगा कि इसके खिलाफ वोट डालकर अपनी इस भर्तस्ना को अभिव्यक्त करे। जाहिर है कि जब तक हम यह नहीं जान लेते कि इस मामले को किस तरह से रखा जा रहा है, तब तक हम किसी राजनैतिक दल को किसी खास तरीके से इस पर वोट डालने के लिए नहीं कह सकते हैं। लेकिन किसी मामले में यदि किसी संगठन का मत स्पष्ट है तो वह वोटिंग भी उसी अनुसार करता है। हो सकता है कि इस पर संशोधन लाना जरूरी हो, या फिर किसी और तरीके से इससे निबटना पड़े। लेकिन इस पर कांग्रेस की सोच बिलकुल स्पष्ट है।

मैं यह स्वीकार करता हूं कि मेरी सोच फिलहाल विश्व में चल रही भारी उथल–पुथल की तरफ है, स्पेन के दुखद संघर्ष और भारत पर पड़ने वाले उसके असर पर है...

बोस बंधुओं के लिए साम्प्रदायिक आधार पर निर्वाचन क्षेत्र की परिकल्पना किसी अभिशाप से कम नहीं थी। अपने पूरे राजनैतिक जीवन में वे उसका घोर विरोध करते रहे। लेकिन फिलहाल वे खुद को एक ऐसी पतली लकीर पर चलता हुआ पा रहे थे जिसकी एक तरफ सभी समुदायों के समुचित प्रतिनिधित्व के समर्थन का मामला था तो दूसरी ओर बंगाल के सबसे बड़े अल्पसंख्यक समूह के तौर पर हिन्दुओं के वैधानिक हितों की रक्षा का सवाल। यदि वे अपनी राह पर चल पाते तो निश्चय ही कम्युनल अवार्ड को धता बता देते। सुभाष ने दि इंडियन स्ट्रगल में लिखा है,[4]

श्वेत पत्र में शामिल कम्युनल अवार्ड का उद्देश्य भारत को और भी बांट देना था ताकि संवैधानिक बदलाव के थोड़े–बहुत असर को भी बेअसर किया जा सके। इसमें प्रतिनिधित्व का प्रावधान इस तरह से करने की कोशिश की गई है कि असेम्बलियों के भीतर भारतीयों के बीच के मतभेद, यदि हों तो, उभर कर सामने आ जाएं, जबकि उनके बीच की सहमति दिखाई भी न दे। यह पूरी योजना ही फूट डालो और राज करो की घातक नीति पर आधारित है। लोगों को बांटने की कोशिश में उन तत्वों को तुष्ट करने की चेष्टा खास तौर से हुई है, जो सरकारी अनुमान के अनुसार दूसरों से अधिक ब्रिटिश समर्थक हों, जैसे कि मुस्लिम।

[4] बोस, दि इंडियन स्ट्रगल, 365–666.

> इसी वजह से 1906 में वायसरॉय लार्ड मिन्टो के इशारे पर पूर्व योजना के अनुसार कुछ मुस्लिम नेताओं ने अलग निर्वाचन क्षेत्र का प्रस्ताव किया और इसे तत्काल लागू कर दिया गया जिससे कि संविधान में किए गए 1909 के मोर्ले–मिन्टो सुधारों को बेअसर किया जा सके। मुस्लिमों के लिए अलग निर्वाचन क्षेत्र का प्रावधान भारत सरकार अधिनियम 1919 में भी बनाए रखा गया।
>
> पिछले चौदह वर्षों के अनुभवों से जाहिर था कि अलग–अलग निर्वाचन क्षेत्र तथा असेम्बलियों मे सरकारी समूह के रहते हुए भी कई बार सरकार पराजित हो गई। इसीलिए ब्रिटिश सरकार ने भारतीय समुदाय को और भी बांट देना जरूरी समझा ताकि असेम्बलियों में ब्रिटिश सरकार के खिलाफ संयुक्त विरोध की संभावना और भी कम हो जाए। और इसीलिए मुसलमानों, यूरोपीयों, एंग्लो इंडियन और सिखों के साथ–साथ भारतीय ईसाइयों, महिलाओं, दलितों, आदि के लिए भी अलग–अलग निर्वाचन क्षेत्र का प्रस्ताव किया गया।
>
> छूट से पहले फूट की यह नीति मुझे आयरलैंड में चलाई गई ऐसी ही नीति की याद दिलाती है, जबकि आयरिश स्वतंत्र राज्य के संविधान को मंजूर करने के पहले ब्रिटिश सरकार ने उल्सटर को बांट दिया था। यह कहने की जरूरत नहीं है कि भारत के मामले में ऐसे साम्प्रदायिक एवं प्रतिक्रियावादी आधार पर बनाया गया कोई भी संविधान फल–फूल नहीं सकता।

बोस बंधुओं के मन में शुरू से ही इस बात को लेकर कोई संदेह नहीं था कि साम्राज्यवादी भारत में शामिल सभी लोगों और समुदायों को स्वतंत्र एवं संयुक्त स्वायत्त इकाई होना चाहिए। बंगाल के पुत्र होने के कारण, जो ब्रिटिश भारत का ऐसा प्रांत था, जहां मुस्लिम बहुसंख्यक थे, शरत और सुभाष साम्प्रदायिक अलगाव की संवेदनशीलता को किसी और से ज्यादा महसूस करते थे और स्वायत्त राष्ट्र के निर्माण में इन मतभेदों के समाधान के महत्व को भी बखूबी समझते थे।

शरत और सुभाष दोनों ही मानवता के उस सौभाग्यशाली हिस्से के अंग थे, जो लोगों के जन्म, वर्ण और जाति के विभेदों को भुलाकर उसकी गरिमा का पक्षधर था। अपने पिता जानकीनाथ और चित्तरंजन दास का उन पर गहरा प्रभाव था और रामकृष्ण तथा उनके अनुयायी विवेकानन्द के उपदेशों को उन्होंने अपने जीवन में उतारा था।

***

1930 के दशक के आरंभ में ब्रिटेन तथा भारतीय उपमहाद्वीप के शैक्षिक तथा राजनैतिक हलकों में 'पाकिस्तान' की व्यापक अवधारणा आकार लेने लगी थी। धीरे–धारे इसे राजनैतिक बढ़ावा मिलता गया और दशक के अंत तक यह विचार जोर पकड़ चुका था। पाकिस्तान का नाम पंजाब के 'पी', अफगान प्रांत

(पश्चिमोत्तर फ्रंटियर) के 'ए', कश्मीर के 'के', सिंध के 'एस' और बलूचिस्तान के 'तान' अक्षरों को मिलाकर बनाया गया था। हालांकि इनसे पाकस्तान बनता था, पर बोलने की आसानी से वह पाकिस्तान हो गया। पहले–पहल इसकी अभिव्यक्ति इंग्लैंड के पंजाबी भारतीय छात्र चौधरी रहमत अली (1895–1951) ने की थी। 1933 में जब वह कैम्ब्रिज विश्वविद्यालय में पढ़ रहा था, तभी उसने अभी नहीं तो कभी नहीं : क्या हमें रहना है या बराबर के लिए खत्म हो जाना है शीर्षक से पर्चा तैयार किया था, जिसे उसने 'पाकिस्तान का घोषणा पत्र' कहा।

मुस्लिम नेता मोहम्मद अली जिन्ना ने शुरू में इस पर खास ध्यान नहीं दिया। 1934 में रहमत अली तथा उसके दोस्त जब उनसे इस बारे में समर्थन मांगने पहुंचे तो उनके साथ मुलाकात के दौरान भी वह इसे लेकर कुछ खास उत्साहित नही थे। बताया जाता है कि उन्होंने उन सभी को यही सलाह दी कि प्यारे बच्चों, इसे लेकर हड़बड़ी मत करो। पानी को अभी बहने दो। समय पर वह खुद ही अपनी सतह ढूंढ लेगा।

1934 में दि इंडियन स्ट्रगल में सुभाष ने लिखा,[5]

> पाकिस्तान वास्तव में एक बेहतरीन योजना और अव्यावहारिक प्रस्ताव है – इसके पीछे एक नहीं, अनेक कारण हैं। भारत भौगोलिक, ऐतिहासिक, सांस्कृतिक, राजनैतिक तथा आर्थिक तौर पर अविभाज्य इकाई है। दूसरे, भारत के ज्यादातर भागों में हिन्दू और मुसलमान इतने गुंथे हुए हैं कि उन्हें अलग–अलग करना मुमकिन नहीं है। तीसरे, यदि बलपूर्वक मुस्लिम राज्य बना भी दिए गए तो इन राज्यों में अल्पसंख्यकों की नई समस्या उठ खड़ी होगी, जिनसे नई मुश्किलें पैदा होंगी। चौथे, जब तक हिन्दू और मुस्लिम एक होकर ब्रिटिश सत्ता से नहीं लड़ेंगे, वे अपने आपको मुक्त नहीं करा सकते हैं और उनकी यह एकता स्वतंत्र एवं अविभाजित भारत पर ही आधारित है।

1930 के दशक के अंत तथा 1940 के दशक के शुरू तक जिन्ना की सोच में भारी बदलाव आ चुका था। मार्च 1940 में लाहौर में संपन्न ऑल इंडिया मुस्लिम लीग के अधिवेशन में उन्होंने पाकिस्तान प्रस्ताव के प्रति अपनी पूरा समर्थन व्यक्त किया। इस प्रस्ताव को बंगाली मुस्लिम नेता फजलूल हक़ ने रखा था, जिसे अधिवेशन में पारित कर दिया गया। इस घटना ने उपमहाद्वीप के बंटवारे के लिए लीग की आकांक्षा का पहली बार संकेत किया और इसके साथ ही साम्प्रदायिक समन्वय की कोशिशों के अन्त की शुरुआत हो गई।

यह देखना दिलचस्प होगा कि इस प्रस्ताव में 'पाकिस्तान' शब्द का इस्तेमाल कहीं नहीं हुआ था। समाचार माध्यमों ने ही इस शब्द को प्रस्ताव के साथ चस्पा

[5] पूर्वोक्त, 404.

कर दिया था और फिर यह सभी नेताओं तथा समुदायों की कल्पना का अंग बन गया, चाहे वह अच्छे के लिए हो, या फिर खराब के लिए। भारत का मुस्लिम समाज अधिकतर इसके पक्ष में था, जबकि हिन्दू तथा अन्य गैर–मुस्लिमों में इसे लेकर मिली–जुली प्रतिक्रिया थी।

यह कोई आश्चर्य की बात नहीं थी कि भारतीय उपमहाद्वीप को भारत तथा पाकिस्तान में बांटे जाने के साथ ही ब्रिटिश भारत के दो सुप्रसिद्ध राज्यों बंगाल तथा पंजाब के बंटवारे का बोस बंधुओं ने अन्त तक विरोध किया। विभाजन के बाद भी 20 फरवरी 1950 को शरत ने अपने निधन के कुछ ही घंटे पहले भारत और पाकिस्तान के नाम अपील लिखी, जिसमें पूर्वी बंगाल से, जो तब पाकिस्तान का हिस्सा हो चुका था, खास अपील की गई थी कि वह विशिष्ट तथा अलग राज्य के तौर पर भारतीय संघ में शामिल हो जाए ताकि पड़ोसी भारतीय राज्य पश्चिम बंगाल के बंगालियों के साथ किसी भी तरह का एकीकरण हो सके। अगले दिन 21 फरवरी 1950 को उनके निधन की चौंकाने वाली खबर के साथ ही यह अपील भी उनके द्वारा 1 सितम्बर 1948 को स्थापित समाचार पत्र दि नेशन में छपी, जिस पर उनके हस्ताक्षर भी थे।

इससे बहुत पहले तथा भारत और पाकिस्तान की आजादी से कुछ ही महीने पहले 15 मार्च 1947 को जब शरत कांग्रेस से अलग हो चुके थे और उनके पास कोई विकल्प न था, तब उन्होंने चेताया था,[6]

> धर्म को प्रदेशों के विघटन का आधार मान लेने से कांग्रेस का अपना आधार खत्म हुआ है। इससे पिछले 60 सालों की उसकी मेहनत बेकार चली गई। इस अवधारणा (यानी धर्म आधारित राज्य) को इस महत्वपूर्ण वर्ष 1947 में स्वीकार कर के भारत पर उसके अमल से देश फिर से मध्ययुग में धकेल दिया जाएगा। निश्चय ही यह प्रतिक्रियावादी तथा क्रांति विरोधी कदम है, जो आगे आने वाले सालों में प्रगति को बाधित कर देगा। यह साम्प्रदायिक समस्या को और भी बढ़ा देगा और उसके समाधान को असंभव न भी बनाए तो कठिन जरूर बना देगा। चूंकि भारत की आबादी पूरे देश में ही मिली–जुली हुई है, ऐसे में उसे साम्प्रदायिक आधार पर अलग–अलग करना न तो वांछित है और ना ही संभव। साम्प्रदायिक समस्या का समाधान सामाजिक न्याय में निहित है और जहां तक हमारे सामूहिक जीवन का सवाल है, इसका समाधान राजनैतिक एवं आर्थिक मुद्दों को महत्व देने तथा धर्म को राजनैतिक तथा सामाजिक मामालों से अलग कर के ही ढूंढा जा सकता है।

[6] सेलेक्टेड स्पीचेज़ एण्ड राइटिंग्स ऑफ शरत चन्द्र बोस, 1947–1950 (शरत बोस अकादमी, 1954), 1–2.

अमीय अपने भाषणों तथा लेखन में भारत की एकता तथा विभाजन के विरोध की दिशा में अपने पिता और चाचा की भूमिकाओं के बारे में काफी कुछ बोलते रहे थे। विभाजन तथा स्वतंत्रता के कुछ साल पहले से अमीय खुद भी अपने पिता के राजनैतिक सहयोगी एवं विश्वासपात्र के तौर पर इससे जुड़े रहे थे।

विभाजन को लेकर जितना कुछ लिखा गया है, और जो ढेर सारे पुरालेख उपलब्ध हैं, उन सबों को पढ़ते हुए भी यह तय कर पाना कठिन है कि वह कौन सी घड़ी थी कि जब विभाजन अवश्यंभावी हो गया। कुछ लोग इसके बीज ब्रिटिश साम्राज्यवादी नीति में ही पाते हैं यानी कि ब्रिटिश औपनिवेशिक अधिकारियों द्वारा अपनाई जाने वाली फूट डालो, शासन करो की नीति में, जो वे भारत के अलावा औपनिवेशिक साम्राज्यवाद के अन्य हिस्सों में भी अपनाते रहे थे। सुभाष इस संदर्भ में अक्सर आयरलैंड और फिलिस्तीन का उदाहरण देते थे। कुछ लोग इसे लम्बे समय से चले आ रहे धार्मिक विभेद का नतीजा भी मानते हैं।

कुछ और लोगों का मानना है कि इसका जवाब उन घटनाओं में ढूंढा जा सकता है, जो अगस्त 1947 में भारत तथा पाकिस्तान दोनों की आज़ादी से पहले के कुछ सालों में घटती रही थीं। 'पाकिस्तान' की अवधारणा ने ही, जिसकी चर्चा इसी अध्याय में पहले की जा चुकी है, इस बारे में काफी हलचल खड़ी कर दी थी। 1940 की शुरुआत से जिन्ना के नेतृत्व वाली मुस्लिम लीग को लेकर मुस्लिमों में जैसे–जैसे विश्वास बढ़ा तथा ब्रिटिश अधिकारियों पर भी जैसे–जैसे इसका असर दिखाई पड़ा, वैसे–वैसे पाकिस्तान की मांग भी जोर पकड़ती गई।

जहां तक बोस बंधुओं का सवाल था, वे यह मानते थे कि कुछ भी अवश्यंभावी नहीं है। ऐसे में विभाजन के विरोध में की गई कोई भी कार्रवाई बिलकुल उचित है, चाहे वह कितनी ही देर से की गई हो। बाद में हमने देखा कि बोस बंधुओं का यह मानना कितना सही था कि देश के विभाजन से साम्प्रदायिक समस्याएं नहीं सुलझ सकती हैं, न तात्कालिक तौर पर और ना ही अंतिम रूप से।

अमीय का मानना था कि कांग्रेस आलाकमान के दिशा निर्देश पर कांग्रेस कार्यकारिणी ने भारत सरकार अधिनियम 1935 के तहत जनवरी 1937 में आयोजित होने वाले प्रांतीय चुनावों और उसके परिणाम को लेकर जो रुख अपनाया, विभाजन के सबसे अधिक उपजाऊ बीज उसी में थे।

साम्प्रदायिक निर्वाचन क्षेत्र तथा सीमित मतदाताओं के आधार पर हुए इन चुनावों में कांग्रेस ने ब्रिटिश भारत के 11 प्रांतो की कुल 1585 सीटों में से 1161 पर चुनाव लड़ा। जिन 11 प्रांतों में चुनाव हुए, वे थे असम, बंगाल, बिहार, बंबई, मध्य प्रांत, मद्रास, पश्चिमोत्तर फ्रंटियर, उड़ीसा, पंजाब, सिंध और संयुक्त प्रांत। इनमें कुल 716 सीटें पर कांग्रेस की जीत हुई। बिहार, बंबई, मध्य प्रांत, मद्रास,

उड़ीसा तथा संयुक्त प्रांत में उसे पूर्ण बहुमत हासिल हुआ, जबकि असम, बंगाल तथा पश्चिमोत्तर प्रांत में वह सबसे बड़े दल के तौर पर रही।

मुस्लिम मतदाताओं के लिए आरक्षित 482 सीटों में से सिर्फ 56 पर कांग्रेस ने चुनाव लड़ा और उसमें से 28 पर उसने जीत भी दर्ज की। संयुक्त प्रांत, बंगाल और पंजाब में उसे एक भी मुस्लिम सीट हासिल नहीं हुई, जबकि सिंध, बिहार और बंबई में उसने किसी ऐसी सीट पर चुनाव ही नहीं लड़ा। मद्रास में उसने चार मुस्लिम सीटों पर जीत हासिल की, जबकि उसे सबसे बड़ी सफलता पश्चिमोत्तर फ्रंटियर में मिली, जहां स्थानीय कांग्रेसी मुस्लिम पठान नेता 'फ्रंटियर गांधी' कहे जाने वाले खान अब्दुल गफ्फार खान के नेतृत्व में उसने 15 मुस्लिम सीटों पर जीत पाई।

कुल मिलाकर इन चुनावों में कांग्रेस का प्रदर्शन अच्छा रहा था, जबकि उसने मुस्लिम मतदाओं से जुड़ने की कोई खास कोशिश नहीं की थी। हालांकि उस समय मुस्लीम लीग कमजोर थी और इन चुनावों में भी उसका प्रदर्शन निराशाजनक रहा था। ऐसे में कांग्रेस की राष्ट्रवादी छवि अब प्रमुख तौर पर हिन्दू संगठन में बदलने लगी, जोकि चिन्ता का विषय था।

अमीय का मानना था कि गांधी के राजनैतिक प्रचार के तरीके मुस्लिम जनता के अनुकूल नहीं थे। वह भारतीय जनता से किसी हिन्दू सन्त की जुबान में बात करते थे और जन समर्थन जुटाने के लिए हिन्दू धार्मिक प्रतीकों का ही इस्तेमाल करते थे। अमीय की दृष्टि में इसका दुष्परिणाम यह हुआ कि मुस्लिम समुदाय कांग्रेस की मुहीम से कट गया।

प्रांतीय चुनावों के नतीजों पर विचार करने तथा जिन प्रांतों में उसे बहुमत हासिल था, वहां मंत्रिमंडल गठित करने के सवाल पर कांग्रेस कार्यकारिणी की बैठक आखिरकार पांच महीने के विलंब से 5 से 8 जुलाई 1937 को वर्धा में बुलाई गई। इस दौरान कांग्रेस नेतृत्व साम्राज्यवादी प्रांतीय गवर्नर के सर्वोपरि संवैधानिक शक्ति के सवाल पर ब्रिटिश अधिकारियों से उलझी रही थी।

वर्धा में जिन मसलों पर बात की गई, उनमें प्रमुख था सत्ता को स्वीकारने का मुद्दा। इसमें भी मंत्री पद तथा गठबंधन सरकार का मसला अहम था। शरत को वर्धा से जल्दी चले जाना पड़ा। बाद में उन्होंने गांधी और नेहरू दोनों को ही पत्र लिखे। नेहरू तब कांग्रेस के अध्यक्ष थे और इस पद पर वह 1936 तथा 1937 में बने रहे। कांग्रेस कार्यकारिणी ने सत्ता में रहने की बात को सैद्धान्तिक तौर पर स्वीकार तो किया, पर गठबंधन सरकार बनाने के प्रस्ताव को अस्वीकार कर दिया। इसलिए कांग्रेस के नेताओं ने उसे सिर्फ उन्ही प्रांतों में सरकार बनाने का निर्देश दिया, जहां कि उसे बहुमत प्राप्त था।

प्रांतीय कांग्रेस कमिटियों पर मुस्लिम लीग सहित किसी भी अन्य पार्टी के साथ मिलकर किसी भी तरह की गठबंधन सरकार बनाने को लेकर रोक लगा

दी गई, चाहे वहां उसे बहुमत हासिल हो या फिर वह सबसे बड़ा दल हो, जैसा कि बंगाल में था। कांग्रेस की शर्त थी कि यदि कोई दल उसके साथ सरकार में आना चाहता है तो उसे अपना अलग अस्तित्व समाप्त कर कांग्रेस में ही विलय करना होगा।

संयुक्त प्रांत में जब कांग्रेस ने यह देखा कि उसे खुद अपने बल पर बहुमत प्राप्त है तो मुस्लिम लीग के साथ सत्ता की साझेदारी को लेकर चुनाव पूर्व के समझौते से वह मकर गई। घाव पर नमक छिड़कते हुए उसने मुस्लिम लीग के सदस्यों को संयुक्त प्रांत की सरकार में इस शर्त पर लेना स्वीकार किया कि पहले तो वे मुस्लिम लीग की भर्तस्ना करें और फिर कांग्रेस में शामिल हो जाएं।

अमीय ने हमारा ध्यान कांग्रेस के मुस्लिम नेता मौलाना आज़ाद की आत्मकथा इंडिया विन्स फ्रीडम की तरफ दिलाया, जिसमें उन्होंने बताया है कि हिन्दू बहुमत वाले प्रांतों की सरकारों में शामिल होने के लिए मुस्लिम लीग के नेता किस तरह लालायित थे। संयुक्त प्रांत की अपनी यात्रा का उल्लेख करते हुए मौलाना ने लिखा है,[7]

> चौधरी खालीकुज्ज़मन और नवाब इस्माइल खान तब संयुक्त प्रांत में मुस्लिम लीग के नेता थे। जब मैं सरकार बनाने के उद्देश्य से लखनऊ गया तो मैंने उन दोनो से ही बातचीत की। उन्होंने मुझे भरोसा दिलाया कि वे न केवल कांग्रेस का साथ देंगे, बल्कि उसके सभी कार्यक्रमों का समर्थन भी करेंगे। जाहिर तौर पर वे चाहते थे कि नई सरकार में मुस्लिम लीग की भी भागीदारी हो। स्थानीय हालात ऐसे थे कि दोनों में से कोई भी अकेले सरकार में शामिल नहीं हो सकता था। या तो उसमें दोनों को रखा जाता, या फिर उनमें से किसी को भी नहीं। इस वजह से मैंने उम्मीद जताई थी कि दोनों को ही सरकार में ले लिया जाएगा। अगर मंत्रिमंडल में सिर्फ सात ही सदस्य होते तो उनमें से दो मुस्लिम लीग का तथा बाकी कांग्रेस के होते। नौ सदस्यों के मंत्रिमंडल में कांग्रेस का बहुमत और भी बड़ा होता। मेरे साथ बातचीत के बाद नोट तैयार किया गया कि मुस्लिम लीग पार्टी कांग्रेस के साथ काम करने तथा उसके कार्यक्रमों का समर्थन करने के लिए राजी है। नवाब इस्माइल खान और चौधरी खालीकुज्ज़मन दोनों ने ही इस पर अपने दस्तख़त भी किए।

आज़ाद ने आगे लिखा है कि नेहरू ने उनके इस समझौते को स्वीकार नहीं किया और मुस्लिम लीग के साथ बातचीत असफल हो गई।

> यह एक दुर्भाग्यपूर्ण घटना थी। अगर लीग द्वारा सहयोग की पेशकश को मंजूर कर लिया जाता तो यह व्यावहारिक तौर पर मुस्लिग लीग का कांग्रेस में

[7] मौलाना अबुल कलाम आज़ाद, इंडिया विन्स फ्रीडम (ओरियन्ट ब्लैक स्वान, 2009), 170–171.

> विलय ही होता। जवाहर लाल के इस कदम ने संयुक्त प्रांत में मुस्लिम लीग में नई जान फूंक दी। भारतीय राजनीति की समझ रखने वाले सभी लोग बखूबी जानते हैं कि संयुक्त प्रांत से ही मुस्लिम लीग का पुनर्गठन हुआ। श्री जिन्ना ने इस हालात का जमकर फायदा उठाया और मुखालफत शुरू कर दी, जिसका नतीजा आखिरकार पाकिस्तान के तौर पर सामने आया।

अमीय का निष्कर्ष था, और यही बात वह अपने सभी भाषणों में भी कहते रहे थे कि 1937 के चुनावों में और उसके बाद अपने रवैये से कांग्रेस ने भारत के मुसलमानों के सामने यह बात साफ कर दी कि संयुक्त भारत में मुसलमान कभी समानता के आधार पर राजनैतिक सत्ता में भागीदार नहीं रह सकेंगे। इसके साथ ही उन्हें लगने लगा कि राजनैतिक ताकत उन्हें तभी मिल सकती हैं जबकि हिन्दू तथा मुस्लिम आबादी के हिसाब से भारत का बंटवारा हो जाए।

कांग्रेस आलाकमान का अधिनायकवादी रवैया ब्रिटिश भारत के सभी 11 प्रांतों में गठबंधन सरकार को सैद्धान्तिक तौर पर स्वीकार किए जाने को लेकर बोस बंधुओं की कोशिशों के आड़े आया। अमीय याद करते हैं कि हिमालय की तलहटी में बसे कुर्सियांग में नजरबंद सुभाष को दिसम्बर 1936 में कलकत्ता मेडिकल कॉलेज में इलाज के लिए लाया गया था।

> तब मेरी उनसे अनेक बार बातचीत हुई। उन्होंने मुझे शरत बोस से देश भर में गठबंधन सरकार बनाने की दिशा में काम करने के लिए कहने को कहा। जरूरत पड़ने पर मुस्लिम लीग की मदद भी लेने को कहलाया ताकि हिन्दुओं और मुसलमानों के बीच संबंधों में सुधार हो सके और नतीजतन भारत की एकता मजबूती से बनी रह सके। दोनों ही बोस बंधुओं की गहरी आस्था चित्तरंजन दास द्वारा प्रेरित बंगाल संधि के सिद्धान्तों में थी, जिसमें राष्ट्रीय तथा प्रांतीय असेम्बलियों में मुसलमानों को उचित भागीदारी देने की बात कही गई थी।

अमीय ने पाया कि उस समय सुभाष की चिन्ताएं कांग्रेस, मुस्लिम लीग तथा कुछ अन्य पार्टियों द्वारा प्रादेशिक चुनावों की तैयारियों के इर्द–गिर्द धूम रही थीं। ये चुनाव अगले ही महीने जनवरी 1937 में संपन्न भी हो गए। कांग्रेस तथा मुस्लिम लीग में से कोई भी भारत सरकार अधिनियम 1935 के तहत प्रस्तावित नए संविधान से खुश नहीं था, फिर भी दोनों ने ही इसमें भाग लेने का फैसला किया। इस समय तक सुभाष को छोड़कर कांग्रेस के अन्य सभी बड़े नेता जेल से छोड़े जा चुके थे।

चुनावों में भागीदारी का यह फैसला कांग्रेस ने अक्टूबर 1936 में कलकत्ता में आयोजित कांग्रेस कमिटी के वार्षिक अधिवेशन में लिया था, जिसकी अध्यक्षता तत्कालीन कांग्रेस अध्यक्ष जवाहर लाल नेहरू ने की थी। कांग्रेस के 15 सदस्यीय

कार्यकारिणी की बैठक शरत के 1 वूडबर्न पार्क स्थित आवास पर हुई थी, जिसमें कांग्रेस के विभिन्न नेताओं को चुनाव की तैयारियों के लिए अलग–अलग प्रांतो की बागडोर थमाई गई थी। इसमें शरत ने बंगाल तथा पंजाब दोनों की जिम्मेदारी उठाना स्वीकार किया था।

कांग्रेस अधिवेशन के ठीक बाद ऑफिस स्वीकार विरोधी कमिटी का गठन किया गया, जिसके प्रमुख सदस्यों में शरत चन्द्र बोस, रफी अहमद किदवई, सरदार सरदुल सिंह कविशर और श्रीमती विजय लक्ष्मी पंडित थे। जवाहर लाल नेहरू का समर्थन भी इस कमिटी को प्राप्त था, पर चूंकि वह उस समय कांग्रेस अध्यक्ष थे, इसलिए कमिटी में शामिल नहीं हुए। इस कमिटी का मुख्य उद्देश्य चुनाव में कांग्रेस की भागादारी के साथ ही जीतने के बावजूद मंत्रिमंडल बनाने से इनकार कर देने के लिए मुहीम चलाना था, जिससे कि असेम्बलियों के भीतर से ही संविधान पर हमला किया जा सके।

सुभाष को लगता था कि शरत ऐसा कर के गलती कर रहे हैं। उन्हें यकीन था कि जिस किसी प्रांत में कांग्रेस सरकार बनाने की स्थिति में रहेगी, वहां कांग्रेस का दक्षिणपंथी गुट सरकार में शामिल होने का फैसला आखिरकार कर लेगा। यही नहीं, वह वामपंथी गुट को यह कहते हुए सरकार से बाहर भी रखेगा कि उसे तो सरकार में होना मंजूर ही नहीं था। सुभाष को इस बात का भी पक्का यकीन था कि गांधी के कहने पर नेहरू सरकार में रहना स्वीकार कर लेंगे और शरत सहित सभी वामपंथी नेताओं को दरकिनार कर दिया जाएगा।

शरत बंगाल में हिन्दुओं और मुसलमानों दोनो को ही कांग्रेस के साथ लेकर चलना चाहते थे। मुस्लिमों में भी वे बंगाली मुस्लिम ख्वाजा नज़ीमुद्दीन के नेतृत्व वाली मुस्लिम लीग को न चाहकर बंगाली मुस्लिम नेता फजलूल हक़ के नेतृत्व वाली कृषक प्रजा पार्टी को चाहते थे, जिसका कि मुसलमानों के बीच अच्छा आधार था।

शरत तब बंगाल कांग्रेस के नेता थे और नजीमुद्दीन की राष्ट्रीयता पर उन्हें पूरा विश्वास नहीं था। इसीलिए वह कृषक प्रजा पार्टी के सहयोग से मुस्लिम लीग को हराने की कोशिश में थे। हालांकि चुनावों में तीनों प्रमुख पार्टियों, कांग्रेस, कृषक प्रजा पार्टी तथा मुस्लिम लीग को लगभग बराबर सीटें मिलीं। अमीय के अनुसार उनकी सीटों की संख्या क्रमशः 52, 50 एवं 50 थी। कांग्रेस आलाकमान द्वारा कांग्रेस के साथ किसी भी अन्य पार्टी के गठबंधन से इनकार कर दिए जाने के बाद शरत का यह सपना अधूरा रह गया। और निराश फजलूल हक़ आखिरकार मुस्लिम लीग के साथ जाने को बाध्य हो गए।

बंगाल में मुस्लिम लीग तथा कृषक प्रजा पार्टी की गठबंधन सरकार 1 अप्रैल 1937 को बना ली गई। इसमें मुस्लिम लीग का वर्चस्व था और मुस्लिम हितों

को लेकर वह संवेदनशील भी थी। सरकार का नेतृत्व फजलूल हक़ के हाथ में था, जबकि नजीमुद्दीन इसमें गृहमंत्री थे। इसी बीच गांधी के अनुयायी नलिनी रंजन सरकार कांग्रेस छोड़कर मंत्रिमंडल में शामिल हो गए और उन्हें वित्त मंत्री बना दिया गया। कांग्रेस अध्यक्ष तथा कार्यकारिणी ने नलिनी रंजन सरकार को कांग्रेस से बीस सालों के लिए निष्काषित कर दिया।

चुनावों में 52 सीट जीतकर बंगाल असेम्बली में सबसे बड़ा दल रहने के बावजूद कांग्रेस को विपक्ष की भूमिका निभानी पड़ी। शरत ने एक बार फिर अगस्त 1937 में कोशिश की कि कांग्रेस और कृषक प्रजा पार्टी साथ आ जाएं, पर कांग्रेस के तत्कालीन अध्यक्ष नेहरू के नेतृत्व में कांग्रेस कार्यकारिणी ने इसे फिर से नामंजूर कर दिया।

शरत चुप होकर बैठ जाने वाले लोगों में नहीं थे। अगस्त 1937 में अंडमान द्वीप में रह रहे कुछ राजनैतिक कैदियों ने भूख हड़ताल शुरू कर दी। वे खुद को भारत भेजे जाने की मांग कर रहे थे। यह मामला जल्दी ही प्रमुख राजनैतिक मुद्दा बन गया और शरत ने खास तौर से अंडमान द्वीप के कैदियों के समर्थन में तथा आम तौर से सभी राजनैतिक बंदियों के समर्थन में देशव्यापी अभियान छेड़ दिया। उधर मुस्लिम लीग इसे लेकर कम सक्रिय रही। शरत द्वारा इन कैदियों की रिहाई के लिए छेड़े गए आन्दोलन के कारण मुस्लिम लीग की साख कम हुई और शरत बंगाल की राजनीति के सबसे सशक्त व्यक्तित्व के तौर पर उभरे।

इसी दौरान शरत ने समाजवादी किस्म के कुछ सामाजिक–आर्थिक कार्यक्रमों पर काम शुरू किया। अक्टूबर 1938 में मैसूर प्रांत छात्र सम्मेलन में अध्यक्ष पद से बोलते हुए उन्होंने समाजवाद के प्रति अपना विश्वास जताया। हालांकि मार्क्सवादी चिन्तन से उनकी सहमति नहीं थी। वह समाजवाद का ऐसा प्रारूप चाहते थे जो भारतीय परिस्थितियों के अनुरूप हो। नवम्बर 1938 तक अनुसूचित जातियों के बहुत से सदस्य तथा कृषक प्रजा पार्टी का भी बड़ा हिस्सा कांग्रेस के साथ गठबंधन सरकार बनाने के लिए शरत बोस को समर्थन देने के लिए फिर से तैयार हो गए। इस तरह दिसम्बर 1938 में शरत बंगाल में मुस्लिम लीग के वर्चस्व वाली सरकार को गिराने के लिए लालायित हो चुके थे। जैसा कि अमीय ने लिखा है,

> 15 दिसम्बर 1938 को शरत कांग्रेस कार्यकारिणी की बैठक में भाग लेने के लिए फिर से वर्धा गए। वह वहां कांग्रेस को लेकर गठबंधन सरकार बनाने के लिए गांधी तथा अन्य कांग्रेसी नेताओं से समर्थन भी मांगना चाहते थे। शरत के वर्धा पहुंचने के कुछ समय बाद ही कलकत्ता के प्रमुख व्यावसायी घनश्याम दास बिड़ला, गांधी से बंगाल की स्थिति पर बातचीत करने के लिए नलिनी रंजन सरकार को लेकर वहां पहुंचे।

शरत बोस जैसे कट्टर समाजवादी के नेतृत्व में बंगाल में गठबंधन सरकार बनाने की बात कलकत्ता के मारवाड़ी पूंजीपतियों को हजम नहीं हो पा रही थी। घनश्याम दास बिड़ला ने गांधी को सलाह दी कि शरत को बंगाल असेम्बली में पार्टी के नेता पद से हटा दिया जाए और नलिनी रंजन सरकार को बंगाल में गठबंधन सरकार बनाने की जिम्मेदारी सौंप दी जाए।

प्रेस में इस आशय की खबरें छपीं कि गांधी ने बिड़ला और सरकार की बातें ध्यान से सुनीं और उन्हें अपना प्रस्ताव कांग्रेस अध्यक्ष तथा अन्य नेताओं के पास लेकर जाने को कहा। चूंकि सुभाष तब कांग्रेस अध्यक्ष थे, इसलिए बिड़ला और सरकार ने यह बात यहीं खत्म कर दी। परन्तु बिड़ला के कहने पर गांधी ने शरत बोस को कांग्रेस सदस्य के तौर पर मुस्लिम लीग के नेतृत्व वाली सरकार को गिराने से रोक दिया। शरत की इन कोशिशों को गांधी ने बड़ी ही बारीकी से विफल कर दिया क्योंकि वह बंगाल में मारवाड़ी पूंजीपतियों के आर्थिक वर्चस्व को तोड़ना नहीं चाहते थे।

जहां तक पूरे ब्रिटिश भारत में हिन्दुओं तथा मुसलमानों के बीच के आपसी संबंध का सवाल था, 1937 के चुनावों के संचालन और उसके बाद के नतीजों ने उसे काफी धक्का पहुंचाया था। 1940 आते–आते जिन्ना आज़ाद पाकिस्तान की परिकल्पना को खुलेआम बढ़ाने लगे थे, जबकि कुछ साल पहले तक वह इस परिकल्पना को सार्वजनिक तौर पर खारिज करते रहे थे। ऐसा कैसे हुआ कि जो व्यक्ति 'हिन्दू–मुस्लिम एकता का दूत'[8] समझा जाता था, वही भारत के विभाजन तथा आज़ाद पाकिस्तान के निर्माण का सबसे बड़ा नेता बन बैठा?

लोकमत के विपरीत उनके इस हृदय परिवर्तन के मूल में उनकी कोई निजी आकांक्षा नहीं थी, बल्कि उन्हें लगने लगा था कि कांग्रेस राज में मुसलमान सुरक्षित नहीं रह सकेंगे। 1937 के चुनावों के बाद कांग्रेस शासित प्रांतों को लेकर नकारात्मक नजरिये की वजह से ही उन्होंने नवम्बर 1939 में कांग्रेस की प्रांतीय सरकारों द्वारा इस्तीफा दिए जाने पर भारत के मुसलमानों को अत्याचार, दमन और अन्याय से आज़ादी का जश्न मनाने के लिए कहा।

अमीय के सामने यह बिलकुल साफ था कि

जिन्ना के जीवन में भारी बदलाव 1937 के चुनावों के बाद आया, जब कांग्रेस ने उनके साथ मिलकर उन भारतीय प्रांतों में सरकार बनाने से साफ इनकार कर दिया, जहां मुस्लिम अल्पसंख्यक थे। जिन्ना बड़े ही अभिमानी किस्म के व्यक्ति थे और कांग्रेस की इस कार्रवाई को उन्होंने अपने निजी अपमान के तौर पर

[8] दिसम्बर 1916 की लखनऊ संधि में हिन्दू–मुस्लिम भाईचारा को आगे बढ़ाने के कारण जिन्ना को यह उपाधि भारतीय स्वतंत्रता सेनानी तथा भारत की कोकिला सरोजनी नायडू ने दी थी।

> लिया। इससे वह यह सोचने को बाध्य हो गए कि कांग्रेस संचालित भारत में उन्हें तथा उनकी मुस्लिम लीग के साथ सही बर्ताव नहीं किया जाएगा। और इस तरह हिन्दू–मुस्लिम एकता का यह दूत पाकिस्तान का भारी समर्थक बन गया, जबकि मात्र चार साल पहले ही उन्होंने इस प्रस्ताव को 'नामुकिन सपना' कहकर खारिज कर दिया था।

1937 के चुनावों के तुरंत बाद जिन्ना ने हिन्दू और मुस्लिम नेताओं के बीच समझौते के लिए गांधी से मुलाकात करनी चाही थी। मई 1937 में उन्होंने इस संबंध में गांधी को संदेश भी भेजा, पर 22 मई 1937 को पत्र लिखकर गांधी ने उनसे बातचीत करने से मना कर दिया। जिन्ना ने उन्हें फिर से लिखा, पर इस बार उन्होंने आज़ाद से बात करने को कहा, जिन्हें कांग्रेस की कठपुतली माना जाता था। इसके बाद जिन्ना ने फिर कोई कोशिश नहीं की।

1938 में सुभाष ने कांग्रेस का अध्यक्ष रहते हुए जिन्ना से मिलने की कोशिश की ताकि साम्प्रदायिक झगड़े की यह गुत्थी सुलझाई जा सके। हालांकि जिन्ना तथा सुभाष के बीच पत्राचार और मुलाकातें (मई 1938 में) आपसी सद्भाव कायम रहा, और उनमें जिन्ना और नेहरू के बीच वाले विद्वेष का भी अभाव रहा, लेकिन तब तक स्थिति बेहद बिगड़ चुकी थी। जिन्ना इस बात पर अड़े रहे कि मुस्लिम लीग को भारत के मुसलमानों की आवाज माना जाए और उसे कांग्रेस के बराबर मान्यता मिले।

इस समय तक जिन्ना का निश्चित मानना था कि कांग्रेस केवल हिन्दुओं की आवाज है, मुसलमानों की नहीं। जिन्ना ने सुभाष को यह भी याद दिलाया कि 1937 में कांग्रेस अध्यक्ष रहते हुए नेहरू ने अपने किसी बयान में कहा भी था कि देश में दो ही पार्टियां हैं, वे हैं ब्रिटिश सरकार और कांग्रेस।

कांग्रेस अध्यक्ष सुभाष और कार्यकारिणी दोनों ही यह मानने के लिए तैयार नहीं थे कि कांग्रेस मुसलमानो का प्रतिनिधित्व नहीं करती, और ना ही कर सकती है। ऐसे में कांग्रेस अध्यक्ष पद पर रहते हुए जिन्ना को साथ लेकर चलने की सुभाष की कोशिशें नाकाम रहीं। इसके बाद 1939 में जब कांग्रेस ने सभी प्रांतीय असेम्बलियों तथा राष्ट्रीय असेम्बली की सरकारों से खुद को हटा लिया और फिर 1940 की शुरुआत में उसके सभी नेताओं को कैद कर लिया गया (सुभाष को जुलाई 1940 में, शरत को दिसम्बर 1941 में तथा गांधी को अगस्त 1942 में गिरफ्तार किया गया), और भारत छोड़ो आन्दोलन के तहत ब्रिटिश सरकार तथा साम्राज्यवादी अधिकारियों के साथ अगस्त 1942 में झड़पें शुरू हो गईं. तब जिन्ना और उनकी मुस्लिम लीग को देश भर में अलगाववादी अभियान चलाने का भरपूर मौका मिल गया जो 1937 से ही चालू था।

इस तरह 1944 तक, जब द्वितीय विश्व युद्ध का पलड़ा ब्रिटेन की तरफ झुकने लगा था, ब्रिटिश अधिकारियों ने जिन्ना को तरजीह देनी शुरू कर दी थी। ब्रिटिश सरकार तथा वायसरॉय के साथ उनका सीधा संवाद कायम हो चुका था और तब के साम्राज्यवादी भारत की भावी तस्वीर पर उनकी बातचीत होने लगी थी। गांधी जब तक 6 मई 1944 को जेल से रिहा हुए, मुस्लिम लीग और कांग्रेस दोनों ही विभाजन को राजनैतिक बहस का मुद्दा मान चुके थे। कांग्रेस के कुछ नेता तो विभाजन की अवधारणा को किसी न किसी तरह से समर्थन भी देने लगे थे।

इन कांग्रेस दिग्गजों में गांधी के विश्वासपात्र चक्रवर्ती राजगोपालाचारी भी थे, जो 1942 से कांग्रेस तथा मुस्लिम लीग के बीच समझौते की कोशिशों में लगे थे और दोनों पक्षों के बीच सहमति का आधार बनाना चाहते थे। गांधी की रिहाई के पहले ही जिन्ना और चक्रवर्ती राजगोपालाचारी हिन्दू और मुस्लिम बहुलता के आधार पर हिन्दुस्तान तथा पाकिस्तान के बंटवारे पर चर्चा कर चुके थे, जिसमें गांधी की सहमति बताई जाती थी। इस बातचीत के आधार पर जो मसौदा तैयार किया गया था, उसे चक्रवर्ती राजगोपालाचारी फार्मूला के नाम से जाना गया। ऐसे में गांधी के सामने दूसरा कोई विकल्प नहीं रह गया था और वे जिन्ना से सीधी बातचीत के लिए मजबूर हो गए थे। लोकिन तब तक जिन्ना का विचार आज़ाद पाकिस्तान की मांग में बदल चुका था।

दक्षिण भारत के कुन्नूर में अपने कारावास के दौरान 'छिटपुट विचारों' को व्यक्त करने के क्रम में शरत ने 31 जुलाई 1944 को खेद के साथ लिखा,[9]

> गांधीजी द्वारा राजाजी के फार्मूले को स्वीकार किया जाना भारत के राजनैतिक जीवन की त्रासदी से कम नहीं है। वह व्यक्ति जो कुछ समय पहले तक भारत के बंटवारे को पाप मानता रहा था, अब उसी ने इस पर अपनी सहमति दे दी है। और तब भी वह कहते हैं कि उनमे कोई बदलाव नहीं आया है। बहुत संभव है कि जिन्ना के साथ उनकी मुलाकात धुंए में खो जाए (सितम्बर 1944 में जिन्ना से मिलने के बाद जब गांधी से पूछा गया कि वह क्या लेकर लौटे हैं तो उन्होंने यही बात कुछ उदासी भरे स्वर में कही, सिर्फ कुछ फूल), लेकिन इसमें कतई संदेह नहीं कि इस मुलाकात से जिन्ना की स्थिति अपने समुदाय में और भी मजबूत होगी तथा उन्हें अपनी मांग ज्यादा जोरदार तरीके से रखने के लिए प्रोत्साहित करेगी।
>
> मैं यह सोचने के लिए मजबूर हूं कि जवाहर लाल तथा मौलाना आज़ाद की सलाह मानकर गांधीजी 1937 से लगातार गलतियों पर गलतियां करते रहे। यदि

[9] शरत चन्द्र बोस कोमेमोरेटिव वॉल्युम, 181–182.

गांधीजी 1937 में गठबंधन सरकार बनाने पर सहमत हो गए होते तो जिन्ना तथा उनके समर्थकों को इससे संतोष हो जाता और हिन्दू–मुस्लिम मतभेद कम हो जाता। लेकिन ऐसा नहीं हो सका क्योंकि गांधीजी ने जवाहर लाल और मौलाना के साथ रहना पसन्द किया, जबकि जवाहर लाल अस्थिर चित्त के सिद्धान्ती थे और मौलाना उन्हीं के इशारों पर चलने वाले व्यक्ति।

मैंने जब गांधीजी से दिल्ली मे आयोजित कार्यकारिणी की बैठक के दौरान (मैं समझता हूं 1937 में) उनसे जानना चाहा कि अगर कांग्रेस सरकार तथा कांग्रेस की गठबंधन सरकार, दोनों के कार्यक्रम एक ही हों तो फिर उनमें क्या अंतर है, तो इस पर उनका जवाब था, कुछ भी नहीं। बावजूद इसके वह कांग्रेस की गठबंधन सरकार के समर्थन में खड़े होने के लिए तैयार नहीं थे। उन्होंने मुझसे इस बारे में राजेन्द्र बाबू तथा सरदार से बात करने को कहा, जो मैंने किया भी, पर इसका कोई नतीजा नहीं निकला।

वे सभी सिर्फ अपने बल पर कांग्रेस की सरकार बनाने को लेकर अपना मन बना चुके थे। जवाहर लाल को लगता था कि मैं बंगाल की अजबो–गरीब स्थिति के कारण वहां कांग्रेस की गठबंधन सरकार बनाए जाने का समर्थन कर रहा हूं। उन्होंने इस बात पर कभी ध्यान नहीं दिया कि ऐसा करने से मुसलमानों के मन में कांग्रेस को लेकर शक खत्म हो सकेगा और वे उसका विरोध करना बंद कर देंगे। गांधीजी के कहने पर यह महान 'वामपंथी' सरकार में शामिल होने के लिए तैयार था, पर मैं जिस बात की पैरोकारी कर रहा था, उसे समझ पाने की दूरदृष्टि उसमें नहीं थी।

1937 में सरकार में शामिल होने का फैसला करना गलत था। मैं बार–बार अपनी राय दोहराता रहा कि जिन सात प्रांतों में कांग्रेस को बहुमत हासिल है, वहां उसे जबरदस्त गतिरोध पैदा करना चाहिए और 1935 के संविधान का पालन असंभव कर देना चाहिए। यदि इन सात प्रांतो में संविधान ठप हो जाता तो इससे ब्रिटिश सरकार भारी कठिनाई में आ जाती। विकल्प के तौर पर मैंने गठबंधन सरकार बनाने का प्रस्ताव भी रखा, कम से कम उन प्रांतो में जहां कांग्रेस अल्पमत में थी। लेकिन इन दोनों में से किसी भी प्रस्ताव को स्वीकार नहीं किया गया। इस तरह मेरे और मेरे सहयोगियों के बीच दीवार आ खड़ी हुई।

12 सितम्बर 1944 को बर्मा के नजदीक किसी स्थान से अपने प्रसारण में सुभाष ने आज़ाद हिन्द की अस्थायी सरकार के अध्यक्ष तथा बहुधर्मी एवं बहुजातीय आज़ाद हिन्द फौज, जिसमें महिला और पुरुष दोनों शामिल थे, के सर्वोच्च कमांडर के तौर पर अपने देशवासियों को संबोधित करते हुए कहा,

आप सभी जानते हैं कि बंबई में गांधीजी और श्री जिन्ना हिन्दू–मुस्लिम सवाल पर बातचीत कर रहे हैं और गांधीजी मुस्लिम लीग से समझौता करने के लिए

> भी तैयार हैं, भले ही इसका मतलब लीग की पाकिस्तान संबंधी मांग मान लेना ही क्यों न हो। मैं समझता हूं कि आप सब यह जानना चाहते होगे कि लीग को शान्त करने के लिए गांधीजी की इन कोशिशों के बारे में बाहर रह रहे हम भारतीय क्या सोचते हैं। यह स्पष्ट है कि गांधीजी तथा कांग्रेस के अन्य नेता लीग के साथ सुलह कर के ब्रिटेन के साथ समझौता करना चाह रहे हैं। ... ब्रिटेन के साथ समझौते की यह कल्पना भी हमारे लिए असहनीय है। हम शिद्दत से महसूस करते हैं कि इससे हम हमेशा के लिए गुलाम बने रह जाएंगे।
>
> दोस्तों, हमने स्वतंत्र तथा संयुक्त भारत का संकल्प लिया है। ऐसे में हम भारत को विभाजित करने और उसे टुकड़ों में बांटने की तमाम कोशिशों का विरोध करेंगे। ... व्यक्तिगत तौर पर मुस्लिम लीग के नेता श्री जिन्ना के लिए मेरे मन में भारी श्रद्धा है। मेरा तथा मेरी पार्टी का उनसे करीबी रिश्ता रहा है और हमने इससे पहले उनका समर्थन भी किया है। मेरा विरोध न तो लीग से है और ना ही उसके महान नेता से। लेकिन मैं अपनी मातृभूमि को विभाजित करने वाली पाकिस्तान योजना का घोर विरोध करता हूं।

इस समय तक विभाजन के सवाल पर शरत और सुभाष की आवाज नक्कारखाने में तूती की आवाज हो कर रह गई थी। अगस्त 1945 में गायब हो जाने के बाद से सुभाष की आवाज फिर कभी सुनाई नहीं पड़ी। दूसरी ओर शरत अपने चन्द संगी–साथियों के साथ भारत की क्षेत्रीय अखंडता को बचाने में लगे रहे। जब उनका यह उद्देश्य नाकाम रहा तो उन्होंने बंगाल के बंटवारे को रोकने में अपनी रही–सही ताकत लगा दी। जैसा कि आगे के अध्याय में हम देखेंगे, इस काम के लिए अब तक देर हो चुकी थी और इसलिए इस दिशा में उनकी सारी कोशिशें नाकाम साबित हुई।

6 जनवरी 1947 को शरत ने आखिरकार कांग्रेस कार्यकारिणी से इस्तीफा दे दिया। इसके साथ ही कांग्रेस अध्यक्ष को उन्होंने संवाद भेजा,[10]

> कैबिनेट मिशन को लेकर अपने सहयोगियों के साथ गंभीर मतभेद के बावजूद पिछली मई से ही मैं कार्यकारिणी की सेवा करता रहा हूं, पर मुझे खेद सहित लिखना पड़ता है कि अब मैं ऐसा नहीं कर सकूंगा। कार्यकारिणी द्वारा तैयार किए गए इस प्रस्ताव ने कांग्रेस को कुन्द कर दिया है, संविधान सभा को अधीनस्थ संस्था बना डाला है तथा भारत की अखण्डता को हमेशा के लिए नष्ट कर दिया है। इसने प्रांतो को अपनी इच्छा के खिलाफ गुटों में बंटने और अपनी प्रांतीय स्वायत्तता को त्यागने के लिए मजबूर किया है। जबकि उनसे झूठमूठ कहा जा रहा है कि उन पर ऐसा कोई दबाव नहीं है और ना ही उनकी

[10] अमीय नाथ एवं ज्योत्स्ना बोस के निजी संग्रह से

स्वायत्तता में किसी तरह का हस्तक्षेप किया जाएगा और यह कि उनकी प्रांतीय स्वायत्तता बनी रहेगी।

ब्रिटिश सरकार की व्याख्या पर आधारित और उससे अधिकार प्राप्त कर के कोई संविधान सभा भारत के संप्रभु गणराज्य का संविधान नहीं बना सकती है। मैं कार्यकारिणी की सदस्यता से अपना इस्तीफा देता हूं।

शरत बोस

1 अगस्त 1947 को शरत ने कांग्रेस की सदस्यता से भी इस्तीफा दे दिया, जिसमें वह तीन दशक से सक्रिय भागीदारी निभाते रहे थे। इसके साथ ही उन्होंने सोशलिस्ट रिपब्लिकन पार्टी के गठन की भी घोषणा की। उसी दिन बयान जारी करे के उन्होंने कांग्रेस की असफलता पर खेद व्यक्त किया।[11]

भारतीय स्वतंत्रता संग्राम नए दौर मे आ पहुंचा है। पिछले बीस वर्षों में लोगों की पीड़ा तथा बलिदान ने उनके मन में आशा जगाई थी कि ब्रिटिश नियंत्रण तथा प्रभाव से मुक्त स्वतंत्र भारत अब उनकी मुट्ठी में होगा। देश की दो प्रमुख राजनैतिक पार्टियों द्वारा 3 जून की योजना को मंजूरी दिए जाने से कम से कम अभी के लिए यह आशा धूल में मिल गई है। हमने भारत के टुकड़े कर दिए और बदले में उसकी आज़ादी की जगह ब्रिटिश प्रभाव तथा संरक्षण में डोमीनियन का दर्जा प्राप्त किया।

स्वतंत्रता का झंडा भारतीय राष्ट्रीय कांग्रेस के लाहौर अधिवेशन के दौरान 1929 में फहराया गया था। लोग उस झंडे के तले आ खड़े हुए थे और आज़ादी को यथार्थ बनाने के के लिए हर तरह का बलिदान देने के लिए तैयार थे। फिर हम असफल क्यों हुए? अपने ही नेताओं की कमजोरियों तथा ढुलमुल रवैये के कारण हम असफल रहे हैं। बुनियादी मुद्दों पर समझौता करने की उनकी मंशा के कारण हम असफल रहे हैं। महत्वपूर्ण मौकों पर देश को ठोस एवं सही नेतृत्व दे पाने में उनकी असफलता के कारण हम असफल रहे हैं।

13 अप्रैल 1948 को नई दिल्ली में 'नेताजी' नामक पत्र का लोकार्पण करते हुए शरत ने 'मैंने अपने देशवासियों को चेताया था' शीर्षक वाले भाषण में अफसोस जाहिर किया,[12]

आप सब को याद होगा कि कांग्रेस 1929 से ही स्वतंत्र एवं संयुक्त भारत के लिए संघर्ष करती रही थी। 1945 में कांग्रेस कार्यकारिणी द्वारा जारी चुनावी

[11] सेलेक्टेड स्पीचेज़ एण्ड राइटिंग्स ऑफ शरत चन्द्र बोस 1947–1950, 9–13.

[12] पूर्वोक्त, 37–42.

घोषणा पत्र में साफ तौर से कहा गया था कि कांग्रेस देश के बंटवारे और पाकिस्तान के निर्माण का विरोध करेगी। तब मैं भी कांग्रेस कार्यकारिणी का सदस्य था। 1946 में इस देश में कैबिनेट मिशन के आने के बाद से कांग्रेसी नेताओं में कमजोरियां दिखाई देने लगीं। महीनों के बीतने के साथ ही ये कमजोरियां बढ़ती गई और आखिरकार 1947 की शुरुआत में मैं कांग्रेस कार्यकारिणी से इस्तीफा देने के लिए मजबूर हो गया। इसके कुछ समय बाद ही, मार्च 1947 में, कांग्रेस कार्यकारिणी ने पंजाब को दो हिस्सों में बांटने का प्रस्ताव पारित कर दिया। इसमें से एक हिस्सा मुस्लिम बहुल था, जबकि दूसरा हिस्सा गैर–मुस्लिम बहुल।

15 मार्च 1947 को मैंने अपना विरोध दर्ज कराया और पंजाब के संदर्भ में कांग्रेस कार्यकारिणी के प्रस्ताव के खिलाफ उन्हें चेताया भी। लेकिन मेरी यह चेतावनी व्यर्थ गई। कांग्रेस कार्यकारिणी के सदस्य एक के बाद एक समझौता करते रहे और आखिरकार पाकिस्तान तथा देश के बंटवारे को भी मान लिया। अप्रैल 1947 या मई के शुरू में महात्मा गांधी कलकत्ता आए थे, तब मैं उनसे सोदेपुर जाकर मिला और देश के हालात पर उनसे बातचीत की। जैसा कि आप सभी जानते हैं, गांधीजी विभाजन के खिलाफ थे। मैंने उनसे बार–बार आग्रह किया कि वे अपने प्रभाव का इस्तेमाल करते हुए विभाजन का विरोध करें।

इस बातचीत के क्रम में मैंने उन्हें बताया कि मुझे साफ तौर से लगता है कि यदि बंटवारा हुआ तो दो बातें होंगी। पहली तो यह कि पश्चिमोत्तर फ्रंटियर लीग के हाथों में चला जाएगा और दूसरी यह कि पाकिस्तान, कश्मीर को हड़प लेगा। गांधीजी विभाजन के खिलाफ थे, पर वह मेरी इन दोनों बातों से सहमत नहीं हुए और इसके लिए उन्होंने अपने कारण भी बताए।

मई 1947 के अन्त में मैं दिल्ली आया और वहां गांधीजी तथा जिन्ना से मिला और उनसे बातचीत की। मेरे मन में जरा भी संदेह नहीं है कि कांग्रेसी नेताओं ने यदि नेतृत्व कौशल दिखाया होता तो बंगाल का विभाजन नहीं हुआ होता। पंजाब के विभाजन के बारे में मैं कुछ नहीं कह सकता। इसके बारे में पंजाब के ही नेता बता सकते हैं।

इसके बाद 3 जून की योजना आई जिसे माउंट बैटन योजना के नाम से जाना जाता है। इस योजना की घोषणा के दो दिन बाद ही मैंने नई दिल्ली में कह दिया था कि भारत की ब्रिटिश सरकार ने भारत की एकता तथा स्वतंत्रता पर भारी कुठाराघात किया है, एक ऐसा कुठाराघात जिससे कि हम शायद लम्बे समय तक नहीं उबर पाएं।

दिल्ली से कलकत्ता लौटने पर मैंने 8 जून 1947 को बयान जारी कर और बातों के साथ यह भी कहा कि ब्रिटिश साम्राज्यवादी जीत गए। मैंने यह भी कहा कि विभाजन के समर्थकों ने पूर्वी बंगाल के हिन्दुओं तथा पश्चिमी पंजाब के हिन्दुओं

> एवं सिखों को जो यह कह रखा है कि पश्चिमी बंगाल तथा पूर्वी पंजाब उनके पास लौट आएंगे, यह सिर्फ ढोंग है...
>
> दो सप्ताह बाद मैंने बंबई के फ्री प्रेस जर्नल को दिए संवाद में कहा कि 3 जून योजना दरअसल ब्रिटिश राजनयिकी की जीत है और कांग्रेस उस दिन का अफसोस मनाएगी, जबकि उसने भारत के डोमीनियन दर्जे को मान लिया था, पाकिस्तान को स्वीकार लिया था और प्रांतो के विभाजन की मांग रखी थी।
>
> अब समय आ गया है कि भारतीय जनता खुद ही इस बात का निर्णय ले कि मैं सही था या कांग्रेस के नेता सही थे। 15 अगस्त 1947 के तत्काल बाद देश भर में जो घटनाएं हुईं, उससे मैं निश्चित तौर पर दावा कर सकता हूं कि मेरी कही सारी बातें अक्षरशः सही साबित हुई हैं।
>
> 24 जून 1947 को मैंने कहा था कि जून 3 योजना की मंजूरी ब्रिटिश राजनयिकी की जीत थी। उसमें मैं जोड़ना चाहूंगा कि वह भारतीय नेतृत्व का दिवालियापन तथा प्रमुख कांग्रेसी नेताओं का देश के साथ विश्वासघात भी था।

शरत ने अनेक अवसरों पर अपनी इस घोर निराशा को व्यक्त किया। उनकी यह निराशा सिर्फ विभाजन को लेकर ही नहीं थी, बल्कि वह इसमें नए भारत और उसके नेताओं की असफलता भी देखते थे। 26 दिसम्बर 1949 को कलकत्ता में अखिल भारतीय सुभाषवादी छात्र सम्मेलन को सम्बोधित करते हुए उन्होंने युवाओं को सुभाष के पूर्ण स्वतंत्रता के सपने की याद दिलाई,[13]

> इस संदर्भ में मैं देश के विभाजन के त्रासद इतिहास की याद दिलाना चाहूंगा कि किस तरह से निराशा से भरे एक कमजोर और बीमार नेतृत्व ने घातक विभाजन में ही देश की बीमारियों की दवा खोज निकाली। मार्च 1947 से लेकर अगस्त 1947 तक का समय देशके लिए आत्महत्या करने जैसा था, जबकि कांग्रेस तथा हिन्दू महासभा के सभी प्रतिक्रियावादी तत्व महात्मा गांधी की सलाह न मानकर आत्महत्या की कोशिशों में लगे हुए थे। उन्हें चेताने का भी कोई लाभ नहीं हुआ क्योंकि वे निराशा की शराब में डूबे हुए थे। इस बीच उनका प्रचार तंत्र काम करता रहा था और उन्होंने पूरे देश को बेहोशी की दशा में सर्जन की टेबल पर पहुंचा दिया था, जहां उसे चीरा जाना था। जो हुआ, वह हाल की ही बात है – खून खराबा और पूर्वी एवं पश्चिमी भारत से बेघर हुए शरणार्थियों का तांता। लेकिन विभाजन तो अब हो चुका। हमें उसे स्वीकारना ही पड़ेगा और इस नए परिप्रेक्ष्य में हमें अपने कार्यक्रम तय करने होंगे।
>
> क्या आप सोच सकते हैं कि इन दो साल के कांग्रेस राज ने हमारे देश का कितना नाश किया है? 15 अगस्त 1947 को संभावनाओं से भरे राष्ट्र के तौर पर

[13] पूर्वोक्त, 118–119.

> इसने शुरुआत की थी, जबकि अपने कुछ मूल्यवान पुत्रों, प्रमुख कांग्रेसी नेताओं, की गैर–जवाबदेह हरकतों तथा उनकी अकर्मण्यता के कारण वह आज सबसे गरीब देशों में शुमार है। उसका संचालन संतुलन खत्म हो चुका है। उसकी सभी विकास योजनाएं रुकी पड़ी हैं। हाथ में भीख का कटोरा लेकर वह पश्चिम की तरफ देख रहा है। देश के भीतर की तस्वीर भी अच्छी नहीं है। भ्रष्टाचार, पक्षपात तथा भाई–भतीजावाद का बोलबोला है। कालाबाजार करने वाले तथा लोगों की नैतिकता का नाश करने वाले लोगों की चांदी है। जबकि सरकार बेबस होकर मूक दर्शक बनी हुई है।

विभाजनों के कारणों का विश्लेषण करते हुए अमीय ने खुद भी 1937 की घटनाओं और उनके नायकों के बर्ताव को इसका कारण माना है। अपने विभिन्न भाषणों में उन्होंने इस बात पर जोर दिया कि यदि गाधी, नेहरू और पटेल ने 1937 में गठबंधन सरकार बनाने को लेकर शरत और मौलाना आज़ाद की बात मान ली होती तो जिन्ना और मुस्लिम लीग 1940 में लाहौर में कथित पाकिस्तान प्रस्ताव पारित नहीं करते। इस तरह पाकिस्तान अस्तित्व में ही नहीं आता। राजमोहन गांधी ने अपने दादा की जीवनी में लिखा है,[14]

> गांधी को इस बात की पीड़ा थी। उनका मानना था कि विभाजन से ज्यादा खून–खराबा होगा, ना कि कम। लेकिन उनकी कार्यकारिणी तथा मंत्री सहयोगी इससे उल्टा सोचते थे। गांधी का मानना था कि विभाजन का ब्यौरा कांग्रेस तथा मुस्लिम लीग को राज की मध्यस्था के बिना आपस में तय कर लेना चाहिए, लेकिन वे उससे असहमत थे। गांधी के जिन्ना कार्ड को खारिज कर देने के बाद वे भारत के लिए बड़ी फौज तथा बड़े पैमाने पर औद्योगिकीकरण के पक्ष में थे। चरखा को भुला दिया गया था। अनेक मोर्चों पर गांधी को नामंजूर कर दिया गया था। ... यह जानते–बूझते हुए भी कि सत्ता की लालच ने उन्हें विभाजन को स्वीकार करने के लिए प्रेरित किया है, उन्होंने अपने बच्चों के रास्ते में बाधा नहीं रखी और वे सभी अपने तीन दशकों की निष्ठा और मेहनत की एवज में तमगे और ताज बटोरते रहे। जबकि गांधी समझते थे कि ये ट्राफियां कांटों से भरी हुई हैं।

हालांकि नेहरू ने अपना पल्ला झाड़ते हुए विभाजन की जिम्मेदारी गांधी पर डाल दी। लगभग एक दशक बाद ब्रिटिश लेखक लेओनार्ड मोज़ली से बातचीत में उन्होंने कहा,[15]

[14] राजमोहन गांधी, मोहन दासः ट्रू स्टोरी ऑफ ए मैन, हिज़ पीपुल एण्ड एन एम्पायर (यूके, पेंग्युइन, 2006), 613 एवं 617.

[15] लेओनार्ड मोज़ली, दि लास्ट डेज़ ऑफ दि ब्रिटिश राज (लन्दन, वेडनफेल्ड एण्ड निकोलसन, 1961), 248.

> सच यह है कि हम थके हुए लोग थे और हमारी उम्र भी ढलती जा रही थी। हममे से बहुत कम लोग फिर से जेल जाने को तैयार थे और यदि हम संयुक्त भारत के लिए डंटे रहते, जैसा की हम चाहते भी थे, तो हमें फिरसे जेल जाना पड़ता। हम पंजाब को जलता हुआ देख रहे थे और रोज ही हत्याओं की खबरें आ रही थीं। विभाजन की योजना ने हमें इससे निकलने का रास्ता दिखाया और हमने उसे ले लिया। ... यदि गांधी ने हमें ऐसा न करने को कहा होता तो हम लड़ते ही रहते और इंतजार करते रहते। लेकिन हमने विभाजन को स्वीकार किया। हमें लगता था कि विभाजन अस्थायी होगा और पाकिस्तान हमसे वापस आ मिलेगा।

शरत और गांधी निजी तौर पर करीबी संपर्क में रहे। सितम्बर 1947 के आसपास दोनों संभवतः आखिरी बार एक–दूसरे से मिले। इस मौके पर अमीय मौजूद थे। उस मार्मिक मुलाकात में गांधी द्वारा कही गई बातें उन्हें याद रहीं। गांधी ने तब कहा था,

> मेरी बात कोई नहीं मानता। यदि मैं चाहता तो भी विभाजन को नहीं रोक सकता था। सरदार जो हमेशा मेरी बात मानते थे, अब मेरी कोई बात नहीं सुनते। मैं कुछ भी कहूं, इस पर उनका जवाब ना ही होता है। राजेन्द्र बाबू ने उस सीढ़ी को ही लात मार दी, जिससे कि वह ऊपर चढ़े थे। जवाहर लाल को मेरी बात काटने में मजा आता है।

30 जनवरी 1948 को हिन्दू कट्टरपंथी हत्यारे के हाथों गांधी की अचानक मौत पर शरत ने दिल्ली में उनकी अंत्येष्टि के लिए जाने से पहले अपने वूडबर्न पार्क स्थित आवास से बयान जारी किया,

> किसी सिरफिरे हत्यारे के हाथों राष्ट्रपिता की हत्या की दुखद एवं त्रासद खबर ने मुझे हिला कर रख दिया है। इस घटना की भर्तस्ना के लिए मेरे पास शब्द नहीं हैं। देश अनाथ हो गया है और पता नहीं भविष्य में हमें क्या–क्या और देखना है। महात्माजी नहीं रहे। न जाने फिर कब कोई उन जैसा होगा?

एक महीने बाद 28 फरवरी 1948 को मेरठ में आयोजित अखिल भारतीय चीनी मिल मजदूर सम्मेलन में अध्यक्षीय भाषण देते हुए शरत ने गांधी की मौत से होने वाली क्षति पर शोक प्रकट करते हुए कहा,[16]

> हम आज यहां बड़ी भारी विपदा के साये में मिल रहे हैं। राष्ट्रपिता आज हमारे साथ नहीं हैं। और हम अनाथ हो चुके हैं। निराशा और विक्षोभ के भाव से ग्रस्त

[16] सेलेक्टेड स्पीचेज़ एण्ड राइटिंग्स ऑफ शरत चन्द्र बोस 1947–1950, 25–26.

होकर हम शून्य की तरफ बढ़ रहे हैं। वर्तमान अंधेरा नजर आता है और भविष्य धुंधला। लेकिन गांधीजी की अमर आत्मा हमें रौशनी तथा प्रेरणा देती रहेगी। यदि हम सब अपने–अपने निजी दुख में डूब गए तो हम उनका वह विश्वास तोड़ने के भागी होंगे, जो उन्होंने हमसे लगा रखा है।

भारतीय इतिहास के इस गहनतम क्षण ने हमारी जिम्मेदारियों को और भी बढ़ा दिया है। इस महान आत्मा के प्रति हमारी सच्ची श्रद्धांजलि यही होगी कि हम उन जिम्मेदारियों को पूरे संकल्प के साथ अपने कंधों पर वहन करें और भारत के लिए पूर्ण स्वतंत्रता प्राप्त करने को लेकर उनके अधूरे काम को पूरा करें।

उसी भाषण में शरत ने पूर्ण स्वतंत्रता का अर्थ समझाते हुए कहा,

जिस मूल तथ्य पर हमें ध्यान देना जरूरी है, वह है कि भारत को अब भी अपनी आज़ादी मिलनी शेष है। 15 अगस्त 1947 ऊपर से नीचे गिरने की तरह था। भारत ने विदेशी साम्राज्यवादी सत्ता के खिलाफ अनेक दशकों तक जो भारी संघर्ष चलाया था, वह उस दिन खत्म नहीं हुआ। वह दिन तो सिर्फ ब्रिटिश राष्ट्रकुल के तहत हमारे डोमीनियन दर्जे की लज्जास्पद स्वीकृति का दिन था। भारत की एकता खोकर हमने जो कीमत चुकाई, उसकी स्वीकृति का दिन। हमारे पूर्वजों ने, और हमने, विदेशी प्रभाव तथा नियंत्रण से मुक्त अविभाजित एवं स्वतंत्र भारत के लिए जो संघर्ष चलाया, यह उसके साथ विश्वासघात का दिन था।

अफसोस इस बात का है कि यह विश्वासघात कांग्रेस के कुछ प्रमुख नेताओं ने ही किया, जिनकी भूमिका देश को आज़ाद कराने की मुहीम में किसी भी तरह से कम नहीं थी। स्वतंत्र भारत की तरफ सुरक्षित यात्रा के लोभ में पड़कर उन्होंने भारत के विभाजन तथा दो डोमीनियन के निर्माण की मांग रख दी। ऐसा करते हुए उन्होंने यह भी नहीं सोचा कि इससे साम्प्रदायिक समस्या का समाधान नहीं निकलेगा, बल्कि इससे यह समस्या और भी बढ़ जाएगी।

6

स्वतंत्र और संयुक्त बंगाल

बंगाली मुस्लिम, हिन्दू, ईसाई और बौद्ध, सभी की एक ही मातृभाषा है और वे सभी जातीय, सामाजिक, सांस्कृतिक, आर्थिक तथा अन्य बंधनों से आपस में बंधे हुए हैं। स्वतंत्र एवं संयुक्त बंगाल, जहां वे एक–दूसरे को अपना भरपूर सहयोग कर सकें, उनके सामाजिक, आर्थिक तथा राजनैतिक विकास के लिए आवश्यक है।

– स्वतंत्र एवं संयुक्त बंगाल,
सहमति के आधार का प्रारूप, 25 मई 1947

जब संयुक्त भारत की संभावनाएं क्षीण हो गईं और भारत एवं पाकिस्तान में उपमहाद्वीप का विभाजन अवश्यंभावी हो गया, तब शरत बोस ने अपना सारा ध्यान बंगाल की क्षेत्रीय अखण्डता को बचाने में लगा दिया। 1947 के आरंभ तक यह स्पष्ट हो चुका था कि मुस्लिम बहुल संयुक्त बंगाल प्रांत नए भारत का अंग बनकर नहीं रहेगा। इसके बाद भारत और पाकिस्तान के साथ–साथ स्वतंत्र एवं संप्रभु बंगाल का विकल्प ही खुला रह जाता था।

इतिहासकार एवं अन्य टीकाकार इस बात को लेकर एकमत नहीं हैं कि यह कोई यथार्थवादी विकल्प था। कुछ तो यह भी तर्क रखते हैं कि शरत इस पर अलग–थलग थे और इसके लिए बेहद देर हो चुकी थी। जबकि शरत सहित कुछ लोगों को मानना था कि बहुसंख्यक बंगाली मुस्लिम तथा अल्पसंख्यक बंगाली हिन्दू दोनों ही समान रूप से चाहते थे कि बंगाल राजनैतिक, सांस्कृतिक तथा सामाजिक तौर पर एक ईकाई बना रहे, बेशक उनके धर्म या मजहब अलग–अलग हों। यदि बंगाल के संप्रभु राष्ट्र बनने से ही ऐसा संभव है, तो फिर ऐसा ही हो।

इसे लेकर शरत और उनके प्रमुख सहयोगियों के खिलाफ, जिनमें मुस्लिम लीग के शहीद सुहारवर्दी तथा फजलूल हक़ के साथ ही बंगाल कांग्रेस पूर्व सहयोगी शामिल थे, हिन्दू और मुस्लिम कट्टरपंथी, दोनों तरफ के राजनैतिक नेता, नेहरू एवं पटेल जैसे कांग्रेसी नेता तथा कलकत्ता के कुछ प्रमुख मारवाड़ी व्यवसायी छींटाकशी करते रहे थे।

जिन्ना इसे लेकर उधेड़बुन में थे। शायद वह यह महसूस कर रहे थे कि इस दूरस्थ पूर्वी इल़ाके को पाकिस्तान के साथ लम्बे समय तक जोड़ कर रखना मुश्किल होगा। ऐसे में संयुक्त एवं संप्रभु बंगाल का प्रस्ताव निश्चित तौर से

इस स्थिति से कहीं बेहतर था कि बंगाल का कुछ हिस्सा या फिर पूरा का पूरा बंगाल पाकिस्तान के पड़ोसी नए भारत में मिल जाए। मुस्लिम बहुल कलकत्ता को भारत में जाता देखकर भी उन्हें चिन्ता हुई होगी। जून 1947 में जिन्ना ने शरत को यह संकेत भी दिया कि भले ही वह इसका समर्थन न करें, पर वह संयुक्त एवं संप्रभु बंगाल के लिए सहमत हैं। बंगाल बाद में संवैधानिक तौर पर यह फैसला कर सकता है कि वह भारत और पाकिस्तान में से किसी एक के साथ जाएगा या फिर अलग रहेगा।

विभाजन को लेकर माउंटबैटन की योजना को लागू करने का समय जब करीब आ गया और घड़ी की सुईयां आधी रात की तरफ बढ़ीं, तब शरत ने उपमहाद्वीप के अवश्यंभावी विभाजन की राख में से संयुक्त बंगाल को बचा निकालने की अंतिम कोशिश करते हुए गांधी से मुलाकात की।

14 सितम्बर 1945 को शरत की रिहाई के बाद से ही अमीय उनके राजनैतिक सचिव, उनके प्रवक्ता तथा सलाहकार के तौर पर लगातार साथ–साथ रहते रहे थे। विभाजन के आसपास की इन नाटकीय, लेकिन त्रासद घटनाओं को याद करते हुए अमीय बताते हैं कि 22 मार्च 1947 को भारत के वायसरॉय के तौर पर माउंटबैटन के आने के पहले ही 8 मार्च 1947 को कांग्रेस कार्यकारिणी ने पंजाब को मुस्लिम बहुल तथा गैर–मुस्लिम बहुल हिस्सों में बांटने का प्रस्ताव पारित कर दिया। उसी दिन संवाददाता सम्मेलन में तत्कालीन कांग्रेस अध्यक्ष मौलाना आज़ाद ने घोषणा की कि पंजाब के विभाजन का यही सिद्धान्त बंगाल पर भी लागू होगा। इस प्रस्ताव पर अपनी प्रतिक्रिया व्यक्त करते हुए शरत ने 15 मार्च 1947 को अपना बहुचर्चित बयान जारी किया,[1]

> मैं समझता हूं कि मुझे अब पंजाब के संदर्भ में कांग्रेस कार्यकारिणी द्वारा पारित प्रस्ताव पर बोलना जरूरी हो गया है। यह प्रस्ताव पंजाब को मुस्लिम बहुल तथा गैर–मुस्लिम बहुल भागों में बांटने की सिफारिश करता है। अपने संवाददाता सम्मेलन में कांग्रेस अध्यक्ष ने यह भी कहा है कि पंजाब के विभाजन का यही सिद्धान्त बंगाल पर भी लागू होगा।
>
> मैं स्वीकार करता हूं कि इस प्रस्ताव से मुझे कोई आश्चर्य नहीं हुआ है। धर्म को प्रदेशों के विघटन का आधार मान लेने से कांग्रेस का अपना आधार खत्म हुआ है। इससे पिछले 60 सालों की उसकी मेहनत बेकार चली गई। यह प्रस्ताव कांग्रेस की परम्परा तथा उसके सिद्धान्तों का घोर उल्लंघन है। मैं यह भी सोचने के लिए मजबूर हूं कि यह किसी पराजित मानसिकता का द्योतक है। हममें से कइयों के मन में जो डर घुसा हुआ है, वही हमें नाश की तरफ ले जा रहा है।

[1] शरत चन्द्र बोस कोमेमोरेटिव वॉल्युम (कलकत्ताः शरत बोस अकादमी, 1982), 393–394.

मेरा मानना है कि धार्मिक आधार पर प्रांतों का विभाजन साम्प्रदायिक मसले का हल नहीं है। यदि प्रांतो को बांट भी दिया गया तो हिन्दू और मुस्लिम साथ–साथ ही रहते रहेंगे और साम्प्रदायिक टकराव का खतरा बना रहेगा। हमने बंगाल और पंजाब को धर्म के आधार पर बांट भी दिया तो पश्चिमी बंगाल में रहने वाले मुसलमानों और पूर्वी बंगाल में रहने वाले हिन्दुओं का क्या होगा? उसी तरह पूर्वी पंजाब में रहने वाले मुसलमानों तथा पश्चिमी पंजाब में रहने वाले हिन्दुओं तथा सिखों का क्या होगा? और फिर भारत के दूसरे प्रांतों में रहने वाले अल्पसंख्यकों का क्या होगा? क्या हम पूरे भारत में हिन्दू, मुस्लिम, सिख, बौद्ध, ईसाई, पारसी आदि को लेकर धार्मिक प्रांत बनाना चाहते हैं?

कांग्रेस कार्यकारिणी के इस प्रस्ताव पर अमल करने का मतलब होगा ऐसे ही धार्मिक प्रांत या क्षेत्र बनाना, जिसके कारण साम्प्रदायिक दंगों का खतरा और भी ज्यादा बढ़ जाएगा। धार्मिक आधार पर राष्ट्र के निर्माण की अवधारणा कोई नई नहीं है, लेकिन दुनिया के सभी विकसित देशों ने अब इसे खारिज कर दिया है और उसे छोड़ कर बढ़ रहे हैं। अब 1947 में इस अवधारणा को स्वीकार करने और भारत पर उसके अमल से देश फिर से मध्ययुग मे धकेल दिया जाएगा। निश्चय ही यह प्रतिक्रियावादी तथा क्रांति विरोधी कदम है, जो आगे आने वाले सालों में प्रगति को बाधित करेगा। यह साम्प्रदायिक समस्या को और भी बढ़ा देगा और उसके समाधान को असंभव न भी बनाए तो कठिन जरूर बना देगा। चूंकि भारत की आबादी पूरे देश में ही मिली–जुली आबादी है, ऐसे में उसे साम्प्रदायिक आधार पर अलग–अलग करना न तो वांछित है और ना ही संभव।

हमें ऐसा हल ढूंढना होगा, जो समूचे देश के लिए हो। साम्प्रदायिक समस्या का समाधान सामाजिक न्याय में निहित है और जहां तक हमारे सामूहिक जीवन का सवाल है, इसका समाधान राजनैतिक एवं आर्थिक मुद्दों को महत्व देने तथा धर्म को राजनैतिक तथा सामाजिक मामलों से अलग कर के ही ढूंढा जा सकता है। हम हिन्दू हों या मुस्लिम, सिख हों या ईसाई, हम सबकी राजनैतिक तथा आर्थिक समस्याएं और हमारे हित एक जैसे ही हैं। इसी वजह से इस साम्प्रदायिक झगड़े का समाधान समाजवाद और उसके संकल्पों में पाया जा सकता है। धार्मिक आधार पर देश या उसके किसी प्रांत का विभाजन कर देने से दोस्ती नहीं बढ़ेगी और ना ही एकता कायम हो सकेगी, जिसके लिए कांग्रेस वर्षों से कृतसंकल्प रही है। जल्दीबाजी में की गई चीरफाड़ हमें और भी उलझा देगी और विपत्ति की तरफ ले जाएगी।

शरत की इस भविष्यवाणी तथा उपमहाद्वीप के साम्प्रदायिक इतिहास के बारे में अमीय हमेशा चर्चा किया करते थे। साम्प्रदायिक आधार पर विभाजन ने शांति तो नहीं कायम की, पर सीमा के आर–पार शत्रु जरूर बना दिए। यहां तक कि भारत के भीतर भी हमेशा के लिए हिन्दू–मुस्लिम कटुता बनी रह गई। अपने अंतिम समय तक शरत इस बात पर जोर देते रहे कि इसका हल धार्मिक

विघटन में नहीं, बल्कि सामाजिक न्याय तथा उपमहाद्वीप के लोगों की जिन्दगी की बेहतरी में है।

शरत ने जब समझ लिया कि उनके विरोध के बावजूद नेहरू एवं पटेल जैसे कांग्रेसी नेता और व्यापारी समुदाय के कुछ प्रमुख नेता भारत का विभाजन कराने में लगे हुए हैं तो उन्होंने बंगाल की एकता बचाने पर अपनी कोशिशें केन्द्रित कर दीं। वह तब भारत और पाकिस्तान दोनों से अलग समाजवादी गणराज्य के तौर पर स्वतंत्र एवं संयुक्त बंगाल का पक्ष लेने लगे।

10 मई 1947 को दोपहर दो बजे शरत ने कलकत्ता के निकट सोदेपुर जाकर गांधी से मुलाकात की और उनसे संयुक्त बंगाल के सवाल पर विचार विमर्श किया। फिर उसी दिन शाम चार से साढ़े छह बजे के बीच वह अपने आवास 1 वूडबर्न पार्क में बंगाल कांग्रेस नेता किरण शंकर रॉय तथा सुरेन्द्र मोहन घोष से भी मिले।

इसके बाद वूडबर्न पार्क के घर में ही साढ़े सात बजे से एक और बैठक रखी गई, जिसमें किरण शंकर रॉय तथा सुरेन्द्र मोहन घोष के साथ बंगाल कांग्रेस के एक और दिग्गज सत्य रंजन बख्शी और बंगाल मुस्लिम लीग के नेता शहीद सुहरावर्दी तथा अबुल हाशिम भी शामिल हुए। इस बैठक का एकमात्र मुद्दा संयुक्त बंगाल था और इसलिए इस पर विस्तार से विचार–विमर्श हुआ। समय कम था, पर शरत तेजी से अपने काम में लगे हुए थे।

शरत एक बार फिर 13 मई 1947 को सोदेपुर जाकर शाम 7 बजे गांधी से मिले और उन्हें बंगाल कांग्रेस तथा बंगाल मुस्लिम लीग नेताओं के साथ अपनी बातचीत की जानकारी दी। गांधी ने तब हिन्दू और मुस्लिम दोनों गुटों के बीच बातचीत की प्रगति पर संतोष प्रकट किया। साथ ही उन्होंने 'स्वतंत्र एवं संयुक्त बंगाल' के लिए अपना समर्थन भी जताया।

15 मई, 17 मई तथा 19 मई 1947 को वूडबर्न पार्क में ही बंगाल कांग्रेस तथा बंगाल मुस्लिम लीग के नेताओं की कुछ और बैठकें हुईं। 20 मई 1947 को उनके बीच अस्थायी समझौता हो गया, जिसपर बंगाल कांग्रेस की तरफ से शरत ने और बंगाल मुस्लिम लीग तरफ से अबुल हाशमी ने दस्तखत किए। अबुल हाशमी तब बंगाल मुस्लिम लीग के वरिष्ठ नेताओं में एक थे और उसके महासचिव पद पर काबिज थे।[2]

1 वूडबर्न पार्क में तैयार किए गए इस समझौते का प्रारूप निम्नलिखित था,

1. बंगाल स्वतंत्र राष्ट्र होगा और यह स्वतंत्र राष्ट्र शेष भारत के साथ अपने संबंधों का निर्धारण खुद से करेगा।

[2] मूल हस्ताक्षरों के साथ इस समझौते की प्रति अमीय नाथ एवं ज्योत्स्ना बोस के निजी संग्रह में मौजूद है।

2. स्वतंत्र बंगाल के संविधान में संयुक्त मतदाताओं के व्यस्क मताधिकार के आधार पर बंगाल असेम्बली के लिए चुनावों का प्रावधान होगा, जिसमें हिन्दुओ तथा मुसलमानों की आबादी के अनुपात में सीटें आरक्षित होंगी। सवर्ण हिन्दुओं तथा दलित हिन्दुओं के बीच भी सीटों का बंटवारा उनकी आबादी के अनुपात में या फिर दोनों के बीच सहमति के आधार पर होगा। इन निर्वाचन क्षेत्रों में अनेक निर्वाचन क्षेत्र रहेंगे और उनके मत वितरित होंगे, ना कि संचयी। मतलब यह कि कोई उम्मीदवार यदि अपने समुदाय के कुल मतदान में सर्वाधिक वोट लाता है और साथ ही उसे दूसरे समुदाय के कुल मतदान के 25 फीसदी वोट भी प्राप्त होते हैं तो वह विजयी कहलाएगा। यदि कोई भी उम्मीदवार इन शर्तों पर खरा नहीं उतरता तो अपने ही समुदाय के सर्वाधिक वोट पाने वाला उम्मीदवार विजयी होगा।
3. ब्रिटिश सरकार द्वारा स्वतंत्र बंगाल राष्ट्र की स्वीकृति की घोषणा के बाद बंगाल की वर्तमान सरकार भंग कर दी जाएगी और उसकी जगह पर अंतरिम सरकार बनाएगी जाएगी, जिसमें मुख्यमंत्री को छोड़कर बराबर–बराबर संख्या में हिन्दू (अनुसूचित जाति के हिन्दुओं सहित) और मुस्लिम शामिल होंगे। इस सरकार में मुख्यमंत्री मुस्लिम होगा तथा गृहमंत्री हिन्दू।
4. जब तक नए संविधान के तहत असेम्बली तथा मंत्रिमंडल का गठन नहीं हो जाता, हिन्दुओं (अनुसूचित जाति के हिन्दुओं सहित) तथा मुस्लिमों की संख्या फौज एवं पुलिस सहित सभी सेवाओं में बराबर–बराबर होगी। इन सेवाओं का संचालन बंगालियों के हाथों में होगा।
5. तीस सदस्यीय संविधान सभा के लिए असेम्बली के मुस्लिम तथा गैर–मुस्लिम सदस्य क्रमशः 16 और 14 सदस्य चुनेंगे, जिसमें यूरोपीय शामिल नहीं होंगे।

1 वूडबर्न पार्क — हस्ताक्षर शरत चन्द्र बोस
कलकत्ता — हस्ताक्षर अबुल हाशिम
20 मई 1947

दस्तखत हो जाने के बाद इस समझौते को विशेष दूत द्वारा गांधी के पास भेजा गया, जो उस समय पटना में थे। 23 मई 1947 को संवाददाता सम्मेलन में शरत ने कहा,[3]

[3] अमीय नाथ एवं ज्योत्स्ना बोस के निजी संग्रह से

यदि स्वतंत्र बंगाल राष्ट्र अस्तित्व में आता है तो वह गणराज्य होगा और उसका चरित्र समाजवादी होगा। यदि बंगाल की अपनी संविधान सभा हुई तो उसमें ही समाजवादी गणराज्य के ब्यौरो को तैयार किया जाएगा। जहां तक इसके मूलभूत सिद्धान्तों का सवाल है, मेरे तथा पिछले पांच महीनों से जिन लोगों के साथ भी मैं इस पर विचार–विमर्श कर रहा हूं, उनमें इसे लोकर कोई मतभेद नहीं है।

मैं बंगाल तथा शेष भारत की जनता को बतलाना चाहता हूं कि साम्प्रदायिकता का हल साम्प्रदायिकता नहीं है। हमें अलग और स्वस्थ नजरिये से इस पर विचार करने की जरूरत है और यह नजरिया समाजवादी ही हो सकता है।

मेरे अनुसार इसका समाधान समाजवादी गणराज्य के गठन में है, आप चाहें तो इसे स्वतंत्र राष्ट्र कह सकते हैं। आज सुबह के अखबारों में इस समझौते के संदर्भ में इन्हीं शब्दों का उपयोग किया गया है। हालांकि स्वतंत्र शब्द से मेरा आशय सिर्फ राजनैतिक गुलामी से आज़ादी नहीं, बल्कि सामाजिक एवं आर्थिक दासता से भी आज़ादी है।

गांधी ने जल्दी ही इस पर अपनी प्रतिक्रिया व्यक्त की। 24 मई 1947 को पटना से पत्र लिखकर उन्होंने शरत को उनके 20 मई 1947 के प्रस्ताव में कुछ संशोधन सुझाए, जिसमें शरत तथा उनके हिन्दू एवं मुस्लिम बंगाली सहयोगियों के प्रति सहमति का सकारात्मक संकेत था,[4]

मेरे प्रिय शरत,

आपका प्रस्ताव मेरे पास है। इस मसौदे में कुछ भी ऐसा नहीं है जो यह सुनिश्चित करता हो कि महज बहुमत से कुछ भी नहीं किया जाएगा। सरकार के किसी भी अधिनियम को कार्यकारिणी तथा विधायिका के कम से कम दो–तिहाई हिन्दू सदस्यों का समर्थन हासिल होना चाहिए। यह तथ्य सामने रखा जाना चाहिए कि बंगाल की साझा संस्कृति तथा साझा मातृभाषा है – बांग्ला। इस प्रस्ताव पर केन्द्रीय मुस्लिम लीग की सहमति भी सुनिश्चित करें, जोकि फिलहाल नहीं है। यदि दिल्ली में आपकी उपस्थिति आवश्यक हुई तो मैं आपको फोन करूंगा या फिर तार दूंगा। मैं इस प्रस्ताव पर कांग्रेस कार्यकारिणी से भी चर्चा करना चाहता हूं।

आपका

हस्ताक्षर – बापू

गांधी का 24 तारीख का पत्र मिलने के तत्काल बाद शरत ने उसी दिन 25 मई 1947 को वूडबर्न पार्क में फिर से बैठक बुलाई। गांधी की सलाह को ध्यान में

[4] पूर्वोक्त

रखकर कांग्रेस तथा मुस्लिम लीग दोनों के ही प्रतिनिधियों ने 20 मई के प्रस्ताव के प्रारूप में सहर्ष संशोधन कर दिया। संशोधित प्रारूप इस तरह से था[5]:

सहमति का आधार

बंगाली मुस्लिम, हिन्दू, ईसाई और बौद्ध, सभी की एक ही मातृभाषा है और वे सभी जातीय, सामाजिक, सांस्कृतिक, आर्थिक तथा अन्य बंधनों से आपस में बंधे हुए हैं। स्वतंत्र एवं संयुक्त बंगाल, जहां वे एक–दूसरे को अपना भरपूर सहयोग कर सकें, उनके सामाजिक, आर्थिक तथा राजनैतिक विकास के लिए आवश्यक है।

1. बंगाल स्वतंत्र राष्ट्र होगा। यह स्वतंत्र राष्ट्र ही शेष भारत से अपने संबंध के बारे में निर्णय लेगा। किसी संघ में शामिल होने का निर्णय स्वतंत्र बंगाल राष्ट्र की असेम्बली में दो–तिहाई बहुमत से लिया जा सकेगा।
2. स्वतंत्र बंगाल के संविधान में संयुक्त मतदाताओं के व्यस्क मताधिकार के आधार पर बंगाल असेम्बली के लिए चुनावों का प्रावधान होगा, जिसमें हिन्दुओ तथा मुसलमानों की आबादी के अनुपात में या फिर दोनों के बीच सहमति के आधार पर सीटें आरक्षित होंगी। इन निर्वाचन क्षेत्रों में अनेक निर्वाचन क्षेत्र रहेंगे और उनके मत वितरित होंगे, ना कि संचयी। मतलब यह कि कोई उम्मीदवार यदि अपने समुदाय के कुल मतदान में सर्वाधिक वोट लाता है और साथ ही उसे दूसरे समुदाय के कुल मतदान का 25 फीसदी वोट भी प्राप्त होता है तो वह विजयी कहलाएगा। यदि कोई भी उम्मीदवार इन शर्तों पर खरा नहीं उतरता तो कुल मतदान में सर्वाधिक वोट पाने वाला उम्मीदवार विजयी होगा।
3. दोनों पक्षों द्वारा ऊपर लिखित दोनों बातें स्वीकार किए जाने पर बंगाल की वर्तमान सरकार भंग कर दी जाएगी और उसकी जगह पर अंतरिम सरकार बनाएगी जाएगी, जिसमें मुख्यमंत्री को छोड़कर बराबर–बराबर संख्या में हिन्दू (अनुसूचित जाति के हिन्दुओं सहित) और मुस्लिम शामिल होंगे। इस सरकार में मुख्यमंत्री मुस्लिम होगा तथा गृहमंत्री हिन्दू। ब्रिटिश सरकार को इस अंतरिम मन्त्रिमंडल को स्वतंत्र सरकार का दर्जा देना होगा।
4. इस अंतरिम मंत्रिमंडल में कोई भी निर्णय साधारण बहुमत के आधार पर नहीं लिया जा सकेगा, बल्कि इसके लिए दो–तिहाई बहुमत आवश्यक होगा। इसी तरह वर्तमान बंगाल असेम्बली भी कोई फैसला साधारण बहुमत के आधार पर नहीं कर सकेगी, बल्कि उसके लिए यूरोपीय सदस्यों को छोड़कर दो–तिहाई बहुमत आवश्यक होगा।
5. जब तक नए संविधान के तहत असेम्बली तथा मंत्रिमंडल का गठन नहीं हो जाता, हिन्दुओं (अनुसूचित जाति के हिन्दू सहित) तथा मुस्लिमों की संख्या फौज एवं पुलिस सहित सभी सेवाओं में बराबर–बराबर होगी। इन सेवाओं का संचालन बंगालियों के हाथों में होगा। इन सेवाओं में भर्तियों के मामले में योग्यता को ही आधार माना जाएगा।

[5] पूर्वोक्त

6. तीस सदस्यीय संविधान सभा के लिए असेम्बली के मुस्लिम तथा गैर–मुस्लिम सदस्य क्रमशः 16 और 14 सदस्य चुनेंगे, जिसमें यूरोपीय शामिल नहीं होंगे।
7. बंगाल के मामले में ब्रिटिश सरकार पैराग्राफ 3 में वर्णित अंतरिम सरकार को या फिर पैराग्राफ 6 में वर्णित संविधान सभा को सत्ता सौंपेगी।

26 मई 1947 को शरत बोस ने गांधी को पत्र लिखकर उसके साथ संशोधित समझौते का मसौदा भी उन्हें भेजा, जिसमें उनके सुझाव शामिल किए गए थे।[6]

मेरे प्रिय महात्मा जी,

24 तारीख को भेजे गए नोट में आपने जो सुझाव रखे थे, उनके लिए मैं बेहद आभारी हूं। आपका यह नोट देबेन डे ने कल ही मुझे दिया। समझौते की शर्तों पर हम लगभग रोज ही बातचीत कर रहे हैं और उसमें और सुधार की कोशिश करते रहे हैं। परसों किरण तथा बंगाल असेम्बली के कुछ अन्य सदस्यों से मेरी इस पर लम्बी बातचीत हुई। कल रात अबुल हाशमी तथा सत्या बाबू से भी मेरी इस बारे में बात हुई। इन विचार–विमर्श के अनुसार मैंने पैराग्राफ एक और दो को फिर से लिखा है और आज सुबह उसे शाहीद सुहरावर्दी को भेज दिया है। पुनर्लिखित पैराग्राफ एक और दो पर आपका विचार जानने के लिए मैं इसकी प्रति आपके पास भेज रहा हूं।

सरकार के सभी अधिनियमों पर कार्यकारिणी तथा विधायिका के दो–तिहाई हिन्दू सदस्यों की सहमति के बारे में आपकी सलाह पर अब तक मेरी शाहीद सुहरावर्दी से बात नहीं हो सकी है। वह आज दोपहर हवाई जहाज से दिल्ली जा रहे हैं। यदि मैं भी दिल्ली आया तो वहां उनसे इस संबंध में बात करूंगा। यदि इस बीच आपकी मुलाकात उनसे हो तो आप यह मामला उनके सामने रखते हुए इस पर उनकी प्रतिक्रिया ले लीजिएगा।

आपने बंगाल की साझा संस्कृति तथा साझा मातृभाषा बांग्ला की पुनर्पुष्टि को लेकर जो सुझाव दिया है, इस पर चर्चा मैंने पिछली जनवरी में ही शुरू कर दी थी और तभी से साझा संस्कृति तथा साझा मातृभाषा बांग्ला को प्रस्तावित बंगाल राष्ट्र क़ा आधार मानता रहा हूं। विभिन्न विचार–विमर्श में अन्य पक्षों ने भी इसे ही आधार माना है। शाहीद ने पिछले महीने जारी बयान में इसकी पुष्टि भी की थी। इसलिए आपके सुझाव अनुसार इस बात की पुनर्पुष्टि करने में हमें कोई मुश्किल नहीं होगी।

अभी इतना ही, प्रणाम सहित
आपका सस्नेह
हस्ताक्षर– शरत चन्द्र बोस

[6] पूर्वोक्त

महात्मा गांधी
नई दिल्ली

पुनश्चः शहीद और फजलुर रहमान इस समझौते के बारें में जिन्ना और उनकी कार्यकारिणी से बात करेंगे। उनसे हुई बातचीत के आधार पर मेरा मानना है कि यदि कांग्रेस तथा बंगाल मुस्लिम लीग इस पर सहमत हो जाते हैं तो वह इसके आड़े नहीं आएंगे।

इस समय की चर्चा करते हुए अमीय जोर देकर बताते थे कि मई 1947 में बंगाल के ज्यादातर कांग्रेसी स्वतंत्र एवं संयुक्त बंगाल के पक्ष में थे। अमीय के अनुसार, विभाजन के समर्थन में किए जा रहे प्रचार से प्रभावित कुछ लोग ही इसके समर्थन में नहीं थे। इस प्रचार में कलकत्ता के प्रभावी मारवाड़ी पूंजीपतियों का हाथ था और हिन्दू महासभा के श्यामा प्रसाद मुखर्जी उनके मुख्य प्रवक्ता थे।

बंगाल मुस्लिम लीग का एक गुट उसके अध्यक्ष मौलाना अकरम खान के नेतृत्व में 'स्वतंत्र एवं संयुक्त बंगाल' का विरोध कर रहा था, लेकिन अबुल हाशिम सहित उसके ज्यादातर नेता इसके समर्थन में थे। बहरहाल, जहां तक मुस्लिम लीग का सवाल था, वहां अंतिम फैसला जिन्ना को ही करना था।

जैसा कि अपेक्षित था, ब्रिटिश साम्राज्य के अधिकारी तथा भारत की ब्रिटिश सरकार उस मामले पर नजर रखे हुए थे। जैसा कि ब्रिटिश प्रधानमंत्री एटली और माउंटबैटन की बातों से साफ था, अब वे भारतीय उपमहाद्वीप में अपनी साम्राज्यवादी सत्ता को छोड़कर जाने की बेताबी को छिपा भी नहीं रहे थे। और ना ही उनकी यह आशंका छिपी हुई थी कि सत्ता सौंपने के नतीजे क्या होंगे।

28 मई 1947 को बंगाल के ब्रिटिश गवर्नर सर फ्रेडरिक बरोज़ ने माउंटबैटन को स्वतंत्र एवं संयुक्त बंगाल के संदर्भ में लम्बी चिट्ठी लिखी। इस पत्र को अब सार्वजनिक किया जा चुका है और यहां उसे पूरे का पूरा उद्धृत किया जा रहा है,

गवर्नमेंट हाउस, कलकत्ता
28 मई 1947
गुप्त

प्रिय लार्ड माउंटबैटन,

आप समझ सकते हैं कि 23 मई को आप द्वारा भेजे गए तार में यह जानकर मुझे राहत और खुशी मिली है कि ब्रिटिश सरकार ने आपको 2 जून की घटनाओं के मद्देनजर बंगाल के बारे में जारी किए जाने वाले वक्तव्य को संशोधित करने का अधिकार दे दिया है। बंगाल में साझेदारी की संभावनाओं के बारे में, जहां तक संभव हो, अद्यतन जानकारी देने के लिए मैं आपको यह पत्र लिख रहा हूं। मेरे जहां तक संभव हो लिखने का कारण है कि सुहरावर्दी और किरण शंकर

रॉय दोनों ही फिलहाल दिल्ली जा चुके हैं, जहां वे अपने–अपने आलाकमान से इस बारे में बात करेंगे और 'संयुक्त रहने या न रहने' के बारे में वहीं अंतिम निर्णय लिया जाएगा।

इसलिए मैं आपको उनके कलकत्ता से दिल्ली रवाना होने से पहले तक की बात बता सकता हूं। साथ ही मैं आपको इसकी संभावना पर अपना मत दे सकता हूं। आपकी वापसी के बाद सुहरावर्दी आपसे मिलने की इच्छा रखते हैं ताकि वह आपको अपनी कोशिशों के नतीजों के बारें में बता सकें। यदि किरण शंकर रॉय भी आपसे मिलना चाहें और उन्हें इसके लिए समय दिया गया तो आपके सामने पूरी तस्वीर साफ हो जाएगी।

मैं यह भी बताना चाहूंगा कि फिलहाल दो समझौता वार्ता साथ–साथ चल रही हैं। इनमें एक सुहरावर्दी तथा उनके कुछ सहयोगियों और किरण शंकर रॉय तथा शरत बोस के बीच है, जों 'स्वतंत्र बंगाल राष्ट्र' में भावी गठबंधन सरकार तथा संप्रभु राष्ट्र की संविधान सभा के गठन के लिए समझौते का आधार तैयार करने को लेकर है। दूसरी वार्ता में मेरे जानते सिर्फ सुहरावर्दी और किरण शंकर रॉय शामिल हैं। इसकी शुरुआत मेरी ही सलाह पर हुई है, जो प्रदेश के भावी संवैधानिक या 'अन्तरराष्ट्रीय' स्वरूप पर किसी तरह की प्रतिबद्धता के बिना फिलहाल के लिए गठबंधन सरकार बनाने को लेकर है।

ये दोनों ही समझौता वार्ता एक–दूसरे की विरोधी न होकर, एक–दूसरे की पूरक हैं। वैसे तो दीर्घकालिक समझौते में निश्चित तौर पर प्रगति देखी जा सकती है, फिर भी यह वार्ता नए साल की शुरुआत से ही चल रही है और 2 जून तक इसका कोई नतीजा निकल सकेगा, इसमें मुझे संदेह है। हम तीनों ही यह मानकर चल रहे थे कि यदि इस बात का खुलासा हो गया तो यह वार्ता निश्चित तौर पर असफल हो जाएगी। चूंकि ब्रिटिश सरकार ने 'बंगाल' के विभाजन की संभावना को देश के विभाजन के साथ जोड़ना तय कर रखा है, इसीलिए हम तीनों ने बिना किसी प्रतिबद्धता के तत्काल के लिए गठबंधन सरकार के गठन की दिशा में प्रयास करने का निर्णय लिया। हालांकि इसके आधार में भी समझौते की दिशा में हो रही वह वार्ता है, जिसमें शरत बोस के साथ ही दोनों पक्षों में कुछ और लोग शामिल हैं। सुहरावर्दी और रॉय दोनों ही मेरे प्रस्ताव को मानने के लिए बाध्य हुए ताकि समय रहते यहां गठबंधन सरकार कायम की जा सके और 2 जून के वक्तव्य में बंगाल के विभाजन की बात को शामिल होने से रोका जा सके। इस छोटे रास्ते को अपनाकर ही बंगाल में खूनखराबे से बचा जा सकेगा।

शरत बोस जिस वार्ता में शामिल हैं, वह अभी जारी है और प्रेस में उसे लेकर अच्छी–खासी चर्चा होती रही है। इसमें सब कुछ प्रतिकूल नहीं है। तीनों नायकों के बीच चल रहे समझौते के दस्तावेज समय–समय पर मुझे दिखाए जाते रहे हैं। 19 मई को मैंने इसका ताजा संस्करण आपको तार संख्या 125–सी से भी

भेजा था। मैं यह तो नहीं कह सकता कि इसके प्रमुख वार्ताकार किसी अंतिम निष्कर्ष तक पहुंच चुके हैं, पर उनके बीच इतनी सहमति जरूर बन गई है कि इस गठबंधन को उचित ठहराया जा सके, बशर्ते आलाकमान इस पर सहमत हो।

यह सही है कि बंगाल में दोनों पार्टियों की कार्यकारिणी के सामने अभी यह मसला नहीं रखा गया है और महासभा (जोकि विभाजन के समर्थन में है) तथा सुहरावर्दी से व्यक्तिगत रंजिश रखने वाले गुट द्वारा संचालित समाचार–पत्र स्वतंत्र, लेकिन संयुक्त बंगाल के साथ ही संयुक्त मतदाता जैसे कुछ मामलों का घोर विरोध कर रहे हैं। लेकिन मैं यह भी जानता हूं कि सुहरावर्दी के विरोधी खेमे के लोग भावी गठबंधन के आधार के संदर्भ में लगभग वैसे ही प्रस्ताव के साथ किरण शंकर रॉय से मिले हैं। उनकी शर्त है कि किरण शंकर रॉय, सुहरावर्दी से बातचीत करने की बनिस्पत उनके साथ बातचीत करें। दूसरी तरफ सुहरावर्दी का दावा है कि वह इस बारे में बंगाल में मुस्लिम लीग पार्टी के अध्यक्ष मौलाना अकरब खान से बात कर चुके हैं, जो कि अब तक इसके खिलाफ रहे थे। सुहरावर्दी को उनके अनुयायियों के बीच अच्छा–खासा समर्थन प्राप्त है और मैं उनकी इस बात पर विश्वास करता हूं। यदि कांग्रेस ने साथ दिया तो उन्हें विश्वास है कि वह अपनी पार्टी को स्वतंत्र एवं संयुक्त बंगाल के लिए राजी कर लेंगे, जैसा कि वे सभी किसी भी कीमत पर चाहते हैं ताकि विभाजन को रोका जा सके। हालांकि किरण शंकर रॉय जब तक अपने आलाकमान की सहमति या फिर असहमति से बंगाल कांग्रेस को इसके लिए राजी नहीं कर लेते, तब तक सुहरावर्दी अपने दूसरे विकल्प खुले रखना चाहते हैं। उधर रॉय ने मुझे तथा और लोगों को भी कह रखा है कि यदि आलाकमान ने उनकी बात नहीं मानी तो वह बंगाल में कांग्रेस विधायक दल के नेता पद से अपना इस्तीफा दे देंगे क्योंकि इसके बाद होने वाले खून–खराबे की जिम्मेदारी लेने के लिए वह तैयार नहीं हैं। हालांकि मैं सुहरावर्दी की इस आशंका से सहमत हूं कि यदि नेहरू और पटेल ने स्वीकार नहीं किया तो रॉय ऐसे लोगों में नहीं हैं जो उनके खिलाफ जा सकें। ऐसे में बंगाल नेहरू के अखिल भारतीय दृष्टिकोण की वेदी पर होम हो जाएगा।

जरूरी पड़ने पर दोनों पार्टियों के आलाकमान के विरोध के बावजूद और ठोस शर्तों के बिना गठबंधन स्थापित करने की योजना अभी परिपक्व नहीं हुई है और मुझे नहीं लगता है कि आगे भी ऐसा हो सकेगा क्योंकि प्रांतीय पार्टियों से इस बारे में अब तक संपर्क नहीं किया गया है। सुहरावर्दी और रॉय दिल्ली में एक–दूसरे से मिलें भी तो मैं नहीं समझता कि वे यहां अपनी पार्टियों से समर्थन के पूर्ण आश्वासन के बिना अपने–अपने आलाकमान की अवहेलना करेंगे। लेकिन यदि आलाकमान किसी भी तरह के गठबंधन को मंजूरी दे देता है, चाहे वह बिना किसी शर्त को हो, या फिर सुहरावर्दी–रॉय फार्मूले के आधार पर, तो मैं निश्चित तौर पर कह सकता हूं कि सुहरावर्दी और रॉय यहां इस पर सहमति बना लेंगे।

गांधी विभाजन को टालने के पक्ष में हैं और पिछले सप्ताह कुछ ऐसे संकेत भी मिले हैं कि हिन्दू (खासकर पूर्वी बंगाल के हिन्दू) भी अब विभाजन के खिलाफ हैं, बशर्ते उसे टाला जा सके। मई 1946 की कैबिनेट योजना से अलग हटकर फिलहाल सभी मामलों में हिंदुस्तान और पाकिस्तान दोनों से दूरी बनाकर ही विभाजन को रोका जा सकता है।

संक्षेप में इसका कारण यह है कि बंगाल के हिन्दू, हिन्दू केन्द्र के साथ अपना जुड़ाव तब तक तोड़ने के लिए तैयार नहीं हैं, जब तक कि उन्हें यह गारंटी न मिल जाए कि उन्हें पाकिस्तानी केन्द्र के तहत नहीं धकेल दिया जाएगा और इस तरह की गारंटी न होने की स्थिति में वे विभाजन की मांग कर रहे हैं। दूसरी तरफ मुसलमान पश्चिमोत्तर पाकिस्तान के साथ मिलने को लेकर अडिग तो नहीं हैं, पर हिन्दू नियंत्रित केन्द्र के साथ जाने को भी कतई तैयार नहीं हैं। ऐसे में यहां के हिन्दू और मुसलमान तभी एक साथ हो सकते हैं, जबकि वे हिन्दुस्तान और पाकिस्तान दोनों से ही स्वतंत्र हों।

युद्ध काल में वह चाहे कितना ही असुरक्षित क्यों न हो, पर शांति के समय स्वतंत्र बंगाल व्यावहारिक प्रस्ताव हो सकता है। इसमें यहां की आबादी के बड़े हिस्से की सहमति मानते हुए विशुद्ध अन्तःकरण से हम इसे सत्ता सौंप सकते हैं। और मेरा अपना मानना है कि सत्ता के शान्तिपूर्ण हस्तांतरण का यही सबसे अच्छा मौका भी होगा। विभाजन न होने पर पश्चिमी बंगाल के लिए खास कर राजनैतिक तथा आर्थिक तौर पर दुखद स्थिति बन जाएगी और मैं निश्चित रूप से नहीं कह सकता हूं कि इसे टालने के लिए सुहरावर्दी और रॉय गठबंधन करेंगे। आगे मैं इसी संभावना पर विचार करूंगा।

हमारी सारी सूचनाएं यही बताती हैं कि यदि 2 जून से शुरू विचार–विमर्श के परिणामस्वरूप लोगों को यह लगने लगा कि बंगाल पर विभाजन थोपा जा रहा है या फिर हिन्दुओं के चाहने से ऐसा किया जा रहा है तो पूर्वी भारत के मुस्लिम इसे अपने आर्थिक हितों तथा सम्मान पर प्रहार मानते हुए चुपचाप स्वीकार नहीं करेंगे और हर स्तर पर इसका विरोध करेंगे। इस क्रम में कलकत्ता में खास कर जान–माल का भारी नुकसान भी हो सकता है।

प्रांत में फिलहाल निराशा का भाव है और फिर से अपूर्व साम्प्रदायिक दंगे की आशंका बताई जा रही है। यह भी समझा जा रहा है कि विरोधी खेमे इसके लिए पूरी तैयारी कर चुके हैं और संकेत मिलते ही सुनियोजित दंगा शुरू हो जाएगा। कलकत्ता में तनाव बना हुआ है। इस संदर्भ में मैं एक दस्तावेज संलग्न कर रहा हूं, जो मुझे किरण शंकर रॉय ने शनिवार को यह कहते हुए दिया था कि उन्हें यह किसी मुसलमान ने दिया है। मैंने अपने खुफिया तंत्र से उसकी जांच कराई और पाया कि यह कलकत्ता में हिन्दुओं और मुसलमानों दोनो के बीच उड़ाई जा रही अफवाहों का हिस्सा है और उसमें दिए गए तथ्य सरासर

झूठ हैं। फिर भी इस बात से इनकार नहीं किया जा सकता कि ऐसी अफवाहें सरेआम फैलाई जा रही हैं और लोग इन पर विश्वास भी करने लगे हैं।

इसी तरह की कुछ और अफवाहें कलकत्ता में सुनी गई हैं। इनमें से एक के अनुसार, मुसलमानों द्वारा 2 जून को कलकत्ता तथा अन्य जगहों पर हिन्दुओं के जान–माल पर हमला किया जाएगा। इससे पहले कई और तारीखों के बारे में भी ऐसा ही कहा गया था, पर कुछ नहीं होने पर तारीखें बदली जाती रहीं। यह भी अफवाह है कि शान्ति की उम्मीद नहीं होने के कारण 2 जून के आसपास लगातार चार दिनों के लिए कर्फ्यू लगाने की बात सोची जा रही है। एक अन्य अफवाह के अनुसार, 2 जून के आसपास मंत्रिमंडल भंग कर दिया जाएगा और धारा 93 लगा दी जाएगी ताकि कानून व्यवस्था बनाई रखी जा सके। मजेदार बात यह है कि दिल्ली जाने से पहले सुहरावर्दी जब मुझसे मिलने आए तो उन्होंने भी मुझसे पूछा कि मैं मंत्रिमंडल भंग कर के धारा 93 कब लगाने जा रहा हूं। यह भी अफवाह है कि भावी घोषणा के साथ ही यहां सैन्य कानून लागू कर दिया जाएगा।

इसमें कोई संदेह नहीं कि दोनों ही पक्ष झगड़े की तैयारी में लगे हुए हैं। हालांकि यह तैयारी इतनी बड़ी भी नहीं है जितना कि किरण शंकर रॉय के कागजात में बताया गया है। इसमें भी कोई संदेह नहीं कि दोनों ही पक्षों के पास इतने बम, बंदूकें और अन्य हथियार हैं, जितने कि बंगाल के दंगों में पहले कभी नहीं देखे गए। लेकिन मेरे विचार से उससे भी ज्यादा खतरनाक यह मानसिकता है कि दंगे को रोका नहीं जा सकता और दूसरा पक्ष संकेत मिलते ही दंगा शुरू कर देगा और इसलिए दिन–रात खबरदार रहने की जरूरत है। इस तरह के माहौल में 2 जून के आसपास छोटी सी चिंगारी भी बड़ी आग में बदल जा सकती है। कुछ हुआ नहीं कि लोगों को यही लगेगा कि दंगा शुरू हो गया।

इस विस्फोटक माहौल में मैंने कल रात लोगों को रेडियो पर संबोधित करना जरूरी समझा ताकि जनमत को स्थिर किया जा सके। (प्रति संलग्न) कुछ नेताओं ने अपने स्तर पर भी लोगों से शान्ति बनाए रखने की अपील करते हुए बयान दिया है। (अनुलग्नक 3) इनकी ढेर सारी प्रतियां कल कलकत्ता में हवाई ज़हाज से गिराई गई। 2 जून को या उसके बाद दंगों की आशंका को देखते हुए हम हर संभव एहतियात बरत रहे हैं। फिर भी मैं यही सोचकर आपको यह सारी सामग्री दो रहा हूं (मुझे विश्वास है कि सुहरावर्दी और रॉय भी आपसे इसकी पुष्टि करेंगे) कि आप दोनों पक्षों के राष्ट्रीय नेताओं को बंगाल के इस खतरनाक माहौल से अवगत करा सकें। मौजूदा हालात को देखते हुए कहा जा सकता है कि यदि यहां साम्प्रदायिक दंगा होता है तो इसके साथ ही कलकत्ता तथा पूर्वी बंगाल प्रांत के अभावग्रस्त हिस्सों (खासतौर पर पूर्वी बंगाल) में खाद्यान्न व्यवस्था चरमरा जाएगी।

इस समय यदि साम्प्रदायिक दंगा हुआ तो लोग अगले कुछ महीनों में खून–खराबे से अधिक भुखमरी से मारे जाएंगे। ऐसे में जिस बात की ओर मैं आपका ध्यान दिलाना चाहता हूं, वह यह है कि यदि भारत का विभाजन अवश्यंभावी हो गया और इसके साथ ही हिन्दुओं को बंगाल का बंटवारा करने का मौका मिल गया तो मेरे विचार से सबसे ज्यादा जरूरी होगा कि सर्वसम्मति के आधार पर लिए गए इस फैसले को या फिर इस बारे में राष्ट्रीय नेताओं (मेरे हिसाब से खासकर जिन्ना) की रजामंदी को हम जल्द से जल्द प्रसारित कराएं और वे लोगों से पुरजोर अपील करें कि दिल्ली में लिए गए फैसले से सहमत होते हुए सभी लोग इसे शान्तिपूर्ण ढंग से लागू होने दें। हालांकि हिंसा के खिलाफ गांधी–जिन्ना की अपील का कलकत्ता मे अभी तक कुछ कारगर असर नहीं हुआ है। मैं समझता हूं कि जिन्ना की ओर से इस बात का ठोस संकेत दिया जाना चाहिए (यदि उनसे ऐसा कराया जा सके) कि उन्हें यह निर्णय स्वीकार है और इससे बेहतर कोई और निर्णय नही हो सकता था। यह निर्णय पूरी तरह स्वीकृति के योग्य है। उनकी इस घोषणा से मुसलमानों पर बेहद अच्छा असर होगा और हिन्दुओ की आशंका भी दूर हो सकेगी।

आपका विश्वासी
एफ.जे. बरोज़

इस बीच 28 मई 1947 को ब्रिटिश कैबिनेट की इंडो–बर्मा कमिटी की बैठक लन्दन में हुई, जिसमें बंगाल के भविष्य पर विचार किया जाना था। बैठक में इस बारे में कुछ निर्णय भी लिए गए। अब सार्वजनिक हो चुके रिपोर्ट के अनुसार 10 डाउनिंग स्ट्रीट में 11 बजे बुलाई गई इस बैठक में प्रधानमंत्री एटली, सर एस. क्रिप्स, श्री एलेक्ज़ैंडर, अर्ल ऑफ लिस्टोवेल, विस्काउंट एडिसन, श्री सी.पी. मेह्यू, श्री ए.जी. बॉटमले, श्री ए. हेंडरसन, तथा लार्ड चोर्ली शामिल हुए। इसमें रिअर एडमिरल विस्काउंट माउंटबैटन ऑफ बर्मा, फील्ड मार्शल सर क्लाउड ऑचिनलेक, सर डी. मॉनटीथ, लार्ड इस्मे, लेफ्टिनेंट कर्नल अर्सकिन गम, सर एन. ब्रूक, श्री एस.ई.वी. लूक, श्री जी.एम. विल्सन, और श्री एफ.एफ. टर्नबुल (सचिवालय) भी बुलाए गए थे, जो सभी उपस्थित थे।

बैठक के विवरण में 'बंगाल के भविष्य' पर लिखा हैः

विस्काउंट माउंटबैटन ने कमिटी का ध्यान 27 मई को न्यूज़ क्रॉनिकल में छपे नेहरू के साथ साक्षात्कार की तरफ दिलाया, जिसमें उन्होंने कहा था कि कांग्रेस बंगाल को संयुक्त रखने पर सहमत हो जाएगी, बशर्ते वह भारत संघ के साथ रहे। उनके इस बयान का बेशक भारत भर में व्यापक प्रचार हुआ। उनका यह बयान भारतीय नेताओं के उस रुझान का उदाहरण है जहां वे ऐसे सार्वज़निक बयान दे देते हैं, जिससे पीछ हट पाना बाद में मुमकिन नहीं हो

> पाता है। वायसरॉय को डर था कि नेहरू के इस बयान के बाद बंगाल की अखण्डता को सुरक्षित रखने तथा भारत में तीसरा डोमीनियन स्थापित करने की संभावना बिगड़ जाएगी। उनका मानना था कि यदि पंडित नेहरू इस बात को लेकर प्रतिबद्ध रहते हैं फिर बंगाल का विभाजन तभी रुक सकता है, जबकि जिन्ना पाकिस्तान के लिए इस प्रांत का दावा न करें। यदि वह भारत की तरह ही कोई रवैया अख्तियार करते हैं तो बंगाल अर्द्ध स्वतंत्र रहते हुए दोनों में से किसी एक डोमीनियन सरकार के साथ करीबी रिश्ता बनाए रख सकता है। यदि प्रांत का विभाजन टालना असंभव हो गया तो पूर्वी बंगाल का भविष्य बेहद संकटपूर्ण हो जाएगा क्योंकि यह किसी भी तरह से व्यावहारिक इकाई नहीं है। हो सकता है कि यह क्षेत्र ब्रिटिश सरकार से सहायता पाने के लिए अपने लिए अलग डोमीनियन दर्जे की मांग करे। कमिटी इस बात पर सहमत थी कि बंगाल का बंटवारा होने पर सिर्फ पूर्वी पाकिस्तान को डोमीनियन का दर्जा नहीं दिया जाएगा। ऐसी स्थिति में उसे दोनों में से एक डोमीनियन के साथ रहना होगा।

इस तरह यह निष्कर्ष निकाला जा सकता है कि मई 1947 के अन्त तक, जबकि ब्रिटिश साम्राज्यवादी अधिकारियों की अंतिम विदाई में तीन महीने ही रह गए थे, भारत का विभाजन अवश्यंभावी था, लेकिन संयुक्त बंगाल के अलग अस्तित्व की बात अब भी चल रही थी। वायसरॉय के तौर पर माउंटबैटन ने 28 अप्रैल 1947 को गवर्नर बरोज़ को गुप्त तार भेजा, जिसमें कहा गया था, 'मत भूलें कि मेरी योजना में बंगाल को संयुक्त, लेकिन स्वतंत्र रखने का विकल्प बना हुआ है, जो पाकिस्तान या हिन्दुस्तान दोनों में से किसी का नहीं होगा। जिन्ना को इस पर कोई आपत्ति नहीं होगी।'

हालांकि उस समय दोनों में से किसी का भी प्रसारण नहीं हुआ और मई के अंतिम दिनों तथा जून 1947 के पहले सप्ताह में शरत और उनके हिन्दू एवं मुस्लिम सहयोगी, कांग्रेस और लीग सभी जोड़–तोड़ में लगे रहे। 30 मई 1947 को शरत दोपहर की उड़ान से सत्य रंजन बख्शी को साथ लेकर कलकत्ता से दिल्ली के लिए रवाना हो गए। उनकी यात्रा का उद्देश्य था 'स्वतंत्र एवं संयुक्त बंगाल' के सवाल पर गांधी से आमने–सामने की बातचीत करना।

अगले ही दिन 31 मई 1947 की शाम को दिल्ली की भंगी कॉलोनी में गांधी की प्रार्थना सभा के तत्काल बाद उनकी मुलाकात हुई। प्रार्थना सभा से पहले यहीं पर कांग्रेस कार्याकरिणी की भी बैठक हो चुकी थी। अगले दिन यानी 1 जून 1947 को कलकत्ता के हिन्दुस्तान स्टैंडर्ड में इन दोनों घटनाओं की खबर छपी, जिसमें आम तौर से विभाजन के खिलाफ गांधी का भारी विरोध प्रकट होता था। साथ ही इसमें पाकिस्तान की अवधारणा की भी निन्दा थी:

नई दिल्ली, 31 मई 1947। कांग्रेस कार्यकारिणी की बैठक शाम 3 बजे दिल्ली की भंगी कॉलोनी में हुई, जहां कि महात्मा गांधी ठहरे हुए थे। तीन घंटे तक चलने के बाद बैठक कल शाम तीन बजे तक के लिए स्थगित कर दी गई। समझा जाता है कि इस बैठक में आम तौर पर इस बात पर चर्चा की गई कि भारत के विभाजन पर गांधी के अडिग रुख को देखते हुए कांग्रेस को वायसरॉय के साथ अपनी बातचीत में क्या रवैया अख्तियार करना चाहिए।

उसी शाम गांधी ने अपनी प्रार्थना सभा के बाद कहा, 'यदि पूरे भारत में आग लग जाए तो भी हम पाकिस्तान नहीं बनने देंगे, भले ही मुसलमान तलवार की नोंक पर ही इसकी मांग क्यों न करें।'[7]

31 मई 1947 की शाम में गांधी के साथ शरत की एक और बैठक हुई। इसके बाद 1 जून से लेकर 4 जून 1947 के बीच अनेक बार विचार–विमर्श हुआ, जिनमें गांधी, सुहरावर्दी और मौलाना आज़ाद भी शामिल रहे। सुहरावर्दी संशोधित समझौते पर सहमत हो गए और फिर उस पर जिन्ना का समर्थन लेने के इरादे से उनके पास गए ताकि उनकी स्वीकृति के लिए भी रास्ता बन सके।

5 जून 1947 को शरत खुद जाकर जिन्ना से मिले, जिन्होंने बंगाल के स्वतंत्र रहने तथा खुद की अपनी संविधान सभा होने पर सहमति जताई। 6 जून को शरत फिर जिन्ना और उसके बाद गांधी से मिले और 'स्वतंत्र एवं संयुक्त बंगाल' के प्रस्ताव का समर्थन करने के लिए दोनों को धन्यवाद दिया।

बाद में 12 सितम्बर 1948 को जिन्ना के निधन पर शोक व्यक्त करते हुए शरत ने उनके प्रति अपना आभार भी जताया,[8]

> उनके प्रति न्याय करते हुए मेरे लिए यह बताना जरूरी है कि जून 1947 में मेरे साथ दिल्ली में हुई मुलाकात में वह इस बात पर सहमत थे कि बंगाल एकीकृत बना रहे और उसकी अपनी स्वतंत्र संविधान सभा हो, जो यह निर्णय करे कि बंगाल को किस संघ में शामिल होना है। उनकी इस सहमति की जानकारी मैंने तत्काल महात्मा गांधी को दी और याद दिला दूं कि 8 जून 1947 को या उसके आसपास महात्मा जी ने अपनी प्रार्थना सभा में कहा कि 'मेरे इस कदम का समर्थन करने के कारण उन्हें भला–बुरा सुनना पड़ा।'

जिन्ना के इस आश्वासन तथा गांधी द्वारा भी समर्थन का पूरा भरोसा मिलने से निश्चिंत होकर शरत 7 जून 1947 को सुबह की उड़ान से दिल्ली से कलकत्ता

[7] माइकल एडवर्डस, दि मिथ ऑफ दि महात्माः गाधी, दि ब्रिटिश एण्ड दि राज (यूकेः कांस्टेबल, 1986), 250.

[8] अमीय नाथ एवं ज्योत्स्ना बोस के निजी संग्रह से

लौट आए। तब वह बंगाल को बचा पाने की संभावना को लेकर विश्वास से भरे हुए थे। शरत के कलकत्ता के लिए रवाना होने के तुरंत बाद ही स्वतंत्र एवं संयुक्त बंगाल के लिए सावधानीपूर्वक, हालांकि हड़बड़ी में, तैयार की गई योजना असफल होती दिखने लगी।

इसके दो दिन बाद ही 9 जून 1947 को हिन्दुस्तान स्टैंडर्ड में छपी एक रिपोर्ट पढ़कर शरत और अमीय दोनों ही हक्के–बक्के रह गए। गांधी के बयान के आधार पर यह रिपोर्ट बनाई गई थी, जिसे उन्होंने 8 जून को अपनी प्रार्थना सभा के बाद दिया था।

> संयुक्त संप्रभु बंगाल के लिए हो रही कोशिशों पर अपनी प्रतिक्रिया देते हुए उन्होंने कहा कि यह बेहद कुटिल कदम है। हिन्दू अब थक–हार चुके हैं और पश्चिमी बंगाल को पूर्वी बंगाल से अलग करना चाहते हैं। बंगाल मुस्लिम लीग ने भी एकता की योजना को तिलांजलि दे दी है। फिर भी कुछ लोग इसमें लगे हुए हैं और लोगों को बता रहे हैं कि वे ऐसा उनकी (गांधी की) इच्छा से ही कर रहे हैं। वह स्पष्ट कर देना चाहते हैं कि वह किसी भी संदिग्ध कार्रवाई के साथ नहीं हो सकते। उन्हें बताया गया है कि संयुक्त बंगाल के समर्थन में वोट खरीदने के लिए पानी की करह पैसा बहाया जा रहा है। वह एकता तो चाहते हैं, पर सम्मान तथा न्याय की कीमत पर नहीं। शरत बाबू को समर्थन देने के कारण उन्हें भला–बुरा सुनना पड़ा है। वह बेशक उनके मित्र हैं। उनके साथ उनका पत्राचार भी होता रहा है। लेकिन वह ऐसी किसी भी चीज का समर्थन करने के भागी नहीं हो सकते, जिसका बचाव ईमानदारी के साथ सार्वजनिक तौर पर नहीं किया जा सके। उनका व्यवहार हमेशा से ऐसा ही रहा है। किसी भले काम के लिए भी संदिग्ध आचरण में उनका विश्वास नहीं है।

शरत ने 9 जून 1947 को ही गांधी को तार लिख भेजाः

> आपसे आग्रह है कि आप सूचना देने वाले का नाम बताएं। इस बारे में भी विस्तार से बताएं कि संयुक्त बंगाल के पक्ष में वोट खरीदने के लिए पानी की तरह से कैसे पैसा बहाया जा रहा है। सच्चाई का पता लगाने के लिए लोक जांच कराएं। यदि जानकारी गलत निकले तो सूचना देने वालों को दंडित करें और यदि वह सही पाई जाए तो रिश्वत देने और लेने वालों को दंडित करें। शरत बोस

गांधी ने इसके उत्तर में 10 जून 1947 को तार भेजाः

> नई दिल्ली, 10 जून। शरत चन्द्र बोस, वूडबर्न पार्क, कलकत्ता। आपका क्रोध से भरा तार मिला। क्रोध अनुचित है। रविवार को पत्र लिख चुका हूं। नाम मत छापें। रिश्वत देने और लेने वाले को कोई व्यक्ति भला कैसे दंड दे सकता है। यह काम अदालत या फिर लोकमत का है। शान्त रहें और संतुलन बनाए रखें। बापू

शरत चुप रहने वालों में नहीं थे। उन्होंने 11 जून 1947 को गांधी को फिर तार भेजाः

> त्वरित। महात्मा गांधी, भंगी कॉलोनी, नई दिल्ली। मेरे भीतर कोई गुस्सा नहीं है। ना ही मेरे तार में था। मैंने सिर्फ आग्रह किया था। आपसे अपेक्षा नहीं थी कि सच्चाई को पता लगाए बिना आप अफवाह पर विश्वास कर लेंगे। आपके पत्र की प्रतीक्षा है। बिना आपकी अनुमति के नाम नहीं छापूंगा। शरत बोस

सबसे बुरा होना अभी बाकी था। गांधी ने जो पत्र 8 जून 1947 को लिखा था, वह शरत को 13 जून 1947 से पहले नहीं मिल सका। शरत, नेहरू और (सरदार) पटेल से बातचीत करने से जानबूझकर कतराते थे क्योंकि उन्हें मालूम था कि दोनों ही हर हाल में संप्रभु बंगाल के खिलाफ हैं। गांधी के पत्र ने उनकी इस धारणा को और भी मजबूत किया।

> मेरे प्रिय शरत,
>
> मैंने तुम्हारे द्वारा भेजा गया प्रारूप पढ़ लिया है। मैंने इस योजना के बारे में पंडित नेहरू और सरदार से विस्तार से चर्चा भी की है। दोनों ही इस प्रस्ताव के बेहद खिलाफ हैं। दोनों ही मानते हैं कि यह हिन्दू तथा अनुसूचित जातियों के नेताओं को बांटने की चाल है। इन दोनों के लिए यह केवल आशंका नहीं है, बल्कि उन्हें इस पर पूरा विश्वास है। दोनों को यह भी लगता है कि अनुसूचित जाति के वोट सुनिश्चित करने के लिए जमकर खर्च किया जा रहा है। यदि यह सही है तो तुम्हें कम से कम फिलहाल अपनी कोशिश छोड़ देनी चाहिए क्योंकि गलत तरीके से खरीदी गई एकता, विभाजन के लिए खुलकर की जा रही कोशिशों से ज्यादा खराब है। विभाजन का खुलेआम समर्थन कम से कम बंटे हुए दिलों तथा हिन्दुओं के दुर्भाग्यपूर्ण अनुभवों का इजहार तो है। मुझे नहीं लगता कि भारत के दो हिस्सों के अलावा सत्ता के हस्तांतरण की कहीं कोई संभावना है। जो कुछ भी व्यवस्था होनी है, वह कांग्रेस तथा लीग के पिछले समझौते के अनुसार ही होगी। जहां तक मैं देख पाता हूं, तुम इसमें अक्षम रहोगे। फिर भी मैं तुम्हारा विश्वास नहीं तोड़ता यदि वह गलत तरीकों की फिसलती रेत पर खड़ा न रहता और इसमें चालाकी न अपनाई गई होती। यदि तुम्हें इस बारे में पक्का विश्वास नहीं है कि इसमें किसी तरह की आशंका की गुंजाइश नहीं है, और जब तक तुम स्थानीय मुस्लिम लीग से केन्द्र समर्थित लिखित पत्र हासिल नहीं कर लेते, तुम्हें बंगाल के एकीकरण का संघर्ष छोड़ देना चाहिए और बंगाल के बंटवारे के लिए बनाए गए माहौल को बिगाड़ना नहीं चाहिए।
>
> सप्रेम
>
> बापू

शरत ने लगभग तत्काल ही 14 जून 1947 को इसके जवाब में पत्र लिखा,

मेरे प्रिय महात्माजी,

8 तारीख को लिखा गया आपका कृपा पत्र मुझे कल दोपहर में ही मिला है। इससे पता चलता है कि जवाहर लाल और वल्लभभाई दोनों ही इस प्रस्ताव के घोर विरोधी हैं। जहां तक उनका मत है कि यह हिन्दू तथा अनुसूचित जाति के नेताओं को बांटने की चाल है, मैं इसे नहीं मान सकता। मुस्लिम लीग तथा कांग्रेस के कुछ नेताओं के साथ जनवरी से ही मेरी बातचीत होती रही है। मैं निश्चित तौर पर कह सकता हूं कि इसमें चालाकी जैसा कोई बात नहीं है। मैं यह नही समझ पाता हूं कि जवाहरलाल और वल्लभभाई का यह कहने के पीछे क्या अभिप्राय है कि अनुसूचित जाति के वोटों को सुनिश्चित करने के लिए बेतहाशा पैसा बहाया जा रहा है। तथ्यों का सामना करना को मुमकिन है, पर महज आशंका और भावना से निबट पाना संभव नहीं है। हालांकि मैं इतना ही कह सकता हूं कि इस आशंका का कोई आधार नहीं है कि अनुसूचित जाति के वोटों को सुनिश्चित करने के लिए पैसा खर्च किया जा रहा है।

मेरी आस्था अडिग है और मैं अपने तरीके से बंगाल की एकता के लिए आपना तुच्छ प्रयत्न जारी रखना चाहता हूं। विभाजन के पक्ष में जोर–शोर से हो रहे प्रचार के बावजूद मुझे इस बात में जरा भी शक नहीं कि यदि जनमत संग्रह कराया जाता है तो बड़ी तादाद में हिन्दू तथा मुस्लिम विभाजन के खिलाफ वोट करेंगे। अभियान चलाकर बंगाल का स्वर दबा दिया गया है, पर मुझे पूरी आशा है कि यह फिर से गूंजेगा।

प्रणाम सहित

आपका सस्नेह
शरत चन्द्र बोस

महात्मा गांधी
भंगी कॉलोनी
नई दिल्ली

अमीय इन सब के गवाह थे। इसलिए अक्सर वह सवाल उठाते रहते थे कि ऐसा कैसे हो सकता है कि जो गांधी 6 जून 1947 तक स्वतंत्र एवं संयुक्त बंगाल का समर्थन करते रहे थे, उन्होंने सिर्फ दो दिन बाद ही 8 जून 1947 को अपना समर्थन वापस ले लिया? समर्थन वापसी की बात उन्होंने अपनी प्रार्थना सभा के बाद की और फिर उसी दिन शरत बोस को पत्र भी लिखा। अपनी प्रार्थना सभा में उन्होंने कहा कि बंगाल मुस्लिम लीग ने भी एकता की योजना को खारिज

कर दिया है, लेकिन अमीय का दृढ मत था कि ऐसा नहीं हुआ। गांधी इस बात को भली–भांति जानते थे कि बंगाल मुस्लिम लीग के अधिकतर नेता स्वतंत्र एवं संयुक्त बंगाल के पक्ष में थे। यह भी जग जाहिर था कि प्रस्ताव को लेकर मौलाना अकरम खान का विरोध सुहरावर्दी के लिए उनकी नापसंदगी थी और प्रस्ताव से उसका कोई लेना–देना नहीं था।

अमीय इस बात को भी दोहराते रहे थे कि गांधी सहित सभी को यह बखूबी मालूम था कि मुस्लिम नजरिये से इस पर अंतिम फैसला जिन्ना को ही करना था। मुस्लिम लीग संगठन में वह तानाशाही ताकत रखते थे। 6 जून 1947 को गांधी के साथ मुलाकात में शरत ने उन्हें यह भी बतला दिया था कि जिन्ना बंगाल को स्वतंत्र एवं संयुक्त रखने पर सहमत हैं और उन्होंने इस बारे में बंगाल मुस्लिम लीग को आवश्यक दिशा निर्देश देने पर भी सहमति जाहिर की है। यदि गांधी के मन में कोई आशंका थी तो उन्होंने दिल्ली में हुई मुलाकात के दौरान ही शरत को क्यों नहीं कह दिया था कि वह स्थानीय मुस्लिम लीग से केन्द्र समर्थित लिखित आश्वासन ले लें।

विडम्बना यह थी कि गांधी के इस मत परिवर्तन से अनजान शरत ने 9 जून 1947 को ही जिन्ना को पत्र लिखकर उन्हें धन्यवाद दिया था और उन्हें यह भी सुझाया था कि बंगाल असेम्बली के मुस्लिम सदस्यों को लेकर उनका रवैया क्या हो।[9]

मेरे प्रिय जिन्ना,

अपने प्रति आपके शिष्टाचार तथा आत्मीयता का मैं तहे दिल से शुक्रिया अदा करता हूं। आपने मेरे सुझाव पर ध्यान दिया इसके लिए भी मैं आपका शुक्रगुजार हूं। बंगाल फिलहाल अपने इतिहास के सबसे मुश्किल दौर से गुजर रहा है, लेकिन उसे बचाया जा सकता है। उसे बचाया जा सकता है, बशर्ते आप बंगाल असेम्बली के मुस्लिम सदस्यों को निम्नलिखित निर्देश दें –

(1) यदि दोनो धड़े संयुक्त रहने का फैसला करते हैं तो प्रांतीय असेम्बली की बैठक में, जिसमें यूरोपीय सदस्यों के अलावा सभी अन्य सदस्य शामिल होंगे तथा जिसमें यह फैसला लिया जाना है कि पूरा प्रांत किस संविधान सभा के साथ जाएगा, तमाम सदस्य न तो हिन्दुस्तान की संविधान सभा के साथ जाने और ना ही पाकिस्तान की संविधान सभा के साथ जाने के लिए अपना वोट दें और असेम्बली में या फिर प्रेस को बयान जारी कर यह स्पष्ट कर दें कि वे बंगाल की खुद की अपनी संविधान सभा के पक्ष में हैं।

[9] शरत चन्द्र बोस कोमेमोरेटिव वॉल्युम, 85–86.

(2) प्रांतीय असेम्बली के दोनों धड़ों के सदस्यों की अलग–अलग बैठकों में, जहां इस बात का फैसला होना है कि प्रांत का विभाजन हो या नहीं, सभी सदस्य विभाजन के खिलाफ वोट दें।

मेरा आपसे यह आग्रह हमारी मुलाकात के दौरान आप द्वारा व्यक्त विचारों के अनुसार है। लेकिन मेरा मानना है कि यदि आप अपने सदस्यों को सिर्फ अपने विचार से अवगत कराते हैं और उन्हें यह दिशा निर्देश नहीं देते हैं कि उन्हें किस तरह से वोट डालना है तो फिर हालात को नहीं बचाया जा सकेगा। मैं आशा करता हूं कि आप बंगाल को एकीकृत तथा स्वतंत्र बनाए रखने के लिए अपनी पूरी ताकत लगा देंगे।

यदि बंगाल असेम्बली के मुस्लिम सदस्य पैरा 1 और 2 में दिए गए सुझाव के अनुसार वोट करेंगे तो लार्ड माउंटबैटन यूरोपीय सदस्यों को छोड़कर सभी अन्य सदस्यों की बैठक बुलाने के लिए बाध्य हो जाएंगे, जिसमें यह फैसला लिया जा सकेगा कि पूरा प्रांत खुद अपनी संविधान सभा की इच्छा रखता है या नहीं।

मैं 13 या 14 तारीख को दिल्ली आउंगा और आपसे 14 या 15 तारीख को मिलूंगा।

धन्यवाद एवं आदर सहित

आपका भवदीय
शरत चन्द्र बोस

कैद–ए–आज़म मोहम्मद अली जिन्ना
वरिष्ठ अधिवक्ता
10 औरंगजेब रोड
नई दिल्ली

अमीय, जो खुद भी संयुक्त बंगाल के इस अभियान में अनेक मुस्लिम तथा हिन्दू नेताओं के साथ बातचीत में रहे थे, पुष्टि करते हैं कि गांधी के इस आरोप में थोड़ी सी भी सच्चाई नहीं थी कि संयुक्त बंगाल के पक्ष में वोट खरीदने के लिए पानी की तरह पैसा बहाया जा रहा है।

अमीय के अनुसार, गांधी को हमेशा से पता था कि नेहरू और पटेल संयुक्त एवं संप्रभु बंगाल के प्रस्ताव के खिलाफ थे और उनके विरोध के बावजूद उन्होंने 6 जून 1947 तक इस अभियान का समर्थन किया था। फिर 8 जून 1947 को उन्होंने इससे अपना मुंह क्यों फेर लिया?

अमीय के लिए यह स्वीकार कर पाना कठिन था कि गांधी इस तरह के महत्वपूर्ण मामले में दो दिन के भीतर अपना रुख बदल सकते हैं। उन्हें लगता था कि नेहरू और पटेल के जग जाहिर विरोध के कारण गांधी को संयुक्त तथा स्वतंत्र बंगाल के प्रति अपना राजनैतिक रुख अचानक बदलना पड़ा। बल्कि

अमीय को यह भी लगता था कि गांधी के इस हृदय परिवर्तन के पीछे वास्तव में ऐसे गैर–बंगाली हिन्दू पूंजीपतियों का हाथ था, जिन्होंने तब कलकत्ता तथा उसके आसपास भारी निवेश कर रखा था।

इस व्यापारिक घराने के अगुआ राजनैतिक नीतियों पर अपनी पकड़ कमजोर नहीं होने देना चाहते थे क्योंकि इसका बुरा असर उनके आर्थिक एवं वित्तीय हितों कर पड़ सकता था। वे स्वतंत्र, संयुक्त और समाजवादी बंगाल का प्रादुर्भाव तो बिलकुल ही नहीं चाहते थे क्योंकि इससे उनका आर्थिक वर्चस्व समाप्त हो जा सकता था। उनका यही निष्कर्ष था कि उनके आर्थिक हितों की रक्षा के लिए विभाजन ही सबसे बढ़िया तरीका हो सकता था और उन्होंने उसी दिशा में काम किया।

इस नाटक के दूसरे किरदार जिन्ना थे, जो अमीय के अनुसार बेहद व्यावहारिक राजनेता थे। 1947 में ही उन्होंने यह भांप लिया था कि पूर्वी पाकिस्तान पर लम्बे समय तक के लिए नियंत्रण बनाए रख पाना पाकिस्तान के लिए संभव नहीं होगा। माउंटबैटन की भी यही राय थी। अमीय का मानना है कि जिन्ना ने इस प्रस्ताव का समर्थन उदारता से नहीं किया, बल्कि यथार्थ को समझते–जानते हुए किया। भारत के विभाजन के लिए वह जिस तरह से लगे रहे थे, उससे 1947 में पूरे बंगाल को भारत में मिलाए जाने पर उनकी सहमति संभव नहीं थी। ऐसे में स्वतंत्र एवं संयुक्त बंगाल उन्हें अच्छा विकल्प दिखाई देता था और इसीलिए उन्होंने इस प्रस्ताव का स्वागत किया।

जहां तक दूसरे नेताओं का सवाल था, नेहरू तथा पटेल का मत ही निर्णायक साबित हुआ। भारत और पाकिस्तान के अलावा किसी भी तीसरे संप्रभु राष्ट्र के निर्माण के वे खिलाफ थे और इस मुद्दे पर कांग्रेस कार्यकारिणी का साथ लेने में वे सफल रहे। इस तरह दूसरी तरफ गांधी और माउंटबैटन ही बचे रह गए। 14 जून 1947 को गांधी ने भी नई दिल्ली में अखिल भारतीय कांग्रेस कमिटी की बैठक को संबोधित करते हुए कांग्रेस से विभाजन को मंजूर करने के लिए कहा दिया और इस तरह विभाजन पर कांग्रेस के प्रस्ताव को अपनी स्वीकृति दे दी।

नेहरू और पटेल अपनी यह बात मनवाने में कामयाब रहे कि बंगालियों को बंगाल असेम्बली के जरिये सिर्फ यह तय करने का अधिकार होगा कि वे भारत और पाकिस्तान में से किस संघ के साथ जाना चाहते है। इसमें बंगाल के विभाजन का भी विकल्प शामिल था, जबकि मुस्लिम बहुल हिस्सा पाकिस्तान के साथ तथा हिन्दू बहुल हिस्सा भारत के साथ जा सकता था। इस समय तक इस बात में संदेह नहीं रह गया था कि बंगाल दो हिस्सों में बंट जाएगा, जिसमें पूर्वी हिस्सा पाकिस्तान के साथ चला जाएगा और कलकत्ता सहित पश्चिमी हिस्सा भारत के साथ रह जाएगा।

भारत और बंगाल को बचाने की एक और कोशिश करते हुए शरत ने सभी वामपंथी तथा क्रांतिकारी ताकतों को एकजुट होने का आह्वान किया। इस बारे में कार्य योजना तैयार करने के लिए 11 एवं 12 जुलाई 1947 को दो दिनों की बैठक बुलाई गई। इस संदर्भ में जारी विज्ञप्ति में कहा गया,

टेलि. पी.के. 2248.

1 वूडबर्न पार्क
कलकत्ता 20

1 जुलाई 1947

प्रिय मित्र,

दोनों प्रमुख राजनैतिक दलों द्वारा 3 जून योजना (सं. माउंटबैटन योजना) की मंजूरी से देश में ऐसे हालात बन गए हैं कि अब तमाम वाम एवं क्रांतिकारी गुटों की एकजुटता जरूरी हो गई है। भारत बंट चुका है। उसके दो प्रमुख प्रांतों को विभाजित किया जा रहा है। डोमीनियन के नाम पर दोनों भारत पर ब्रिटिश साम्राज्यवादियों का वर्चस्व बना रहेगा और वे उनका शोषण करते रहेंगे, भले ही यह सूक्ष्म रूप से ही हो।

भारत की एकता तथा स्वतंत्रता के लिए लोगों ने जो उत्पीड़न सहे तथा बलिदान किया और नेताजी सुभाष चन्द्र बोस के नेतृत्व में भारतीय सैनिकों ने भारत की सीमाओं के बाहर जो लड़ाई लड़ी, उनका अपेक्षित परिणाम नहीं निकला है।

इस महत्वपूर्ण घड़ी में हम हाथ पर हाथ धरे बैठे नहीं रह सकते हैं। मेरा और मेरे कुछ मित्रों का मानना है कि हम सबों को जल्दी ही मिलकर हालात की समीक्षा करनी चाहिए और विचार–विमर्श कर के देश की एकता एवं स्वतंत्रता के लिए कार्य योजना तैयार करनी चाहिए। इसी को ध्यान में रखकर कलकत्ता के बेलगछिया विला, 64 बेलगछिया रोड (टेलि. बी.बी. 1040) में 11 एवं 12 जुलाई को छोटी सी गोष्ठी का आयोजन किया गया है।

मैं आपको इस गोष्ठी में शामिल होने का निमंत्रण देता हूं और आपने मेरा यह निमंत्रण स्वीकार किया तो मैं आपका आभारी होउंगा। मैं समझता दूं कि देर से सूचना देने के लिए आप मुझे क्षमा करेंगे और अपनी सुविधानुसार इस गोष्ठी में अवश्य शामिल होंगे।

आपके उत्तर की मुझे प्रतीक्षा रहेगी।

सादर
हस्ताक्षर – शरत चन्द्र बोस

इस बैठक के नतीजों का हमें पता नहीं है। ना ही हमें यह मालूम है कि यह बैठक हुई भी या नहीं। बहरहाल, शरत तथा अन्य लोगों के भारी–भरकम प्रयास

के बावजूद 14 एवं 15 अगस्त की घटनाएं तय हो चुकी थीं। बंगाल एक बार फिर विभाजित हो चुका था, जैसा कि वह इससे पहले बीसवीं शताब्दी के शुरू में हुआ था। लेकिन तब जैसे उसका कुछ वर्षों के बाद ही एकीकरण हो गया था, वैसा इस बार नहीं हो सका। ऐतिहासिक बंगाल का एक बड़ा हिस्सा 1971 के बाद से संप्रभु राष्ट्र बांग्लादेश के तौर पर बना हुआ है तो उसका दूसरा हिस्सा पश्चिम बंगाल राज्य के तौर पर भारत के साथ है।

शरत को न केवल भारत के बंटवारे से आघात लगा, बल्कि उन्हें बंगाल को भी विभाजित होने से नहीं बचा पाने का भारी अफसोस रहा। सबसे बड़ी बात कि कांग्रेस आलाकमान के इस रवैये के कारण कांग्रेस से ही उनका मोहभंग हो गया। कांग्रेस के इस रवैये को वह 'पूर्ण स्वतंत्रता' के प्रति उसकी निष्ठा तथा मूल सिद्धान्त के साथ समझौता मानते थे। जैसा कि पिछले अध्याय में बताया जा चुका है, इसी वजह से उन्होंने 1 अगस्त 1947 को कांग्रेस से इस्तीफा दे दिया और इसके बाद वामपंथी एकता कायम करने के प्रयासों में लग गए।

***

जैसा कि पिछले अध्याय में बताया जा चुका है, 1 अगस्त 1947 को शरत ने खुद को कांग्रेस से पूरी तरह अलग करते हुए प्रेस बयान जारी किया और फिर उसी दिन अपने खुद की सोशलिस्ट रिपब्लिकन पार्टी बनाने की घोषणा कर दी। इससे पहले उन्होंने आज़ाद हिन्द फौज से लौटने वाले सैनिकों को लेकर आजाद हिन्द पार्टी बनाई थी, लेकिन बाद की घटनाओं के कारण वह बंद पड़ गई। सोशलिस्ट रिपब्लिकन पार्टी का उद्देश्य भारत की स्थितियों को ध्यान में रखकर पूर्ण स्वतंत्र तथा समाजवादी सरकार बनाने के लिए संघर्ष जारी रखना था।

> 1939 से जो कुछ होता रहा था, उसके मद्देनजर 3 जून योजना की वजह से भारत के सामने जो संकट आ खड़ा हुआ है, वह अनपेक्षित नहीं है। कहा जा सकता है कि संक्रमण काल में ऐसा संकट कभी–कभार आ ही जाता है। फिर भी हमें इस संकट से उबरना है और इसीलिए हमें देश की सभी वामपंथी एवं क्रांतिकारी शक्तियों को एकजुट करने की जरूरत है। हमें बनावटी वामपंथियों एवं क्रांतिकारियों को असली वामपंथियों एवं क्रांतिकारियों से अलग–थलग करना होगा। हमें उन लोगों के बीच भी भेद करना होगा, वे जो सिर्फ बातों में ही नेताजी के कार्यक्रमों के प्रति निष्ठा व्यक्त करते हैं और वे जो उनके अधूरे कार्यों को पूरा करने के लिए पूरी तरह से तैयार हैं। हमें हिन्दू, मुस्लिम, सिख, ईसाई तथा अन्य सभी धर्मों के लोगों को साथ लेकर चलना है। साम्प्रदायिकता हमें किसी भी स्वरूप में स्वीकार्य नहीं है और हम समाजवाद के आधार पर देश को एकीकृत करने की कोशिश के लिए तैयार हैं।

> यदि भारत को बनाए रखना है तो हमें साम्प्रदायिकता के उस जहर को पूरी तरह से मिटाना होगा, जो हमारे दिलों में घर कर गया है। यह तभी हो सकता है, जबकि हम देश के आगे मौजूद तमाम समस्याओं का सामना राष्ट्रवादी एवं समाजवादी सोच के साथ करें और नेताजी के कार्यक्रमों के क्रियान्वयन के लिए खुद को मजबूत एवं अनुशासित सोशलिस्ट रिपब्लिकन पार्टी में ढाल लें। मैंने ऐसी पार्टी तत्काल बनाने का निर्णय किया है और सोशलिस्ट रिपब्लिकन पार्टी के नाम से आज ही इसके गठन की घोषणा करता हूं।
>
> मैं अपने सभी मित्रों और देश भर में फैले अपने तमाम सहयोगियों से इसमें हजारो–हजार की संख्या में शामिल होने की अपील करता हूं। साथ ही मैं उन अनाम सैनिकों से भी अपील करता हूं, जो भारत के भविष्य के निर्माता होंगे कि वे इसमे शामिल हों और निष्ठा एवं विश्वास के साथ स्वतंत्रता, लोकतंत्र तथा समाजवाद के लक्ष्य के लिए काम करें।

सिंगापुर में अस्थायी आज़ाद हिन्द फौज़ के गठन की पांचवीं सालगिरह पर 21 अक्टूबर 1948 को व्हॉट वी बिलीव शीर्षक से नई पार्टी का घोषणा पत्र जारी किया गया, जिसमें उनके लक्ष्य एवं उद्देश्य बताए गए थे। इसमें सोशलिस्ट रिपब्लिकन पार्टी की तरफ से ब्रिटिश तथा किसी भी अन्य विदेशी सत्ता के प्रभाव तथा नियंत्रण से मुक्त भारत की पूर्ण स्वतंत्रता के साथ भारतीय राज्यों में राजशाही के अन्त की बात कही गई थी। इसके अलावा इसमें भाषिक समूहों के आधार पर समाजवादी गणराज्यों के गठन का विचार भी रखा गया था। भारत को इन्हीं समाजवादी गणराज्यों के संघ के तौर पर गठित किए जाने का प्रस्ताव था।

शरत काफी समय से समाजवादी तथा समतामूलक भारत की अवधारणा पर विचार करते रहे थे। कुन्नूर जेल में रहते हुए उन्होंने इस बारे में अपनी सोच डायरी में दर्ज भी की थी। 29 जनवरी 1944 को उन्होंने अपनी डायरी में लिखा था,

> मैं अपने देश को समाजवादी गणराज्य के संघ को तौर पर देखता हूं – जिसमें सभी जातियों तथा राष्ट्रीयता के लोग मिलजुल कर रहेंगे और उनके बीच से नया 'विश्ववाद' उभरकर सामने आएगा, जहां न कोई सीमा होगी, न कोई जाति होगी और ना ही कोई वर्ग होगा।

पार्टी के घोषणा पत्र में विकास की स्वतंत्रता, विशेषकर भारतीय महिलाओं के संदर्भ में समान अधिकार, सर्व शिक्षा एवं धार्मिक स्वतंत्रता और भोजन तथा आवास के मूल अधिकार के सिद्धान्त भी शामिल थे। पार्टी ने नेताजी सुभाष चन्द्र बोस के आदर्शों को बिना शर्त अपनाने की बात कही थी और अपने राजनैतिक,

सामाजिक तथा आर्थिक कार्यक्रमों के तौर पर उनके अधूरे कार्यों को पूरा करने का संकल्प लिया था।

इसके बाद शरत की रणनीति देश भर की समाजवादी शक्तियों को एक मंच से जोड़ने की रही। उनकी दृढ मान्यता थी कि सभी समाजवादी, वामपंथी तथा प्रगतिशील पार्टियों को मूलभूत सिद्धान्त के आधार पर एकजुट कर के ही प्रतिक्रियावादी ताकतों तथा बाहरी एवं भीतरी स्वार्थी तत्वों से निबटा जा सकता है।

इस समय तक शरत अपने समर्थकों तथा वामपंथी साथियों के साथ नये भारत में सत्ता पर काबिज कांग्रेस पार्टी से टकराने लगे थे, जो कि 15 अगस्त 1947 को सत्ता हस्तांतरण के कुछ वर्षों में ही दक्षिणपंथी विचारधारा पर चलने लग पड़ी थी। पश्चिम बंगाल में भी उसका यही हाल था, जहां मुख्यमंत्री डॉ. प्रफुल्ल चन्द्र घोष के नेतृत्व वाली कांग्रेस की प्रांतीय सरकार ने राजनैतिक उथल–पुथल से निबटने के लिए दमनकारी नागरिक अधिकार कानून (विशेषाधिकार अधिनियम) को अंजाम दे दिया था।

इसके खिलाफ चलाए गए आन्दोलन के फलस्वरूप फारवार्ड ब्लॉक, भारतीय कम्युनिस्ट पार्टी आदि वाम दल, शरत की सोशलिस्ट रिपब्लिकन पार्टी के और भी करीब आ गए। पश्चिम बंगाल में कांग्रेस की जनविरोधी नीतियों के खिलाफ 6 दिसम्बर 1947 को मध्य कलकत्ता के श्रद्धानन्द पार्क में बड़ी जनसभा हुई, जिसकी अध्यक्षता शरत ने ही की। इस सभा को संबोधित करने वालों में पश्चिम बंगाल विधान सभा में भाकपा के युवा सदस्य ज्योति बसु और सुभाष तथा शरत दोनों के पुराने राजनैतिक सहकर्मी सत्यरंजन बख्शी भी थे।

शरत तथा उनके सहयोगियों के सामने राष्ट्रीय स्तर पर कहीं ज्यादा बड़ी चुनौती थी। 15 अगस्त 1947 के बाद से ही शरत सालों–साल लोगों को कांग्रेस शासन में जारी भ्रष्टाचार, भाई–भतीजावाद तथा पक्षपात के खिलाफ चेतावनी देते रहे थे। उनका यह भी मानना था कि दक्षिणपंथी कांग्रेस नेतृत्व की गलत नीतियों की वजह से देश एक तरह की गुलामी से उबर कर दूसरे तरह की गुलामी की तरफ जा रहा था। इसकी वजह से देश का राजनैतिक तथा आर्थिक रसातल में जाना तय था।

जून 1949 में पश्चिम बंगाल विधानसभा की किसी सीट के लिए चुनाव प्रचार के क्रम में जारी घोषणा पत्र में शरत ने दो वर्षों का आकलन करते हुए लिखा,

> 15 अगस्त 1947 को डोमीनियन दर्जा प्राप्त होने के बाद से ही मैं अपनी केन्द्र तथा प्रांतीय विधानसभाओं के कार्यों पर उत्सुकता से नजर रखे हुए हूं। बड़े ही संत्रास के साथ मैं केन्द्रीय तथा प्रादेशिक प्रशासन को निरंतर पतन की तरफ जाते हुए देख रहा हूं। जबकि भाई–भतीजावाद, पक्षपात तथा भ्रष्टाचार लगातार

बढ़ा है। प्रांत की सत्ता मुट्ठी भर पूंजीपतियों के हाथों में है। कल तक जो प्रतिक्रियावादी और शोषक थे, वही आज हमारे मालिक और दाता बन बैठे हैं। ऐसें में यह कोई आश्चर्य की बात नहीं है कि कालाबाजारियों और मुनाफाखोरों का बोलबाला हो गया है और हर तरफ घूस का चलन बना हुआ है। प्रेस पर पाबंदी लगा दी गई है। लोगों के नागरिक अधिकारों को निर्ममता से कुचला गया है और शोषितों, दलितों एवं उपेक्षितों की मांग पर उसी तरह से लाठियां और गोलियां बरसांई जा रही हैं, जैसा कि अंग्रेजों के जमाने में होता रहा था। मुद्रास्फीति को रोका नहीं गया है। जीवनोपयोगी चीजों की कीमतें बढ़ती ही जा रही हैं। भोजन और कपड़ा गरीबों तथा मध्यवर्ग की पहुंच से बाहर होता जा रहा है। एक ही दल के वर्चस्व वाली हमारी केन्द्रीय एवं प्रादेशिक विधानसभाएं कुछ उच्चवर्गीय एवं शक्तिशाली लोगों के इशारों पर नाच रही हैं। उनके पास न तो कुछ ग्रहण करने के लिए मस्तिष्क है, ना ही कुछ निर्माण करने की बुद्धि और ना ही सृजन करने की शक्ति।

इसी के आलोक में शरत ने वामपंथी तथा प्रगतिशील शक्तियों के स्वर को बुलन्द रखने के इरादे से 1 सितम्बर 1948 को अपना समाचार पत्र दि नेशन शुरू किया। इसे वह पूंजीवादी ताकतों के वर्चस्व तथा भाई–भतीजावाद एवं भ्रष्टाचार से ग्रस्त नए भारत में प्रगतिशील आवाज बनाना चाहते थे।

इस समाचार पत्र के प्रमुख स्तंभ के तौर पर उन्हें ही दि नेशन के पहले संस्करण का संपादकीय लिखने को कहा गया। उनका यह संपादकीय भी सोशलिस्ट रिपब्लिकन पार्टी के घोषणा पत्र की ही छवि पेश करता था।

मुझसे पूछा गया है कि नए समाचार–पत्र की जरूरत क्या है? मेरा जवाब है, समकालीन भारत के इतिहास में अब से पहले स्वतंत्र तथा स्वतंत्रता–प्रिय समाचार–पत्र की जरूरत इतनी अधिक कभी नहीं थी, जितना कि आज है। देश आज संकट के दौर से गुजर रहा है। भारी–भरकम समस्याएं देश के सामने मुंह बाए खड़ी है, जैसा कि पहले कभी नहीं था।

ब्रिटिश साम्राज्यवादी शक्तियों से समझौता कर के हमने स्वतंत्रता तो हासिल कर ली, लेकिन पिछले बारह महीनों में वह आम आदमी के लिए दमनकारी छलावा ही साबित हुई है। भ्रष्टाचार, घूस, भाई–भतीजावाद, मुनाफाखोरी, कालाबाजारी सब के सब मिलकर लोगों की जिन्दगी कुचलने में लगे हैं। समय–समय पर हमारे सत्ताधारियों द्वारा ढोल–नगाड़ों के साथ प्रचारित पुनर्निर्माण की छोटी–छोटी योजनाएं बेकार रही हैं।

देश आज संकट के जिस दौर में आ पहुंचा है, उससे उसे उबारने के लिए ऐसे स्वतंत्र एवं निडर प्रेस की जरूरत है, जिसमें आलोचना का साहस हो और जो निर्माण की दृष्टि एवं बुद्धि रखता हो। देश के माजूदा समाचार–पत्र कुल

मिलाकर इस परीक्षा में असफल साबित हुए हैं। कुछ अपवादों को छोड़कर देश के इस कोने से उस कोने तक के समाचार–पत्र एक जैसी प्रायोजित खबरें और नजरिया ही पेश करते हैं। दि नेशन भारतीय प्रेस की पुरानी गरिमा को फिर से कायम करेगा।

दि नेशन का अर्थ क्या है? इसका आशय पूर्ण स्वतंत्र भारत से है, जिसकी निर्मल स्वतंत्रता न सिर्फ ब्रिटिश अथवा किसी भी अन्य विदेशी प्रभाव एवं नियंत्रण से मुक्त हो, बल्कि दुनिया की किसी भी ताकत की पहुंच से बाहर हो। यह डोमीनियन दर्जे को पांव की फांस के तौर पर देखता है और लोगों को चेताता रहेगा कि वे देश को उसके चंगुल में न जाने दें। .... यह स्त्री–पुरुष के बीच पूर्ण समानता और देश के सार्वजनिक जीवन के साथ ही सामाजिक, सांस्कृतिक एवं आर्थिक जीवन में भी महिलाओं को समान अधिकार देने में विश्वास करता है। यह राष्ट्र से मांग करेगा कि वह सभी लोगों की धार्मिक स्वतंत्रता, पंथनिरपेक्ष शिक्षा तथा नागरिक अधिकारों की गारंटी करे। साथ ही यह मांग भी करेगा कि स्वतंत्र भारत में सबों को समाज में उनके योगदान के अनुसार उन्हें भोजन तथा आवास का अधिकार दे।

***

वाम एकता की शक्ति परीक्षण का पहला मौका पश्चिम बंगाल विधानसभा में दक्षिण कलकत्ता सीट के लिए 12 जून 1949 को होने वाले उपचुनाव के रूप में सामने आया। सभी वाम दलों ने इसके लिए उनकी उम्मीदवारी का समर्थन किया। उनके इस ठोस समर्थन के प्रति अपना आभार जताते हुए शरत ने स्विट्‌ज़रलैंड के ग्लीओन से 3 जून 1949 को जारी अपने चुनाव घोषणा में लिखा,

मैं यह सोचे बिना नहीं रह पाता हूं कि सरकार को शायद मेरी बीमारी की खबर मिल गई और यह भी पता चला गया कि डाक्टरों ने मुझे (अप्रैल 1949 को हृदय आघात के सिलसिले में) इलाज के लिए बिना देर किए स्विट्‌जरलैंड जाने को कहा है और इसीलिए उसने विधानसभा में लम्बे समय से रिक्त पडी सीट के लिए अचानक ही उपचुनाव घोषित कर दिया है। हालांकि इस घोषणा के एक सप्ताह बाद ही मुझे कलकत्ता छोड़कर जाना था और यह चुनाव मेरी अनुपस्थिति में ही लड़ा जाएगा, फिर भी मुझे चुनाव लड़ने का फैसला करना में जरा भी वक्त नहीं लगा। मैंने तय किया कि जिस संघर्ष को मैं अपने वाम तथा प्रगतिशील मित्रों के साथ 19 अगस्त 1947 से ही चलाता रहा हूं, उसे अब विधानसभा तक लेकर जाना जरूरी है और इसके लिए मेरा जीतना भी जरूरी है।

शरत जब इलाज के लिए स्विट्‌जरलैंड में थे, उनकी अनुपस्थिति में अमीय ने ही सभी समर्थकों के साथ संपर्क बनाने का काम किया और चुनाव अभियान

का भी संचालन किया। इस चुनाव में शरत ने भारी मतों के अन्तर से जीत दर्ज की। उन्हें कुल 19,030 मत मिले, जबकि उनके कांग्रेसी प्रतिद्वंद्वी सुरेश दास मात्र 5,780 मत ही प्राप्त कर सके। चुनाव परिणाम को लेकर दि नेशन को छोड़कर शेष सभी प्रमुख समाचार–पत्रों का आकलन गलत साबित हुआ। वे सभी जमकर शरत का विरोध कर रहे थे और पूरे जोर–शोर से कांग्रेस उम्मी. दवार के समर्थन में लगे हुए थे। इस चुनाव परिणाम ने उन सभी को बेनकाब कर दिया। दि नेशन ने शरत की जीत की खुशी में जो समाचार छापे उनके शीर्षक थे – रिसर्जेण्ट पीपुल्स रिबफ टु हाई कमाण्ड (आलाकमान को लोगों का करारा जवाब), रीसाउण्डिंग विक्टरी टु शरत बोस (शरत की शानदार जीत) तथा कांग्रेस नॉमीनी फ्लोर्ड (कांग्रेसी उम्मीदवार की जबरदस्त हार)।

कांग्रेस उम्मीदवार की इस हार पर प्रतिक्रिया व्यक्त करते हुए शरत ने द नेशन के जून 1949 के एडिशन में चुटकी ली – दोज़ हू आर लेफ्ट आर राईट एण्ड दोज़ हू आर राईट आर लेफ्ट बिहाइंड (जो वामपंथी हैं, वे सही हैं और जो दक्षिणपंथी हैं, वे पीछे छूट गए हैं)।

शरत 21 जनवरी 1949 को भारत वापस आए और फिर तन–मन से वाम एकता की प्रक्रिया में लग गए। उनके प्रयासों की बदौलत ही 8 एवं 9 अप्रैल 1949[10] को बंबई में वामपंथियों का सम्मेलन आयोजित किया जा सका। शरत ने इसकी अध्यक्षता की। इसमें उनकी अपनी पार्टी सोशलिस्ट रिपब्लिकन पार्टी तथा फारवर्ड ब्लॉक के अलावा भारत भर के विभिन्न वाम दलों के 75 प्रतिनिधियों ने भाग लिया।

इस सम्मेलन में तत्कालीन कांग्रेस सरकार के मुकाबले सबल विपक्ष खड़ा करने के लिए इन सभी पार्टियों के साथ समन्वय कायम करने के तरीकों पर विचार हुआ। सम्मेलन के प्रतिभागियों ने शरत की देखरेख में प्रादेशिक वामपंथी समन्वय समिति का भी चुनाव किया, जिसके अध्यक्ष शरत बनाए गए। इसका तात्कालिक उद्देश्य भारत भर मे चलाए जा रहे वामपंथी गतिविधियों के बीच समन्वय कायम करना था। इसके साथ ही उसका काम मौजूदा वाम दलों के लिए अन्तर–राज्यीय एवं सहकारी आधार पर साझा कार्यक्रम तैयार करना भी था।

इस समय तक शरत की व्यस्त पेशेवर तथा राजनैतिक जिन्दगी का असर उनके स्वास्थ्य पर पड़ने लगा था। इसे लेकर उनकी पत्नी विभावती, शरत और अन्य लोग चिन्तित थे। शरत बंबई के सम्मेलन में भाग लेकर कलकत्ता लोटे ही थे कि उनकी छाती में दर्द उठा और फिर अप्रैल 1949 में उन्हें हृदय आघात लगा। अपने भाई और कलकत्ता के नामी हृदय चिकित्सक डॉ. सुनील बोस

[10] अंजन बेरा द्वारा संपादित, इंटरप्रेटिंग ए नेशन (कोलकाता, नेताजी इंस्टीट्यूट फॉर एशियन स्टडीज़, 2001), भूमिका

के कहने पर शरत ने इलाज के लिए स्विट्जरलैंड के ग्लिओन जाना स्वीकार किया। 11 मई 1949 को वह क्लीनिक वेलमोंट में इलाज के लिए रवाना हो गए और उसी दिन शाम को वहां जा पहुंचे। जैसा कि पहले ही बताया जा चुका है, यहीं रहते हुए वह जून 1949 में दक्षिण कलकत्ता सीट के लिए होने वाले उपचुनाव का अभियान भी चलाते रहे और उसमें विजयी रहे।

क्लीनिक में कई हफ्तों के उपचार के बाद स्वस्थ होकर शरत 9 जुलाई 1949 को वहां से लंदन के लिए रवाना हो गए। वहां हुई जांच में डॉक्टर ने उन्हें पूरी तरह स्वस्थ घोषित कर दिया। वहां से जिनेवा होते हुए वह भारत लौट आए। वापसी के तुरन्त बाद 23 जुलाई 1949 को उन्हें वामपंथी समन्वय समिति की बैठक में भाग लेने के लिए बंबई रवाना होना था। स्विट्जरलैंड में अपने उपचार एवं स्वास्थ लाभ और फिर लन्दन के डॉक्टर द्वारा उसकी पुष्टि से निश्चिन्त होकर शरत अपने परिजनों की बातें न मानते हुए फिर से उसी तरह अपने काम में लग गए। उनका मिशन था भारत की सभी वाम पार्टियों को एकजुट कर सत्ताधारी कांग्रेस को कड़ा विरोध देना ताकि देश को कांग्रेस की लूटपाट से बचाया जा सके।

20 अगस्त 1949 को उनके सम्मान में कलकत्ता में बहुत बड़ी जनसभा का आयोजित किया गया, पर अमीय सहित उनके आसपास के लोगों को सकते में डालते हुए उन्हें दूसरी बार हृदय आघात हुआ। उन्हें पूरी तरह से आराम करने को कहा गया, लेकिन वह तब भी नहीं माने। जिनेवा में रहते हुए ही उन्होंने जल्दी ही संयुक्त समाजवादी सम्मेलन बुलाने की घोषणा की थी। इसके साथ ही संयुक्त समाजवादी कांग्रेस का भी गठन होना था। अधिकतर वामपंथी पार्टियों के प्रतिनिधियों से बातचीत कर के उसके आयोजन की तारीख 25 से 27 सितम्बर 1949 तय की गई थी और इसे नागपुर में होना था। परन्तु आयोजन की यह तिथि आगे बढ़ानी पड़ी, हालांकि ज्यादा दिनों के लिए तब भी नहीं।

संयुक्त समाजवादी सम्मेलन 28 से 30 अक्टूबर 1949 को 38/2 एल्गिन रोड में आयोजित किया गया, जो कलकत्ता में जानकीनाथ तथा उनके परिवार का आवास था और जिसे अब शरत ने अपने खोए भाई के नाम पर नेताजी भवन नाम दे दिया था। हालांकि शरत खुद इसमें उपस्थित नहीं रह सके और बीमारी की हालत में उन्हें अपने आवास पर ही रह जाना पड़ा। सम्मेलन के संयोजक के तौर पर उनका अध्यक्षीय भाषण आयोजन समिति के सदस्य त्रिदिब चौधरी ने देश भर से यहां पहुंचे वाम दलों के तीन सौ प्रतिनिधियों के सामने पढ़कर सुनाया।

अपने संबोधन में प्रतिभागियों का स्वागत करते हुए तथा अब तक के घटनाचक्र पर प्रकाश डालते हुए एवं भविष्य के लिए संकेत करते हुए शरत ने जो कुछ कहा, वह भारतीय संयुक्त समाजवादी सभा या यूनाइटेड सोशलिस्ट ऑर्गनाइजेशन

ऑफ इंडिया (यूएसओआई) का मूल लक्ष्य एवं सिद्धान्त बन गया। शरत को ही इस सभा का अध्यक्ष बनाया गया।

यह आश्चर्य की बात नहीं थी कि समाजवादी सभा के कार्यक्रम उनकी सोशलिस्ट रिपब्लिकन पार्टी के कार्यक्रमों से बिलकुल मिलते–जुलते थे और इसमें भी सामाजिक न्याय तथा मानवाधिकार के सार्वभौम सिद्धान्तों के साथ भारतीय परिस्थिति के अनुरूप समाजवादी कार्यक्रम को अपनाने की बातें कही गई थीं। इसमें वृहद भारत को लेकर समाजवादी गणराज्यों का संघ बनाने की बात थी। इसके मूल में भीतरी एवं बाहरी शोषण से मुक्त भारत के निर्माण का संकल्प था, जहां सभी अपनी योग्यता के अनुसार कार्य करें तथा सभी को उनकी आवश्यकताओं के अनुसार प्राप्ति हो।

राज्य से कुछ सकारात्मक कार्यों की अपेक्षा की गई थी, जो इस प्रकार थे – (1) सभी जन स्वास्थ्य सेवाओं का सामाजिकीकरण तथा सभी के लिए चिकित्सा सहायता का प्रावधान (2) पूर्ण रोजगार तथा साथ ही भिक्षावृत्ति पर पाबंदी और बुढ़ापा, बीमारी, अपंगता आदि की दशा में बेरोजगारी के खिलाफ सामाजिक सुरक्षा (3) तमाम धर्म निरपेक्ष संस्थानों का सामाजिकीकरण तथा उनके धर्मनिरपेक्ष स्वरूप की रक्षा के साथ ही सभी के लिए शिक्षा का प्रावधान (4) अपने विवेकानुसार पूजा की विधि के चुनाव की स्वतंत्रता (5) सांस्कृतिक स्वायत्तता (6) छूआछूत के सभी नामो–निशान के साथ ही जाति विभेद तथा नस्ल संबंधी पूर्वाग्रहों का खात्मा और सभी के लिए समान अधिकार (7) स्त्री एवं पुरुष के बीच पूर्ण समानता और (8) सभी के लिए नागरिक स्वतंत्रता।

समाजवादी सभा की शुरुआत संभावनाओं से भरी हुई थी। सम्मेलन द्वारा स्थापित अस्थायी आम सभा की बैठक 4 से 6 दिसम्बर 1949 को शरत के नेतृत्व में 1 वूडबर्न पार्क में हुई। बैठक में राष्ट्रीय तथा प्रदेशिक स्तरों पर कार्यक्रम के समन्वय के लिए संरचना तैयार करने को लेकर भी बातचीत हुई। इस कार्यक्रम को पूरी ईमानदारी से लागू भी किया गया। श्रमिकों तथा किसानों के संगठनों के साथ ही नागरिक अधिकारों की सुरक्षा तथा प्रेस की आज़ादी पर खास ध्यान दिया गया।

***

इस बीच समाजवादी लोकतांत्रिक भारत तथा एशिया एवं शेष विश्व में उसके स्थान को लेकर शरत की विशाल दृष्टि ने उन्हें यह सोचने के लिए भी बाध्य किया था कि अन्तरराष्ट्रीय संबंधों को लेकर पूर्ण संप्रभु भारत का रवैये क्या होगा। विभाजन की दुर्भाग्यपूर्ण घटना के पहले से ही शरत यह सोचते रहे थे कि उपमहाद्वीप के देशों तथा उनके निकटतम पड़ोसियों को क्षेत्रीय तथा

अन्तरराष्ट्रीय महत्व के मामलों में साझा लक्ष्य की दिशा में काम करने के लिए किस तरह प्रोत्साहित किया जा सकता है, जिससे कि वे अमेरिका तथा सोवियत संघ के प्रभुत्व वाली विश्व व्यवस्था के हाथों की कठपुतली बनने से खुद को बचा सकें। अगस्त 1947 में सत्ता हस्तांतरण के बाद से ही शरत इस बात को लेकर चिंतित रहे थे कि प्रधानमंत्री नेहरू के नेतृत्व में भारत ने (और पाकिस्तान ने भी) राष्ट्रकुल के तहत डोमीनियन दर्जा स्वीकार लिया है, जोकि उनके अनुसार ब्रिटिश गुलामी जैसा ही था।

शरत की क्षेत्रीय एकता तथा बड़ी शक्तियों के अधिनायकवादी रवैये से रक्षा संबंधी सोच ने यूनाईटेड नेशन्स ऑफ साउथ एशिया (यूएनएसए) की अवधारणा को आगे बढ़ाया। 4 जनवरी 1948 को बर्मा के स्वतंत्रता दिवस पर उन्होंने अपनी इस उभरती हुई सोच को शब्दरूप देना तय किया।[11]

> आज का दिन बर्मा के इतिहास में लाल अक्षरों में लिखा जाएगा। आज के दिन ही बर्मा के संघर्ष का अन्त उसकी स्वतंत्रता के रूप में हुआ था। इस संघर्ष में नेताजी के नेतृत्व में भारतीयों का योगदान किसी भी तरह से कम नहीं है। आज हम बर्मा के साहसी एवं वीर पुत्र स्वर्गीय जनरल आंग सान तथा बर्मा के अन्य स्वतंत्रता सेनानियों के साथ नेताजी के संबंधों को गर्व से याद करते हैं।
>
> हमारी इच्छा है, और विश्वास भी, कि बर्मा का नवगठित गणराज्य अपने पड़ोसी देशों के साथ शान्ति और सैन्य एवं असैन्य संबंध कायम रखते हुए वाणिज्यिक संबंध भी बनाएगा, जिसमें आम तौर से समझे जाने वाले वाणिज्यिक संबंध से अधिक, ज्ञान के लिए बौद्धिक एवं सांस्कृतिक आदान–प्रदान भी शामिल होंगे।
>
> हम बर्मा के लोगों के साथ उन सभी मामलों में सहयोग करना चाहते हैं, जो हमारे लिए साझा महत्व के हैं और जो हम दोनों देशों के साथ ही दक्षिण एशिया के पड़ोसी देशो के भविष्य को प्रभावित कर सकते हैं। जिन देशों का मैंने अभी जिक्र किया, उनकी विदेश नीति आदि बनाने में हम अपना तुच्छ योगदान देने के लिए तैयार रहेंगे। भारत पूर्व और पश्चिम की शक्तियों के साथ मधुर संबंध बनाना चाहता है और मुझे इसमें संदेह नहीं कि बर्मा भी ऐसा ही करना चाहता है। लेकिन जो शक्तियां विश्व में अपना प्रभुत्व कायम करने की कोशिश में लगीं हैं, उनके प्रति मित्रता एवं तटस्थता की नीति की घोषणा कर देना ही पर्याप्त नहीं होगा।
>
> विश्व के मौजूदा हालात को देखते हुए निस्संदेह तटस्थता की नीति ही हमारे देश के लिए सबसे सही है और मैं कह सकता हूं कि आपके लिए भी यही सबसे सही है। परन्तु हमें अपने देशों को इस तरह की तटस्था के लिए तैयार

[11] शरत चन्द्र बोस कोमेमोरेटिव वॉल्युम, 399–401.

करना होगा। तटस्थता की इस नीति के पीछे हमारे और आपके देश में समुचित कार्रवाई भी होनी चाहिए। भारत में कुछ ऐसे लोग हैं जो एंग्लो–अमेरिकन समूह में भारत की भागीदारी के पक्षधर हैं। कुछ ऐसे लोग भी हैं जो मानते हैं कि यदि तृतीय विश्व युद्ध होता है, जिसकी आशंका बनी हुई है, तो भारत को सोवियत संघ का साथ देना चाहिए। जहां तक मुझे मालूम है, आपके देश में भी इस तरह के समूह मौजूद हैं।...

यदि हमें अपनी तटस्थता बरकरार रखनी है तो हमें विदेश नीति के मामले में इन सभी देशो को साझा मंच पर लाने का प्रयास करना होगा। इसके लिए दक्षिण एशिया में क्षेत्रीय आधार पर अन्तरराष्ट्रीय संगठन खड़ा करने की जरूरत है। भारत, पाकिस्तान, नेपाल, बर्मा तथा सिलॉन को लेकर गठित होने वाले इस संगठन को यूनाइटेड नेशन्स ऑफ साउथ एशिया (यूएनएसए) कहा जा सकता है। यूएनएसए को तटस्थ रहकर काम करना होगा और एंग्लो–इंडियन ब्लॉक अथवा सोवियत ब्लॉक दोनों से ही इसकी कोई सैन्य संधि नहीं होगी। यूएनएसए के घटक सदस्यों के बीच आपसी सैन्य समझौता तो जरूर रहेगा, परन्तु उन्हें यह भी तय करना होगा कि उनमें से किसी एक को भी अलग से किसी बाहरी शक्ति से सैन्य समझौता करने की अनुमति नहीं हो।

यूएनएसए, मनरो सिद्धान्त की तर्ज पर ही कोई सिद्धान्त हिन्द महासागर के लिए तैयार करेगा। साथ ही वह यह भी सुनिश्चित करेगा कि उसके घटक सदस्यों के अलावा किसी अन्य देश का इन सदस्य देशों के सैन्य ठिकानों पर कब्जा या नियंत्रण न हो। जिस क्षेत्रीय समूह की चर्चा मैं पहले कर चुका हूं, उसके आधार पर यदि कोई सीमा शुल्क संघ गठित किया जाता है तो यूएनएसए तटस्थता नीति में मददगार भी रहेगा। हमारी कोशिश होनी चाहिए, और साथ ही हमारा यह लक्ष्य भी होना चाहिए कि यूएनएसए के सदस्य देशों के बीच वाणिज्य एवं व्यापार को प्रोत्साहन मिले, जिससे कि यूएनएसए आर्थिक तौर पर आत्मनिर्भर ईकाई बन सके।

मैंने इस प्रारूप में जो संकेत दिए हैं, मैं समझता हूं कि वे संयुक्त राष्ट्र संघ के सदस्य के तैर पर हमारे देशों के अधिकारों तथा दायित्वों के खिलाफ नहीं जाते हैं। मैं समझता हूं कि मेरे सुझावों के अनुसार गठित क्षेत्रीय अन्तरराष्ट्रीय संघ शान्ति एवं विकास के मार्ग को प्रशस्त करेगा और संयुक्त राष्ट्र संघ की घोषित नीतियों के बेहतर क्रियांवयन में सहायक होगा।

यदि हमें स्वतंत्र छोड़ दिया जाता है तो हमारा मार्ग शान्ति का मार्ग होगा। हमारी सोच स्वार्थ प्रेरित या क्षुद्र शक्ति की सोच न होकर ऐसे मानव की सोच होगी, जिसे उसके राज्य तथा उसकी अपनी ऊर्जा द्वारा प्राप्त उत्तम जीवन जीने का अधिकार हो और जो अपने भीतर का श्रेष्ठतम अवदान विश्व को अर्पित करे। मैं समझता हूं कि दक्षिण एशिया के अन्य देश भी इस कार्य को इसी भावना तथा

समान आशा के साथ आगे बढ़ाएंगे। मैं जानता हूं कि इसी दृढ संकल्प तथा आपसी मदद के बल पर हम एक–दूसरे के पूरक बन सकेंगे।

एक साल बाद 3 जनवरी 1949 को अपनी पत्नी विभावती तथा दो युवा पुत्रियों रोमा तथा चित्रा के साथ यूरोप दौरे से लौटने के क्रम में लन्दन से गुजरते हुए शरत ने लन्दन में एकत्र ब्रिटिश तथा विदेशी पत्रकारों को भारत के सभी वामपंथी राजनैतिक दलों को एक साथ लाने की अपनी आकांक्षा बताई, जिससे कि भारत की सत्ताधारी कांग्रेसी सरकार के खिलाफ विपक्ष की शक्ति का सही अंदाज लगाया जा सके। वहां उपस्थित प्रेस के सदस्यों को उन्होंने यह भी बताया कि यूएनएसए का गठन आवश्यक है और भारत, पाकिस्तान, नेपाल, बर्मा तथा सिलॉन को चाहिए कि वे जल्द से जल्द ऐसा संगठन बनाएं जो आखिरकार यूनाइटेड नेशन्स ऑफ एशिया का आधार बने। इसका मतलब यह नहीं कि वह मौजूदा संयुक्त राष्ट्र संघ से भारत के बाहर निकल जाने के पक्ष में हैं, बल्कि यूनाइटेड नेशन्स ऑफ साउथ एशिया, विश्व शान्ति सुनिश्चत करने के लिए संयुक्त राष्ट्र संघ के साथ मिलकर काम करेगा। केवल एक शक्तिशाली एशियाई समूह ही संयुक्त राष्ट्र संघ को राजनैतिक शक्तियों के हाथों का खिलौना बनने से रोक सकता है, जैसा कि अब तक होता रहा है। (दि नेशन की खबर के अनुसार)

इस समय तक शरत के मन में नए–नए स्वतंत्र हुए बर्मा और उसके स्वतंत्रता–पूर्व प्रधानमंत्री एवं राष्ट्रवादी नेता डॉ. बा माओ के लिए बेहद स्नेह उमड़ने लगा था। हालांकि डॉ. माओ अब राजनीति से दूर हो चुके थे, वह और युद्ध के दौरान बर्मा में ही रह रहे सुभाष अच्छे दोस्त रहे थे। दोनों ने नवम्बर 1943 में टोक्यो में आयोजित वृहत पूर्व एशिया सम्मेलन में अपने–अपने देशों का प्रतिनिधित्व भी किया था। इसकी मेजबानी जापान के प्रधानमंत्री जनरल हिदेकी तोजो ने की थी। डॉ. बा माओ ने सुभाष को अबाध समर्थन दिया था और बाद में उन्होंने अपने बच्चों में एक का नाम नेताजी के सम्मान में नेता तक रख दिया।[12]

डॉ. बा माओ द्वारा शरत को 17 मई 1949 को लिखे पत्र में तथा शरत द्वारा डॉ. बा माओ को 16 नवम्बर 1949 को लिखे पत्र में दोनों ने शरत के पत्र दि नेशन के प्रभाव तथा महत्व पर विचारों का आदान–प्रदान किया था और एक–दूसरे को कलकत्ता में अक्टूबर 1949 को आयोजित संयुक्त समाजवादी सम्मेलन तथा भारत में भारतीय संयुक्त समाजवादी संगठन के जन्म सहित अपने–अपने देशों में हो रही प्रगति की जानकारी दी थी। उन्होंने इस बारे में भी विचार किया था

[12] एडवर्ड एम लॉ–योन, डॉ. बा माओ ऑफ बर्मा – एन एप्रिसिएशन कॉन्ट्रिबियुशन्स टु एशियन स्टडीज़, वाल्युम 16, 7.

कि वे सूचना एवं विचार का आदान–प्रदान करके एक–दूसरे की मदद कैसे कर सकते हैं। इसी क्रम में डॉ. बा माओ ने पडौक (बर्मी पेड़) नाम से अंग्रेजी पत्रिका प्रकाशित करने की अपनी कोशिशों की जानकारी भी दी थी।[13]

शरत के जीवन काल में और उनके नहीं रहने के दशकों बाद तक भी यूएनएसए की अवधारणा को नहीं बढ़ाया जा सका। यह सही है कि 1955 में भारत तथा बर्मा के नेतृत्व तथा सक्रिय भागीदारी में गुट निरपेक्ष आन्दोलन का जन्म हुआ, जिसमें इंडोनेशिया, घाना और युगोस्लाविया भी शामिल थे, लेकिन दक्षिण एशिया के नेताओं तथा लोगों की सोच को क्षेत्रीय सहयोग एवं एकता की यह अवधारणा उस तरह से प्रभावित नहीं कर पाई, जैसा कि अफ्रीका अथवा लैटिन अमेरिका आदि क्षेत्रों में कर सकी।

इसके विपरीत भारत और पाकिस्तान के बीच तनावपूर्ण संबंध बना रहा और उनमें युद्ध भी हुआ, जिसमें पूर्वी पाकिस्तान में विप्लव का दौर भी शामिल है, जिसकी परिणति 1971 में बाग्लादेश के निर्माण के रूप हुई। इसके बाद दिसम्बर 1985 में दक्षिण एशियाई क्षेत्रीय सहयोग संगठन (सार्क) का गठन हुआ, जिसमें बाग्लादेश, भूटान, भारत, मालदीव, नेपाल, पाकिस्तान तथा श्रीलंका शामिल हैं। इसका अपना महत्व तो है, पर फिर भी यह वैसा नहीं है, जैसा कि शरत ने सोचा था।

अमीय खुद भी अपने भाषणों आदि में क्षेत्रीय सहयोग की अवधारणा का प्रचार करते रहे थे। 1976–77 में उन्होंने लार्ड माउंटबैटन से भी संपर्क साधा, जो तब अवकाशप्राप्त होकर इंग्लैंड के ब्रॉडलैंड्स, हैम्पशायर के अपने घर में रह रहे थे। अमीय अक्टूबर 1976 के आसपास माउंटबैटन से उनके लन्दन स्थित घर में जाकर मिले। 2 दिसम्बर 1976 को अमीय ने उन्हें पत्र भी लिखा, जिसका उन्हें जवाब भी मिला।

ब्रॉडलैंड्स
रॉमसे
हैम्पशायर
एसओ5 9ज़ेडडी

3 जनवरी 1977

प्रिय श्री अमीय नाथ बोस

2 दिसम्बर के आपके पत्र के लिए बहुत धन्यवाद। इसके साथ अपने पिता स्व. शरत चन्द्र बोस द्वारा बर्मा के स्वतंत्रता दिवस पर 4 जनवरी 1948 को दिए गए

[13] अंजन बेरा, इंटरप्रेटिंग ए नेशन, xlii–xliii.

भाषण की प्रति भेजने के लिए भी धन्यवाद। मुझे वह अवसर याद है और उसी दिन दिल्ली में आयोजित जश्न में मैं शामिल भी हुआ था। मैंने पूरी दिलचस्पी से आपके पिता का लिखा हुआ पढ़ा। और मुझे इस बात की खुशी है कि आप अपने पिता के सुझावों पर आगे कुछ करने की सोच रहे हैं।

जैसा कि मैंने आपको बातचीत में बताया था, भारत तथा पाकिस्तान के बीच मूल संयुक्त सुरक्षा परिषद के गठन में मेरा ही हाथ था। दोनों डोमीनियन (जैसा कि वे तब थे) में से एक के गवर्नर जनरल को यथास्थिति इसकी अध्यक्षता करनी थी। हालांकि हम जब भी मिले, भले ही वह पाकिस्तान में ही हो, श्री जिन्ना ने हर बार मुझे ही इसकी अध्यक्षता करने के लिए कहा।

संयुक्त सुरक्षा परिषद का गठन दरअसल विभाजन के बाद भारतीय उपमहाद्वीप में सुरक्षा तथा विदेश नीति के मामलों में किसी तरह के अलगाव को रोकने के उद्देश्य से किया गया था। उसका यह काम अच्छी तरह से चल रहा था लेकिन विभाजन के बाद के दंगों तथा खून–खराबों और फिर कश्मीर में कबालियों के घुसपैठ के कारण वह बाधित हो गया।

मैं हमेशा से मानता रहा हूं कि संयुक्त सुरक्षा परिषद का पुर्गठन समस्या के समाधान का सबसे बढ़िया तरीका है। अब इस संयुक्त सुरक्षा परिषद में बांग्लादेश भी शामिल हो सकेगा और इस तरह इसमें तीन देश हो जाएगे, जो पूर्व ब्रिटिश क्षेत्र में हुआ करते थे। एक बात तय है। यह एक त्रासदी ही कही जाएगी कि उपमहाद्वीप तीन ऐसे देशों में बंटा हुआ है, जिनके बीच आपसी निकट संपर्क तथा समझदारी नहीं है।

मैं आशा करता हूं कि आप मुझसे संपर्क बनाए रखेंगे और अपने विचारों से मुझे अवगत कराते रहेंगे। वर्ष 1977 के लिए मेरी शुभकामनाएं। और आप द्वारा भेजे गए बधाई संदेश के लिए धन्यवाद।

भवदीय
माउंटबैटन ऑफ बर्मा

कभी हार न मानने वाले शरत ने अपने प्यारे बंगाल की एकता एवं अखण्डता के लिए संघर्ष जारी रखा था। स्वतंत्रता के बाद भी 20 फरवरी 1950 को अपने निधन तक हिन्दू–मुस्लिम भाईचारे के लिए वह प्रयासरत रहे। 1950 की शुरुआत में पूर्वी पाकिस्तान में अल्पसंख्यक हिन्दुओं के खिलाफ साम्प्रदायिक हिंसा छिड़ जाने पर शरत ने एक बार फिर बंगाली मुस्लिम सहयोगियों अबुल हाशमी तथा फजलूल हक़ से बातचीत चलाई और इस बार पूर्वी पाकिस्तान को भारत में एक अलग राज्य के तौर पर मिलाने की कोशिश की।

इस तीनों के बीच तय हुआ कि शरत अपने पत्र दि नेशन में आलेख लिखकर इसकी शुरुआत करें। 1 वूडबर्न पार्क के अपने आवास में आधी रात के करीब

शरत ने अपने निधन से मात्र 30 मिनट पहले इस बारे में संपादकीय लिखा, जिसे अगले दिन के समाचार–पत्र में छापा जाना था। इसका शीर्षक था – एन अपील टु इंडिया एण्ड पाकिस्तान (भारत और पाकिस्तान से अपील)। इस तरह से भारत और बंगाल का विभाजन उन्हें आखिरी सांस तक सालता रहा। बंगाल तथा भारत के इस महान सपूत के आखिरी शब्दों में भी उनकी तरफ से विभाजन के विध्वन्स के बीच से कुछ भी बचा लेने का प्रयास निहित था। संपादकीय में लिखा गया था,

> पिछले शनिवार 11 तारीख को (अपने किसी प्रिय बंधु की मौत पर) व्यक्तिगत शोक की छाया में लिखते हुए मैंने पूर्व एवं पश्चिम बंगाल के अपने प्यारे बंगाली भाइयों से शान्ति कायम रखने की अपील की थी। मैंने उनसे सम्मान के साथ शान्ति की अपील की थी। विवेक को सम्मान देने के लिए अपील की थी। संयम को सम्मान देने के लिए अपील की थी। मैंने उनसे पवित्रता के नाम पर अपील की थी। बंगाल के इतिहास के नाम पर अपील की थी। सहयोगी भावना के नाम पर अपील की थी, जो कभी थी और जो आगे भी बनी रहेगी। मैंने उनसे मानवता के नाम पर अपील की थी कि वे हिंसा को त्याग दें और संयम तथा विवेक के साथ साम्प्रदायिक शान्ति तथा भाईचारे को फिर से कायम करें। मैंने उनसे कहा था कि दिल्ली या कराची की तरफ न देखें क्योंकि रौशनी दिल्ली या कराची से नहीं आने वाली। मैंने उन्हें खुद उनके भीतर की रौशनी में अपना रास्ता खोजने के लिए कहा था।
>
> पिछले 11 दिनों से मैं इस बात को लेकर गहन चिन्तन करता रहा हूं कि आखिर मौजूदा हालात का वास्तविक समाधान है क्या? मैंने बारी–बारी से उन सलाहों पर भी सोचा, जो अलग–अलग कोनों से आते रहे थे, जैसे कि पूर्व बंगाल से हिन्दुओं का महापलायन, और दोनों बंगालों के बीच आबादी की अदला–बदली। गहन चिंतन–मनन के बाद मेरा यह निष्कर्ष है कि इन दोनों में कोई भी इस समस्या का वास्तविक समाधान नहीं है। मैं भारत और पाकिस्तान के लोगों को याद दिलाना चाहता हूं कि पंजाब में तथा वहां से लोगों के पलायन से अनेकों समस्याएं आ खड़ी हुई, जिनका कोई समाधान अब तक नहीं निकल सका है।
>
> भारत और पाकिस्तान के लोगों की सहमति के लिए मैं इसका जो समाधान सुझा रहा हूं, उसके अनुसार पूर्वी पाकिस्तान अलग राज्य के तौर पर भारत संघ से आ मिले। और भारत तथा पाकिस्तान के लोग इसके लिए अपनी–अपनी सरकारों पर दबाव बनाएं। मैं पिछले तीन वर्षों से लगातार कहता रहा हूं कि मेरे विचार से धार्मिक आधार पर प्रांतों का विभाजन करने से साम्प्रदायिक समस्या का समाधान नहीं हो सकता। प्रांतों को इस आधार पर बांट दिया गया तो भी

हिन्दुओं और मुसलमानों को साथ–साथ ही रहना पड़ेगा। साम्प्रदायिक अलगाव या धार्मिक कांटछांट न तो अपेक्षित है और ना ही संभव।

यह मेरा राजनैतिक मत है और अपनी जिन्दगी में मैंने कभी अविभाजित बंगाल या फिर विभाजित बंगाल में हिन्दुओं और मुसलमानों के बीच कोई फर्क नहीं किया। बंगाल के दोनों हिस्सों की आबादी पहले की तरह ही अब भी मिली–जुली हुई है। बंगाल का जो बंटवारा हो चुका है, मैं उसे छेड़ना नहीं चाहता। मुझे अच्छी तरह मालूम है कि पूर्व बंगाल के लोगों के मन में कुछ ऐसा फांस है जिसकी वजह से बंटवारे की मांग उठी।

मैं अब जो समाधान सुझा रहा हूं, उससे मौजूदा हालात में कोई खास हस्तक्षेप नहीं होने वाला। पूर्व बंगाल को हम अलग राज्य के तौर पर ही फलने–फूलने दें। लेकिन भविष्य में दोनों बंगाल में रहने वाले समुदायों की भलाई के लिए पूर्व बंगाल को हम भारत संघ में फलने–फूलने दें क्योंकि जैसा कि मैं पहले भी कह चुका हूं, दोनों बंगाल के लोग एक–दूसरे के पूरक हैं।

'दि नेशन' के अपने सहयोगियों की तरफ से और खुद अपनी तरफ से मैं भारत तथा पाकिस्तान के लोगों के विचार के लिए और इस पर उनकी सहमति के लिए यह समाधान सुझा रहा हूं। 'दि नेशन' मानता है कि इस समाधान से न सिर्फ दोनों बंगालों में शान्ति एवं समृद्धि आएगी, बल्कि भारत तथा पाकिस्तान दोनों में ही शान्ति एवं समृद्धि आएगी। और सभी शान्तिपूर्ण तथा वैध तरीकों को अपनाते हुए वे समाधान की तरफ तेजी से बढ़ सकेंगे।

शरत के अचानक तथा असामयिक निधन से पूर्वी पाकिस्तान को भारत संघ में शामिल किए जाने की अवधारणा का भी अन्त हो गया। इतना ही नहीं, जैसा कि शरत और यहां तक कि माउंटबैटन सहित कइयों ने भविष्यवाणी की थी, और जैसा कि जिन्ना को भी आशंका थी, पूर्व पाकिस्तान व्यावहारिक प्रस्ताव साबित नहीं हो सका। चौथाई शताब्दी से भी कम समय में 1971 में खूनी क्रांति तथा अराजकता की कोख से बांग्लादेश का जन्म हुआ। इसमें भारत ने भी हस्तक्षेप करते हुए उसकी सशस्त्र सहायता की।

शरत के जाने के कुछ समय बाद तक यूएसओआई कायम तो रहा, पर शरत के करिश्माई नेतृत्व में उसे जो गति मिली थी, वह नहीं रह पाई। भारत के वामपंथियों को एकजुट करने की कोशिशें आज भी जारी हैं ताकि वह एक प्रभावी राजनैतिक शक्ति बन सके। यह शायद सांकेतिक ही है कि पश्चिम बंगाल भारत के उन चन्द राज्यों में है, जहां वाम गठबंधन की सरकार तीन दशकों तक बनी रही और मार्क्सवादी कम्युनिस्ट पार्टी नेता श्री ज्योति बसु के नेतृत्व वाली इस सरकार में फारवर्ड ब्लॉक भी शामिल रहा।

गौरतलब है कि आजादी के बाद से पश्चिम बंगाल कभी उस तरह से राष्ट्रीय स्तर पर राजनैतिक चर्चा में नहीं रहा, जैसा कि वह आजादी के पहले हुआ करता था। 1950 में शरत के निधन के बाद से कोई भी प्रमुख बंगाली राष्ट्रीय राजनेता ऐसा नहीं हुआ, जो चित्तरंजन दास, सुभाष या फिर शरत के प्रभाव और करिश्मा की बराबरी कर सकता हो। यह समय आना अभी बाकी है।

उपसंहार

सुभाष

16 जनवरी 1941 को जब कलकत्ता के शीतकालीन दिन पर दोपहर की छाया पसर रही थी, 'यायावरों के राजकुमार' (शरत द्वारा सुभाष को दिया गया उपनाम) एल्गिन रोड स्थित अपने आवास से निकल भागने की तैयारी में जुटे थे। इस आवास के अपने शयनकक्ष में उन्होंने स्वयं को छिपा रखा था। 17 फरवरी 1941 की सुबह वह यहां से गाड़ी से निकल भागे और फिर फिर कभी ट्रेन से तो कभी पैदल चलते हुए भारत के पूर्वी भाग से उत्तरी एवं पश्चिमोत्तर भागों को पार करते हुए अफगानिस्तान के काबुल जा पहुंचे। काबुल से फिर गाड़ी और ट्रेन का सफर तय कर के वह मास्को पहुंच गए। आखिरकार मास्को से हवाई जहाज का सफर कर के वह अप्रैल 1941 की शुरुआत में बर्लिन चले आए।

अपने भाई शरत तथा चन्द परिजनों के साथ मिलकर सावधानी से तैयार की गई योजना की बदौलत सुभाष ब्रिटिश एजेण्टों की चौतरफा निगरानी के बीच से खुद को बाहर निकाल पाने में सफल रहे और फिर भारतीय स्वतंत्रता संग्राम के अगले और उनके अनुसार आखिरी चरण की तैयारी में लग गए। इस बार का दौर भारत के बाहर से सशस्त्र संघर्ष का था।

हमें अब मालूम है कि बर्लिन पहुंचने के बाद उन्होंने वहां भारतीय फौज को खड़ा करने में अपना समय लगाया, जो जर्मन टुकड़ियों के साथ मिलकर लड़ने वाली थी ताकि पश्चिम से ब्रिटिश भारत पर हमला बोला जा सके। हमें अब हिटलर के नेतृत्व वाले शासन के प्रति उनके मोहभंग का भी पता है, जो भारत की स्वतंत्रता के लिए अपना समर्थन देने में आनाकानी करती रही थी। सुभाष, हिटलर और उनके समर्थकों के आर्य जाति वाले सिद्धान्त के कायल नहीं थे। उन्होंने कई बार मांग की थी, यहां तक कि हिटलर के साथ अपनी संक्षिप्त मुलाकात में भी अपनी यह मांग दोहराई थी कि उनकी आत्मकथा मेन केम्फ से भारत के बारे में लिखित आपत्तिजनक अंश निकाल दिए जाएं। पर ऐसा नहीं किया गया।

जून 1941 में जर्मनी ने जब उनके पुराने मित्र देश सोवियत संघ पर चढाई कर दी, तो सुभाष को और भी निराशा हुई। सोवियत संघ की ओर सुभाष का

हमेशा से झुकाव रहा था और वह ब्रिटिश साम्राज्यवाद के खिलाफ सशस्त्र संघर्ष में उसकी मदद चाहते रहे थे। 15 अगस्त 1941 को नाज़ी जर्मनी में रहते हुए ही उन्होंने जर्मन विदेश मंत्री जे. वॉन रिबेनट्रॉप को पत्र लिखा कि पूर्व की ओर जर्मन टुकड़ियो के बढ़ने को उसकी दुश्मनी के तौर पर देखा जाएगा, ना कि उसकी दोस्ती के तौर पर।

हालांकि 19 फरवरी 1942 को अपने पहले खुले प्रसारण के बाद सुभाष, जर्मन अधिकारियों को यह समझा पाने में सफल रहे कि उन्हें बर्लिन से अपना ब्रिटिश विरोधी एवं साम्राज्य विरोधी संवाद प्रसारित करने दिया जाए। इससे पहले तक सुभाष भूमिगत रहे थे और अपने लिए ऑरलैंडो मज्जाता के छद्म नाम का उपयोग करते रहे थे।

अमीय जब लन्दन में थे, तो बीबीसी ने उनसे अपने स्टूडियो में आने का अनुरोध किया ताकि महाद्वीप से किए गए प्रसारणों में सुभाष की आवाज की पुष्टि की जा सके। अमीय को सुभाष की आवाज पहचानने और उसकी पुष्टि करने में जरा भी मुश्किल नहीं हुई जोकि आजाद हिन्द रेडियो से प्रसारित की जा रही थी। अपने चाचा सुभाष के प्रसारणों को सुनने के लिए अमीय ने अपने कमरे में भी रेडियों रख रखा था। ब्रिटिश खुफिया रिपोर्टों में यह भी बताया गया है कि अमीय ने अपने कमरे में सुभाष का बड़ा सा चित्र भी लगा रखा था।

1943 के शुरू में जबकि जापानी फौज दक्षिण–पूर्व एशिया और पश्चिमी प्रशान्त में बढ़ती चली आ रही थी तो सुभाष, जर्मन अधिकारियों को यह समझा पाने में सफल रहे कि जापानियों के साथ एशिया में सशस्त्र संघर्ष चलाकर ही वह भारतीय स्वतंत्रता संग्राम में अपनी भूमिका बेहतर तरीके से निभा सकते हैं। इसी समय जापान के अधिकारी भी जर्मन अधिकारियों को यह संदेश दे रहे थे कि सुभाष को एशिया या प्रशान्त की युद्ध भूमि में होना चाहिए। इससे उन्हें और मदद मिल गई। उन्हें टोक्यो में रह रहे भारतीय क्रांतिकारी रासबिहारी बोस द्वारा संगठित आजाद हिन्द फौज का नेतृत्व करने के लिए वहां बुलाया जा रहा था, जोकि अब बिखर रहा था।

8 फरवरी 1943 को विश्व युद्ध के दौरान ही सुभाष ने पनडुब्बी द्वारा यूरोप से दक्षिण–पूर्व एशिया के लिए जोखिम भरी यात्रा की। हिन्द महासागर में मेडागास्कर के निकट तक वह जर्मन फौज के साथ यू–बोट में आए। उनके साथ उनके सहयोगी आबिद हसन भी थे। वहां से उन्हें जापानी पनडुब्बी में सबन, सुमात्रा भेजा गया, जोकि अब इंडोनेशिया में है। फिर बर्मा से उन्हें जापानी हवाई जहाज से टोक्यो ले जाया गया।

इसके बाद वह सिंगापुर के लिए रवाना हुए। जापान सरकार की मदद से उन्होंने जल्दी ही 21 अक्टूबर 1943 को आजाद हिन्द की अस्थायी सरकार बनाने में सफलता पा ली, जो सिंगापुर के सुप्रसिद्ध कैथे बिल्डिंग में स्थापित

की गई थी। इतना ही नहीं, इतने कम समय में ही उन्होंने सर्वोच्च कमाण्डर के तौर पर पुनर्गठित आजाद हिन्द फौज को जापानी फौज के साथ लड़ने के लिए तैयार भी कर दिया। बेशक थोड़े समय के लिए ही सही, पर इसी दौरान वह अपने प्यारे भारत की जमीन तक भी आ पहुंचे।

इस तरह स्वतंत्रता का बिगुल यूरोप से नहीं फूंका जाकर सिंगारपुर, टोक्यो और रंगून से फूंका गया। दक्षिण–पूर्व एशिया के जंगलों से स्वतंत्रता का आह्वान हुआ। इसमें अंग्रेजों के लिए यह भारत छोड़ने की मांग थी और अपने देशवासियों के लिए आज़ादी का भरोसा। जबकि आज़ाद हिन्द फौज के लिए नारा था दिल्ली चलो का।

सुभाष के नेतृत्व में आज़ाद हिन्द फौज एक तरह से इस बात की ओर इशारा था कि भारत अब साम्राज्य के मुकुट का रत्न बन कर नहीं रहेगा। हालात एवं अपने से बेहतर शक्ति से हारने के बाद भी आज़ाद हिन्द फौज ने विश्व युद्ध के विजेता अंग्रेजों को इस महत्वपूर्ण तथ्य से अवगत करा दिया था और अंग्रेज यह सोचने को बाध्य हो गए थे कि ब्रिटिश भारतीय सशस्त्र सेना की निष्ठा उनके साथ नहीं रह गई है और इसलिए वे अब भारत में बहुत समय तक नहीं रह सकते। ध्यान देने की बात है कि अगस्त 1945 में युद्ध की समाप्ति के दो साल के भीतर ही अंग्रेजों को उपमहाद्वीप छोड़कर चले जाना पड़ा, जबकि युद्ध में वह एक प्रमुख विजेता बनकर उभरे थे।

जहां तक आजाद हिन्द फौज का संबंध था, साम्राज्यवादी भारत के सभी गाओं और शहरों के लोग यह जानकर हैरत में थे और भावुक हो उठे थे कि ब्रिटिश भारतीय फौज के उनके परिजनों ने, और मलाया, सिंगापुर, बर्मा एवं थाईलैंड से निर्वासित भारतीयों ने, जिसमें स्त्री एवं पुरुष दोनों ही शामिल थे, उनकी आज़ादी तथा अधिकारों की खातिर अंग्रेजों से मोर्चा लिया था और साम्राज्यवादी सौभाग्य को तोड़कर रख दिया था। उन्हें यह देख–जानकर भी आश्चर्य हुआ था कि आज़ाद हिन्द फौज पूरी तरह धर्मनिरपेक्ष थी और उसके वरिष्ठ अधिकारियों में हिन्दू, मुस्लिम, सिख सभी शामिल थे और सुभाष के नेतृत्व में काम कर रहे थे।

जब उसके तीन वरिष्ठ कमाण्डरों प्रेम सहगल (हिन्दू), शाह नवाज खान (मुस्लिम) तथा गुरबख्श सिंह ढिल्लों के खिलाफ अंग्रेजों ने 1946 के आरंभ में दिल्ली के लाल किले में मुकदमा चलाया तो कुछ समय के लिए ऐसा लगने लगा मानो सुभाष द्वारा अपनाया गया धर्मनिरपेक्षता का यह उज्ज्वल उदाहरण बोस बंधुओं के नए एवं संयुक्त भारत के दृष्टिकाण को साकार कर देगा। दुर्भाग्यवश, जैसा कि आगे की घटनाओं में देखा गया, ऐसा हो न सका। अब तक भारत को बंटने से रोकने में देर हो चुकी थी। इसी तरह विभाजन पश्चात की हिंसा को भी रोकने में देर हो चुकी थी।

इतिहास कभी यह नहीं जान सकेगा कि सुभाष यदि आज़ाद हिन्द फौज का भारत तक नेतृत्व कर पाने में सफल रहे होते तो फिर क्या हुआ होता? अपनी हार या जीत दोनों में ही यह तो तय है कि उपमहाद्वीप के विभाजन के खिलाफ उनका संघर्ष जारी रहता। उनके पुनर्प्रकट होने से थके हुए उन बूढ़ों को नया जोश मिल गया होगा, जिन्होंने सत्ता की कीमत पर विभाजन को स्वीकार कर लिया था। संभवः जिन्ना के साथ वह अधिक रचनात्मक तरीके से निबट पाते, जिन्हें 1930 से ही लगातार कांग्रेस नेतृत्व का अपमान झेलना पड़ा था। माउंटबैटन की चोचलेबाजियों से तो वह सख्ती से निबटते चूंकि माउंटबैटन उन्हें गद्दार मानते रहे थे, इसलिए अब उन्हें गंभीरता से लेना माउंटबैटन के लिए जरूरी हो जाता। इस बात की पूरी संभावना है कि स्थितियां उन्हें इसके लिए बाध्य कर देतीं।

खेद है कि प्रशान्त युद्ध की समाप्ति के महज दो दिन बाद 18 अगस्त 1945 को सुभाष राजनीति के आकाश से जिस तरह हमेशा के लिए ओझल हो गए, उसके कारण ऐसा कुछ हो न सका। बताया जाता है कि उसी दिन दोपहर में हवाई दुर्घटना में सुभाष की मौत हो गई, जबकि वह जापानी बमवर्षक विमान से मंचूरिया जा रहे थे। इससे पहले यह विमान तेल भरवाने के लिए फॉरमोसा (अब का ताइवान) में रुका था। जापानी सेना की मदद से सुभाष 16 अगस्त 1945 को सिंगापुर से बैंकाक के लिए चले थे, जहां उन्होंने रात भी गुजारी थी। अगले दिन 17 अगस्त 1945 को वह साइगॉन (अब का हो ची मिन्ह शहर) चले आए और फिर रात में वहीं रुक गए। अगले दिन वह वहां से फॉरमोसा के लिए रवाना हुए।

हवाई दुर्घटना की इस कथा को लेकर अब भी अविश्वास बना हुआ है। इसमें कतई आश्चर्य नहीं कि कइयों को लगता रहा है कि यह फिर से खिसक निकलने के लिए उन्हीं की कोई चाल थी। इस बार वह विजयी सोवियत संघ की फौज से मंचूरिया में संपर्क करना चाहते थे। भारत की केन्द्र सरकार द्वारा इसके पीछे के तथ्य का पता लगाने के लिए अब तक तीन बार आधिकारिक जांच कराई जा चुकी है।

हवाई दुर्घटना में सुभाष की मौत को स्वीकरते हुए इस मामले को रफा–दफा करने के पीछे कांग्रेस पार्टी के अपने कारण रहे हैं। यदि इस मामले में सही–सही जानकारी हासिल करनी है तो फिर हमें ब्रिटेन, रूस, अमेरिका, जापान और यहां तक कि भारत के पुरालेखों को सार्वजनिक किए जाने का इंतजार करना होगा।

इस दौरान हवाई दुर्घटना को लेकर जो संदेह बना रहा है, उसने भारतीय या यूं कहे कि एशियाई स्वतंत्रता संग्राम के इस महानायक के इर्द–गिर्द रहस्य का पर्दा डाल दिया है। उनके हवा में विलीन हो जाने के पीछे जो ढेरों कहानियां हैं, जैसे कि वह रूस तो पहुंच गए, पर वहां किसी और दुर्घटना के शिकार बना दिए

गए। वह माओ से–तुंग से मिलने चीन पहुंच गए। शरत को तो यह भी लगता रहा कि उन्होंने 1 अक्टूबर 1949 को चीनी नेता के सत्तारूढ़ होने पर जो बधाई संदेश भेजा था, उसके जवाब में कहीं न कहीं सुभाष का हाथ था। एक अन्य कहानी के अनुसार, वह चुपचाप भारत लौट आए और साधु बन गए। बहुतों ने उन्हें अनेक बार ट्रेन में या फिर आश्रम आदि में देखने का दावा भी किया है।

एक बात जरूर तय है और पाठक इसे निश्चित मान सकते हैं, वह यह कि सुभाष की लौ न तो मरी है और ना ही कभी मरेगी। वह कल्पनाओं को आग देती रहेगी और आगे आने वाली पीढ़ियों को प्रेरित करती रहेगी।

शरत

सुभाष जब 17 जनवरी 1941 को कलकत्ता से रात के अंधेरे में गायब हो गए, उसके बाद शरत ने अपने प्रिय छोटे भाई को कभी नहीं देखा। पुलिस के मुखबिरों को संदेह न हो इसलिए पूर्व योजना के मुताबिक सुभाष के भाग निकलने के एक दिन बाद शरत और उनकी पत्नी भी कलकत्ता से बाहर हुगली के तट पर स्थित अपने खैरगाह रिश्रा में रहने चले गए। इसके बाद अपने 1 वूडबर्न पार्क के घर में लौटने पर अनजान बनते हुए वे दोनों भी रोने–धोने में शरीक हो गए। अमीय को लिखे व्यक्तिगत पत्र में उन्हें अपने पिता शरत द्वारा बताया गया कि उसके चाचा सुभाष गायब हैं। इसे ऐसे भेजा गया कि ब्रिटिश अधिकारी इसे पढ़ सकें। हालांकि कलकत्ता से निकल भागने के बाद सुभाष ने अमीय को तार देकर सूचित किया कि 'आहिस्ता–आहिस्ता स्वस्थ हो रहा हूं। चिन्ता मत करो। सुभाष'

इस दौरान, 1939 में हुई त्रिपुरी कांग्रेस और उसके बाद की घटनाओं के आलोक में शरत तथा सुभाष को कांग्रेस की संचालन समितियों से निष्कासित किया जा चुका था। उधर केन्द्रीय तथा देश भर की प्रांतीय असेम्बलियों के कांग्रेस मंत्रियों ने अपने पदों से इस्तीफा दे दिया था और जिन्ना के चतुर नेतृत्व में मुस्लिम लीग ब्रिटिश अधिकारियों से हेलमेल बढ़ाते हुए रिक्त स्थान को भरने में लगी थी। गांधी के भारत छोड़ो आन्दोलन के बीज बोए जा रहे थे। हालांकि इसकी शुरुआत अगस्त 1942 में हुई और यह मोटा–मोटी बोस बंधुओं के विचारों से ही अनुप्राणित था।

अप्रैल 1941 के आरंभ में बर्लिन पहुंचकर सुभाष वहां जमने की कोशिश कर रहे थे, जबकि शरत का ध्यान बंगाल की राजनीति की तरफ था, जहां साम्प्रदायिकता फिर से अपना सिर उठा रही थी। हम इस बात को पहले ही देख चुके हैं कि शरत और सुभाष दोनों ही 1937 में गांधी तथा कांग्रेस कार्यकारिणी को बंगाल

तथा अन्य स्थानों में गठबंधन सरकार बनाने के लिए राजी करने में नाकाम रहे थे। इसका नतीजा यह हुआ कि बंगाल में 1937 से 1941 के बीच मुस्लिम लीग की सरकार सत्ता में रही और साम्प्रदायिक तनाव फिर से बढ़ने लग पड़ा।

ऐसे में अपने पुराने साथी एवं सहयोगी फजलूल हक़ के साथ मिलकर शरत ने बंगाल में नया प्रगतिशील गठबंधन बनाया। उस समय तक फजलूल हक जिन्ना और मुस्लिम लीग से निराश हो चुके थे, जबकि शरत खुद कांग्रेस से निकाले जा चुके थे। 1941 के अन्त में जब बंगाल में हिन्दू और मुस्लिम दोनों की पसन्द वाला नया गैर–साम्प्रदायिक मंत्रिमंडल सत्ता संभालने की तैयारी कर रहा था, उसी समय दक्षिण–पूर्व एशिया तथा प्रशान्त क्षेत्र में ब्रिटेन तथा अमेरिका दोनों पर जापानी हमले ने कहर बरपाया।

अंग्रेजों तथा अमेरिकियों द्वारा 7 एवं 8 दिसम्बर 1941 को जापान के खिलाफ युद्ध छेड़ने की घोषणा के तत्काल बाद 11 दिसम्बर 1941 को जापान के साथ गहरे संपर्क रखने के आरोप में तथा ब्रिटिश युद्ध हितों के लिए खतरा मानते हुए शरत को गिरफ्तार कर लिया गया। हालांकि उनकी गिरफ्तारी के पीछे ये कारण बताए गए थे, पर बंगाल में हक़ के नेतृत्व वाली गठबंधन सरकार में मुसीबत की जड़ समझे जाने वाले शरत को प्रभावी मंत्री बनाए जाने की संभावना से अंग्रेज अधिकारी ज्यादा डरे हुए थे। यह बात उनके रिकार्ड में भी सामने आई है।

शरत के अगले चार साल भारत के ब्रिटिश जेलों में ही बीते। इनमें भी ज्यादा समय उन्होंने कलकत्ता से दूर तमिलनाडु के कुन्नूर में गरमी तथा उमस के बीच गुजारे। 14 अगस्त 1945 को जापान के आत्मसमर्पण तथा 18 अगस्त को सुभाष के गायब हो जाने के एक माह बाद 14 सितम्बर 1945 को शरत को रिहा कर दिया गया। इस दौरान उनकी सेहत बिलकुल ही बिगड़ चुकी थी, पर उनका उत्साह फिर भी कायम था।

जेस से रिहा होने के तत्काल बाद शरत अपने काम में लग गए। उनका पहला काम तो अपनी वकालत को फिर से चालू करना था ताकि उनके बड़े परिवार तथा अन्य आश्रितों का अच्छे से भरण–पोषण हो सके। साथ ही उनके कारावास के दौरान परिवार पर जो कर्ज चढ़ गया था, उसे भी उतारा जा सके।

शरत जब जेल में ही थे, गांधी ने उन्हें फिर से कांग्रेस में लौटने के लिए कहलाया। जैसा कि पहले कहा जा चुका है, उन्होंने अमीय के जरिये यह कहलाया, जो दिसम्बर 1944 में ब्रिटेन से वापस आ गए थे। अमीय ने अपने अप्रकाशित संस्मरणों में लिखा है कि मई 1945 में गांधी ने उन्हें पूना बुलाया, जहां नेचर क्योर क्लीनिक में वह रह रहे थे। अमीय पूना में गांधी तथा अन्य लोगों के साथ एक सप्ताह रहे। इस दौरान गांधी ने शरत के नाम एक पत्र तैयार कराया, जिसमें उनसे कांग्रेस में वापस लौटने के लिए अनुरोध किया गया

था। दलील दी गई थी कि सभी राष्ट्रवादी ताकतों को एकजुट होकर अंग्रेजों को निकाल बाहर करने के लिए राजनैतिक तथा संवैधानिक संघर्ष फिर से चलाने की जरूरत है।

शरत फिर से कांग्रेस में शामिल हो गए। हालांकि बाद में अमीय को इस बात का पछतावा रहा कि अपने पिता को पाला बदलवाने में उनकी भूमिका रही। कांग्रेस में फिर से शामिल होने के पहले शरत जिन क्रांतिकारी एवं उग्रवादी विकल्पों के साथ खड़े थे, वह बाहर आने के लिए खलबला रहा था और यदि उसका साथ दिया गया होता तो संभवतः उपमहाद्वीप का त्रासद विभाजन रोका जा सकता था और भारत स्वतंत्र एवं संयुक्त रहा होता।

अमीय अब शरत के सलाहकार एवं विश्वासी के तौर पर पूरी तरह से जुड़ चुके थे और इससे शरत को अपने उल्लेखनीय जीवन का अगला कदम उठाने में मदद मिली। अपनी रिहाई के तुरन्त बाद शरत ने सुभाष की नेतृत्व वाली पूर्व आज़ाद हिन्द फौज को भारतीय जीवन एवं राजनीति में उतारने का बीड़ा उठाया और उनकी अनसुनी वीरता की कहानियों के प्रचार में लग गए।

दिसम्बर 1945 में शरत ने दिल्ली की केन्द्रीय असेम्बली के लिए कलकत्ता की सीट से चुनाव लड़ा। 1946 की मध्य जनवरी से वह कांग्रेस संसदीय पार्टी के नेता रहे। एक तरह से यह पद असेम्बली में नेता, प्रतिपक्ष का था। 2 सितम्बर 1946 को 2 सितम्बर 1946 को पिछले महीने के भारी कलकत्ता कत्लेआम की पृष्ठभूमि में शरत वायसरॉय की पहल पर गठित अन्तरिम सरकार में शामिल किए गए और उन्हें खनन एवं ऊर्जा का मंत्री बनाया गया। वायसरॉय वैवल संभवतः शरत को सरकार में शामिल किए के खिलाफ थे, पर कांग्रेस के जोर देने पर उन्हें मंत्री बनाना पड़ा। शरत का कार्यकाल कुछ सप्ताह का ही रहा और उन्होंने मुस्लिम लीग के प्रतिनिधि के लिए मंत्रिमंडल में जगह बनाने की खातिर खुद अपने पद से इस्तीफा दे दिया। हालांकि सरकार उसके बाद पंगु होकर रह गई।

शरत 15 सदस्यीय कांग्रेस कार्यकारिणी में कुछ दिन तक रहे। लेकिन 1946 के अन्त की कुछ घटनाओं और विभाजन को लेकर कांग्रेस के रुख के कारण उनका मोहभंग हो गया और 6 जनवरी 1947 को उन्होने कार्यकारिणी से अपना इस्तीफा दे दिया। 1 अगस्त 1947 को जब विभाजन की संभावना पूरी तरह बन चुकी थी और भारत एवं पाकिस्तान का बनना तय हो चुका था, शरत ने कांग्रेस की प्राथमिक सदस्यता से भी इस्तीफा दे दिया, जिसकी सेवा वह पिछले 40 सालों से करते रहे थे।

बोस परिवार में उस दिन कोई खुशी नहीं मनाई गई, ना ही उसके दो सप्ताह बाद 15 अगस्त 1947 को ही मनाई गई, जब भारत और पाकिस्तान का उदय

हुआ और बंगाल पूर्वी एवं पश्चिमी हिस्सों में बंट गया, जिसमें एक पाकिस्तान का हिस्सा बना और दूसरा भारत का।

कांग्रेस से निष्कासित, विभाजन के मुद्दे पर पराजित, और कांग्रेस वर्चस्व वाले नए पश्चिम बंगाल की राजनीति में अलग–थलग पड़ चुके शरत ने यदि राजनीति से संन्यास ले लिया होता तो भी उन्हें इसके लिए माफ किया जा सकता था। सबसे बड़ी बात तो यह थी कि उन्हें वकालत के जरिये अपने परिवार और अपने पर आश्रित बड़े कुनबे का भरण–पोषण भी करना था। और फिर 1946 के आरंभ से वह पूर्व आज़ाद हिन्द फौज के सेनानियों की राहत तथा कल्याण में भी लगे थे, जिन्हें ब्रिटिश युद्ध बंदियों के तौर पर भारत लाकर रिहा किया जा रहा था। कांग्रेस में रहते हुए ही वह उनके लिए देश भर से समर्थन जुटाने में सफल रहे थे, लेकिन अब बंगाल में अमीय के साथ मिलकर वह उनके लिए राहत शिविर भी चला रहे थे।

पिता–पुत्र दोनों ही आज़ाद हिन्द फौज के सेनानियों तथा उनके परिवार को शिक्षा एवं रोजगार सहित हर संभव सहायता देने के लिए बेहद सक्रिय थे। अगस्त 1947 में विभाजन के बाद पूर्वी बंगाल याकि पूर्वी पाकिस्तान से भारी संख्या में हिन्दुओं का पलायन भी उनके लिए चुनौती बना हुआ था। इसी तरह पूर्व पाकिस्तान में रह गए हिन्दुओं की तकलीफों को लेकर भी वह चिंतित थे।

जैसा कि छठे अध्याय में बताया जा चुका है, 1 अगस्त 1947 को कांग्रेस से इस्तीफा देने के बाद शरत ने उसी दिन अपनी खुद की सोशलिस्ट रिपब्लिकन पार्टी बनाने की घोषणा की। इसके साल भर बाद ही 1 सितम्बर 1948 को उन्होंने अपना समाचार–पत्र दि नेशन शुरू किया, जिससे कि नए भारत में वामपंथी एवं समाजवादी शक्तियों की आवाज बनी रहे। 14 जून 1949 को जब शरत अपने इलाज के लिए यूरोप गए थे, तब उनकी अनुपस्थिति में शरत ने पश्चिम बंगाल विधानसभा की दक्षिण कलकत्ता सीट के लिए उनका चुनाव प्रचार संभाला और कांग्रेस उम्मीदवार को भारी मतों के अन्तर से हराकर उन्होंने अपनी जीत दर्ज की।

दो महीने बाद 20 अगस्त 1949 को कलकत्ता लौटने पर उनके स्वागत में भव्य जनसभा का आयोजन किया गया। इससे उत्साहित होकर उन्होंने 28 अक्टूबर 1949 को यूनाइटेड सोशलिस्ट ऑर्गनाइडेशन ऑफ इंडिया (यूएसओआई) के गठन में भी महती भूमिका निभाई। भारतीय राजनीति में कथित वामपंथियों को एकजुट करने की कोशिशों की लम्बी श्रृंखला की यह ताजा कड़ी थी। शरत के नहीं रहने पर यूएसओआई का काम ठप पड़ गया, पर इसके पीछे उनके प्रयासों और निष्ठा की कमी नहीं कही जा सकती।

***

शरत की निजी जिन्दगी में भी सक्रियता और चुनौतियों की कमी नहीं थी। सुभाष के साथ 1934 के मध्य से उनके सचिव के तौर पर काम करने वाली आस्ट्रियन मूल की महिला एमिली शेंकल ने उन्हें 12 मार्च 1946 को पत्र लिखकर बताना चाहा कि सुभाष से उनका विवाह जनवरी 1942 में बर्लिन में हुआ था और उसी साल नवंबर में उन्हें एक पुत्री हुई, जिसका नाम अनीता है।

प्रिय महोदय,

आपको किसी अनजान व्यक्ति का पत्र पाकर आश्चर्य होगा। लम्बे समय तक संकोच करने के बाद मैंने आपको पत्र लिखने का फैसला किया है, जिसका संबंध हम दोनों के परिवार से है। इस पत्र में आगे मैं आपको यह पूरा मामला समझाना चाहती हूं।

मैंने आपके स्वर्गीय भाई सुभाष चन्द्र बोस के साथ 1934 में काम करना शुरू किया था। तब वह अपनी पुस्तक दि इंडियन स्ट्रगल पर काम कर रहे थे और मैं तब उनकी सचिव थी। शायद आप यह जानते हों कि इसके बाद वह जब कभी यूरोप में रहे, मैं उनके साथ काम करती रही।

आपके भाई 1941 में फिर से यूरोप आए और उन्होंने मुझसे जानना चाहा कि क्या मैं उनके साथ काम करने के लिए बर्लिन आ सकती हूं? मैं इस पर सहमत हो गई और अप्रैल 1942 में उनके पास चली आई। हम 1942 की शरद ऋतु तक साथ काम करते रहे।

जब मैं बर्लिन में ही थी, तभी आपके भाई ने मुझसे पूछा कि क्या मैं उनसे विवाह करना चाहूंगी? चूंकि वर्षों से मैं उन्हें सच्चरित्र व्यक्ति के तौर पर जानती रही थी और हम दोनों के बीच आपसी समझ भी थी और हम दोनो ही एक–दूसरे को चाहते थे, मैंने हामी भर दी। इसमें एक ही कठिनाई थी, वह थी इसके लिए जर्मन सरकार से आवश्यक अनुमति प्राप्त करने की। हालांकि मैं जन्म से आस्ट्रियन हूं, पर उस समय जर्मन प्रजा थी और इसलिए जर्मन कानून का पालन मेरे लिए आवश्यक था। तब किसी जर्मन नागरिक को किसी विदेशी से विवाह करने की अनुमति मिलना बेहद कठिन था। और चूंकि हम दोनों इसके लिए किसी का एहसान नहीं चाहते थे, ना ही इस ममाले का बतंगड़ बनाना चाहते थे, इसलिए हमने आपस में ही इसे निबटाने का फैसला किया और जनवरी 1942 में हिन्दू विधि से हमारा विवाह हो गया। इस पूरे मामले को गुप्त रखा गया। केवल दो दोस्तों को ही इसका पता था।

29 नवम्बर 1942 को हमारी बेटी हुई। इससे पहले सितम्बर में मैं वियना लौट आई थी ताकि जर्मन अधिकारी इस बारे में मुझसे बेवजह पूछताछ कर मुझे परेशान न करते रहें। इसी वजह से मैंने अपना विवाह पूर्व नाम और राष्ट्रीयता भी बनाए रखे हैं।

हमारी पुत्री का नाम अनीता ब्रिगीटा है। हालांकि उसका नाम अमिता होना था, पर जर्मन अधिकारियों को इस तरह के असामान्य नाम से निश्चय ही आपत्ति होती और इसीलिए मैं उसका नाम अनीता रखा, जो अमिता से मिलता–जुलता है। इसमें ब्रिगीटा जोड़ने की वजह यह रही कि जर्मन में ब्रिगीटा का लघु रूप गीटा (गीता) है।

दुर्भाग्य से आपके भाई अपनी पुत्री को सिर्फ एक बार ही देख पाए, जब वह सिर्फ चार हफ्ते की थी। 1943 में यूरोप से जाने से पहले वह वियना आकर अपनी पुत्री से फिर से मिलना चाहते थे, पर उन्हें यहां से अचानक रवाना होना पड़ा और वह अपनी पुत्री से फिर से मिले बिना ही चले गए। उनके यूरोप छोड़ने से पहले तीन सप्ताह तक मैं उनके साथ रही, पर तब मैं अनीता को अपने साथ नहीं ला सकी थी।

पूर्व की ओर रवाना होने से पहले उन्होंने इस संबंध में आपको पत्र भी लिखा और मुझसे उसकी एक प्रति (फोटो) सम्भाल कर रखने को कहा और हिदायत दी कि यदि उन्हें कुछ हो गया तो यह पत्र मैं आपको भेज दूं। यह पत्र बांग्ला में लिखा गया है और इसमें उनके विवाह तथा उनकी पुत्री के जन्म की सूचना दी गई है। दुर्भाग्यवश फिलहाल किसी तरह का दस्तावेज या फोटो विदेश भेज पाना संभव नहीं है, इसलिए मैं आपको व्यक्तिगत तौर पर पत्र लिखकर पूरी बात बता रही हूं। भविष्य में जब कभी फोटो भेजने की अनुमति होगी, मैं आपको उस पत्र की तस्वीर के साथ बच्चे की तस्वीर भी भेजूंगी ताकि आप देख सकें कि यह बच्ची देखने में कैसी है।

मैं अब अपनी जीवन शैली के बारे में आपको बताना चाहूंगी ताकि आप जान सकें कि आपके भाई की पुत्री को मैं किस तरह से पाल रही हूं। यहां मैं स्पष्ट कर देना चाहती हूं कि मैं आपसे या आपके परिवार से किसी तरह की आर्थिक सहायता नहीं मांग रही हूं। इस पत्र को लिखने का कारण सिर्फ इतना है कि आप इस बच्ची के बारे में जान लें ताकि मुझे यदि कुछ हो गया तो उसके साथ किसी का सहारा रहे। हालांकि मुझे पूरी आशा है कि मैं जिउंगी और अपना जीवन यापन भी करूंगी, जब तक कि अनीता बड़ी होकर खुद अपने पैरों पर खड़ी नहीं हो जाती है।

मैं फिलहाल वियना के ट्रंक आफिस में क्लर्क के तौर पर काम कर रही हूं। यहां मेरा मेरा पद अंग्रेजी तथा फ्रेंच के दुभाषिये का है। मेरी मासिक आय दो सौ आस्ट्रियन शीलिंग है। मैं अपनी माँ के साथ रह रही हूं, जिन्हें मेरे पिता के निधन के बाद से नगर पालिका से पेंशन मिलती है। इस तरह हमारे सामने किसी तरह की आर्थिक समस्या नहीं है। भोजन एवं कपड़े आदि की समस्या यदि है भी तो वह विश्व में चौतरफा अभाव के कारण है। अनीता फिलहाल स्कूल जाने लायक नहीं हुई है। वह जब छह साल की हो जाएगी, उसे प्राथमिक

स्कूल में दाखिला लेना होगा। बाद में भी मेरी कोशिश होगी कि मैं उसे अपनी क्षमता अनुसार अच्छी से अच्छी शिक्षा दिला सकूं। वह एक होशियार बच्ची है और मैं समझती हूं कि मैं उसकी इतनी मदद जरूर कर सकूंगी कि उसका भावी जीवन आसान बना रहे।

आपके भाई की इच्छा के अनुरूप उसे ईसाई धर्म की दीक्षा नहीं दी गई है। वह हम दोनों को एक दिन भारत लेकर जाना चाहते थे और तब उसका पालन हिन्दू बालिका के तौर पर ही किया जाना था। हालांकि होससकता है कि मुझे स्कूल में उसके दाखिले से पहले उसे ईसाई धर्म की दीक्षा दिलानी पड़े क्योंकि संभवतः अब उसे यूरोप में ही रहना होगा और किसी धर्म का न होना उसके लिए बाद में समस्या बन जा सकती है।

आपको यह जानकर खुशी होगी कि अनीता बिलकुल ही अपने पिता पर गई है। उसकी आंखें, मुंह और नाक उसके पिता जैसे ही हैं। उसकी आंखों का रंग अपने पिता के मुकाबले थोड़ा हल्का है। उसके बाल श्यामल हैं (आप उन्हें सनहला कह सकते हैं)। उसका रंग भी अपने पिता के मुकाबले थोड़ा हल्का है और कोई भी उसे देख कर तत्काल समझ सकता है कि वह यूरोपीय नहीं है।

तीन साल की बच्ची के स्वभाव का बारे में फिलहाल तो इतना ही कहा जा सकता है कि उसमें बेहद अच्छी आत्मा का वास है। वह बेहद कोमल हृदय, दूसरों की सहायता करने वाली और प्यारी है। साथ ही उसमें दढ इच्छा शक्ति है। मैं कह सकती हूं कि उसका स्वभाव भी अपने पिता के जैसा ही है। वह धार्मिक प्रवृत्ति की है और पूजा करना उसे पसन्द है क्योंकि शुरू से उसे ईश्वर में विश्वास करना सिखाया गया है। हालांकि उसकी कुछ बुराइयां भी हैं। इस दुनिया में कौन ऐसा है जिसमें कोई बुराई न हो? यदि आप इस पत्र के पाने की सूचना मुझे दे सकें तो मैं आपकी आभारी होउंगी। कृपया यह भी बताएं कि आप और आपका परिवार कैसे हैं? क्या आपकी आदरणीय माता अभी जीवित हैं? यदि आप सही समझें तो उन्हें मेरा और मेरी पुत्री का प्रणाम कहें। आपका पुत्र अमीय कैसा है? वह फिलहाल भारत में है या इंग्लैंड में?

भारत के मौजूदा हालात के बारे में हम यहां के समाचार–पत्रों में काफी कुछ पढ़ते रहते हैं। रेडियो पर भी उनके बारे में सुनते हैं। स्वाभाविक तौर पर मुझे भारत के बारे में जानना अच्छा लगता है, पर साथ ही मैं इस बात को लेकर दुखी भी हो उठती हूं कि युद्ध उपरांत उसे भी आस्ट्रिया की तरह ही कठिनाइयां झेलनी पड़ रही हैं। चूंकि मैं सुनती हूं कि भारत भुखमरी से गुजर रहा है, ऐसे में मैं आशा करती हूं कि खुद आपकी और आपके परिवार की स्थिति उतनी बुरी नहीं होगी।

यहां मैं बताना चाहूंगी कि आपके भाई की मौत की खबर सुनकर मैं बेहद हतप्रभ और दुखी हुई। मेरे लिए तो उनकी मौत के साथ ही वह एकमात्र व्यक्ति चला

गया जिसे मैं वाकई प्यार करती थी और जिसका आदर करती थी। फिर भी मैं उन भारतीय महिलाओं का तरह नहीं रह सकती, जिनका पति चला गया हो क्योंकि मुझे यूरोप में ही रहना है और यहीं रहकर अपना जीवन यापन करना है। इस कारण मेरा लोगों के साथ मिलना–जुलना जरूरी हो जाता है। और फिर मैं कोई ऐसा तमाशा भी नहीं कर सकती क्योंकि यहां कोई मेरी भावना समझ ही नहीं पाएगा। इसके अलावा यह मामला अभी तक छिपा हुआ है। लेकिन अपनी स्मृतियों में मैंने उनका मंदिर बना रखा है और उनकी बच्ची की बदौलत वह हमेशा मेरे लिए जीवित रहेंगे।

बच्ची को लेकर आपकी कोई सलाह हो या आप कुछ और भी जानने चाहें तो कृपया मुझे जरूर बताएं। आपके प्रश्नों का जवाब या अन्य कोई जानकारी देने में मुझे खुशी होगी। इस संदर्भ में मैं आपसे सिर्फ इतना ही चाहूंगी कि आप मुझे कुछ पारिवारिक चित्र भेज दें ताकि अनीता के बड़ी होने पर मैं उसे उसके पिता के परिवार के बारे में कुछ जानकारी दे सकूं।

आपको और आपके परिवार को मेरी शुभकामनाएं। सादर

भवदीय
एमिली शेंकल

शरत की तरफ से इसका जवाब न मिलने पर एमिली ने 15 मई और 1 अगस्त 1946 को यह पत्र उन्हें फिर से भेजा। तब उन्हें शरत की तरफ से कोई जवाब नहीं मिला। बाद में पता चला कि इनमें से कोई भी पत्र शरत को मिला ही नहीं।

इस बीच वियना में रह रहे भारतीय डॉ. अकमत ने सुभाष की पत्नी तथा पुत्री तथा उनकी कठिनाइयों के संबंध में नेहरू और सरदार पटेल का ध्यान दिलाने का बीड़ा उठाया। डॉ. अकमत और उनकी पत्नी एमिली और अनीता से परिचित थे। 11 एवं 13 अगस्त 1947 को, एक तरह से स्वतंत्रता की पूर्व संध्या पर शरत को क्रमशः नेहरू और सरदार पटेल की ओर से डॉ. अकमत का संदेश प्राप्त हआ। शरत ने इस पर तीखी प्रतिक्रिया प्रकट करते हुए कहा कि यदि यह जानकारी सही है तो सुभाष की अनुपस्थिति में वह उनके परिवार का भार खुद उठाने में सक्षम हैं।

इस तरह अगस्त 1947 में जब शरत भारत के विभाजन की विभीषिका और बंगाल के बंटवारे की त्रासदी से जूझ रहे थे, उन्हें उन लोगों से, जो अब उनके राजनैतिक शत्रु थे, यह सुनने को मिला कि सुभाष अपने पीछे अपनी पत्नी और बच्ची को यूरोप में छोड़ गए हैं। शरत यह भी समझ रहे होंगे कि जो लोग सुभाष के भारतीय राजनीति में लौटने को लेकर आशंकित हैं, वे उन्हें बदनाम करने का कोई मौका नहीं छोड़ना चाहेंगे।

जाहिर तौर पर यह मामला भारत के राजनैतिक हलकों में खूब उछला। 10 अप्रैल 1948 को शरत ने एमिली को पत्र लिखा। तब तक शरत एमिली द्वारा लिखे गए पत्र से अनजान ही थे।

प्रिय मैडम शेंकल,

यह पत्र पाकर आपको हैरत होगी। हम कभी मिले नहीं हैं, पर मुझे यकीन है कि हम एक–दूसरे के लिए अजनबी नहीं हैं।

11 अगस्त 1947 को मुझे पंडित जवाहर लाल नेहरू की ओर से पत्र प्राप्त हुआ, जिसके साथ उन्होंने किन्ही डॉ. अब्दुल हफीज़ अकमत का संदेश भेजा था, जो आपसे ताल्लुक रखता है। दो दिन बाद ही मुझे सरदार वल्लभभाई पटेल की ओर से पत्र मिला, जिसके साथ भी उसी संदेश की प्रति भेजी गई थी। मैंने 14 अगस्त 1947 को दोनों को ही लिख भेजा कि यह विचित्र बात है कि डॉ. अकमत ने उन दोनों को और संभवतः कुछ और लोगों को भी यह संदेश दिया, लेकिन उन्होंने मुझे इसकी प्रति नहीं भेजी।

मुझे भेजे गए पत्र में सरदार वल्लभभाई पटेल ने लिखा कि मैं आपको कुछ सूचनाएं भेज रहा हूं जो मुझे सुभाष के बारे में मिली हैं। मैं नाथलाल को, जो इस समय बेल्जियम में है, लिख रहा हूं कि वह इस बारे में जांच कराए और यदि यह समाचार सही हो तो परिवार को सहायता भी उपलब्ध कराए। मैंने 14 अगस्त को सरदार वल्लभभाई पटेल को लिखा कि मैंने आपके पत्र और संलग्नक को ध्यान से पढ़ा है। आपको नाथलाल को पत्र भेजने से पहले मुझसे बात कर लेनी चाहिए थी। मुझे नहीं लगता कि नाथलाल इस तरह की ज़ांच करने में समर्थ है। ऐसे में वह अच्छे की बयाज खराब ही करेगा। आखिरकार, यदि सुभाष अपने पीछे कोई परिवार छोड़ गए हैं तो उसकी देखभाल करना मेरी जिम्मेदारी है, ना कि नाथलाल की।

सरदार वल्लभभाई पटेल ने मेरे 14 एवं 18 अगस्त के पत्रों के जवाब में लिखा, मैंने नाथलाल को यह मामला सौंपकर यदि कोई गलती की है तो उसके लिए क्षमा चाहता हूं। मैं स्वीकार करता हूं कि कथित विधवा और बच्ची की पीड़ा के बारे में जानकर मैं भावुक हो गया था और चूंकि नाथलाल उनके करीब था, मैंने समझा कि यदि यह कहानी सच हुई तो वह उनकी तत्काल मदद कर सकने की स्थिति में होगा।

22 अगस्त 1947 को पंडित जवाहर लाल नेहरू ने मुझे दोबारा पत्र लिखा और उसके साथ श्री ए.सी.एन. नाम्बियार का संदेश भी भेजा। इसके बाद मैंने अपने पुत्र अमीय से, जिसे आप जानती हैं, नाम्बियार से पत्राचार करने के लिए कहा। मैंने अमीय को कुछ पैसे देते हुए यह भी कहा कि वह इन्हें नाम्बियार को भेज दे।

ये पैसे उसके और आपके दोनों के लिए थे। दुर्भाग्यवश सरकार द्वारा लगाई गई बंदिशों की वजह से ये पैसे बैंक ने लौटा दिए और आपको नहीं भेजे जा सके।

15 नवम्बर 1947 या उसके आसपास मुझे श्री नाथलाल पारीख का लिखा पत्र मिला। इसके साथ कथित तौर पर मेरे भाई द्वारा मुझे लिखे गए पत्र की प्रति थी। इसके बाद मैने नाथलाल से कुछ और पूछताछ की। उसने मुझे अपने किसी एक पत्र में बताया कि आपने उस पत्र का फोटो वियना के फोटोग्राफर से बनवाया था। उसने मुझे यह भी बताया कि उसने इस पत्र का फोटो सरदार वल्लभभाई पटेल को भी भेजा है। इसके बाद से ही मैं आपको पत्र लिखने की सोचता रहा हूं, पर किसी न किसी कारण से अब से पहले ऐसा नहीं कर सका। मैं समझता हूं कि आप इस देरी को अन्यथा नहीं लेंगी।

मैं इस साल के अन्त में यूरोप आना चाहता हूं। यदि ऐसा हुआ तो निश्चय ही मैं वियना आकर आपसे मिलूंगा। इस बीच आप यदि मुझे कुछ बताना चाहती हों या फिर मैं आपके लिए यहां से कुछ कर सकता हूं तो जरूर कहें।

इन दिनों यहां बहुतों पर विश्वास करना मुश्किल है। ज्यादातर प्रमुख कांग्रेसी नेता मेरे भाई के राजनैतिक शत्रु थे और उन्हें नीचा दिखाने की भरपूर कोशिश करते रहे थे। 1941 से इतना कुछ घटित हो जाने के बाद भी उनके उस रवैये में कोई खास बदलाव नहीं आया है। मेरे भाई जब लन्दन जाते थे तो नाथलाल पारीख उनके मेजबान हुआ करते थे, लेकिन 1945 में वह दूसरे पक्ष से जा मिले। ऐसे में मैं आपसे सीधे–सीधे बात करना पसन्द करूंगा।

शुभकामनाओं सहित
भवदीय
(शरत चन्द्र बोस)

एमिली ने शरत के इस पत्र का जवाब 17 मई 1948 को भेजा, जो उन्हें 27 मई 1948 को मिला। इसके बाद शरत ने 8 जुलाई 1948 को इसके जवाब में एमिली को जो पत्र लिखा, उससे उस भ्रम का अन्त हो सका, जो एमिली के शुरू के दो पत्रों के नहीं मिलने के कारण पैदा हो गया था। इस पहेली के सुलझ जाने पर शरत ने खुशी–खुशी एमिली और उसकी पुत्री का स्वागत बोस परिवार में किया। साथ ही उन्हें इस झूठे प्रचार के प्रति खबरदार भी किया, जो उनके भाई के शत्रुओं द्वारा फैलाया जा रहा था।

प्रिय मैडम शेंकल,

17 मई को आप द्वारा लिखा गया पत्र मुझे 27 मई को मिला, जिसे पाकर हमें खुशी हुई। 1946 में अक्टूबर के महीने तक मैं ज्यादातर कलकत्ता से बाहर रहा था और एक स्थान से दूसरे स्थान तक घूमता ही रहा था। मेरी पत्नी और

बच्चियां भी मेरे साथ ही थीं। तब कलकत्ता में मेरा कोई सचिव भी नही था। ऐसे में मुझे आश्चर्य नहीं कि आप द्वारा 1946 में लिखे पत्र किसी और के हाथ लग गए हों, जिसने उन्हें पढ़कर अपनी ही जेब में डाल लिया हो। मुझे यह बताने की जरूरत नहीं कि वह हर चीज जिसका संबंध मेरे भाई से था और अब भी हो, उसका भारी महत्व मेरे लिए था और रहेगा। संभवतः आपने मेरे और उसके रिश्ते की यह बात अनेकों बार उससे सुनी होगी।

मैंने कर्नल हबीब उर रहमान से अगस्त 1946 में विमान दुर्घटना की कहानी सुनी थी। हालांकि मेरे पास इसे झुठलाने के लिए कोई तथ्य नहीं हैं, लेकिन मैं आपको बता दूं कि इस कहानी की सच्चाई से मैं आश्वस्त नहीं हूं। मुझे हमेशा से यह लगता रहा है, और अब भी लगता है कि मेरा भाई जिन्दा है। हालांकि यह सिर्फ मेरा भाव ही हो सकता है।

मैंने आपके 17 मई के पत्र का उत्तर पहले नहीं दिया क्योंकि मैं खुद बंबई जाकर वहां मेरे भाई के खिलाफ हो रहे प्रचार के बारे में जानना चाहता था और उसके बारे में आपको भी कुछ बताना चाहता था। आपका पत्र जब तक मुझे मिला, मेरे बंबई के कुछ मित्रों ने, जो कलकत्ता आए हुए थे, बंबई मे हो रहे इस प्रचार की जानकारी हमें दी थी। मैं और मेरी पत्नी पिछले महीने बंबई गए और इसी महीने की तार तारीख को वापस कलकत्ता लौटे हैं। बंबई में बड़ी ही चतुराई से यह प्रचार किया जा रहा है कि मेरे भाई ने पाप किया था और आपको फंसाकर वहां छोड़ दिया। बंबई में यह भी प्रचारित किया जा रहा है कि सरदार पटेल ने आपको बचाया और आपको 18,000 रुपए भी दिए। मैं जानता हूं कि यह सफेद झूठ है, पर फिर भी मैंने आपको इसकी जानकारी देना अपना फर्ज समझा। मैं कांग्रेस के वरिष्ठ नेताओं से इससे बेहतर की उम्मीद भी नहीं कर सकता था। वे सभी मेरे भाई के राजनैतिक शत्रु हैं। उसी तरह नाथलाल पारीख से भी मैं इससे अच्छे की उम्मीद नहीं कर सकता हूं। वह सितम्बर 1945 से उनके ही साथ है।

डॉ. अकमत का व्यवहार कुछ विचित्र रहा। उन्होंने जरूर भला ही सोचा होगा, पर नेहरू और सरदार को लिखने से पहले उन्हें मुझे यह बात लिखनी चाहिए थी।

आपने अपने बारे में जो लिखा है, उसकी मैं कद्र करता हूं। फिलहाल किसी प्रकार की मदद लेने में आपकी अनिच्छा को भी मैं समझता हूं। मुझे यह जानकर काफी राहत मिली और मैं निश्चिन्त हुआ कि आप खुद इतना कमा लेती हैं कि अपना जीवन यापन कर सकें।

मेरे भतीजे अरविन्द ने मुझे अब तक वे तस्वीरें नहीं दी हैं, जो उसने वहां उतारी थीं। हालांकि पिछले महीने बंबई में मुझे पता चला था कि उसने वे तस्वीरें वहां कुछ लोगों को दिखाई थीं। क्या आप अपनी सुविधा अनुसार अपनी तथा अपनी पुत्री की कुछ तस्वीरें हमें भेज सकेंगी?

मुझे आपसे एक जानकारी चाहिए थी। 1938 में मैंने अपने भाई को अपने संग्रह में से निकाल कर कुछ पत्र भिजवाए थे, जो उसी ने मुझे 1920 में कैम्ब्रिज से लिखे थे। उसने उनमें से कुछ पत्र का उपयोग अपनी आत्मकथा में किया भी, पर बाद में उन मूल पत्रों को पता नहीं चल सका। उसने उन्हें यूरोप में ही छोड़ दिया था। क्या आपके लिए उन्हें तलाशना संभव होगा? यदि आप उन्हें ढूंढ निकालें तो कृपया उन्हें अपने पास सुरक्षित रखिएगा, जब तक कि मैं यूरोप नही आता। मैं और मेरी पत्नी सितम्बर या अक्टूबर में वहां आने की सोच रहे हैं। यदि हमारी यह इच्छा पूरी होती है तो निश्चय ही हम आपसे और बच्ची से मिलने वियना पहुंचेंगे। उस समय हमारे पास आपसी मुद्दों पर बातचीत करने का भरपूर मौका होगा। इस बीच हम पत्राचार बनाए रखेंगे।

क्या प्रो0 डेमेल वियना में ही हैं? यदि आप उनसे मिलें तो कृपया उन्हें मेरा अभिवादन दें।

नाम्बियार कल कलकत्ता पहुंचे हैं। फिलहाल वह यही ठहरे हुए हैं। दो–एक दिन में वह कलकत्ता से बाहर चले जाएंगे, लेकिन यूरोप वापसी से पहले वह फिर कलकत्ता लौटेंगे।

मुझे विश्वास है कि आप सभी स्वस्थ और सानन्द होंगे। शुभकामनाओं सहित

भवदीय
(शरत चन्द्र बोस)

जैसे कि उन्होने एमिली से वायदा किया था, शरत और उनकी पत्नी विभावती यथाशीघ्र एमिली और अनीता से मिलने यूरोप गए। 1948 की शरद ऋतु में शरत और विभा अपने तीन बच्चों शिशिर, रोमा और चित्रा से साथ वहां पहुंचकर एमिली और अनीता से मिले। परिवार के लिए यह एक बेहद भावुक क्षण था। उनके बीच तत्काल ही स्वाभाविक रिश्ता कायम हो गया। एमिली ने तभी शरत को उनके प्रिय भाई द्वारा 8 फरवरी 1943 को बांग्ला में लिखा पत्र भी सौंपा, जो सुभाष ने शरत के लिए ही लिखा था। एमिली, शरत के जीवनपर्यन्त उनके संपर्क में रही और उनके न रहने पर शरत के बच्चों तथा उनके परिवार के साथ 13 मार्च 1996 को उसके अपने निधन तक या यूं कहें कि सुभाष की गुमशुदगी के 50 सालों बाद तक उसका संपर्क उनके परिवार से बना रहा।

***

शरत को लगता था कि 1948 और फिर 1949 में यूरोप में उनका जो इलाज हुआ, उसके बाद वह पूरी तरह से ठीक हैं। लन्दन में भी उनके हृदय विशेषज्ञ ने उनसे यही कहा था कि अब तो आप उतने ही स्वस्थ हैं, जितना कि कोई

युवा व्यक्ति। दुर्भाग्यवश, उनके प्रिय छोटे भाई की गुमशुदगी, दो–दो बार जेल में लम्बी कैद, भारतीय राजनैतिक जीवन की भारी निराशा और उनकी अपनी अतिव्यस्तता ने उन्हें जल्दी और असामयिक मौत की ओर धकेल दिया, जबकि उनकी उम्र अभी सिर्फ साठ की ही थी।

20 फरवरी 1950 को जिस दिन उनका निधन हुआ, उस दिन तक उन्होंने उच्च न्यायलय में काफी समय गुजारा था। संयोगवश उनका पुत्र अमीय अदालत में उनके विपक्ष में खड़ा हुआ था। शाम उन्होंने दि नेशन के लिए बंगाल के एकीकरण को लेकर संपादकीय लिखने में बिताई, जिसमें उन्होंने यह तक लिखा कि आवश्यक होने पर भारतीय सेना द्वारा बलपूर्वक बंगाल को भारत में मिलाया जाए। इस संपादकीय पर अपने हस्ताक्षर कर चुकने के बाद आधी रात से कुछ पहले विभावती तथा परिवार के कुछ और लोगों के साथ रहते हुए ही उन्होंने अपनी आखिरी सांसें लीं। अमीय ने अपने पिता के आखिरी दिन को याद करते हुए लिखा है,

> 20 फरवरी 1950 को पिताजी और दिनों की तरह ही सुबह–सुबह जाग गए। हालांकि अनेक बार हृदय आघात सहने के बाद उनका स्वास्थ्य ठीक नहीं रहता था, पर अपने पेशेवर तथा लोक जीवन में वह पहले की तरह ही व्यस्त रहते थे। उस समय भी वह बंगाल के विभाजन के भयावह नतीजों का समाधान खोजने में लगे हुए थे।
>
> उस दिन उच्च न्यायालय में उनके दो–दो मामले थे। मुख्य न्यायाधीश ट्रेवोर हैरिस की अध्यक्षता वाली अदालत में एक अपील थी और न्यायमूर्ति एस.आर. दासगुप्ता की अदालत में एक आवेदन। मुख्य न्यायाधीश हैरिस के सम्मुख अपील का मामला सुबह शुरू हुआ था और वह उसमें पूरे दिन ही व्यस्त रहे। न्यायमूर्ति दासगुप्ता के सम्मुख आवेदन के मामले में मैं ही उनका विरोध कर रहा था। श्री एस.के. बसु इस मुकदमें में उनके जूनियर वकील थे। मुख्य न्यायाधीश की अपीलीय अदालत से काम निबटाकर वह लगभग साढ़े तीन बजे न्यायमूर्ति दासगुप्ता की अदालत में आ गए। अदालत की कार्यवाही समाप्त होने से पहले हमारा मामला निबट गया।
>
> अपने आवास 1 वूडबर्न पार्क लौटते हुए पिताजी ने मुझसे कहा कि फजलूल हक़ और अबुल हाशमी के साथ हुई वार्ताओं के आलोक में उन्हें आज शाम से ही अपनी योजना पर काम शुरू कर देना चाहिए। पिताजी ने बताया कि यह तय हुआ है कि फजलूल हक़ और अबुल हाशमी, दोनों ही अपने समर्थकों के साथ मिलकर पूर्व पाकिस्तान में अस्थायी सरकार बनाने का प्रयास करने के लिए राजी हैं। इसके बाद वे भारत में उसके विलय का प्रयास करेंगे। यह मान लिया गया था कि यह अस्थायी सरकार तब तक नहीं बचेगी, जब तक कि भारत उनके विलय के प्रस्ताव को मंजूर नहीं कर लेता और इस अस्थायी सरकार को सशस्त्र सहायता नहीं देता।

उनके बीच इस बात पर भी सहमति थी कि इसके बाद पूर्व बंगाल विशिष्ट तथा पृथक राज्य को तौर पर भारत संघ में शामिल हो जाएगा। पिताजी ने बताया कि फजलूल हक़ और अबुल हाशिम दोनों ने उन्हें दि नेशन के माध्यम से पश्चिम और पूर्व बंगाल के लोगों से अपील करने को कहा था कि वे इस साम्प्रदायिक समस्या के समाधान के तौर पर नई योजना को मंजूर कर लें।

घर पहुंचने पर पिताजी ने दि नेशन के संपादक मोहित कुमार मोइत्रा को रात नौ बजे वूडबर्न पार्क में बुला लिया। रात्रि भोजन के बाद पिताजी ने अपने निजी सचिव ई. भास्करन को आलेख लिखाना शुरू किया। मोहित मोइत्रा भी तब तक वहां पहुंच चुके थे। टाईप किया हुआ आलेख पिताजी को अशुद्धि सुधारने तथा उनके अंतिम अनुमोदन के लिए दिया गया। हम जब उनके पहली मंज़िल के दफ्तर में इसके प्रारूप पर काम कर ही रहे थे कि पिताजी को सांस लेने में कुछ कठिनाई आने लगी। उन्होंने प्रारूप में सुधार करने के बाद सचिव भास्करन को उसे फिर से टाईप कर के लाने के लिए कहा।

अशुद्धि सुधार कर जब वह प्रारूप उन तक फिर लाया गया, सांस लेने में उन्हें ज्यादा परेशानी होने लगी थी। मैंने इस बारे में माँ को बताया। चाचा डॉ. सुनील बोस को, जो नामी हृदय रोग विशेषज्ञ थे, इसकी सूचना दी गई और उन्हें घर आने को कहा गया। पिताजी ने अंतिम प्रारूप का इंतजार किया और फिर उस पर अपने हस्ताक्षर करते हुए मोहित बाबू को हिदायत दी कि अगले दिन के अखबार में उसे छापने के लिए वह उसे दि नेशन के कार्यालय लेकर चले जाएं। माँ और मैंने उन्हें तत्काल अपने शयनकक्ष में जाने को कहा। मेरे और माँ की सहायता से वह किसी तरह चलकर अपने कमरे तक पहुंचे।

शयन कक्ष में पहुंचने के बाद पिताजी ने फिर से अपने कार्यालय जाने की जिद की। वह वहां तक गए और उस दराज को बंद किया, जिसमें उनके गोपनीय कागजात रखे होते थे। इस तरह अपनी जिम्मेदारी को लेकर वह अंतिम समय तक सजग रहे। इसके बाद माँ और मुझे उन्हें लगभग उठाकर उनके कमरे तक पहुंचाना पड़ा। वहां पहुंचकर वह निढाल हो गए। उनके डॉक्टर भाई ने उन्हें संभालने की पूरी कोशिश की, पर पिताजी चले गए। हैरत की बात है कि ठीक उसी समय मेरा आठ महीने का बेटा जोर–जोर से रो पड़ा। कुछ समय तक ऐसा लगा कि मैं अंधा हो गया हूं। मेरे चारों तरफ अंधेरा ही अंधेरा है। मानो मेरी सारी ऊर्जा सोख ली गई है।

24 फरवरी 1950 को अमीय ने प्रधानमंत्री नेहरू को पत्र लिखा,

आपने समाचार–पत्र में पिताजी का अंतिम संपादकीय देखा होगा, जो उन्होंने अपने निधन से कुछ ही घंटे पहले दि नेशन के लिए लिखा था। जब वह यह आलेख लिखवा रहे थे, तभी उन्होंने हमें बताया था कि उनकी मंशा है कि वह अगले दिन

आपको और सरदार जी को पत्र लिखकर सलाह देना चाहते हैं कि भारतीय फौज पूर्वी पाकिस्तान जाकर वहां के प्रशासन को अपने कब्जे में कर ले। पिताजी अब यह कहने के लिए नहीं हैं। इसलिए मैं अपना फर्ज समझता हूं कि आपको उनकी अंतिम इच्छा के बारे में बताऊं। उनका मानना था कि पश्चिम बंगाल को भारत में मिला लेने के बाद ही पाकिस्तान के साथ किसी तरह की बातचीत शुरू करनी चाहिए। आप कश्मीर को लेकर भी पिताजी के दृष्टिकोण से परिचित हैं। यह सही है कि वह हमेशा कश्मीर के बंटवारे के भी खिलाफ रहे। फिर भी उनका मानना था कि पूर्वी बंगाल को अलग राज्य के तौर पर भारतीय संघ में शामिल करने के लिए कश्मीर पर समझौता किया जा सकता है। मैं आपको यह इसी उम्मीद से लिख रहा हूं कि पिताजी की इस सोच पर आप ध्यान देंगे।

नेहरू ने तत्काल उसका जवाब दिया। 28 फरवरी 1950 को भेजे अपने संदेश में उन्होंने इस प्रस्ताव को यह कह कर खारिज कर दिया कि आपके पिता ने जो कुछ भी लिखा, उस पर निश्चय ही ध्यान दिया जाना चाहिए। जैसा कि आप जानते हैं, पूर्वी पाकिस्तान की घटनाओं के कारण हम बेहद चिंचित हैं। फिर भी आपके पिता की सलाह मेरे विचार से खतरे और मश्किलों से भरी हुई है।

अमीय

अपने पिता के निधन तक अमीय का विवाह ज्योत्स्ना से हो चुका था और दोनों को एक पुत्र भी था, सूर्य। अमीय तब 34 साल के थे और दिसम्बर 1944 में इंग्लैंड से लौटने के बाद वकालत करने के साथ ही विश्वविद्यालय में अर्थशास्त्र भी पढ़ाते थे। कलकत्ता उच्च न्यायालय में जब वह खुद को वकील को तौर पर स्थापित करने की कोशिश कर रहे थे, तभी उन पर अनेक जिम्मेदारियां डाल दी गई थीं। सितम्बर 1945 में शरत की रिहाई के तत्काल बाद भारतीय राजनीति में जो उथल–पुथल शुरू हुआ, अमीय उसमें शामिल रहे और अपने पिता के अंतिम समय तक वह उनके विश्वासपात्र सहयोगी बने रहे।

21 फरवरी 1950 से अमीय के सामने जो सबसे बड़ी चुनौती थी, वह थी कर्ज से मुक्ति की। शरत का जब निधन हुआ, उस समय तक उनका पत्र दिनेशन वामपंथियों की आवाज बनने में तो सफल रहा था, पर उस पर काफी कर्ज चढ़ चुका था। अमीय के सामने इस तथा कुछ और कर्जों को उतारने की जिम्मेदारी थी। इसके साथ ही उन्हें अपने एकल परिवार और अपनी माँ विभावती के अलावा 1 वूडबर्न पार्क में रह रहे वृहत परिवार को भी संभालना था, जिसमें उनके छोटे और बड़े भाई, उनकी पत्नियां और बाल–बच्चे सभी शामिल थे।

कुछ कर्ज तो शरत की जमीन का एक हिस्सा बेच कर चुका दिया गया, जबकि बाकी कर्ज अमीय अपनी खुद की आमदनी मे से थोड़ा–थोड़ा कर के चुकाते रहे। आखिरकार कर्ज चुकता हो गया और अमीय दि नेशन को चालू रखने की कोशिश में लगे रहे, लेकिन साल के अन्त तक समाचार–पत्र को बंद कर देना पड़ा।

अमीय और उनकी युवा पत्नी ज्योत्स्ना ने हंसते–हंसते सारी जिम्मेदारियां ओढ़ लीं, जो पिता शरत के असामयिक निधन के कारण उनके कंधों पर आ पड़ी थीं। शरत के निधन के दशक भर बाद तक अमीय वृहद परिवार की सहायता करते रहे। उनके वकालत की कमाई से ही यह सारा कारोबार चलता रहा।

किसी तरह अमीय ने वृहद परिवार के उपयोग के लिए कुर्सियांग के गिद्ध पहाड़ स्थित शरत का पर्वतीय आवास भी संभाल लिया, जिसे उनके पिता ने 1922 में खरीदा था और जो समय–समय पर शरत तथा सुभाष दोनों भाइयों की नजरबंदी का गवाह बना था। 1970 तक अमीय गिद्धपहाड़ के इस घर को अकेले ही संभालते रहे। साल में कुछ सप्ताह वह यहां आकर छुट्टियां भी बिताते थे। बाद के वर्षों में इस सम्पत्ति पर साझा स्वामित्व रखने वाले अन्य सदस्यों की सहायता के अभाव में उनके लिए इस घर का रखरखाव मुश्किल हो गया और यह मकान बदहाली का शिकार हो गया। आखिरकार 1990 के मध्य में बंगाल सरकार ने उसका अधिग्रहण कर लिया। इस भवन के पुनर्रोद्धार के बाद इसे नेताजी इंस्टीट्यूट ऑफ एशियन स्टडीज़ के हवाले कर दिया गया है, जिसका मुख्य कार्यालय 1 वूडबर्न पार्क में स्थित है। अमीय तथा अन्य तीन भाइयों की सहमति से 1 वूडबर्न पार्क के आवास को भी सरकार ने 1970 के दशक में थोड़ा–बहुत मुआवजा देकर अपने कब्जे में ले लिया था। अब इसका संचालन पश्चिम बंगाल सरकार ही करती है।

पारिवारिक मित्र और सहयोगी इस बात से अवगत हैं कि शरत के न रहने पर अमीय और ज्योत्स्ना ने वृहद परिवार की पूरी जिम्मेदारी सहर्ष उठा ली थी। इसके बावजूद वृहद परिवार के कुछ सदस्य इस बात को स्वीकारने में आना–कानी करते रहे हैं। बल्कि कुछ तो बेवजह शत्रुता पालकर ही बैठ गए हैं, जबकि उनके प्रति भी अमीय ने सदाशयता ही दिखाई और अमीय एवं उनकी पत्नी ने अपनी जिम्मेदारियों से कभी मुंह नहीं मोड़ा।

अपने इस वैराग्य भाव के बावजूद अमीय को अपने कुछ परिजनों के व्यवहार से चोट पहुंचती रही। अमीय की सदाशयता लेने में तो वे बढ़–चढ़कर शामिल रहे, लेकिन फिर तिकड़म से अमीय को नेताजी रिसर्च ब्यूरो और नेताजी हॉल सोसाइटी से निष्कासित भी करा दिया, जबकि इन दोनों संस्थानों को खड़ा और बड़ा करने में अमीय ने महती भूमिका निभाई थी।

शरत के निधन के बाद अमीय ने एमिली और अनीता के साथ संबंध प्रगाढ़ करने का काम भी किया। अप्रैल 1948 में उन दोनों से संपर्क से बाद शरत जिस तरह से उनसे संबंध निभाते रहे थे, अमीय ने उसे आगे बढ़ाया। अक्टूबर–नवम्बर 1950 में अमीय और ज्योत्स्ना वियना गए, जहां एमिली के साथ गुजारे दिनों की याद ज्योत्स्ना बड़े प्रेम से करती रहीं। वियना के सुप्रसिद्ध कैफे तथा रेस्तरॉं में उन सबों ने खूब आनन्द उठाया। एमिली बाद तक उन घटनाओं को याद करती रहीं, खासकर वह बड़ी चाव से इस बात को याद करती थीं कि किस तरह ज्योत्स्ना वियना के आसपास के पहाडों पर बर्फ देखकर पुलकित हो उठी थीं।

अमीय, एमिली से दिसम्बर 1937 में ही मिल चुके थे। तब वह इंग्लैंड में कैम्ब्रिज विश्वविद्यालय के छात्र थे। उसी दरमियान सुभाष चाचा के कहने पर वह क्रिसमस में आस्ट्रिया के बडगासे चले आए थे। एमिली यहां सुभाष की सचिव के तौर पर उन्हें उनकी आत्मकथा दि इंडियन पिलग्रिम लिखने में मदद कर रही थीं। अमीय याद करते हुए बताते हैं कि उनके बडगासे पहुंचने पर सुभाष और एमिली दोनों ने रेलवे स्टेशन पर उनका स्वागत किया। इस समय तक सुभाष पुस्तक लिखना शुरू कर चुके थे। वह दो अभ्यास पुस्तिकाओं में लिखते जाते थे, जबकि एमिली उस हस्तलिखित पांडुलिपि की दो टाईप प्रतियां तैयार करती जाती थीं। उन्होंने 1934 में वियना में दि इंडियन स्ट्रगल को भी इसी तरह तैयार किया था।

सुभाष ने तब अमीय को बताया था कि वह इस पुस्तक में तीन और अध्याय शामिल करना चाहते हैं, जिनके शीर्षक होंगे – माई फेथ (फिलॉस्फिकल), माई फेथ (एकोनॉमिक) और माई फेथ (पॉलिटिकल) अर्थात मेरी दार्शनिक आस्था, मेरी आर्थिक आस्था और मेरी राजनैतिक आस्था। हालांकि सुभाष इनमें से केवल एक अध्याय ही लिख सके। अमीय के अनुसार, फ्रेडरिक एंजल्स के लेखन से सुभाष खासा प्रभावित थे। 1938 की फरवरी में हरिपुरा कांग्रेस में सुभाष के सुप्रसिद्ध अध्यक्षीय भाषण में एंजल्स का गहरा प्रभाव देखा जा सकता है।

सुभाष को अपनी आत्मकथा लिखने में अपने दोस्तों के जमावड़े से भी मदद मिली होगी, जो बडगासे में क्रिसमस की ठंडी रातों में उनके साथ थे। संभव है कि उनके बीच भारतीय स्वतंत्रता संग्राम तथा भारतीय समाज की भावी बनावट पर भारी बहस छिड़ी रहती हो।

अमीय को याद है कि उनके वहां पहुंचने के एक दिन बाद ही प्राग से ए.सी.एन. नाम्बियार भी आ पहुंचे थे। सुभाष ने ही उन्हें प्राग में चेकोस्लोवाकिया के तत्कालीन राष्ट्रपति से संपर्क साधने में मदद की थी। हंगरी की ओपरा स्टार और सुप्रसिद्ध ऑस्ट्रियन लेखक रेने फुलॉप मिलर (दि माइंड एण्ड फेस

ऑफ बोलशेविज्म) की पत्नी फ्राउ हेडी फुलॉप मिलर भी वहां उपस्थित थीं। रोम की श्रीमती रिचर भी उनके साथ थीं।

सुभाष ने अमीय को बडगासे किसी खास उद्देश्य से बुलवाया था। वह अपने भतीजे पर आगामी जनवरी 1938 की अपनी प्रस्तावित इंग्लैंड यात्रा की व्यवस्था की जिम्मेदारी सौंपना चाहते थे। क्रिस्मस के कुछ दिन बाद अमीय लन्दन लौट आए और श्री कृष्ण मेनन और उनकी इंडिया लीग के साथ मिलकर सावधानीपूर्वक अपने चाचा के कार्यक्रम की तैयारी में जुट गए।

अमीय का कहना है कि 9 जनवरी 1938 को जब सुभाष लन्दन पहुंचे, उनके स्वागत में लंदन के विक्टोरिया स्टेशन पर भारी भीड़ खड़ी थी। अगले दस दिनों तक भारत लौटने से पहले वह लागातार यात्रा करते रहे थे। वह वहां लेबर और लिबरल दोनों ही राजनैतिक दलों के नेताओं से मिले, जिनमें क्लेमेंट एटली, ऑर्थर ग्रीनवूड, एनुरिन बेविन, सर स्टैफोर्ड क्रिप्स और सर हैरॉल्ड लास्की शामिल थे। उन्होंने लन्दन में एकत्र बड़े भारतीय समुदाय को संबोधित किया और लन्दन के साथ–साथ कैम्ब्रिज तथा ऑक्सफोर्ड में भी भाषण दिए। उन्होंने लन्दन के चैटम हाउस में आयोजित सभा को भी संबोधित किया।

अमीय को याद है कि उनके अंतिम जनसभा के दौरान, जो लन्दन के कैक्सटन हॉल में आयोजित की गई थी और लेबर पार्टी के सुप्रसिद्ध नेता आर्थर ग्रीनवूड जिसकी अध्यक्षता कर रहे थे, वहां सुभाष को भारत से पंडित नेहरू का तार मिला कि उन्हें सर्वसम्मति से भारतीय राष्ट्रीय कांग्रेस का अध्यक्ष चुन लिया गया है और इस तरह वह फरवरी 1938 में हरिपुरा के आगामी कांग्रेस अधिवेशन में अध्यक्ष के तौर पर नेहरू की जगह लेंगे।

लन्दन में सुभाष की अंतिम मुलाकात संभवतः आगंतुक आयरिश राष्ट्रपति ऐमॉन डे वालेरा से लन्दन के पिकेडली होटल में हुई, जहां वालेरा 18 से 19 जनवरी 1938 के बीच ठहरे हुए थे। सुभाष इससे पहले शाम में सर स्टैफोर्ड क्रिप्स के आवास पर उनके साथ भोजन के लिए गए थे। अमीय उनके साथ वहां नहीं गए थे क्योंकि उनको सुभाष ने डे वालेरा के साथ उसी शाम उनकी मुलाकात सुनिश्चित करने को कह रखा था। उनके पास सिर्फ वही एक दिन था क्योंकि अगले ही दिन सुभाष को भारत के लिए रवाना होना था।

अमीय जब शाम 8 बजे के पहले पिकैडली होटल पहुंचे तो डे वालेरा ने उन्हें अपने पास बुला लिया। दोनों ही सर स्टैफोर्ड के यहां से सुभाष के लौटने का इंतजार करते रहे। भोजन के बाद सुभाष लगभग 11 बजे रात में वहां पहुंचे और फिर आयरिश राष्ट्रपति के साथ उनकी पांच घंटे तक सीधी बातचीत हुई। इस मुलाकात के बाद राष्ट्रपति के मन में बोस बंधुओं के इरादों को लेकर कोई शुबहा नहीं रह गया होगा।

राष्ट्रपति से मिलकर सुभाष 19 जनवरी 1938 को लगभग 4 बजे भोर में निकले और फिर अमीय के साथ आर्टलरी मैंशन के अपने किराये के मकान में सफर के लिए अपना सामान ठीक करने चले गए। फिर अपना सामान लेकर वह भारत के लिए हवाई जहाज पकड़ने दक्षिण लन्दन के क्रॉयडन के लिए निकल पड़े।

विमान में चढ़ने के ठीक पहले उन्होंने अमीय को दो अभ्यास पुस्तिका दीं, जिसमें उनकी अपूर्ण आत्मकथा थी, जो वह बडगासे में लिख रहे थे। जाते–जाते उन्होने अमीय को कहा, 'अमी, यदि मैं विमान दुर्घटना में मारा जाऊं तो तुम इसे पूरा करना।'

सुभाष कभी अपनी आत्मकथा पूरी नहीं कर सके, न अगस्त 1945 में अपनी गुमशुदगी के पहले और ना ही उसके बाद में। दो साल बाद 21 अक्टूबर 1947 से उनकी यह आत्मकथा साप्ताहिक पत्रिका सोशलिस्ट रिपब्लिक में क्रमवार छापी गई, जो कि सोशलिस्ट रिपब्लिकन पार्टी की मुखपत्रिका समझी जाती थी और शरत के अभिन्न मित्र सत्य रंजन बख्शी इसके संपादक थे।

विमान दुर्घटना को लेकर असमन्जस की स्थित तथा सुभाष को लेकर लोगों के इस विश्वास को देखते हुए कि वह अभी जिन्दा है, यही बताया जाता रहा कि यह नेताजी की अपूर्ण आत्मकथा है, जिसे पूरा किया जाना है। अमीय जो पांडुलिपि अपने साथ लेकर आए थे, उसे उन्होंने नेताजी भवन संग्रहालय को सौंप दिया, जिसे शरत ने अपने पुश्तैनी मकान 38/2 एल्गिन रोड में 1946 में स्थापित किया था।

23 जनवरी 1948 को सुभाष की जयन्ती पर नेताजीज़ लाईफ एण्ड राइटिंग्स श्रृंखला भाग एक के अन्तर्गत एन इंडियन प्रिल्ग्रिम का अलग से प्रकाशन किया गया, जिसे कि वृहद बोस परिवार के दूसरे अंग, सुभाष के बड़े भाई सुरेश के पुत्रों अरविन्द तथा कल्याण बोस ने तैयार किया था। बताते हैं कि 1947 में वे एन इंडियन प्रिल्ग्रिम की पांडुलिपि प्राप्त करने में सफल रहे थे और नेताजी पब्लिकेशन सोसाइटी गठित कर उन्होंने इसके प्रकाशन का अधिकार थैकर, स्पिंक एण्ड कंपनी (1933) लिमिटेड, कलकत्ता को दे दिया था। इस सोसाइटी में आजाद हिन्द फौज के सुप्रसिद्ध सेनानी शाह नवाज खान और लक्ष्मी सहगल भी शामिल किए गए थे। नेताजीज़ लाईफ एण्ड राइटिंग्स श्रृंखला का दूसरा भाग, जिसमें दि इंडियन स्ट्रगल 1920–1934 शामिल था, 2 जुलाई 1948 को छप कर आया। इससे पहले दि इंडियन स्ट्रगल भारत के बाहर लारेन्स एण्ड विशार्ट, यूके ने जनवरी 1935 में छापा था, जिसपर अंग्रेजों ने भारत में पाबंदी लगा दी थी।

इस बीच अमीय ने शरत और एमिली की रजामंदी से सुभाष द्वारा उन्हें सौंपी गई एन इंडियन प्रिल्ग्रिम की पांडुलिपि का बांग्ला में अनुवाद कराया, जिसे कलकत्ता के सिग्नेट प्रेस ने प्रकाशित किया। इसका पहला संस्करण जून 1948

में छापा गया था और इसका आवरण सत्यजीत रे ने तैयार किया था, जो बाद में सुप्रसिद्ध बांग्ला फिल्म निर्माता और निर्देशक हुए। अमीय ने इसका कापीराईट पूरी तरह से अपने पास रखा। अमीय ने ही मार्च 1948 में सिग्नेट प्रेस को दि इंडियन स्ट्रगल 1920–1934 का बांग्ला संस्करण छापने की हिदायत दी।

कुछ वर्षों बाद 1952 में अमीय ने दूसरे भाग के तौर पर दि इंडियन स्ट्रगल 1935–1942 तैयार कराया और इसे अंग्रेजी में ही चक्रवर्ती, चटर्जी एण्ड कंपनी लिमिटेड, कलकत्ता ने प्रकाशित किया। यह भाग सुभाष ने जनवरी 1943 में जर्मनी के रास्ते सुदूर पूर्व एशिया जाने से पहले लिखा था और इसकी पांडुलिपि एमिली को सौंप गए थे। 23 जनवरी 1953 को सुभाष जयन्ती पर अमीय ने इस पुस्तक का बांग्ला संस्करण भी प्रकाशित कराया, जिसकी भूमिका शरत की विधवा विभावती ने लिखी थी।

इस तरह सुभाष की अपूर्ण आत्मकथा और दि इंडियन स्ट्रगल के दोनों भाग, जिनमें 1920 से लेकर 1942 तक का ब्यौरा था, पहली बार अंग्रेजी के अलावा बांग्ला में भी उपलब्ध हो सके। बड़ी बात कि बांग्ला पाठक का बड़ा वर्ग उनसे परिचित हुआ। इनकी कीमतें भी बेहद कम रखी गई थीं. जिससे कि ये ज्यादा से ज्यादा लोगो तक पहुंच सके।

बोस बंधुओं के भाषणों तथा बयानों के साथ ही दोनों के बीच के पत्राचारों, और दोस्तों, राजनैतिक सहयोगियों एवं परिजनों से उन दोनों के पत्राचारों का भी प्रकाशन 1952 में नेताजी भवन में स्थापित शरत बोस अकादमी द्वारा किया गया। यह सारा काम अमीय की ही देखरेख में हुआ, जो शरत बोस अकादमी के महासचिव थे। शरत बोस अकादमी ने बोस बंधुओं के जीवन की झांकी देने वाली फोटो प्रदर्शनी भी तैयार की, जो स्थायी रूप से नेताजी भवन के संग्रहालय में रखी गई है।

सुभाष के दि इंडियन स्ट्रगल 1920–1942 के दोनों भागों को मिलाकर नया संस्करण तैयार किया गया, जिसे 1964 में बंबई के एशिया पब्लिशिंग हाउस ने प्रकाशित किया। 1961 में नेताजी भवन के तहत निबंधिक और पहले से स्थापित नेताजी संग्रहालय एवं शरत बोस अकादमी के परक नेताजी रिसर्च ब्यूरो को बाद में सुभाष से संबंधित लेखन एवं अनुसंधान के काम को आगे बढ़ाने का जिम्मा सौंपा गया।

बाद के वर्षों में जयश्री प्रकाशन जैसे कुछ संस्थानों ने भी सुभाष के लेखन को प्रकाशित किया। स्वयं सुभाष द्वारा स्थापित राजनैतिक दल फारवर्ड ब्लॉक सुभाष के संदेशों को भारत के लोगों तक पहुंचाने की चुनौती को स्वीकारते हुए सुभाष के लेखन को कम कीमत पर प्रकाशित एवं प्रसारित करता रहा है।

***

नेताजी भवन

सितम्बर 1945 में जेल से शरत की रिहाई के साथ ही 38/2 एल्गिन रोड स्थित पुश्तैनी मकान में नेताजी भवन स्थापित किए जाने का फैसला लिया गया। उन्होंने तय किया कि पिता जानकीनाथ द्वारा बनाए गए इस पुश्तैनी मकान का इस्तेमाल गुमशुदा भाई की याद में शोध, विश्लेषण और उनके विचारों एवं सिद्धान्तों को प्रचारित करने के लिए किया जाना चाहिए। कहा जा सकता है कि ये विचार और सिद्धान्त शरत के अपने विचार और सिद्धान्त भी थे। चारों भाइयों से इस संपत्ति को अधिग्रहित करने के बाद शरत ने 38/2 एल्गिन रोड के आवास में नेताजी भवन का उद्घाटन किया और वहीं नेताजी संग्रहालय एवं पुरालेखागार की नींव रखी, जोकि उनके भाई की याद में शोध केन्द्र के तौप पर काम करे। पिता जानकीनाथ की विरासत जिन चार भाइयों को मिली थी, उनमें सुभाष भी एक थे, हालांकि वह तब लापता थे।

शरत चाहते थे कि यह पुश्तैनी बोस आवास भारत की जनता के लिए खुला रहे और उनके काम आए। आज़ाद हिन्द एम्बुलेंस कोर ने नेताजी भवन से ही लोगों के लिए चिकित्सा सुविधा उपलब्ध कराने का महत्वपूर्ण काम करना शुरू किया और साम्प्रदायिक दंगों में शिकार हुए लोगों को राहत पहुंचाने में अपनी भूमिका निभाई, जोकि भारी संख्या में हर दिशा से कलकत्ता पहुंचते जा रहे थे।

1950 में शरत के नहीं रहने के दो साल बाद उनके मित्रों, सुप्रसिद्ध इतिहासकारों, पत्रकारों, अधिवक्ताओं एवं न्यायाधीशों के सहयोग से अमीय ने वहां शरत बोस अकादमी की स्थापना की। इस अकादमी का मूल उद्देश्य नेताजी भवन को राष्ट्रीय एवं अन्तरराष्ट्रीय मामलों के शोध एवं सूचनाओं के आदान–प्रदान का केन्द्र बनाना था, जहां से कला, संगीत एवं भाषा की उन्नति के लिए भी काम किया जा सके। साथ ही यहां से जन सेवा भी हो। नेताजी भवन को शरत और सुभाष के कार्यों एवं विचारों का संग्रह केन्द्र बनाने तथा उनसे जुड़े दस्तावेजों के संग्रह तथा प्रकाशन के कार्य को आगे बढ़ाने के उद्देश्य से ही ऐसा किया गया।

शरत बोस अकादमी के महासचिव के तौर पर अमीय ने देश–विदेश से दोनों भाइयों के व्यक्तित्व एवं कृतित्व से जुड़े महत्वपूर्ण दस्तावेजों, रिकॉर्डिंग्स, फिल्मों और तस्वीरों के संग्रह की दिशा में काफी प्रसाय किए और महत्वपूर्ण भूमिका निभाई। अमीय ने स्वयं भी जापान, जर्मनी, यूनाइटेड किंगडम, इटली तथा यूरोप के कुछ अन्य स्थानों से बड़ी संख्या में दस्तावेज आदि जुटाए। इस संबंध में जो अधिसंख्य पत्राचार हुए उनमें अमीय के नेतृत्व कौशल तथा अभिलेख जुटाने की उनकी ललक का इजहार होता है।

अकादमी ने अनेकों युवा, उत्साही तथा समर्पित कार्यकर्ताओं को आकृष्ट किया, जिनमें शिवव्रत घोष, सुशील कुमार राय, साधन नियोगी, शांतिमय गांगुली और सुप्रकाश मजुमदार के नाम गिनाए जा सकते हैं। इन सभी ने शरत बोस अकादमी तथा नेताजी भवन के उद्देश्यों को पूरा करने में अपना भरपूर श्रम और समय दिया।

इस तरह 1950 का दशक नेताजी संग्रहालय एवं पुरालेखागार और शरत बोस अकादमी के विकास का समय रहा। इस दौरान अकादमी के तत्वावधान में शरत एवं सुभाष के अनेकों भाषणों, लेखन तथा राजनैतिक एवं गैर राजनैतिक पत्राचार का संग्रह एवं प्रकाशन हुआ।

1950 के दशक के अन्त तक इतनी अधिक पुरा सामग्रियों का संग्रह किया जा चुका था कि सुभाष के जीवन एवं मिशन के अध्ययन करने के लिए एक अलग ईकाई की स्थापना का विचार हुआ। इसके लिए नेताजी भवन में ही तीसरी शाखा नेताजी अनुसंधान ब्यूरो (एनआरबी) की स्थापना की गई और अमीय की छोटी बहन गीता विश्वास ने इसका काम संभाला। गीता विश्वास खुद अंग्रेजी में स्नातक थी और अपने पिता शरत के निजी सचिव का काम भी करती रही थीं। अमीय के अन्य भाई–बहन, जिनमें चित्रा घोष और सुब्रत शामिल हैं, इस केन्द्र के विकास में सक्रिय रहे।

1961 के मध्य मे नेताजी अनुसंधान ब्यूरो को बाकयदा पंजीकृत करा दिया गया और शरत एवं सुभाष के मित्र सत्य रंजन बख्शी को उसका पहला अध्यक्ष बनाया गया। सुप्रसिद्ध इतिहासकार डॉ. रमेश चन्द्र मजुमदार के साथ–साथ अमीय तथा कुछ अन्य विद्वान इसके सदस्य बनाए गए। अमीय के छोटे भाई शिशिर, जो 1957 से 1960 के दौरान पीडियाट्रिक की आगे की पढ़ाई के लिए अमेरिका गए हुए थे, वहा से लौटने पर इस संस्था के महासचिव नियुक्त किए गए।

इससे पहले 23 जनवरी 1961 को विस्तारित नेताजी संग्रहालय को आमजन के लिए खोला जा चुका था। इस अवसर पर अनेक विशिष्ट अतिथि सहित बड़ी संख्या में लोग उपस्थित थे। ब्यूरो की ओर से अमीय ने आगंतुकों का स्वागत किया, जबकि सुप्रसिद्ध इतिहासकार डॉ. रमेश चन्द्र मजुमदार के हाथों इस संग्रहालय का उद्‌घाटन संपन्न हुआ।

नेताजी संग्रहालय एवं पुरालेखागार, शरत बोस अकादमी तथा नेताजी अनुसंधान ब्यूरो ऐसे तीन स्तंभ थे, जिनपर बोस बंधुओं की विरासत को आगे बढ़ाने और उनके सपनों एवं आकांक्षाओं को पूरा करने का दायित्व टिका था।

शरत नेताजी भवन को मात्र संग्रहालय या स्मारक बनाकर नहीं रखना चाहते थे। वह इसे कलकत्ता, बंगाल और उससे भी आगे की सामाजिक, शैक्षिक तथा सांस्कृतिक जीवन का जीवन्त हिस्सा बनाना चाहते थे। नेताजी भवन का यह

नया रूप उनकी उसी इच्छा की पूर्ति की दिशा में उठाया गया कदम था। 1964 में अमीय ने कलकत्ता तथा अन्य स्थानों के विशिष्ट लोगों की सहायता से नेताजी हॉल सोसाइटी का भी गठन किया। इसके पहले अध्यक्ष भारत के पूर्व मुख्य न्यायधीश न्यायमूर्ति सुधिरंजन दास बनाए गए और अमीय ने इसके संस्थापक महासचिव का दायित्व संभाला।

इस सोसाइटी की छत्रछाया में ही नेताजी भवन और बगल की जमीन का विकास किया जाना था। बगल की जमीन शरत ने अपने चारों बेटों के लिए खरीदी थी ताकि भविष्य में वे वहां आवास बना सकें। सोसाइटी की परिकल्पना इस भूमि पर सभागार, प्रदर्शनी कक्ष, सम्मेलन कक्ष, वाचनालय तथा कैंटीन बनाने की थी। योजना के अनुसार, पांच वर्षों के भीतर इस जमीन पर बहुमंजिली इमारत बनाई जानी थी, अन्यथा यह भूमि चारों भाइयों में फिर से बांट दी जाने वाली थी, जिनके नाम से यह जमीन थी।

अमीय के आमंत्रण पर प्रधानमंत्री नेहरू दिसम्बर 1961 में नेताजी भवन पधारे। अमीय ने इस मौके का इस्तेमाल अपनी परिकल्पना को विस्तृत आयाम देने के लिए किया। नेहरू ने इसके लिए भारत सरकार से वित्तीय सहायता देने का वायदा किया। 1964 में सोसाइटी की शुरुआत के साथ ही जब धन संग्रह का काम शुरू हुआ, तब नेहरू ने लिखित तौर पर सिद्धान्त रूप से परियोजना के लिए अपने समर्थन को दोहराया। हालांकि इस बार उन्होंने उन दस लाख रुपयों का उल्लेख नहीं किया, जिसे देने का वादा वह पहले कर चुके थे। वित्तीय संभावना के संदर्भ में यह परियोजना की बदकिस्मती रही कि कुछ ही दिन बाद 27 मई 1964 को नेहरू का निधन हो गया।

1960 के दशक के मध्य तक अमीय को लगने लगा था कि 1946 के बाद से पिछले 20 वर्षों में नेताजी भवन के संस्थागत बहुरूपी संरचना के साथ ही बोस परिवार की विरासत को भी बरकरार रखने के लिए जो गति चाहिए, उसकी नींव रखी जा चुकी है। दुर्भाग्यवश, आगे आने वाले महत्वपूर्ण वर्षों में यह संरचना दरकने लग पड़ी।

1967 में अमीय ने आरामबाग के ग्रामीण क्षेत्र से लोकसभा के आम चुनाव में भारी मतों से जीत दर्ज की और भारत की केन्द्रीय विधायिका की सेवा करने की उनकी आकांक्षा पूरी हो सकी। वाम दलों के समर्थन से निर्दलीय उम्मीदवार के तौर पर चुनाव लड़ते हुए उन्होंने कांग्रेस के केन्द्रीय मंत्री सचिन चौधरी को परास्त किया। सचिन चौधरी वरीष्ठ वकील और अमीय के मित्र भी थे।

अमीय ने अगले अनेक वर्षों तक लोकसभा की सेवा की। उस वक्त सांसदों का मानदेय बेहद कम हुआ करता था, इसलिए उन्हें दिल्ली के उच्चतम न्यायालय और कलकत्ता के उच्च न्यायालय में वकालत भी करनी पड़ी। सांसद के तौर

पर अमीय ने बोस बंधुओं के आदर्शों को आगे बढ़ाने का काम किया। साथ ही उन्होंने स्वतंत्र भारत को लेकर बोस बंधुओं के नजरिये को भी सबल किया, जो समाजवादी सिद्धान्त तथा समता, न्याय एवं साम्प्रदायिक सद्भाव पर आधारित था।

1967–68 के दरमियान शरत बोस अकादमी कुछ समय के लिए बेघर रहा। किसी सुबह अकादमी के अधिकारी जब नेताजी भवन परिसर पहुंचे तो उन्होंने वहां बड़ा सा ताला लटकता पाया ताकि वे कार्यालय न जा सकें। इसके बाद शरत बोस अकादमी के अधिकारियों तथा नेताजी शोध ब्यूरो के तत्कालीन निदेशक डॉ. शिशिर कुमार बोस के बीच खुलम्खुल्ला लड़ाई चली और अकादमी को उसके किसी सदस्य के आवास में स्थानांतरित करना पड़ा। इसी दौरान आज़ाद हिन्द एम्बुलेंस सेवा भी समाप्त हो गई।

नेताजी भवन से शरत बोस अकादमी का निष्कासन, नेताजी शोध ब्यूरो का बढ़ता एकाधिकार, नेताजी हॉल सोसाइटी के अनेक समर्थकों तथा संस्थापक सदस्यों का मोहभंग आदि कारणों से नेताजी भवन तथा सोसाइटी की भव्य परिकल्पना धरी की धरी रह गई।

बर्मा में भारत के राजदूत के तौर पर नियुक्त होने से कुछ महीने पहले 8 अक्टूबर 1977 को अमीय के सपनों को अचानक भारी झटका लगा, जब उनके भाई शिशिर ने नेताजी हॉल सोसाइटी के सदस्य की हैसियत से सोसाइटी की बैठक बुलाकर उन्हें उनकी अनुपस्थिति में ही सोसाइटी से निष्कासित करा दिया, जबकि उसे खड़ा करने में शरत का बड़ा हाथ रहा था।

***

इसके बाद शरत ने बोस बंधुओं के संदेश को आगे बढ़ाने के लिए दूसरे तरीके अख्तियार किए। 1978 से 1980 के बीच बर्मा में भारत के राजदूत रहते हुए उन्होंने उस देश के साथ भारत का संबंध मजबूत किया, जिसने भारत के स्वतंत्रता संग्राम में महत्वपूर्ण भूमिका निभाई थी। लोगों के मन में रंगून तथा बर्मा में सुभाष द्वारा बिताए गए समय की यादों को उन्होंने फिर से ताजा किया। इसी तरह सुभाष एवं शरत और बर्मी राष्ट्रवादी नेता एवं क्रांतिकारी आंग सान एवं बर्मा के युद्धकालीन प्रधानमंत्री डॉ. बा माओ के बीच के नज़दीकी रिश्तों को भी उन्होंने चिरस्थायी बनाया।

वैसे तो जनरल 'ने विन' का सैन्य शासन काल नियंत्रित तथा गुप्त था, पर उन्होंने अमीय को बर्मा के दूर–दराज इलाकों तक घूमने की आज़ादी दी। इसकी वजह से अमीय माण्डले जा सके, जहां सुभाष को बंदी बनाकर रखा गया था। इसी तरह वह माण्डले से थोड़ा ऊपर मेम्यो की पहाड़ी पर बने बर्मी कॉटेज

तक भी गए, जहां से सुभाष ने कभी आज़ाद हिन्द फौज का नेतृत्व किया था। रंगून में आंग सान की विधवा के साथ भी उन्होंने कुछ सुखद समय बिताया, जो अब सेवानिवृत्ति के बाद रंगून में ही रह रही थीं।

बर्मा में रहते हुए अमीय ने सामग्री तथा सूचनाएं एकत्र करना जारी रखा। वह कुछ ऐसे स्थानीय निवासियों को खोज निकालने में भी सफल रहे, जो आज़ाद हिन्द फौज और उसके सर्वोच्च कमाण्डर नेताजी की सेवा में रहे थे। उनसे उन्हें उन जीवित या मृत फौजियों के अभियानों के बारे में प्रथम दृष्ट्या जानकारियां मिली, जिन्होंने भारत की स्वतंत्रता की अंतिम लड़ाई लड़ी थी। आज़ाद हिन्द फौज का आधिकारिक प्रतीक, फौजियों की वेतन पुस्तिका, मलाया में प्रकाशित दि इंडियन स्ट्रगल की एक प्रति, और यहां तक कि स्वतंत्र भारत की अस्थायी सरकार के अगुआ के तौर पर सुभाष द्वारा इस्तेमाल में लाई गई कुर्सी जैसे स्मृति चिन्ह उन्हें सौंपे गए। वह कुर्सी अब दिल्ली के लाल किले में औपचारिक तौर पर रखी गई है।

बर्मा से लौटने पर अमीय ने देश–विदेश में भाषण देने के लिए व्यापक कार्यक्रम बनाया, जबकि अब उनके साथ नेताजी भवन का सांस्थानिक समर्थन भी नहीं था। भारतीय स्वतंत्रता संग्राम के अंतिम चरण के पर्यवेक्षक तथा प्रतिभागी के तौर पर अमीय ने बोस बंधुओं के प्रयत्नों तथा सफलताओं को ऐतिहासिक परिप्रेक्ष्य में रखने का अभियान जारी रखा और वह हर संभव काम किया जो उनकी विरासत को बनाए रखने के लिए किया जा सकता था।

अमीय भाषण देने के लिए 1980 और फिर 1989–90 में यूरोप के दौरे पर गए। 1980 में उन्हें वियना के वियना इंटरनेशनल सेन्टर ने औपनिवेशिक इतिहास के आलोक में आज का बर्मा विषय पर बोलने के लिए आमंत्रित किया गया। भारत तथा बर्मा के बारे में उन्होंने जर्मनी के हेडलबर्ग तथा स्टुटगार्ट विश्वविद्यालय में भी भाषण दिया। लन्दन स्कूल ऑफ ओरिएन्टल एण्ड अफ्रीकन स्टडीज़ (एसओएएस) के प्रो. ह्यू टिंकर के आमंत्रण पर उन्होंने वहां भारत का विभाजन और उसके परिणाम विषय पर भाषण दिया। 1990 के यूरोप दौरे के दौरान उन्होंने जिनेवा के ग्रैजुएट इंस्टीट्यूट ऑफ इंटरनेशल स्टडीज़ के एशियन सेन्टर में भी भाषण दिया।

27 जनवरी 1996 की भोर में कलकत्ता के टॉलीगंज स्थित अपने आवास पर उनका शान्तिपूर्वक निधन हो गया। इसके तीन दिन पहले ही उन्होंने कलकत्ता के प्रेसिडेंसी कालेज में 'मेरे सुभाष चाचा' विषय पर भाषण दिया था, जोकि बोस बंधुओं – उनके पिता शरत तथा चाचा सुभाष – की लौ को अगली पीढ़ी के लिए भी जलाए रखने तथा भारत के भविष्य के लिए उनकी विरासत को मजबूत करने के उनके प्रयासों का हिस्सा था।

बोस बंधुओं की इस विरासत को आगे बढ़ाने में अमीय के खुद का योगदान कम नहीं था, चाहे वह अधिवक्ता के तौर पर हो, सरकारी सदनों में चुने हुए प्रतिनिधि के तौर पर हो, विदेश में अपने देश के राजदूत के तौर पर हो या फिर प्रतिबद्ध पारिवारिक व्यक्ति के तौर पर हो। परिजन, मित्र तथा सहयोगी उन्हें नितान्त ईमानदार, सिद्धान्तवादी, अतिशय उदार, और अपने आदर्शों के प्रति साहसी व्यक्ति के तौर पर जानते थे।

30 जनवरी 1996 को अमीय को याद करते हुए बंगाल के महाधिवक्ता माननीय एन.एन. गुप्तु ने कहा,

> एक साल बाद हम औपनिवेशिक ज़ंजीरों से अपनी आज़ादी का पचासवां साल मना रहे होंगे। लेकिन आज जब हमारा देश एक महत्वपूर्ण दौर से गुजर रहा है, लोकतंत्र तथा पंथनिरपेक्षता में आस्था रखने वाले अमीय नाथ बोस जैसे लोकनायकों की कमी खलने वाली है। ऐसी विभूति को श्रद्धांजलि देने का प्रभावी तरीका उनके अधूरे कामों को पूरा करने के लिए कृतसंकल्पित होना है। अमीय नाथ बोस हमारे लिए लोक जीवन के प्रति निष्ठा की समृद्ध विरासत छोड़ गए हैं और हमें उनकी उस भावना को और समृद्ध करना चाहिए।

लेखक परिचय

माधुरी बोस का जन्म कोलकाता में हुआ था और वहीं वह पलीं–बढ़ीं। वह अमीय नाथ और ज्योत्स्ना बोस की पुत्री और उनकी दूसरी संतान हैं। इस नाते वह शरत चन्द्र बोस और उनके छोटे भाई सुभाष चन्द्र बोस की पौत्री हैं। भारतीय स्वतंत्रता संग्राम में विलक्षण बोस बंधुओं के महत्वपूर्ण योगदान से जुड़ी यादें वह अपने पिता के मुख से बचपन से ही सुनती रही थीं और उन्हीं यादों में इस पुस्तक के बीज देखे जा सकते हैं।

क्रमशः कलकत्ता विश्वविद्यालय तथा जादवपुर विश्वविद्यालय से स्नातक एवं स्नातकोत्तर की पढ़ाई पूरी करने के बाद माधुरी ने आगे की पढ़ाई जिनेवा (स्विट्जरलैंड) के ग्रैजुएट इंस्टीट्यूट ऑफ इंटरनेशनल स्टडीज़ से की। पिछले तीन दशकों से वह मानवाधिकार की अधिवक्ता के तौर पर कार्य कर रही हैं और इस बीच उन्होंने अन्तरराष्ट्रीय श्रम संगठन, जिनेवा, संयुक्त राष्ट्र विकास कार्यक्रम, पूर्वी अफ्रीका तथा लंदन स्थित राष्ट्रमंडल सचिवालय को अपनी सेवाएं दी हैं। पेशेवर के तौर पर वह मानवाधिकार संबंधी विषयों पर बराबर लिखती रही हैं। साथ ही उन्होंने अफ्रीका, एशिया तथा यूरोप का व्यापक भ्रमण किया है।